本书出版得到国家社科基金青年项目"版本文化遗产保护与开发利用机制研究"(项目编号:08CTQ005)的经费资助

【中国古籍版本文化拾微】

李明杰 ◎ 著

Culture in Chinese
Ancient Book Editions:
Origin and Preservation

社会科学文献出版社
SOCIAL SCIENCES ACADEMIC PRESS (CHINA)

目 录

导 言 ·· 1

上编　古籍版本文化的三层次

物质层次：古籍版本的类型 ································· 7
制度层次：古籍版本的著述、制作与传播 ················ 21
心理层次：古籍版本活动的社会意识 ······················ 46

中编　古籍版本文化源流

历代国子监刻书考 ·· 67
"同书异本"致因考 ··· 146
中国古籍版本学形成时期再辨 ································ 161
魏晋南北朝版本学成就管窥 ···································· 172
论善本观的形成 ·· 184
宋人善本观考略 ·· 194
中国古籍版本学百年 ··· 205

下编　古籍版本文化保护

构建中华古籍版本文化层级保护体系的设想 ············· 241

中外古籍善本保存与利用制度比较研究 …………………… 258
中文古籍善本动态定量评价体系的构建 …………………… 271
非物质文化遗产视角下的中国古籍版本文化保护 ………… 284
中文古籍数字化进展及协作机制初探 ……………………… 298
数字化背景下中国古籍出版模式的重构 …………………… 354

参考文献 ……………………………………………………… 361

导　言

"圣人之治天下，先文德而后武力。凡武之兴，为不服也。文化不改，然后加诛。"[①] 这里，中国西汉学者刘向最早提出"文化"一词，指的是文治教化之意。此后，历代学者在沿用文化概念的时候，取的都是这个意思。如西晋束晳《由仪》诗中"文化内辑，武功外悠"[②] 句、南齐王融《三月三日曲水诗序》中"设神理以景俗，敷文化以柔远"[③] 句、元人耶律楚材《太阳十六题》中"垂衣端拱愧佳兵，文化优游致太平"[④] 句，莫不出自同一机杼。由此看来，文化一词在中国古代更多的是指向形而上的精神层面。

西语中亦有"文化"一词，如英语中的 Culture、德语中的 Kultur、意大利语中的 Cultura。不过它们都源自拉丁语中的 Cultura 一词，其词根是动词 Colere，是耕种劳作的意思。因此有学者认为，西方早期"文化"观念更倾向于物质生活的现实满足感，如英国著名学者伊格尔顿（T. Eagleton）就曾说："Culture at first denoted a thoroughly material process（文化最初指的是一个全然的物质过程）。"[⑤] 这确实显现出早期中西方学者对"文化"本身认识的文化差异。

不过，这种差异在中西方文化的发展与交流中不断缩小，直至殊途同归、相互融合。至于这个过程是怎样的漫长和曲折，我们大可不必深究，但双方学者在关于文化的表述中，观点彼此趋近则是显见的事实。如 18 世纪意大利哲学家维柯（G. B. Vico）意识到了人类世界与自然界的迥然不

---

① 刘向：《说苑》，中华书局，1985，第 151 页。
② 束晳：《补亡诗六首》，收入《先秦汉魏晋南北朝诗》，中华书局，1983，第 641 页。
③ 王融：《三月三日曲水诗序》，收入《全上古三代秦汉三国六朝文》第 3 册，中华书局重印本，1987，第 2860 页。
④ 耶律楚材：《湛然居士文集》卷七《太阳十六题》，中华书局，1986，第 166 页。
⑤ Terry Eagleton, *The Idea of Culture*（Oxford: Blackwell Publishers, 2000）, p. 1.

同，像国家、政体、社会、机制、宗教、习俗、规范、艺术等，都不是自然界所赋予的，他把这些归于人类自身创造的文化世界。① 19 世纪英国学者泰勒（E. B. Tylor）在《原始文化》一书中给文化下过一个经典的定义："文化或文明是包括全部的知识、信仰、艺术、道德、法律、风俗以及作为社会成员的人多掌握和接受的任何其他才能和习惯的复杂整体。"② 这些认识都早已突破了形而下的物质层面，指向了社会制度和社会心理层面。

清末民初，在西学东渐风气的浸染下，中国学者意识中文化概念的外延也得到了极大扩展。不过在起初的时候，这种变化多少显得有些飘忽不定，还没有完全摆脱"文治教化"的窠臼。如章太炎于 1903 年在《驳康有为书》中所称的"文化"，泛指典章制度和风俗礼仪；1907 年他在《中华民国解》中所称的"文化"，包括了"语言文字""居食职业""法律符令"三方面的内涵；1910 年发表的《论教育的根本要从自国自心发出来》中，章氏所称的"文化"又被用指"六艺"、历史、政事、哲学、数学等百科知识。20 世纪 20 年代以后，中国学者关于文化的表述，其哲学抽象的含义越来越强。如梁漱溟认为："文化不过是一个民族生活的种种方面"或"民族生活的样法"③，包括物质生活、社会生活与精神生活三个方面。物质生活中有饮食、起居种种享用，人类对于自然界的各种要求；社会生活中有与家族、朋友、社会、国家、世界之间的关系，从而形成社会组织、伦理习惯、政治制度、经济关系等；精神生活则有宗教、哲学、科学、艺术等。1922 年，梁启超在一篇题为《什么是文化》的演讲中对文化作了如下界定："文化是包含了人类物质精神两方面的业种业果而言。"④ "业"乃佛家用语。这里的"业种"指的是人类的创造性活动，而"业果"指的是这种活动得到的物质回报。新文化运动主将之一的胡适先生在《东西文化之比较》一文中认为，一个民族的文化"是他们适应环境胜利的总和"⑤。照此理解，人类发明的任何器物、文字、指南针、印刷术、望远镜、无线电等，都可归入文化的范畴。因为这些发明都需要依靠知识和

---

① 维柯：《新科学》，朱光潜译，商务印书馆，1986，第 16 页。
② 爱德华·泰勒：《原始文化》，连树声译，上海文艺出版社，1992，第 1 页。
③ 梁漱溟：《东西文化及其哲学》，收入《梁漱溟全集》第 1 卷，山东人民出版社，1989，第 339 页。
④ 梁启超：《什么是文化》，《晨报副镌》1922，12 月 1 日。
⑤ 胡适：《东西文化之比较》，收入《胡适文集》第 3 卷，人民文学出版社，1998，第 437 页。

智力，所以是精神的，但这些发明成果又都是物质的，因此胡适的文化观实际上也包含了精神与物质两个层面。

因为文化的广泛性、多样性和复杂性，迄今为止人们仍难以给它下一个严格精准的定义，因此才会有数百种之多的定义，但这并不等于没有达成共识。目前为学界所普遍接受的是，将对文化的理解划分为广义和狭义两个层面。广义的文化是指人类在社会历史发展过程中所创造的物质和精神财富的总和。它又包括物质文化、制度文化和心理文化三个层面。物质文化包括人类创造的一切物质文明，是显性的；制度文化是指在社会活动中产生并为人们普遍遵从的制度和规范；心理文化则是指社会成员在某种制度下形成的思维方式、宗教信仰、审美情趣等。后两者都是隐性的。而狭义的文化是指人们普遍的社会习惯，如衣食住行、风俗习惯、生活方式、行为规范等。

依照广义的理解，文化的含义是十分广泛的。举凡中国历史上的礼乐、典制、建筑、器物、服饰、饮食、民俗、科技、宗教、艺术等，无不是中华民族的文化。它们于有形与无形之间，凝聚了数千年来中华民族的思想、情感与智慧。这种时间与空间的交汇、精神与物质的交融，形成了具有悠久历史和鲜明整体性特征的华夏文明。

作为器物的一种，中国古籍版本是一种较为特殊的文化形式。这是因为，它既有实在的物质外形，又有抽象的语义内容，还有无形的版刻工艺，兼具文物性、学术性、艺术性三重文化价值。一方面，中国古籍以文字或图谱的形式记录了其他文化形式的发生、发展轨迹；另一方面，它的制作、装帧工艺也具有悠久的历史，其外在载体形式的发展演变所承载的历史信息和透露出来的审美情趣，本身也是一种独特的文化形式。

本书对中国古籍版本文化的研讨，分为上、中、下三编。上编从广义文化的物质、制度、心理三个层面，对中国古籍版本文化进行了考察。中国古籍版本在历史上形成的写本、刻本、活字本、拓本、插图本、套印本、石印本等类型，无一不是古籍版本文化的具体物质形态；古籍版本在创作中遵从的文献著述方式和编纂制度、在生产过程中遵从的外在形制、在传播过程中遵从的出版体制，无一不是古籍版本文化在制度层面发生作用的体现；人们在古籍版本的收藏、阅读、鉴赏和流通过程中，形成的种种群体社会意识，无一不是古籍版本文化心理层面的反映。中编为古籍版本文化源流，研究内容涉及国子监刻本源流、古代善本观、古籍版本学史

3

等诸多方面，多是作者近年来的研究成果。下编为古籍版本文化保护，重点探讨了数字化背景下古籍版本的再生性保护和古籍数字化问题，内容涉及中华古籍版本文化层级保护体系的构建、古籍善本的保存制度、善本的动态定量评价、古籍版本的非物质文化遗产保护、数字化背景下古籍出版模式的变革等多方面内容，都是作者主持完成的国家社科基金青年项目"版本文化遗产保护与开发利用机制研究"（项目编号：08CTQ005）的成果。谨此说明。

  本书的出版只是中国古籍版本文化领域的一次粗浅尝试。作者谨以此作抛砖之举，希望能吸引更多的同道来关注这一研究领域。因为作者水平有限，书中的不足及错误之处，祈请方家教正。

李明杰

2012 年 10 月 26 日于武昌珞珈山

上编
古籍版本文化的三层次

物质层次：古籍版本的类型

文化的物质层次，即物态文化，具体表现为人类自然创制的各种器物。它是人类物质生产活动及其产品的总和，构成了人类整个文化活动的基础。对于中国古籍版本文化来说，它是指为满足人们阅读、收藏、鉴赏古籍的需要，而由前人创制的各种类型的古籍版本，通常是指公元1911年以前成书，并在此之前完成抄写或版印的图书。

一　从载体材料来看

从载体材料来看，中国古籍版本的物质形态经历了漫长的由甲骨、金石到简牍、缣帛，再到纸张的演变过程，无论在哪个阶段，都表现为一定的实物形态。

（一）甲骨文献

早在殷商早期，人们就开始将占卜的文字（包括序辞、命辞、占辞、验辞等）刻在龟甲和兽骨上，具体来讲，主要是在龟甲的腹板和猪、牛、羊的肩胛骨上。记载内容通常为天象气候，如日食、月食、晴雨、风雪；对将要发生的事情的预测，比如旅行、渔猎、战争等；对生、死、病、梦等人事的休咎；对祖先和神灵的祷告等。商代发现的甲骨文的刻写顺序，大多从上到下，行列自右向左，如后来的简册一般。从考古发现来看，内容相关的甲骨是集中堆放的，说明它们很可能是编连在一起的。这可从甲骨文的"典"字写作𠔼得到印证。案几上摊开的一本编连而成的册子，即为典。可见甲骨文已经具备一定的形制，是迄今为止人们可以见到的最古老的古籍版本形式（见图1）。

甲骨文在河南安阳被发现后，后世陆续编印了一些拓本集子，如刘鹗的《铁云藏龟》，罗振玉、王国维的《殷墟书契》，中央研究院历史语言研究所的《殷墟文字甲编》《殷墟文字乙编》。1959年，中国科学院历史研究所综合各家之书，编成了一部大型的《甲骨文合集》，成为人们研究甲骨文最全面可靠的文献资料。

（二）金石文献

金，指青铜器。石，指石料，包括石片、玉片、石鼓、石碑、摩崖等。在我国文献史

图1 甲骨文献

上，常常"金石"连称。据文献记载，我国早在夏代，就已经开始使用青铜器了，而在殷商时期就能熟练地用青铜铸造生活用具及各种礼器。古人有些重要的文献记录，为了传之久远而不致朽烂，将之铸刻于青铜器上，称之为"铭文"，又称"金文"，多记录封赏、战争、祭祀等内容。这些记事材料可与其他古籍记载相印证，如现藏台湾的毛公鼎，腹内铸有铭文32行499字，比《尚书》中144字的《汤誓》多两倍有余，是现存最长的青铜器铭文，叙述周王叮嘱毛公效忠王室，并给予大量赏赐的内容，对研究西周晚年政治史很有价值。

图2 毛公鼎

石刻文献的出现应不晚于青铜铭文，这是因为石头取材容易，且写刻的方式较之铸刻从技术上讲也更为简便。只是因为石材经日晒雨淋，表面容易腐蚀剥落，所以不如青铜铭文存之久远。石刻记事之早，也可从文献

记载得到印证，如春秋时期的管仲自己说过："古者封泰山禅梁父者七十二家，而夷吾所识者有二焉。"① 唐司马贞《补史记·三皇本纪》引《韩诗》："自古封泰山禅梁甫者，万有余家，仲尼观之，不能尽识。"② 泰山上封禅刻石的文字，连管仲、孔子都不认识几个，可见是很古远的了。东汉熹平四年（175年），石碑被用作大规模地刻写经书，这就是蔡邕主持校刻的"熹平石经"。这实际上是在雕版印刷技术发明之前，由官方向民间公布"官定正本"的一种主要形式。此种做法为后世所效仿，如魏正始年间的"三体石经"（同一经文，分别用古文籀书、小篆、隶书三种字体书写）和唐代的"开成石经"等，都属此列。

铸刻在金石上的文字，需经摹拓和装订之后，才具备一般图书的形制。但无论是青铜铭文、石碑文还是最后的拓本，都以实物的形式呈现。对金石文献的研究，从宋代开始形成了专门的"金石学"，并出现了专门收录金石资料的专书，如北宋欧阳修的《集古录》、南宋赵明诚的《金石录》、薛尚功的《历代钟鼎彝器款识法帖》等。至清代，金石学达至鼎盛，出现了一大批金石学著作，如《西清古鉴》《考工创物小记》《积古斋钟鼎彝器款识》《金石萃编》《金石索》等，这些金石图谱和碑文，对于研究古代书法艺术、器物形制、人物传记等都具有重要的文献价值。

（三）简牍文献

我国古代最早具有现代装帧意义的书籍是用竹片或木板制成的，称为简策或简牍。具体制作方法是：

第一，将竹筒或木头（多用松木、杨柳、青桦木、桃木、梨木）剖析成宽约1厘米的竹片或木片，然后用锉刀磨平，使其光滑，便于着墨。

第二，将竹简或木简放在火上烘烤，使其脱水，这样就不容易遭虫蛀，即所谓的"杀青"。

第三，用丝绳、麻绳或皮条将它们编连在一起。在简的上下或上中下处，要用刀削制三角形的小契口，用以固定编绳，防止简脱落或移动。编连时，简策开头常常加两枚无字之简，称为"赘简"，一则可以保护正文，二则可在简背书写篇名或篇数。

---

① 管仲：《管子·封禅第五十》，燕山出版社，1995，第346页。
② 司马贞：《补史记·三皇本纪》，转引自《史记》，台湾商务印书馆影印清文渊阁《四库全书》本，1986。

第四，缮写图书正文。在一般情况下，先将简编连成册，然后再书写。这是因为，先写后编，一则容易错简，二则编绳会遮盖简上的文字，影响阅读。从出土的实物来看，武威医简上的第三道编痕上有空白，证明它确是先编后写的。但也有些簿记是先写后编的，或先编为短册，再将若干短册连成长册，如居延汉简《永元器物簿》。分析其原因，可能是平日的零星记载，只有积累到一定程度后才有必要编连起来，以备查考。

第五，收尾工作。它是竹简制作的最后一道工序，包括切边、卷起、加帙等工作。

图3 西汉居延木简

简策时代的地图通常绘制在单片木板上，称为"版图"；一些篇幅短小的政府公文或书信也可用单片木板书写，方形的称为"方"，长而窄者称为"牍"。数片连于一处，则称"札"，一如竹简编连之称为"策"。还有棱形的长而窄的"觚"，专门用来制作幼儿启蒙读的字书。这些是版牍的特殊形式。

(四) 缣帛文献

帛，是用于书写的丝织品的通称，又有素、绢、纨、缯、缣之分。其中绢和纨由生丝制成，轻薄如纱，常用于书写和绘画；缯由粗丝加工织成，质厚而色暗，但较其他各种素帛经久耐用；与缯类似的缣，由双丝织成，色黄，精美细致且不透水，比普通的素贵重得多。今人通常以"缣帛"作为用于书写的丝织品的统称。

缣帛作为书写材料的历史也很悠久，如《论语·卫灵公》中有"子张书诸绅"①的话，《周礼·夏官司马·司勋》亦有"凡有功者，铭书于王之大常"②的记载。这里的"绅"和"大常"都是缣帛制成的衣物。这说明，最迟在春秋时期缣帛已用来写字了。战国以后，关于帛书的记载就更多了，如《墨子》一书中多次提到"书于竹帛"，《韩非子·安危》也称"先王寄理于竹帛"③。从考古发现的实物来看，帛书的书写格式沿用了简策的界行（有的是预先织成的），红色的称为"朱丝栏"（朱介），黑色的称为"乌丝栏"。帛书的长短可依据书写内容的长短来剪裁，内容多就长些，内容少就短些，通常是先写后裁，避免浪费。帛书有卷轴装和折叠装两种形式，如长沙战国墓出土的楚缯书，就是折为八叠存放在漆盒内的。长沙马王堆西汉墓发现的帛书既有折叠装也有卷轴装。

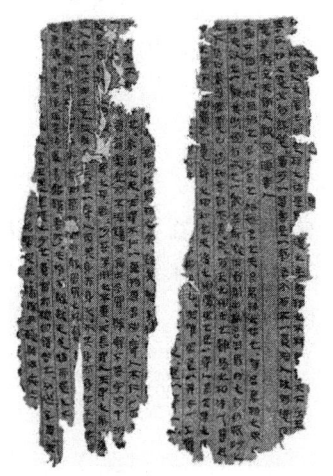

图 4　长沙马王堆西汉帛书《老子》甲本

在我国古代文献史上，最著名的一次文献考古当属西晋太康年间发现的"汲冢竹书"。据《晋书·束皙传》载，晋太康二年（281年），河南汲郡人不准盗发战国时期魏襄王墓，发掘出竹书数十车，皆先秦"科斗文"写成，经荀勖、束皙等学者整理后，得《竹书纪年》《穆天子传》等古书10余种。进入20世纪以来，我国先后有多批次简策和帛书被发现，如敦煌汉简、居延汉简、湖南长沙子弹库楚墓帛书、河南信阳长台关楚墓竹

---

① 杨伯峻：《论语译注》，中华书局，1980，第162页。
② 杨天宇：《周礼译注》，上海古籍出版社，2004，第426页。
③ 高华平等：《韩非子译注》，中华书局，2010，第289页。

书、甘肃武威磨咀子汉墓竹书、山东临沂银雀山汉墓竹书、甘肃武威旱滩汉墓医方简、长沙马王堆帛书、定县八角廊汉墓竹书、新出居延汉简、湖北云梦睡虎地秦墓竹书、安徽阜阳双古堆汉墓竹书、湖北江陵张家山汉墓竹书、湖北荆门郭店竹简等。这些简帛书都是中华民族珍贵的文化遗产。

（五）纸本文献

缣帛虽易于书写，便于携带，但作为书写材料有一个很大的缺点，就是价格昂贵，一般平民难以承受，因此普及不广。东汉的蔡伦在前人基础上，改进了造纸工艺，发明了"蔡侯纸"，使得纸代替缣帛成为普遍使用的书写材料有了可能。但这个更替过程很漫长，据钱存训先生估计，纸和简牍大约并存了三百年，和缣帛并用了至少五百年。直至东晋末年，纸卷才完全取代简牍，而帛书直至唐代仍在使用。这是因为，纸的品质和产量要完全适用于书写得有一个过程，而要转变人们早已习惯于竹帛的观念同样需要一个过程。

从晋代至隋唐，纸本书占据了绝对的主导地位，其他载体形式（比如金石、缣帛）虽然存在，但只是在特定的条件下或出于特定的目的，才会使用。纸本书出现以后，很长一段时期内是以写本的形式存在的。五代、两宋以后，随着雕版印刷的普及，纸本书转而以刻本为主，纸写书退居其次。

二 从制作工艺来看

从古籍版本的制作工艺来看，古籍版本可以分为写本、拓本、刻本、活字本、套印本、插图本、石印本等类型。

（一）写本

所谓写本，是指以手写成的本子。如早期的简牍、缣帛，以及很长一段时期内的纸本书，都是以手写的方式流传的。写本包括稿本和抄本两大类型。稿本，指的是著者的原稿，又有手稿本和誊清稿之分。抄本是指据底本传录而成的副本。在版本学上，又有乌丝栏本、朱丝栏本、精抄本、影抄本、毛抄本、旧抄本等常用术语。

我国的写本历史很早,《墨子·兼爱下》有"书于竹帛,镂于金石"①的话,这是对纸书出现以前文献制作和复制方式的高度概括。自西汉始,几乎每一个新的封建王朝建立伊始,都要向民间征集图书,而征集的方式就是由官方指定的专人负责抄书,如汉武帝元朔五年(前124年)诏令"置写书之官"②。我国历史上一些大型类书、丛书的编纂,很多都是以抄写的方式完成的,如《永乐大典》《四库全书》等。除了官方以抄书的形式征集和编纂文献外,民间也有专门以替人抄书为生的书手。他们以获取经济利益为目的而替别人抄书,故称为"佣书"。关于佣书活动的记载最早见于战国时期,据王嘉《拾遗记》载:"张仪、苏秦二人,同志好学,迭剪发而鬻之,以相养。或佣力写书,非圣人之言不读。"③ 入汉以后,抄书和佣书现象更为普遍。

　　魏晋南北朝至隋唐时期,是我国写本书最鼎盛的时期。敦煌遗书的发现,为我们了解这一时期写本书的状貌,提供了丰富的实物依据。即便是雕版印刷术发明以后,写本书和刻本书仍长期共存于世。这是因为,有的类书或丛书规模过于宏大,难以雕版印行;有的从社会需求量来看,只限于小范围流通,雕版印刷从经济上来讲不合算。另外,从著述方式来看,抄纂本身就是我国古代文献的一种产生方式,有其悠久的历史和传统;从读书治学方法来看,我国学者向有通过抄书来积累知识的习惯;从图书收藏角度来看,相当多的手抄本不仅具有文献价值,还有书法艺术价值,很多是珍本、善本;从图书流通角度看,手抄文献不像刻本那样容易遭查禁,隐秘性较强。因此,在印本书通行的年代,写本书仍有其存在的合理性。

图5　唐景龙四年(710年)纸写本《论语郑氏注》残卷

---

① 苏凤捷、程梅花注《墨子·兼爱下》,河南大学出版社,2008,第159页。
② 班固:《汉书》卷三〇《艺文志》,中华书局,1962,第1701页。
③ 王嘉:《拾遗记》卷四,载《汉魏六朝笔记小说大观》,上海古籍出版社,1999,第521页。

（二）拓本

拓本是将金石文字转换成纸本文献的一种特殊的版本形式，其制作方法与写本、刻本均不相同，又有打本、脱本、蜕本等名称。它的制作程序比较复杂，大致可以分为六个步骤。

图 6　唐褚遂良《孟法师碑》拓本

第一步，清洗金石器物上的灰尘和污垢，使文字和图像非常清晰地显现出来。

第二步，将能覆盖整个图文表面的柔软的薄纸（多用生宣纸）浸湿后，刷贴在石碑等金石器皿上。

第三步，用棕刷和小槌隔着毡布轻轻捶拍，使薄纸紧贴文字图像，嵌入图文的凹入部分。

第四步，待薄纸晾干，但不可太干，也不可太湿，将干未干最好。

第五步，朴墨，即用朴子蘸墨（多用油烟墨）反复轻拍纸面，使文字图像在薄纸表面显现出来，墨色逐渐加深。

第六步，将薄纸揭下后晾干，并把一张张拓片装订在一起，成为书籍形式。

关于拓印术的起源，迄今尚未发现确切的文字记载。《隋书·经籍志》著录有《秦皇东巡会稽刻石文》一卷、东汉《熹平石经》三十四卷、三国魏《正始石经》十七卷，其注曰："后汉镌刻七经，著于石碑，皆蔡邕所书。魏正始中，又立三字石经，相承以为七经正字……至隋开皇六年，又自邺京载入长安，置于秘书内省，议欲补缉，立于国学。寻属隋乱，事遂寝废，营造之司，因用为柱础。贞观初，秘书监臣魏徵始收聚之，十不存一。其相承传拓之本，犹在秘府。"① 这里的"相承传拓之本"显然指的是拓本，由此看来，传拓技术最早在汉魏之间，最迟在南北朝时期就已经出现了。现存最早的拓本是唐拓本，如《温泉铭》《孟法师碑》等。唐以后，历代均有拓本传世，成为中国古籍版本中别具特色的一类版本类型。

（三）刻本

受石刻传拓技术和玺印钤印技术的启发和影响，我国大概在唐代初年就发明了雕版印刷术。它是将文字、图像反向雕刻于木板，再于木板上刷墨、铺纸、施压，使木板上的图文转印于纸张的工艺技术。具体过程是：图书定稿后，由善书者依版式写于纸上，经校对后反贴于木板；由刻工逐字雕刻，即成图文凸出的印版；印刷时将印版和纸张分别固定于刷印台，用棕刷沾墨均匀施于版面；铺纸后于纸面给以均匀的压力，印版上的图文就转印到纸张上，从而完成一次印刷。第一次雕版印刷的本子叫初刻本，依初刻本的内容再刻的，叫翻刻本。完全依照原刻本的版式字画摹写再刻的，叫影刻本，有点类似于现在的影印本。

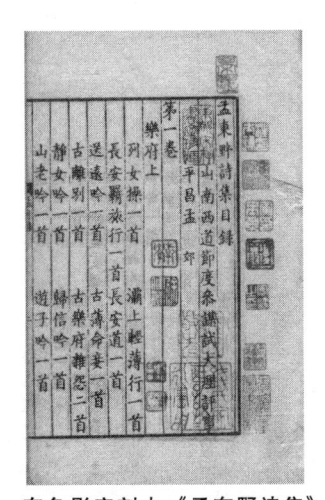

图7　套色影宋刻本《孟东野诗集》

---

① 魏徵等：《隋书》卷三二《经籍志》，中华书局，1973，第947页。

15

雕版印刷技术发明于唐初，但当时主要用来刻印日常生活需求量较大的历书和佛经。直至五代时期才开始较大规模地雕印儒家群经。两宋雕版印刷技术普及后，刻书的范围遍及经史子集各部。随着对雕版印刷术的改进，又有活字印刷术、套版印刷术的发明。明清两朝是雕版印刷的黄金时期，刻书数量和种类都达到了前代无法比拟的高度。因此，整体来看，刻本是中国古籍版本的一种主要类型。

（四）活字本

雕版印刷相对于传统的手工抄写来说，确实是一次历史性的革命。但它也有自己的缺陷：它一页一版，有了错字难于更正；雕刻大部头的书，不仅需要耗费大量的木材，而且费时费力，出版周期长；用过的版片占据大量空间，不便保存，时间一长还容易缺损或变形，不便下次印刷。为了解决这些矛盾，进一步提高效率，人们在实践中又发明了活字印刷术。所谓活字印刷，就是预先制成单个活字，然后按照付印的稿件，捡出所需要的字，排成一版而施行印刷的方法。采用活字印刷，一书印完之后，版可拆散，单字仍可用来排其他的书版。在排版时，临时遇到没有的字，还可当场制作。中国古代制作活字的材料有泥、木、铜、锡、铅等，因此活字本又有泥活字本、木活字本、铜活字本等之分。

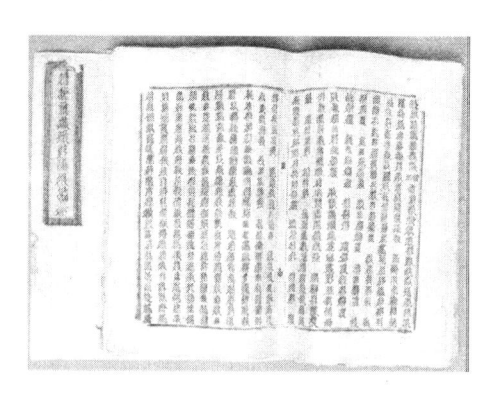

图 8　西夏木活字本《吉祥遍至口合本续》

世界上最早的活字印刷术是宋代毕昇发明的，发明时间为仁宗庆历年间（1041－1048 年）。12 世纪下半叶，西夏人根据毕昇泥活字印刷的原理，改进排字拆版方式，试制成功了木活字印刷术。元代的王祯用自制的木活字印制了《旌德县志》，并在《造活字印书法》中记载了自己的木活字印书方法。明代木活字印书已经相当盛行，可考的有长洲韩氏、丽泽堂、虞山荣荆堂等二十余家。清代各地衙门、书院、官书局以及民间私人都有用木活字印书的，并有了一个雅称，叫"聚珍版"，如乾隆年间的《武英殿聚珍版丛书》一百三十四种，就全是木活字本。关于铜活字的起源，一般认为起源于明代较为可信。明弘治、嘉靖年间，江苏无锡、常州、苏州一带盛行铜活字印刷，其中尤以无锡华氏和安氏家族最为著名。清代铜活字本则以内府本《古今图书集成》最为著名，不过其中的插图仍是木版画。

（五）套印本

套印是为了适应给图书加注释的需要，而对传统雕版印刷技术作的一种改进。它是将书中的正文、评点等不同内容，各分别雕刻一版，然后用不同的颜色依次加印在一起而形成的书。1974年，在山西应县佛宫寺木塔内发现了三幅彩印的《南无释迦牟尼佛像》。该佛像的印刷时间在辽统和年间（983-1012年），是我国目前已知的最早的套印作品，比欧洲第一本彩印作品《梅因兹圣诗篇》要早400多年。至元代，雕版印刷技术进一步发展，套印术也终于施印于图书，如至元六年（1340年）中兴路（今湖北江陵）资福寺无闻和尚套印的《金刚经》。由于套版印刷技术相对复杂，刻印一部书籍，比单版雕印费工时，成本亦高，故推广不易，很长一段时间没有普及。至明代后期，套印技术才得到广泛应用，代表人物有吴兴闵氏和凌氏。清代套印承明之余绪，继续发展。尤其在清代前期，宫廷内府套版印制了不少高质量的书籍，如《昭代箫韶》《唐宋诗醇》等。

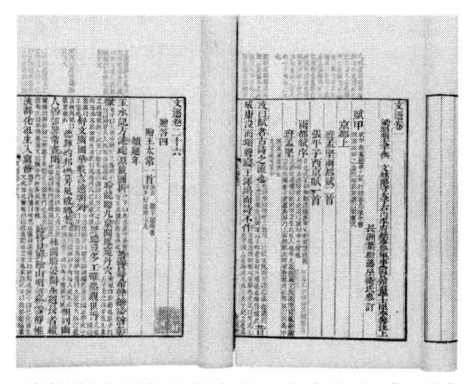

图9　清乾隆叶氏海录轩朱墨二色套印本《文选》

明末在版画艺术及五色套印技术的基础上，产生了饾版及拱花的印刷技艺。所谓"饾版"，是将彩色画稿按不同颜色分别勾摹下来，每色按其画稿形状刻成一块小木版，然后逐色由浅入深套印或迭印，最后印成完整的彩色画面。因每色小木版形如饾饤，故称饾版。所谓"拱花"，是用凹凸两版嵌合压印而成，使版面拱起花纹，立体感很强，适用于鸟类羽毛及行云流水的印制。明代饾版和拱花技术的代表性人物有徽州的胡正言，其作品有《十竹斋画谱》《十竹斋笺谱》，清代则有芥子园甥馆印的《芥子园画传》。

图10　明胡正言饾版《十竹斋画谱》

（六）插图本

我国图书插图的历史非常悠久，可以追溯到先秦的帛书插图。魏晋南北朝时期，王俭《七志》专设《图谱志》，可见插图类图书之多。唐代雕版印刷术发明之后，插图本也由原来的人工绘制改为雕版印刷插图，所以也叫版画。宋代以后，插图本得到了长足的发展，出现了连环画的新形式，即用多幅版画连续叙述一个完整的故事。元代的话本小说中也出现了连环画，明代的插图则遍及各类图书，有"绣像""全相"等不同称谓。"绣像"是指书前冠有人物的画像，一般用单线条勾勒，摹写精致，不画背景。所谓"全相"，是指正文中插有反映故事情节的画图。明代晚期，图书版画逐渐形成了不同的技法流派，较著名的有建安派、金陵派、徽派等。清代插图本在明代的影响下，也取得了不小的成绩，出现了一批著名的版画家，如陈洪绶、萧云从、刘源等，金圣叹评本《第五才子书》的插图就是出自陈洪绶的手笔。

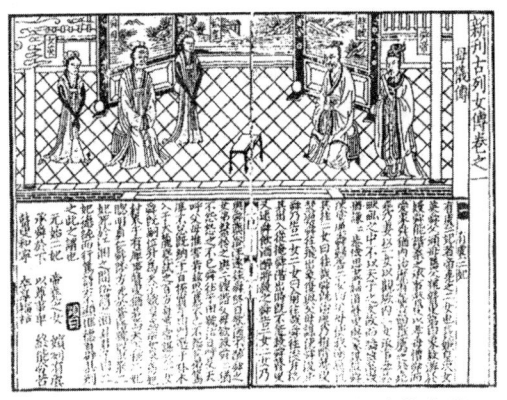

图 11　北宋嘉祐八年（1063）福建勤有堂余氏刻插图本《列女传》

（七）石印本

石印技术是 19 世纪中后期，随着西方近代印刷技术的传入，而在中国大地上逐渐被广泛采用的一种新型印刷技术。因为它制版快、效率高，所以一度取代了雕版印刷的主导地位，成为中国近代一种不容忽视的版本类型。

与传统雕版的凸版印刷不同，石印是一种平版印刷技术。具体来讲，包括以下制版步骤：先将图文用一种特殊的药墨（脂肪性物质）直接书写、描绘在平滑多微孔的石板上（也有的是将图文描写在纸上，然后覆于石面，再揭去药纸）；在石板上涂上一层酸性的胶液，使字画以外的石质略微腐蚀，再喷上一层水（或直接用水浸润），被腐蚀的石面均匀受水，字画部分因油脂而不受水；再在石板上用滚筒上油墨，因为油水分离的原理，无图文部分因受水而不着油墨，图文部分受墨。石版制作完成后，就可以用来刷印图书了。

图 12　上海《点石斋画报》

石印术最早传入我国上海,早期的石印出版机构有点石斋、同文书局和拜石山房,呈三足鼎立之势,名噪一时。从清末到民国,全国各地采用石印技术的书局有百余家,以上海为中心遍布全国,官私经营的都有。所印图书种类,除了常用古籍之外,多通俗小说、唱本、画报、地图、报刊、时务和西学之书。

以上所举,从载体材料来看,古籍版本表现为甲骨、金石、简牍、绢帛和纸张等具体的物质形态;从制作工艺来看,古籍版本可分为写本、拓本、刻本、活字本、套印本、插图本、石印本等类型,都是中国古代图书文献活动的产物,它们共同构成了中国古籍版本文化的物质基础。

制度层次：古籍版本的著述、制作与传播

任何类型的古籍版本，在进入人们的视野、被人们利用之前，都要经过文献的著述（古籍版本内容的生成）、制作（古籍版本形式的生成）与传播这三个环节。而由于历史的积累，或其自身规律使然，或社会的约定俗成，文献在著述过程中都会遵从一定的成书方式和编纂制度，在生产制作过程中会遵从一定的外在形制，在社会传播过程中会遵从一定的出版体制。这些都是古籍版本文化在制度层面发生作用的表现。

一 古代文献的编纂制度

古代文献的编纂制度有两层含义：一是从文献内容的生成方式来看，中国古代文献遵从了著作、编述和抄纂这三种著述方式；二是从文献创作的社会组织来看，中国古代从职官设置和文化政策方面，为文献编纂建立了一套行之有效的制度。

（一）文献著述方式

中国古代文献内容的生成方式，不外乎著作、编述和抄纂这三种形式。但按照古人的观念，作为著作的文献少之又少，而绝大部分都属编述和抄纂之作，即编纂的文献。

所谓著作，王充在《论衡·对作篇》中说："造端更为，前始未有，若仓颉作书，奚仲作车，是也。《易》言伏羲作八卦，前是未有八卦，伏羲造之，故曰作也。"[①] 仓颉造字，奚仲造车，伏羲作八卦，都是前所未有

---

① 王充：《论衡》卷二九《对作》，上海人民出版社，1974，第443页。

的开创性工作，所以叫"作"，强调的是"前所未有"。清代学者焦循对"作"下过明确的定义："人未知而己先知，人未觉而己先觉，因以所先知先觉者教人，俾人皆知之觉之，而天下之知觉自我始，是为作。"① 当然这里的先知先觉，不是指生而知之，而是韩愈《师说》所说的"其闻道也先乎吾"，就是首先知道，首先觉悟到，然后去教化别人。等天下的人都知觉了，就可以说天下的知觉是从自己开始的，这才叫"作"。同样强调的是前所未有。

所谓编述，按照张舜徽先生的说法，是"将过去已有的书籍，重新用新的体例，加以改造、组织的工夫，编为适应于客观需要的本子"②。所谓"述"，《说文解字》解释为："循也。"③ 也就是有所因循，不凭空杜撰。但这种因循并不是简单继承，而是有所创造地继承。故焦循解释为："已有知之觉之者，自我而损益之，或其意久而不明，有明之者，用以教人，而作者之意复明，是之谓述。"④ 也就是要求编述者对前人作品消化、吸收、领会的同时，可能还要有所增益，使之更完整；或有所删订，使之更正确。像司马迁编写《史记》，就是博采《六经》《世本》《国语》《战国策》《楚汉春秋》之类的古书，通过裁剪、熔铸、钩玄的工夫总结出来的。对于那些隐晦的道理，还要作一番探微索隐的工作。像汉魏以来汗牛充栋的儒家书籍，几乎都是祖述六经的，基本上都是编述的成果。这样看来，"著""述"二字还是有区别的。《礼记·乐记篇》说："作者之谓圣，述者之谓明。"⑤ 这句话的含义可解释为：能从事"作"的人可称之为圣贤，能从事"述"的人可称之为明智。很明显，著和述是有高下之分的。凡是前无所继承，而是一个人的创造，这才叫"作"，也可叫"著"，也叫"著作"；凡是前有所凭借，而只是加以编次整理的功夫，这只能叫做"述"。按照这种理解，像《诗经》中的单篇诗作（如首篇《关雎》）才算得上是著作，而我们今天看到的《诗经》是经后人编辑整理过的，只能称之为编述。因此，孔子对自己编纂整理《六经》的行为自我鉴定为"述而

---

① 焦循：《雕菰集》卷七《述难二》，刘建臻点校《焦循诗文集》上册，广陵书社，2009，第133页。
② 张舜徽：《中国文献学》，上海古籍出版社，2005，第27页。
③ 许慎：《说文解字》卷二下，江苏古籍出版社，2001，第39页。
④ 焦循：《雕菰集》卷七《述难二》，刘建臻点校《焦循诗文集》上册，广陵书社，2009，第133页。
⑤ 孙希旦：《礼记集解》，沈啸寰、王星贤点校，中华书局，1989，第989页。

不作"。司马迁著《史记》，他本人也只是说"整齐其故事，非所谓作也"①。这当然是司马迁的自谦之词，但也由此可看出，著作在古人眼里具有很高的地位，"作"与"述"是不容混淆的。

所谓抄纂，是"将过去繁多复杂的材料，加以排比、撮录，分门别类地用一种新的体式体现"②。它的特点是对原文进行原封不动的辑录，新作中可以明显地看到原作整体性的内容。像丛书、文集、类书、杂钞、档案类编的编纂，都属此列。抄纂与编述的最大区别在于，它原封不动地辑录（依完整程度分全录、节录和摘录等）原文，只在编排体例上进行改动。而编述是将来自不同时间和空间的文献融会贯通地糅合在一起，通常不注出处，也看不出原文痕迹，有的还有编者个人阐发的见解，因而创造性更强。

古代任何一种文献的生成，都不外乎著作、编述和抄纂这三种著述方式之一，或其中两三种方式兼而有之，这是中国文献史上，文献在生成过程中遵循的客观规律。

(二) 文献编纂的史官制度

中国古代文献的产生，从来源上可以分为官修和私纂两种方式。对于官方修纂的图书来讲，历代都有相应的史官制度作为基础。

中国早期的图书都是"编著合一"的，从夏、商至西周时期，图书编写、收藏、利用的权力全部集中在巫史集团手里。那时政教不分、官师一体，民间无私学和著述。据《吕氏春秋·先识篇》载："夏太史令终古出其图法，执而泣之。夏桀迷惑，暴乱愈甚，太史令终古乃奔如商。"③ 可见夏代已有记事的史官。殷商时期甲骨文中的"作册""史""尹"等也都是史官名，所以《尚书》中有"王命作册""命作册度"等语。周代的史官，名目渐繁，职掌渐细。据《周礼·春官》载，周王室有所谓五史：大史、小史、内史、外史、御史等。大史又作太史，掌管国家典法籍则，发布历法，主持国家祭祀活动；小史掌管邦国之志及贵族世系等事务；内史掌管爵、禄、废、置、生、杀、予、夺八法，策命诸侯及卿大夫，并掌书王命；外史掌管向京畿以外的地区发布王令，掌四方地志与三皇五帝之

---

① 司马迁：《史记》卷一三〇《太史公自序》，中华书局，1959，第3299页。
② 张舜徽：《中国文献学》，上海古籍出版社，2005，第27页。
③ 陈奇猷：《吕氏春秋校释》，学林出版社，1984，第945页。

书，并起草外交文书；御史掌管邦国及都鄙、万民之治令，掌赞书。

春秋时期，五霸迭兴，王室式微，史官制度受到很大冲击。诸侯国的兴起，导致周王朝的史官大量流向诸侯国。春秋中晚期后，随着政权重心的下移，诸侯的史官又开始流入卿大夫家，造成了家史的兴起。与此同时，史官的职守开始沿着两个方向分化：一是向神秘化方向发展。由于史官对文化学术的垄断地位受到严重冲击，部分史官不得不依靠倡言鬼神来与新的社会思潮相抗衡。二是向记事方向发展。随着诸侯国之间交往的日益频繁，需要记录成案的事情及盟会、约誓、纳贡等也越来越多，这就使得原本依附于神职事务的史官的记事功能获得了发展与完善，因此《礼记·玉藻》篇有"动则左史书之，言则右史书之"①的说法。由于有史官记事制度作为支撑，先秦时期的史官编纂了一批档案文献、世族谱系和大事记，如《尚书》《谍记》《世本》《秦记》等。

秦始皇统一中国后，由御史大夫执掌图籍。《汉书·百官公卿表上》称："御史大夫，秦官，位上卿……在殿中兰台，掌图籍秘书。"② 御史大夫是御史之长，主要做皇帝的秘书工作，如掌管文书、图籍，记述皇帝言行，起草文件等。张苍曾任柱下御史，"明习天下图书计籍"③。西汉时期筑石渠、天禄、麒麟三阁，起初用石渠阁藏"入关所得秦之图籍"，用天禄、麒麟二阁来"藏秘书，处贤才"。后来石渠阁、天禄阁逐渐成为编校图书之所，如汉成帝时期的刘向、王莽时期的扬雄都曾在天禄阁编校图书。东汉时期官方文献编纂机构主要有兰台、东观和秘书监。明帝永平五年（62年），兰台令史班固曾受命与陈宗、尹敏、孟异等共同编纂《世祖本纪》。东观始建于汉明帝时期，主要收藏东汉王朝建立后积聚的图书，章帝后逐渐取代兰台成为国家主要的藏书及编纂机构，时人誉之为"老氏藏室，道家蓬莱"，刘珍、李尤等就曾在此编纂了我国第一部官修纪传体史书《东观汉记》。随着藏书的不断丰富及图书编校活动的频繁，旧有的集藏书、编纂、著述、校书活动于一体的工作模式已经不能适应社会的发展，于是，桓帝延熹二年（159年）专门创立了我国历史上第一个主持图书编校工作的官方机构——秘书监。秘书监荀悦曾对班固的《汉书》进行过改编，将其纪传体改为编年体的《汉纪》。从此以后，我国古代官方就

---

① 孙希旦：《礼记集解》，沈啸寰、王星贤点校，中华书局，1989，第778页。
② 班固：《汉书》卷一九上，中华书局，1962，第725页。
③ 班固：《汉书》卷四二，中华书局，1962，第2093页。

有了专职的文献编纂机构。

魏晋南北朝时期，官方文献编纂机构主要是秘书监。另外，南梁华林园、北齐文林馆、北周麟趾殿也参与了文献编纂活动。这一时期秘书监的名称和设置屡有变化，如魏武帝初置秘书令，晋武帝时在中书省下设秘书局和著作局，晋惠帝时设秘书省，南朝在秘书省下置秘书监，下设秘书丞、秘书郎、秘书佐郎等职。隋炀帝时，为适应大规模编纂图书的需要，对秘书省进行了改革，将秘书监、丞改为秘书令、少令，官阶从正三品升为从二品，整个机构的人员编制猛升至一百二十人。从总体趋势来看，秘书监作为官方修书机构的主体地位在不断得到巩固，文献编纂成就斐然。如魏秘书监王象编纂了我国第一部类书《皇览》；西晋秘书监荀勖与中书令张华合作编纂了国家藏书目录《中经新簿》，秘书监华峤编纂了《汉后书》；南齐秘书丞王亮编纂了《齐永明元年秘阁四部目录》，秘书丞王俭编纂了《七志》和《元徽四部书目》；隋秘书郎虞世南编纂了大型类书《北堂书钞》，著作郎王劭编纂了隋官方书目《隋开皇二十年书目》，等等。

唐初仿照南北朝的做法，相继设立了一些文馆，如集贤院、史馆，弘文馆等，正式形成了中国历史上的馆阁制度。其中，集贤院和史馆逐渐取代秘书省，成为唐代之后的官方主要修书机构。集贤院是由乾元殿书院、丽正书院逐步发展而来的，其主要职责就是编纂图书。唐开元十三年（725 年）四月，集贤院定名时，学士有张说、徐坚等四人，直学士有赵科曦、韦述等十人，侍讲学士有康子元、侯行果等四人，共十八人，号为"十八学士"。集贤院修书众多，著名的有《唐六典》《初学记》《瑶山玉彩》《三教珠英》等。唐太宗贞观三年（629 年）为修《隋书》而设立了史馆，其主要职责是编修前代史书及本朝国史、典志等。从此以后，由宰相监修国史，民间不得私修史书成为定制。为了保证修史有充足的史料，唐太宗亲自颁发了《诸司应送史馆事例》，规定了由中央到地方各级机构将本部门重要文牍按月封送史馆的制度。根据《唐会要》的记载，其移送的文牍内容非常广泛：礼瑞，由礼部录送；天文祥异，由太史验报；番国朝贡，由鸿胪寺堪报；番夷寇降，由中书、兵部录报；音律曲调，由太常寺具报；州县废置及孝义旌表，由户部即报；法令变改、断狱新议，由刑部即报；天灾地震，户部、州县同报；诸色封建，由司府堪报；文武大臣除授，由礼、兵部分报；刺史县令善政，本州录送；硕学异能、高人逸士、义夫节妇，由州县录送；京诸司长有卒，由本司录送；刺史都督卒，由本州、本军录送；公主百官定谥，由吏部考绩录送；诸王来朝，由宗正寺堪报。而且规定要按时录送，一般是一月一报，或移在季末移报不等。以上规定，从制度上保证了国史编纂的材料来源。正因为如此，唐史馆先后编纂了《梁史》《陈书》《北齐书》《北周书》和《隋书》，后有修成《五代史志》《晋书》。同时编成了《高祖实录》《太宗实录》《高宗实录》《则天皇后实录》《中宗实录》《开元实录》《玄宗实录》《肃宗实录》《代宗实录》《德宗实录》《顺宗实录》《宪宗实录》《穆宗实录》《敬宗实录》《文宗实录》等。从此，据前朝皇帝的起居注、时政记、日历、诏令以及奏折等档案材料加以汇总，纂成一朝实录，成为定制。

宋代设昭文馆、史馆和集贤院，合称"三馆"。其中，昭文馆、集贤院掌经史子集四库图籍修写校雠之事；史馆掌修国史、日历及图籍之事，由宰相监修国史。太平兴国二年（977年），建三馆书院，次年赐名崇文院。端拱元年（988年）又在崇文院中堂建秘阁，故三馆和秘阁又合称"馆阁"。馆阁是宋代官方文献编纂的主要机构，馆阁制度基本上与赵宋三百余年的历史相始终。官方每编一书，辄组建书局，由馆阁委派人领修，编修地点则不固定，书成则罢局。宋代以馆阁制度编纂成的图书有《五代史》《太平御览》《文苑英华》《册府元龟》等。而秘书省主要职掌祭祀祝版的撰文，也从事一些日历、会要、敕令、实录等档案史料的编纂。辽国仿效宋朝设立了国史院，西夏官方编修图书的机构有翰林学士院，金仿辽制，国史院是主要的官方修书机构。它们也编纂了不少起居注、日历、实录和国史等。元代官方从事过文献编纂的机构，可考的有翰林国史院、奎章阁学士院、艺文监、秘书监、司农监等，各机构之间形成了一定的分工和协作关系，其中翰林国史院是主要编纂机构，主持编纂了《宋史》《辽史》《金史》《蒙古秘史》《元典章》《经世大典》和元代历朝实录等。

明代的文献编纂机构主要是翰林院，它初设于明太祖吴元年（1367年），长官为学士，属官有学士、侍讲学士、典籍、侍书、修撰、编修、检讨等。学士掌制诰、史册、文翰之事，奉敕主持实录、玉牒、史志诸书的修纂；侍读、侍讲掌讲读经史；修撰、编修、检讨为史官，掌修国史，"凡天文、地理、宗潢、礼乐、兵刑诸大政，及诏敕、书檄，批答王言，皆籍而记之，以备实录"[①]。明太祖洪武十三年（1380年）正式废除秘书

---

① 张廷玉等：《明史》卷七三《职官志二》，中华书局，1974，第1787页。

监，以翰林院取代了秘书监的职能。明翰林院编纂的图书经史子集无所不包，如经书有《五经大全》《四书大全》《书传会选》《孟子节文》《洪武正韵》等；史书有明代历朝实录、《元史》《皇明七朝帝纪》《国初诏令》《大明官制》《国子监志》《皇明典礼》《大明会典》《大明会要》《寰宇通志》《大明一统志》等；子书有《圣学心法》《性理大全》《五伦书》《文华大训》等；集书主要是些御制文集，如《太祖御制文集》《成祖御制文集》《仁宗御制文集》等。

清代官方的文献编纂制度相对前朝要灵活一些，它的修书机构分为常设、例设、特设三种类型。常设的有翰林院起居注馆、国史馆、军机处方略馆等。例设的有实录馆、圣训馆。每位皇帝去世之后，新君继位照例都要开馆为前代皇帝修纂实录和圣训，此为例设；特设的有三通馆、会典馆、一统志馆和四库全书馆等，此为临时编纂某书而特设馆，书成则馆散。除方略馆外，各馆编修人员大多由翰林院官员抽调充任，因此翰林院是清代主要的官方修书机构，编纂文献类型以史书为主，包括前朝国史《明史》，清代历朝的起居注、圣训和实录，以及在此基础上编纂的《太祖本纪》《太宗本纪》《世祖本纪》《圣祖本纪》《世宗本纪》《仁宗本纪》《宣宗本纪》《文宗本纪》《穆宗本纪》《宗室王公功绩表传》《蒙古王公功绩表传》《八旗满洲氏族通谱》《满汉名臣传》《贰臣传》《功臣传》等。清代在典制体史书和方志的编纂方面颇有成绩，先后编纂了《清朝通典》《清朝通志》《清朝文献通考》《大清会典》《大清一统志》。另外，还编纂了大型丛书《四库全书》和类书《古今图书集成》。

综上所述，中国古代史官制度为官方文献的编纂提供了组织和制度保障。从先秦受命于王、统师于官的巫史记事制度，到汉魏以后出现的秘书监和各类文馆制度，再到唐代的史馆制度、宋代的馆阁制度、明清的翰林院制度，中国古代史官编史修书的传统在不断巩固和发展，并被制度化。历史上形成的一些好的做法，也为后世所继承和沿用，如编修起居注以记帝王言行，新君登基后即为前朝皇帝编修实录，按月封送各类文牍档案资料给史馆，替前朝修国史等。这些传统作为一种约定俗成的文化政策的延续，对于连续不间断地记录和保存中华文明发展史起到了不可估量的作用。

二 古代文献的形制

所谓形制，即形状、款式。这里指的是古代文献在制作过程中所遵循和表现出来的形式规范。它是受当时的技术条件限制的，但对于文献制作本身来讲，就是一种约定俗成的制度。当然，文献的形制并不是一成不变的，而是随着技术的进步而不断发展变化的，但在一段时期内还是表现出一定的稳定性。我国古代文献的形制大致依次可以分为简策制度、卷轴制度和册页制度三个阶段。

（一）简策制度

竹或木料经过加工而制成的可以用来书写文字的长条形薄片，即为简。众多写有文字的简编连起来即为策。不过因为材质本身的原因，有的木板比较宽，可以并行书写多行文字，叫做牍、版或方。简策起源于何时已不可考，大概在商朝就已经有了。到了周朝就很通行，自春秋至东晋纸张替代简牍之前，简策一直是书籍的主要形式。关于简牍的材料和制作过程，前文已有介绍，此不赘述。这里主要介绍它的外形和书写形式。

简是竹书的基本单位，整篇文字编在一起便为"策"。策通"册"。《说文解字》解释"册"字说："象其札一长一短，中有二编之形。"[1]《仪礼·聘礼》中说："百名以上书于策，不及百名书于方。"[2] 东汉郑玄说："策，简也。"唐人孔颖达也认为策是众简相连之称。由此可知，一根一根写了字的竹木片称为"简"，把若干根简编连在一起就成了"策"（册）。可见简策是编简成册的意思。将很多简片依次编连起来的带子叫做"编"。一般称"编"者是麻绳；用丝绳做带子的称"丝编"，用牛皮做带子的称"韦编"。古人编简成策有两种方式：一种是单绳串连，一种是两道绳乃至四道绳的编连。汉代刘熙在《释名》中说："札，栉也，编之为栉齿相比。"[3] 意思是在竹木简上端钻孔，然后用绳依次串编。上边好像梳子背，下边诸简垂挂，如同梳子的栉齿一样排列。编绳的道数取决于竹木简的长

---

[1] 许慎：《说文解字》卷二下，江苏古籍出版社，2001，第48页。
[2] 崔高维点校《仪礼》，辽宁教育出版社，2000，第68页。
[3] 刘熙：《释名》卷六《释书契》，中华书局，1985，第95页。

短。短简两道编绳即可，如甘肃出土的《永元兵器簿》即为两道编绳。长简两道绳子编不结实，就编三道或四道编绳。如武威出土的《仪礼》汉简，简长三尺，即为四道编绳。简策通常是先编后写，但间有先写后编的。简策为了便于保管，还要加帙，就是为了防止松散，竹简卷起之后，外面裹以书衣，盛在书箧、书笥内。书衣通常用浅黄色或浅蓝色的丝帛制成。浅黄色的称为"缃帙"，浅蓝色称为"缥帙"。书帙的具体做法是：先用细竹条织成帘子，然后在竹帘的表里缝上丝帛。为了便于擦掉灰尘，有的还在丝帛上涂上一层油。当然，因丝帛比较贵重，也有用其他物体代替的。

就整个简策制度本身来讲，简的长短宽窄并非一样大小，短的只有几寸，长的有三尺。简的长度据文献记载似有定制。据东汉郑玄的说法，《六经》书于二尺四寸之简，《孝经》一尺二寸，《论语》八寸。王充《论衡·量知》篇也说："截竹为筒，破以为牒，加笔墨之迹，乃成文字，大者为经，小者为传记。"① 可见古人是根据文献的地位来选用不同长度的简策的，尊者为长，卑者为短。今人王国维《简牍检署考》说："古策有长短，最长者二尺四寸，其次二分而取一，其次三分取一，最短者四分取一……周末以降，经书之籍皆用二尺四寸。"② 又说："《盐铁论·贵圣》篇'二尺四寸之律，古今一也。'则律书之制也。此上所云尺寸，皆汉尺，非周尺。周尺二种：一以十寸为尺，一以八寸为尺。其以八寸为尺者，汉之二尺四寸，正当周之三尺，故《盐铁论》言'二尺四寸之律'，而《史记·酷吏传》称'三尺法'，《汉书·朱博传》言'三尺律令'，盖犹沿用周时语也。"③ 大体上春秋战国的简策比汉代长一些，简策的长短不同往往体现内容不同的等级，如春秋时"六经"简长二尺四寸，《孝经》简长一尺二寸，而《论语》孔子因表示谦逊，其简长仅八寸。

各种版牍不仅功用不同，长度亦异。三尺者为未经刮削之椠，二尺者为命令，尺半者为公文报告，一尺者为信件，半尺者为身份证。可见，汉代木牍的尺寸皆为五寸的倍数，而战国竹简则为二尺四寸的分数。钱存训认为，其不同的原因，大约是因为"六"及其倍数为晚周及秦代的标准单

---

① 王充：《论衡》卷一二，上海人民出版社，1974，第194页。
② 王国维：《简牍检署考校注》，胡平生、马月华校注，上海古籍出版社，2004，第14－15页。
③ 王国维：《简牍检署考校注》，胡平生、马月华校注，上海古籍出版社，2004，第23页。

位,而"五"为汉制。汉代木牍的长度,由五寸至二尺不等。根据蔡邕的说法,用作诏令的木牍为二尺或一尺。斯坦因在敦煌发现的大批木牍,长度大多是23厘米或24厘米,相当于汉制的一尺。自汉以后,日用的木牍标准乃定为一尺,私人函柬之所以被称为"尺牍",实源于此。

每简书写的字数,亦多少不等。简是一种长而窄的材料,宽不足半寸,从发现的实物来看,宽从0.6-1.2厘米不等,故通常只书写一行字,亦有两行以上的。字数少则几个字,一般在四五十字上下,个别有多达123字的(如武威出土的《服传》第17简)。字数的多少并无规定,主要是依据简的长度,以及书写中字形的大小和字间疏密来决定。就字体来说,楚简以篆书为主,秦简兼以篆隶,汉简则以隶书居多。

简策采用从右到左的竖行书写方式,可能与古代的尊卑思想有关。我国古代以左为尊,如《周礼·小宗伯》中有"建国之神位,右社稷,左宗庙"[①]之类的话。《礼记·少仪》也有"凡斋,执之以右,居之于左。赞币自左,诏辞自右"[②]的记载。从考古发现的殷商甲骨到商周时代的金石铭文,都采用从右到左的书写方式。至于竖行书写,有学者认为,竹子的纹理是竖直的,且竹简宽度很小,竖行书写更加容易、方便。这种推测是有一定道理的。简策的书写方式确立后,一直延续了下来,影响我国古籍的书写乃至印刷方式达数千年之久。

作为最早的书籍制度,简策在中国流行了大约两千年之久,直至东晋末年才被纸卷取代。除了对后世书籍的书写和印刷方式的影响外,我们今天仍可以从很多地方找到它的痕迹,比如汉字"册""典"的字形,图书"编""卷"等计量单位,成语"学富五车""连篇累牍""汗牛充栋""罄竹难书"等,都与简策制度有关。当然,简策制度的缺点也是显而易见的,比如笨重、容纳的字数有限、阅读不便等,因此当适于书写的纸张发明后,简牍最终被纸卷所取代。

(二)卷轴制度

卷轴制度源于简策制度。最初的纸书都是卷轴装。从魏晋南北朝至隋唐五代,纸书皆用卷轴。直到北宋,也仍有用卷轴装的。所谓卷轴装,就

[①] 杨天宇:《周礼译注》,上海古籍出版社,2004,第284页。
[②] 孙希旦:《礼记集解》,沈啸寰、王星贤点校,中华书局,1989,第945页。

是把抄了书的纸粘连起来，形成长卷，在其末端装上一根用木或竹做成的轴，收藏时用轴由尾端向前卷成一束，称为一卷。因此，卷轴装的纸本书又称为卷子。

　　轴的两端可以涂漆，考究的则镶嵌珊瑚、玳瑁、琉璃、象牙等材料。卷子的开头部分露在外面容易磨损，一般在前面接一段丝织品以为保护，这段丝织品叫"镖"。镖上可以系一根带子，用于捆扎卷子。因此一个完整的卷子包括：轴、卷、镖、带四个部分。

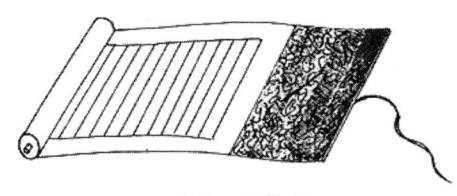

图 13　卷轴装

　　卷轴装的纸书显然模仿了简策和帛书的装式。帛书所采用的就是这种卷轴形式，而简策也有卷起来存放的。卷子都画有竖格，称"边准"，上下有横栏，称"边栏"，近似一根根竹简的形制。由此可见，卷轴装确有简策和帛书的遗意。

　　卷子的高度约一尺左右，长短则未有定制。一般依内容需要而定。一般卷子都是单层的纸，贵重的也有装背的，即在书写纸的背面裱托一层衬纸。卷子摆在架子上不易寻检，一般要在卷轴的一端悬挂标签，称为"签"，标签一般用牙质做的，故名"牙签"。为了对不同内容的图书分类，则可以用不同颜色的牙签来区分。比如韩愈《送诸葛觉往隋州读书》诗云："邺侯家多书，插架三万轴。——悬牙签，新若手未触。"[①] 唐玄宗时的集贤院藏书，据《旧唐书·经籍志》载："经库皆钿白牙轴，黄镖带，红牙签；史书库钿青牙轴，镖带，绿牙签；子库皆雕紫檀轴，紫带，碧牙签；集库皆绿牙轴，朱带，白牙签。以为分别。"[②]

　　一部书往往有许多卷，为了不和其他书相混，也为了保护卷子和便于携带，人们便用丝织品做成一个个袋子来装同一部书的卷子，这种装书的袋子叫做"帙"，也叫"书衣"。通常情况下，一帙为十卷。如果一部书不

---

① 韩愈：《韩愈集》卷七，岳麓书社，2000，第96页。
② 刘昫：《旧唐书》卷四七，中华书局，1975，第2082页。

足十卷,自然也可束为一卷。由于卷帙关系密切,后人也常常以卷帙代指书籍。

卷轴装有一个明显的缺点,那就是必须全部展开,才能阅读。为了克服阅读和翻检的不便,人们开始探索新的书籍装帧形式。旋风装就是对传统卷轴装的一种改进。所谓旋风装,就是将裁成一定大小的纸两面书写,或将两张纸裱成一页两面书写,然后将写好的书页的一端依次粘贴在一张卷纸上,装上卷轴,就成为一本旋风装的书籍。与卷轴装不同的是,旋风装的卷轴不是装在该卷的末尾,而是装在该卷的开头。因旋风装的书打开后似一片片独立地粘连在卷纸上的叶子,故又称"叶子"。

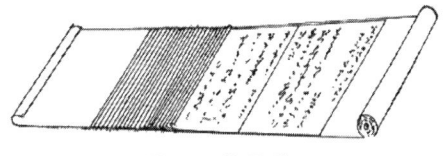

图14 旋风装

旋风装将书叶鳞次相错地粘裱于卷底上,看似龙鳞,故又叫"龙鳞装"。这种装式虽然外表上看似卷轴装,但因书页两面书写,只有一空条粘裱在卷底上,这样不仅缩短了卷子的长度,而且增大了卷子的容量,且便于翻检,确有优于卷轴装的地方。但它毕竟保留了卷轴装的形式,还是不能完全克服卷轴舒卷之难,且旋风装的散页在卷屈后很难平复地展开,会卷起来,反而增加了阅读的难度,所以这种形式后来并没有被普遍采用。

(三)册页制度

唐代发明雕版印刷之时,书籍形制渐由卷轴向册页过渡。为了进一步改进卷轴装不便阅读的缺陷,人们又发明了经折装。所谓经折装,就是把卷轴改成折叠式,书纸仍然是由多张纸粘连起来的长幅,但不用卷轴,而是将卷子向左向右一反一正地反复折叠成长方形的折子,再在前后分别加上两块硬纸板作为保护书籍的封面和封底,封面通常是厚纸,或者裱上一层布帛或彩纸,起到装饰的效果。它类似于梵夹装,只不过梵夹装硬板里夹的是散页,经折装的硬板里夹的是连成长幅的折页。由此可见,经折装是吸收了卷轴装、旋风装、梵夹装的经验而创造出来的一种新的书籍装帧形式。

唐代后期虽然出现了经折装、旋风装，不过有的书籍还是采用卷轴装。所以早期的雕版印刷书籍，不像后世那样单独成页，而是用比后代书版长而窄的长条形木版来刻字印刷，再把印好的印张粘连起来，卷成卷子或折叠成经折装、旋风装。大约从五代时期开始，人们便开始采用散页装订的形式了，首先是蝴蝶装，后来改用包背装，最后是线装。蝴蝶装出现以后的散页装订书籍，彻底改变了沿续一千多年的卷子式样，是我国书籍制度上的又一次革命。其方法经不断的改进、革新，一直沿用到今天。

图 15　经折装

蝴蝶装是由经折装演变而来的。经折装虽比卷轴装、旋风装等便于诵读，但也有它自身的缺点，那就是折口容易断裂，断裂后的经折装与梵夹装一样，书本也成了散页，容易散乱和丢失。这样为了进一步改进经折装，蝴蝶装就应运而生了。所谓蝴蝶装，清人叶德辉有一个很简明的定义。他在《书林清话》里说："蝴蝶装者，不用线订，但以糊粘书背，夹以坚硬护面。以版心向内，单口向外，揭之若蝴蝶翼然。"① 今人杜泽逊解释说："所谓蝴蝶装，是以版心中线为准，版面向里对折，然后再一叶一叶重叠在一起，在折线处对齐，用糨糊粘在一起，另外三边切起，再用硬纸连背裹住作封面。看上去很像现在的精装书。不同的是没有锁线，每页只有一面有字。打开书，可以看到一整页，以版心为中轴，两边各半页，颇似乎展翅蝴蝶，故称蝴蝶装。"②

---

① 叶德辉：《书林清话》卷一《书之称本》，中华书局，1957，第 15 页。
② 杜泽逊：《文献学概要》，中华书局，2001，第 33 页。

33

图 16　蝴蝶装

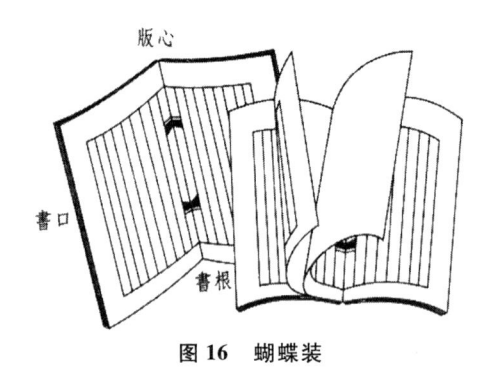

蝴蝶装在唐末五代时期已经出现了。敦煌出土的《汉将王陵变》就是蝴蝶装。在宋元时期，蝴蝶装成为书籍的主要装帧形式，流传后世的宋、元旧本也多是蝴蝶装。即使到了明清时期，蝴蝶装也仍在采用。如明洪武时期刻印的《元史》、永乐时期刻印的《四史外戚传》、清顺治时期内府刻印的《资政要览》等，都是采用的蝴蝶装。蝴蝶装由于用硬纸作封面，故放在书架上是竖立排架，书口（散着的一方）向下，书背（粘连的一方）向上，书根向外。为了便于寻检方便，因此常常把书名及卷次写在书根上，从书背到书口成一直行。

蝴蝶装虽然在保护图书方面有它的优点，如版心向内，单边向外，便于保护书心等，但在阅读时却带来不便。由于书页都是单层，纸质较薄，印刷面容易粘连，在阅读时往往都见纸背，而且每读一页，必须连翻两页才能继续读下去，常常使人生厌，于是元代便有人改为将书页有字的两面向外对折起来，使书页两边的余幅向着书背，后背用书皮包裹，使版心向外，这是与蝴蝶装完全相反的一种新的装订方法，叫包背装，因其前后书衣用一张整纸，将书背包裹起来而得名。

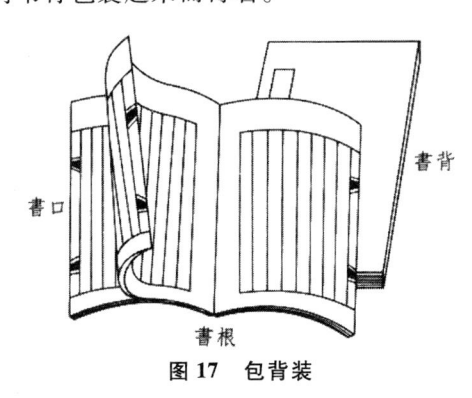

图 17　包背装

包背装在元代很盛行，北京图书馆藏有元刊元装的《汉书》和《文献通考》。明清还有包背装这种形式。如著名的两大部写本书《永乐大典》和《四库全书》原装也是包背装。由于包背装版心变作书口，而书口一般都刻有书名、卷次、刻工等，插架时如果直立容易磨损书口，故不宜竖立排架，而改为平放，于是封面也就不必用硬版而改为软质的了。这样，包背装在整体上就类似于今天的平装书了。

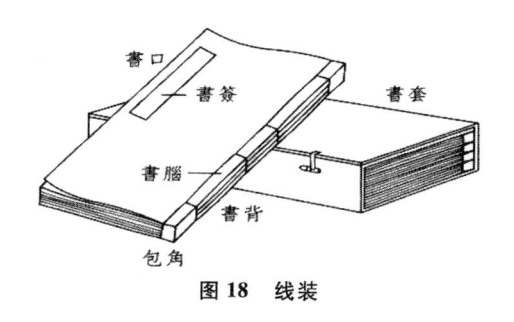

图18 线装

线装一般认为起源于北宋末年或南宋初年，通行于明代中叶，而风行于清代。所谓线装，其实是对包背装的一种改进。其基本方法和包背装一样，所不同的是，包背装用整纸裹背，而线装只在前后各加一张护页，连同正文用线装订在一起，不包书背。一般线装书打四孔，称为"四针眼线"；开本较大的在上下角各打一眼，就成为"六眼眼线"；少数书也有八眼的，主要视书本大小及书背宽狭而定。少数珍贵的书，还有用绫绢包角的，主要是为了美观。线装之后，由于受到西方印刷及图书装帧技术的影响，开始流行新式装帧，今天在书店所见的各种书籍基本上都是用的新式装帧。新式装帧因版式、装订、装潢、版面大小的不同，又可分为竖排本、横排本，钉装本、线缝本、胶粘本、平装本、精装本、异型本等。

三 古代文献的传播体制

中国古代文献在雕版印刷发明之前，只能以手写抄录的方式传播。这种传播方式效率低下，因此抄书者通常是自己有阅读的需要，只有少部分人以盈利为目的，替人佣书为生，但毕竟传播范围十分有限。自唐代发明雕版印刷技术，特别是五代两宋时期雕版印刷技术大范围普及以后，图书的制作效率、传播范围大为提高,人们出版图书不再仅仅以阅读作为唯一目的。从官方来讲,可以通过刻书对社会思想意识进行控制和引导;从个人来说,还可以把刻书当做一种谋生的职业,把出版当做一种产业来经营。因此,唐五代以后,文献传播逐渐形成了较为稳定的社会体制,有了相对固定的传播渠道,这就是我国古代的官刻、家刻、坊刻三大主要出版系统。

(一) 官刻系统

所谓官刻,是指由国家政府部门出资组织雕版印行的图书。按照出资的渠道,又可分为中央官刻和地方官刻。官刻产生于唐代的具体时间,因文献无征已不可考,但应不晚于唐代中期。据唐范摅《云溪友议》载:"纥干尚书泉苦求龙虎之舟十五余稔。及镇江右,乃大延方术之士,乃作《刘宏传》,雕印数千本,以寄中朝及四海精心烧炼之者。"[1]纥干泉,字咸一,雁门人,大中元年至三年(847至849年)任江南西道观察使。他在任上雕印《刘宏传》数千本,所费不薄,很有可能是由地方政府出资的。如果推断成立,唐代地方官刻出现的时间当不晚于大中三年(849年)。冯宿,字拱之,婺州人,官至剑南东川节度使,曾于大和九年(835年)上疏唐文宗:"剑南两川及淮南道,皆以版印历日鬻于市。每岁司天台未奏颁下新历,其印历已满天下,有乖敬授之道。"[2]文宗准奏,"大和九年十二月丁丑,敕诸道府不得私置历日板。"[3]可见,在剑南东、西两川及淮南道辖区内书坊私印历书非常普遍的情况下,中央政府采取了有力措施,严禁地方刻印,而由中央政府直辖的司天台(或称太史局)独揽历书的颁印权。这说明当时唐代中央官刻已经产生了。

五代官刻以国子监刻书为代表,首开我国官方刻印儒家经典的先河。国子监源于西汉的太学,是中国古代执掌教育的最高机构。五代国子监大规模刻书原因有二:一是雕版印刷技术自唐发明以来,经过一段时间的实践和普及,技术上已经比较成熟;二是五代处于我国历史上大动荡、大分裂的时代,统治者需要用一种规范来统一和约束人们混乱的思想。

宋代从中央到地方,刻书机构很多。中央官刻机构有国子监、崇文

---

[1] 范摅:《云溪友议》卷下,载《四部丛刊》续编,上海商务印书馆影印本,1936。
[2] 周绍良:《全唐文新编》卷六二四《禁版印时宪书奏》,第3部第3册,吉林文史出版社,第7062页。
[3] 刘昫:《旧唐书》卷一七下《文宗本纪》,中华书局,1975,第563页。

院、太史局、礼制局等。地方官刻机构有各路公使库、各路使司（如安抚司、提刑司、转运司、茶盐司等），以及各州（府军监）学和县学等。宋代官刻以国子监刻书为代表，它打破了五代时期经书一统天下的局面，除了翻刻五代监本群经、遍刻九经唐人旧疏和宋人新疏外，还刻印了大量史书（如《十七史》《资治通鉴》《七十二贤赞》等）、子书（如《荀子》《扬子法言》《庄子南华真经》《孙子》《吴子》等）、类书（如《文苑英华》《太平广记》《太平御览》《册府元龟》等）和医书（如《伤寒论》《千金翼方》《太平圣惠方》《开宝重定本草》等），甚至刻印了我国第一部诗文选集《文选》，出版品种开始向经史子集多样化发展。

元代中央官刻机关有兴文署、广成局、秘书监、太医院、太史院等，其中以兴文署最为著名。据《秘书监志》卷六载，世祖至元十四年（1277年）裱褙匠焦庆安曾作过一次统计："书籍文册六千七百六十二册。褙壳绫一万三千八百六十二尺一寸，每册黄绫二尺，计一万三千五百二十四尺；每册题头蓝绫半寸，计三百三十八尺一寸；纸札每册大小纸六张，计四万零五百七十二张；济源夹纸三张，计二万零二百八十六张；束鹿绵纸三张，计二万零二百八十六张。"① 这组统计数字以中央官刻为主，其中兴文署刻书是其主体，可见兴文署刻书之多。元代地方官刻主要以各路儒学为主，以成宗大德年间九路刻十七史为代表。

图19　明南京国子监嘉靖间刻本《辽史》

---

① 转引自曹之《中国古籍版本学》，武汉大学出版社，2007，第220-221页。

明代是我国雕版印刷史上的黄金时期，"官书之风至明极盛，内而南北两京，外而道学两署，无不盛行雕造。"①中央官刻机构有国子监、司礼监、钦天监、礼部、兵部、工部、都察院、太医院等，尤以国子监和司礼监刻书最多。明南京国子监除修补宋元旧版外，还新刻了不少书，包括制书29种，经书107种，史书59种，子书41种，诗文集56种，类书政书5种，韵书13种，各类杂书133种，总计443种。北京国子监则以刻印《十三经注疏》和《二十一史》较为著名，子书、诗文集、医书、字帖等各类图书也有刊刻。明代地方官刻机构有藩府、布政使司、按察司、分巡道等。另外，明代各府州县还编刻了大量本地的方志，刻了不少四部书，尤其是浙江、福建、江西各府刻书尤多，仅《古今书刻》就著录明代各府刻书800多种，足见明代刻书之盛。

清代刻书延续了明代的辉煌，特别是在康雍乾三朝，政治、经济、文化高度发展，为刻书提供了良好的社会条件，清代官刻取得了较大成绩，成为中国古代官刻中不可忽视的组成部分。清代官刻机构主要有武英殿、国子监等，地方官刻机构主要有官书局、地方各级政府及学校等。康熙一朝，武英殿刻书进入发展期，共刊刻过100种左右的图书，少数民族文字图书20余部。雍正帝在位不过13年，但据陶湘《故宫所藏殿板书目》估算，武英殿组织编刊的图书数量多达70余种，其中以御制文献居多。乾隆一朝，是武英殿刻书的鼎盛期，据陶湘《故宫所藏殿板书目》统计，乾隆间武英殿刻书多达100余种，包括《十三经注疏》《二十四史》《八旗通志初集》《大清一统志》《御批历代通鉴辑览》《仿宋相台五经》《满汉文合璧五经四书》《大清会典》等。清代国子监刻书的地位已让位于武英殿，就刻书种类而言，不再是以传统的经史类书籍为主，而是以御纂书类为主，间以课卷、石刻拓印本充之，更多的是协助武英殿刻书。官书局是清地方官刻的主要代表。它产生于雕版印刷日趋没落、新的印刷技术日渐兴起之际，具有承前启后的作用。早期的官书局把重兴儒教作为刻书宗旨，故所刻图书大多是传统国学著作，尤以覆刻翻印清内府武英殿刻本为多，后来还刻印了不少地方性丛书和当代的学术著作。

---

① 转引自李致忠《历代刻书考述》，巴蜀书社，1990，第217页。

(二) 家刻系统

家刻，是指不以赢利为目的，由私人出资刻印的图书。多以学问崇尚、文化推广、知识传播为目的，所以校刻精审，质量往往胜出坊刻一筹。私家刻书，唐代已发其端。早期家刻，为了广积功德，多限于刻印佛经。如敦煌莫高窟石室中曾发现《金刚经》一卷，长16尺，高1尺，由7张印页粘连而成。经文前有一副镌刻精美的扉画《祇树给孤独园》，卷末题"咸通九年（868年）四月十五日王玠为二亲敬造普施"，现藏英国。这是私人为双亲祈福而出资刻印佛经的例子。

五代时期，家刻有了很大的发展，代表人物有和凝、毋昭裔等。和凝，字成绩，郓州须昌人。后唐天成中人拜殿中侍御史，历礼、刑二部员外郎，后迁中书舍人，工部侍郎；后晋时拜端明殿学士，兼判度支；后汉时授太子太保。据《旧五代史·和凝传》载其"平生为文章，长于短歌艳曲，尤好声誉。有集百卷，自篆于版，模印数百帙，分惠于人焉"①。这表明，五代时已出现私人自刻文集了。毋昭裔，后蜀宰相。据《宋史·毋守素传》："毋守素，字表淳，河中龙门人。父昭裔，伪蜀宰相、太子太师致仕……昭裔性好藏书，在成都令门人勾中正、孙逢吉书《文选》、《初学记》、《白氏六帖》镂板，守素赍至中朝，行于世。"②又据宋人委心子《新编分门古今类事·毋公印书》："毋公者，蒲津人也，仕蜀为相。先是公在布衣日，尝从人借《文选》及《初学记》，人多难色。公浩叹曰：'余恨家贫，不能力致。他日稍发达，愿刻板印之，庶及天下习学之者。'后公果于蜀显达，乃曰：'今日可以酬宿愿矣。'因命工匠日夜雕板，印成二部之书。公览之，欣然曰：'适我愿兮。'复雕九经诸书。两蜀文字，由是大兴。"③据上可知，毋昭裔先后刻印了《文选》《初学记》《白氏六帖》及《九经》诸书，刻印时间在后蜀孟昶广政十六年（953年）前后。

宋代私宅家塾刻书已经相当普遍，如陆游《跋历代陵名》所说："近世士大夫所至，喜刻书版"④。关于宋代家刻，据叶德辉《书林清话》卷三《宋私宅家塾刻书》著录的有47家，如岳珂相台家塾、廖莹中世綵堂、蜀

---

① 薛居正：《旧五代史·周书》卷一二七，中华书局，1976，第1672页。
② 脱脱等：《宋史》卷四七九，中华书局，1977，第13894页。
③ 委心子：《新编分门古今类事》卷十九，中华书局，1987，第293－294页。
④ 陆游：《陆放翁全集》，中国书店，1986，第159页。

广都费氏进修堂、临安进士孟祺、京台岳氏、建邑王氏世翰堂、建安蔡子文东塾之敬室、寇宅、瞿源蔡潜道宅墨宝堂等。宋代家刻内容，经史子集一应俱全。经书如岳珂相台家塾刻《九经》《三传》，廖莹中世綵堂刻《五经》《论语何晏集解》《春秋经传集解》等，史书如蜀广都费氏进修堂刻印《资治通鉴》、建邑王氏世翰堂刻印《史记索隐》、麻沙镇水南刘仲吉宅刻《新唐书》、麻沙镇南斋虞千里刻《十七史蒙求》、建溪三峰蔡梦弼傅卿家塾刻《史记》、建安黄善夫宗仁家塾刻《史记》等，子书如瞿源蔡潜道宅墨宝堂刻《管子》、建安虞氏家塾刻《老子道德经》、茶陵谭叔端刻《新刊淮南鸿烈解》、崇川于氏刻《新纂门目五臣音注扬子法言》等，诗文集如廖莹中世綵堂《韩昌黎集》、临安进士孟祺刻《文粹》、建安蔡子文东塾之敬室刻《击壤集》、王抚干宅刻《颐堂先生文集》等。宋代家刻以正史、正经和诸子文集为多，代表性的人物有朱熹、陆游、廖莹中、广都费氏、蔡梦弼、黄善夫、魏仲举等。

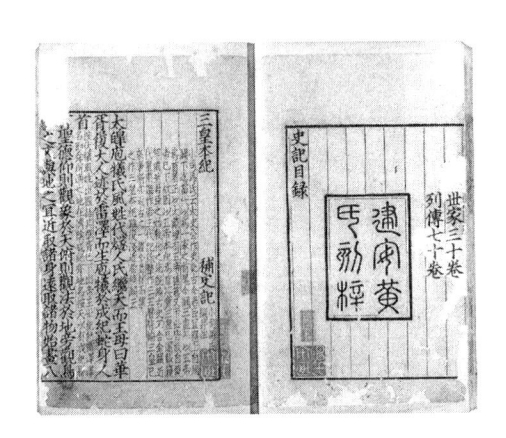

图 20　宋建安黄善夫家塾刻本《史记》

元代家刻数量也不少，仅叶德辉《书林清话》卷四《元私宅家塾刻书》就著录有 39 家，如平阳府梁宅、平阳许宅、建安郑明德宅、陈忠甫宅、花谿沈氏家塾、古迂陈氏家塾、云坡家塾、安成郡彭寅翁崇道精舍、虞氏南谿精舍明复斋、平阳曹氏进德斋、存存斋、孙存吾如山家塾益友书堂、考永堂、平阳高昂霄尊贤堂、范氏岁寒堂、复古堂、丛桂堂、严氏存耕堂、平阳司家颐真堂、唐氏齐芳堂、汪氏诚意斋集书堂等。就刻书内容来讲，元代家刻经史子集一应俱全，尤以经部和集部书为多。如经书有平阳府梁宅刻《论语注疏》、平阳曹氏进德斋刻《尔雅郭注》、刘君佐翠岩精舍刻《周易传义》等，史书如平阳道参幕段君子成刻《史记集解附索隐》、刘霞卿刻《汉书》、云衢张氏刻《宋季三朝政要》、苏天爵刻《两汉诏令》等，子书如古迂陈氏家塾刻《尹文子》、精一书舍陈实夫刻《孔子家语》等，诗文集如孙存吾如山家塾益友书堂刻《范德机诗集》、丁思敬刻《元丰类稿》、平阳高昂霄尊贤堂刻《河汾诸老诗集》、李怀素刻《知常先生云山集》、复古堂刻《李长吉歌诗》等。除私宅家塾刻书外，一些家族祠堂也参与了刻书，如金华吕氏祠堂刻印过吕本中《童蒙训》二卷，严陵赵氏祠堂刻印过《赵复斋易说》六卷等。元代家刻以岳浚、李璋、刘贞等为代表。

明代初期的家刻种类不多，印数亦少。但到了中期以后，特别是正德、嘉靖间，兴起了翻刻、影刻宋版之风，其源出于以苏州、吴县为中心的一批私人藏书家。其中较著名的有正德间陆元大翻刻宋建康郡斋本《花间集》《晋二俊集》《李太白集》；嘉靖间袁褧嘉趣堂翻刻宋淳熙严州郡斋本《世说新语》和宋本《六臣注文选》；震泽王延喆翻刻宋黄善夫本《史记》；沈与文野竹斋翻刻《西京杂记》《韩诗外传》《唐荆川集》；吴元恭太素馆仿刻宋本《尔雅经注》，被清阮元誉为经注本之最善者；黄省曾刻影宋本《山海经》《水经注》；顾春世德堂摹刻宋本《六子全书》；郭云鹏济美堂摹刻宋本《柳河东集》等。以上刻书家均为吴县人，由于他们都是藏书家，注重善本，精加校勘，所刻书都可与宋本媲美。在这种风气的带动下，明代家刻迅速发展，涌现出一大批刻书家，著名者有李瀚、朱承爵、张习、许宗鲁、洪楩、袁褧、顾元庆、顾起经、郭勋、郭云鹏、闻人铨、范钦、胡宗宪、范惟一、王世贞、张佳胤、杜思、吴勉学、吴琯、冯梦祯、屠隆、张燮、李之藻、曹学佺、臧懋循、张溥、胡正言、毛晋等。

清代私家藏书及考据之风盛行，极大地推动了家刻的发展，刻书种类和数量不计其数。清代家刻代表数量之多，不胜枚举，如周亮工、朱彝尊、徐乾学、黄叔琳、卢见曾、卢文弨、袁枚、鲍廷博、吴骞、孙星衍、张敦仁、张海鹏、黄丕烈、阮元、梁章钜、孔继涵、秦恩复、金山钱氏、蒋光煦、伍崇曜、汪士钟、顾千里、胡克家、缪荃孙、王先谦、刘喜海、黎庶昌、叶德辉、罗振玉等。清代家刻有两大特色：一是喜欢自己亲手写版，或请名家写版。如黄丕烈手写上版的《季沧苇书目》，字画圆润而苍劲，刻印不失原书神韵，可作识别黄氏题跋手迹的有力参考。清人宋荦、黄叔琳、姚培谦、何文焕等人的著作，也都是软体字书写上版，字体秀

41

美，笔力遒劲，刊印精工。闽中侯官著名书法家林佶，曾手写汪琬撰《尧峰文钞》、陈廷敬撰《午亭文编》、王士禛撰《古夫于亭稿》和《渔洋精华录》，被藏书家誉为"林氏四写"。二是汇刻了大量的丛书。据张之洞《书目答问》及叶德辉《书林清话》所记，清代编刻的丛书有130余种之多。较著名的有黄丕烈的《士礼居丛书》、鲍廷博的《知不足斋丛书》、卢文弨的《抱经堂丛书》、毕沅的《经训堂丛书》、孙星衍的《平津馆丛书》、钱熙祚《守山阁丛书》等。

（三）坊刻系统

所谓坊刻，是指民间商业性质的刻书机构，也可指其所刻的图书。它以赢利为目的，通常以家庭作坊为经营单位，一般有自己的写工、刻工、印工，也称书肆、书堂、书棚、书铺、书籍铺等。坊刻在我国古代三大刻书系统中起源最早，从唐初雕版印刷术发明以来，它就存在于民间了。据文献可考的唐代坊刻有"成都府成都县龙池坊卞家""上都东市大刁家""京中李家""剑南西川成都府樊赏家""西川过家"等。如1944年成都市望江楼附近的唐墓中出土的一份唐代印刷品《陀罗尼经咒》，中镌佛像，四周双边，框外有"成都府成都县龙池坊卞家印卖咒本"字样。唐代坊刻印卖的图书中，以佛经最多，历书、字书、韵书、占梦、相宅等民间用书次之，诗文集亦有零星出现。坊刻分布地区则以长安、四川、淮南等地为主。五代历时较短，坊间印本相对沉寂，迄今尚未发现文献记载。

宋代坊刻随着雕版印刷的普及有了很大发展，但北宋坊刻实物流传下来及文献记载的很少，仅见叶德辉《书林清话》卷三《宋坊刻书之盛》载有一例：浙江杭州大隐坊于北宋政和八年（1118年）刻朱肱《南阳活人书》。因此有人推测，北宋坊间刻书可能受到多方限制，主要承接官方委托的图书刻印业务。南宋以后，坊刻如雨后春笋般发展起来，形成了四大坊刻中心，即以杭州和金华为代表的两浙坊刻、以建安为代表的福建坊刻、以成都和眉山为代表的蜀中坊刻、以吉州为代表的江西坊刻。据《书林清话》记载，两浙书坊有临安府太庙前尹家书籍铺、杭州钱塘门里车桥南大街郭宅、临安府金氏、金华双桂堂等；福建书坊有建宁府黄三八郎书铺、蔡琪纯父一经堂、武夷詹光祖月厓书堂、崇川余氏、建宁府陈八郎书铺、建安江仲达群玉堂等；四川书坊有西蜀崔氏书肆、南剑州雕匠叶昌等；江西书坊有临江府新喻吾氏等。宋时书坊至元时犹存的，有闽山阮仲猷仲德堂，刻有《春秋经传集解》《杨氏家传方》《说文解字韵谱》等。南宋时期出现了具有全国影响的著名坊肆，如建阳余仁仲的万卷堂、临安陈起的陈宅书籍铺。建安余氏是福建刻书世家，自北宋起即以刊书为业，绵延至元明时期。

图 21 元刘氏翠岩精舍刻书牌记

元代坊肆刻书风气之盛不让南宋，因此叶德辉在《书林清话》中说："元时书坊所刻之书，较之宋刻尤多，盖世愈近则传本多，利愈厚则业者众，理固然也。"① 仅叶氏所举，元代坊刻就有39家，分布地区主要以建宁为中心。元代坊刻内容除传统的经史之外，医书有了明显增长，举业之书也较多，如朱熹《四书集注》几乎充塞书市。另外元曲数量很多，见于元末钟嗣成《录鬼簿》著录的就有400余种，其中不乏坊刻本。为此，叶德辉这样评价元代坊刻："大抵有元一代，坊行所刻，无经史大部及诸子善本，惟医书及帖括经义浅陋之书传刻最多。由其时朝廷以道学笼络南人，士子进身儒学与杂流并进。"②

明代坊刻数量很多，既有留存下来的元代旧刻坊，也涌现出了一大批新的刻坊，主要分布在建阳、金陵（南京）、苏州、杭州、北京、新安（徽州）等地。就刻本内容而言，明代坊刻前期多经史读本，后期多戏曲、小说类通俗读物，且多有插图。明代刻书仍以建阳为最盛，而建阳书坊主要集中在麻沙、崇化两地。据周弘祖《古今书刻》不完全统计，明代福建刻书470种，建阳刻书就多至366种。嘉靖《建阳县志》著录建阳书坊刻

---

① 叶德辉：《书林清话》卷四《元时书坊刻书之盛》，中华书局，1957，第103页。
② 叶德辉：《书林清话》卷四《元时书坊刻书之盛》，中华书局，1957，第111页。

书更是多达 451 种。明代建阳坊刻，不乏百年以上的老字号，如余氏勤有堂，自宋至明，堪称三代老铺；郑氏宗文堂经营近 300 年，刘氏日新堂开业 192 年，刘氏翠岩精舍操刀 156 年，刘氏安正堂椠梓 130 余年，亦都是老号新张，名满海内。[①] 建阳刻坊也不乏后起之秀，如余象斗三台馆、刘洪慎独斋、刘龙田乔山堂等。金陵作为六朝古都，刻书历史悠久，吸引了湖州、歙县等地的刻工，可考的坊刻有五十多家，其中以唐姓最多。苏州向是人文荟萃之地，可考的书坊有大观堂、天许斋、五雅堂、玉夏斋、世裕堂等二十余家。杭州的书坊则以胡文焕文会堂、容与堂、徐象橒曼山馆、段景亭读书坊等较为著名。北京书肆虽多，但主要以图书贸易为主，真正刻书还在其次，可考的有永顺堂、金台汪谅、冯氏忠孝堂、晏氏忠恕堂、金台岳家、铁匠胡同叶铺、国子监前赵铺等。

    清代的坊刻较之于明代，其刻书中心发生了部分变化。建阳因麻沙书坊遭遇大火，典籍书版尽付一炬，从此一蹶不振，但闽西的四堡镇却异军突起。四堡坊刻始于明末邹氏，在经历了近百年的草创和发展后，至乾嘉时期逐渐走向鼎盛。由于独特的地理环境和人文因素，四堡坊刻形成了家族式协作与管理的经营模式，先后创立了一百二十余家书坊，较著名的有三十多家，如碧清堂、文海楼、文香楼、翰宝楼、五经堂、林兰堂和翼经堂等，主要由邹氏、马氏两家在经营。清代坊刻较集中的其他地区还有北京、南京、苏州、扬州等地。北京琉璃厂的书肆虽不少，但在清初主要从事书业贸易，清代中叶以后才开始有不少书肆刻书，可考者有富文堂、文盛堂、善成堂、近文斋、半坡居士、二酉斋等三十余家。隆福寺也有不少书肆刻书印卖，如聚珍堂、宝书堂、文成堂、老二酉堂等。南京保留了不少由明入清的老书坊，如奎璧斋、大业堂、世德堂等，同时也出现了不少后起之秀，如芥子园、萃文书屋、李光明庄等，其中以李光明庄最为知名。清代苏州书坊林立，是当时的刻书中心地区之一，可考的刻坊有书业堂、文学山房、四美堂、聚文堂、黄金屋、绿荫堂等，其中最著名的当属席氏扫叶山房。就刻书内容来看，清代坊刻多民间大众读物，诸如小说、戏曲、唱本、医术、星占、类书、日用杂书等。因书肆多重营利，往往因降低成本而影响书品质量，不如官刻、家刻精美，但它在繁荣文化市场和普及教育方面所起的作用是不容忽视的。

---

① 李致忠：《古代版印通论》，紫禁城出版社，2000，第 260 页。

以上所述官刻、家刻、坊刻，是中国古代图书出版史上的三大主要系统。除此之外，还有寺观刻书、书院刻书作为补充。它们一起为中国古代文献的出版和传播提供了相对稳定的渠道。同时，围绕着文献的内容控制与复制传播行为，在官府、出版商及作者之间自发形成了某种稳定的社会关系，包括管理与协作关系，行业竞争关系，人身及财产关系等。为了维系这种社会关系，中国古代社会建立和施行了一套与之相适应的社会道德、行业准则和法律规范，比如对作者经济利益进行补偿的润笔制度、官方打击盗版的规定等。这些都是从出版体制层面对文献传播行为的管理和控制。

心理层次：古籍版本活动的社会意识

从孔子的七世祖正考父校勘《商颂》时以《那》篇为首算起，我国古代同书异本的校勘活动迄今已有两千七百多年的历史。除了同书异本的比较研究外，古籍版本的收藏、阅读、流通与鉴赏等，也都属于古籍版本活动的内容。古籍版本在传播利用过程中，因为社会个体参与这些活动而产生的种种思想观念，经过长期的历史积淀，逐渐形成了带有群体性特征的社会意识，这就是中国古籍版本文化的心理形态，也是构成中国古籍版本文化的重要组成部分。

一　嗜读求知的心理

中华民族是一个爱学习的民族。在我国历史上有很多关于勤奋读书的成语典故，如"韦编三绝""悬梁刺股""囊萤映雪""凿壁借光""目不窥园""牛角挂书"等，反映了古人对阅读的热爱和对知识的追求。图书作为人类知识的承载体，它的第一功用就是供人阅读和学习，这在古代也不例外。古代有很多图书收藏者，本身就是读书人。像先秦诸子百家里的人物，很多都有藏书的积累。如墨子的藏书就很多，据《墨子·贵义》载："子墨子南游使卫，关中载书甚多。"[①] 惠施也有不少藏书，庄子就说过"惠施多方，其书五车"[②] 的话，后人遂用"学富五车"指一个人很有学问。苏秦第一次周游列国失败，回家后家人不给他洗衣服，对他刺激很大，于是连夜把藏书翻出来，"陈箧数十"，发愤读书，终成六国宰相。这说明他平时也积累了不少藏书。

[①] 苏凤捷、程梅花注说《墨子》，河南大学出版社，2008，第362页。
[②] 曹础基注说《庄子·天下》，河南大学出版社，2008，第439页。

古代知识分子倾其所有,竭其所能地收藏图书,究其目的,大多是为了自己阅读和获得知识。正如清代藏书家张金吾所说:"欲致力于学者,必先读书;欲读书者,必先藏书。藏书者,诵读之资,而学问之本也。"又说:"藏书而不知读书,犹弗藏也。"① 古人嗜读求知心理,从他们的著述文字中也可窥见一斑。如北宋西昆诗派领袖钱惟演曾说:"平生惟好读书,坐则读经史,卧则读小说,上厕则阅小辞。"② 连上厕所的时间也不放过,可见读书到了何种痴迷的地步。南宋杰出诗人杨万里在《谭氏学林堂记》中说:"绝甘屏荤,而以诗礼为膏粱;捐绮抵缟,而以文史为襟带;去丝远竹,而以简编为笙镛。"③ 版本目录学家尤袤更是说过"饥读之以当肉,寒读之以当裘,孤寂而读之以当友朋,幽忧而读之以当金石琴瑟也"④的话,把读书当做无所不能替代的精神享受。尤袤特别珍视藏书,于书无所不读,每读则无所不记。他每天退朝回家,总是闭门谢客,专事抄录古书,因此他的藏书抄本多、善本多。清代大才子袁枚酷爱读书,年轻的时候无力购置,每过书肆,垂涎翻阅,经常找人借书,"不与,归而形诸梦",直到"通籍后,俸去书来,落落大满"⑤,凡清秘之本,约十得六七,筑随园以藏之。袁枚专门写过一首诗,抒发自己的读书理想:"掩卷吾亦足,开卷吾乃忧。卷长白日短,如蚁观山丘。秉烛达夜旦,读十记一不。更愁千载后,书多将何休。吾欲为神仙,向天乞春秋。不愿玉液餐,不愿蓬莱游。人间有字处,读尽吾无求。"⑥ 袁氏嗜读情结的至诚表白,应该代表了大多数古代读书人的心声。

古人嗜读自然有其原因,一般而言,不外乎三个方面。一是提高个人品德修养,二是治学求知,三是经世致用。就提高修养而言,孔子就曾说过:"好仁不好学,其蔽也愚;好知不好学,其蔽也荡;好信不好学,其蔽也贼;好直不好学,其蔽也绞;好勇不好学,其蔽也乱;好刚不好学,

---

① 张金吾:《爱日精庐藏书志·自序》,文史哲出版社,1982。
② 欧阳修:《归田录》卷二,林青校注,三秦出版社,2003,第114页。
③ 杨万里:《诚斋集》卷七五《谭氏学林堂记》,台湾商务印书馆影印清文渊阁《四库全书》本,1986。
④ 陆友仁:《遂初堂书目后跋》,载尤袤《遂初堂书目》,清道光丙(1846年)海山仙馆丛书刻本。
⑤ 袁枚:《小仓山房诗文集》文集卷二二《黄生借书说》,周本淳校,上海古籍出版社,1988,第1620页。
⑥ 袁枚:《小仓山房诗文集》诗集卷六《读书二首》,周本淳校,上海古籍出版社,1988,第111页。

其蔽也狂。"① 强调读书是培养"仁""知""信""直""勇""刚"等优秀品德的基础。宋代诗人黄庭坚认为,读书是日常修为的一部分,不可一日废止,"士大夫三日不读书,自觉语言无味,对镜亦面目可憎。"② 明人祁承㸁在《澹生堂藏书约》中也说:"昔人饥以当食,寒以当衣,寂寥以当好友,余岂能过之。第所为胸中久不用古今浇灌,便尘俗生其间,照镜则面目可憎,对人则语言无味,殆为是耳。"③ 他们对读书可以提高人的品德修养的认识可谓高度一致。

在治学方面,宋代著名书法家米芾说:"一日不读书,便觉思涩。"④ 认为读书是学术思想产生的源泉。陆游也是一个"书癖",他晚年归隐后,筑有一个书室,取名"老学庵",表明自己老而犹学的志向。明末清初的大儒黄宗羲主张藏书、读书、治学三者应该结合起来。他的藏书楼"续钞堂"收集了明代许多大家的藏书,而他的许多著述,如《明夷待访录》《明儒学案》等,都是在这些藏书的基础上完成撰著的。如全祖望在总结黄宗羲的治学成就时,就谈到了黄氏的藏书和抄书活动:

> 公愤科举之学,思所以变之。既尽发家藏书读之,不足则抄之同里世学楼钮氏、澹生堂祁氏,南中则千顷斋黄氏,吴中则绛云楼钱氏。穷年搜讨,游屐所至,遍历通衢委巷。薄暮,一童肩负而返,乘夜丹铅,次日复出,率以为常。⑤

而全祖望本人同样是藏书与治学兼顾,依靠藏书来著述。他家中聚书五万卷,几乎日不离书,即使在外任职或舟车旅途,也必捆载大量图书随行,因此才有《鲒埼亭集》《七校水经注》《汉书地理志稽疑》等三十余种著作问世。清代其他学者,如朱彝尊、徐乾学、惠栋、戴震、段玉裁、杭世骏、翁方纲、严可均、莫友芝等,也莫不是读书治学与藏书并重。

古人也有为经世致用而读书的,如陆游诗云:"归老宁无五亩园,读

---

① 杨伯峻:《论语译注》,载中华书局,1980,第184页。
② 陈继儒:《岩栖幽事》,载程不识《明清清言小品》,湖北辞书出版社,1993,第74页。
③ 祁承㸁:《澹生堂藏书约·自序》,上海古籍出版社,2005,第4页。
④ 陈继儒:《岩栖幽事》,载程不识《明清清言小品》,湖北辞书出版社,1993,第74页。
⑤ 全祖望:《鲒埼亭集》卷一一《碑铭》,收入《全祖望集汇校集注》,上海古籍出版社,2000,第214页。

书本意在元元。"① 所谓元元,指的是黎民百姓,也就是强调读书目的在于治国利民、建功立业。作为明末清初的三大儒之一的顾炎武,也提倡经世致用,主张把读书治学与解决社会问题联系起来。他年轻时屡试不中,于是"感四国之多虞,耻经生之寡术"②,以为八股之害甚于始皇焚书,乃遍览历代史乘、郡县志书,作《天下郡国利病书》。明代藏书家祁承㸁在教子读书时说:"当尔之时,诚驽才矣。若能常保数百卷,千载终不为小人。谚曰:积财千万,不如薄技在身。技之易习而可贵者,无过读书。世皆欲识人之多,见事之广,而不肯读书,是犹求饱而懒营馈,欲暖而懒裁衣也。"③ 与陆游、顾炎武的胸怀天下相比,祁承㸁以技艺喻读书,希望借此安身立命、谋取功名,又是一种更低层次的经世致用。

很多古籍版本收藏家在自读之外,非常期望能将读书的家风传承下去。他们以各种方式不断告诫后人要珍爱图书,如唐代杜暹(据《旧唐书》卷九八,杜暹为濮州濮阳人,以至孝闻名)在藏书卷末题诗云:"清俸写来手自校,子孙读之知圣教,鬻及借人为不孝。"④ 杜兼(《新唐书》卷一七二有传,称其为京兆人,"性浮险,尚豪侈",与杜暹不是同一人)亦在其藏书末端写下了类似的训诫:"清俸写来手自校,汝曹读之知圣道,坠之鬻之为不孝。"⑤ 他们都将子孙不爱惜藏书的行为视为古人最忌讳的不孝,表达了对后人读书明理、不坠家风的期待。北宋的黄庭坚《题胡逸老致虚庵》诗云:"藏书万卷可教子,遗金满籯常作灾。"⑥ 南宋洪咨夔《示诸儿》诗云:"有书不勤读,惰农失春种。如何望秋成,箕杵日簸弄。一经胜籯金,万帙供洛诵。所愿器业进,增益门户重。"⑦ 他们表明的也是以诗书传家的心愿。类似的劝善和告诫还有很多,如元代书法家赵孟頫在藏书卷末题识:"吾家业儒,辛勤置书。以遗子孙,其志如何?后人不读,将至于鬻。颓其家声,不如禽犊。"直接骂禽兽不如,可谓声色俱厉。明代祁承㸁刻有一枚藏书印,印文云:"澹生堂中储经籍,主人手校无朝夕。

---

① 陆游:《剑南诗稿校注》卷八《读书》,钱仲联校注,上海古籍出版社,1985,第626页。
② 顾炎武:《顾亭林诗文集》,华忱之点校,中华书局,1983,第131页。
③ 祁承㸁:《澹生堂藏书约·读书训》,上海古籍出版社,2005,第6页。
④ 周辉:《清波杂志》卷四《借书》,《宋元笔记小说大观》,上海古籍出版社,2001,第5049页。
⑤ 钱易:《南部新书》辛部,载《宋元笔记小说大观》,上海古籍出版社,2001,第365页。
⑥ 黄宝华选注《黄庭坚选集·题胡逸老致虚庵》,上海古籍出版社,1991,第298页。
⑦ 转引自黄镇伟《中国圣贤论读书明志》,云南人民出版社,1997,第74页。

读之欣然忘饭食，典衣市书恒不给。后人但念阿翁癖。子孙益之守弗失。"① 理学家吕坤以非常严厉的口吻告诫自己的子孙："吕氏典籍，传家读书，子孙共守，不许损失借卖，违者茔祠除名。"② 不许葬入祖坟，不许列名祠堂，这在封建时代是相当严厉的惩罚。相比之下，清人孙树礼可谓循循善诱："积财以贯计，积书以卷计。积财十万贯，子孙日夕取求焉，不数年而用已罄；积书十万卷，子孙日夕取求焉，终其身用之不尽，更传诸子若孙，数十世亦不能尽也。故昔人有积财十一积书十九之语。"③ 他将积书与积财作了比较，认为还是积书划算，也是希望子孙后代读书的种子绵延不绝。

当然，古人嗜读也并不都抱有功利的目的，有的仅仅是为了自怡，把读书作为陶冶身心的一种生活方式。如宋代才女李清照在《金石录后序》里追忆了她与赵明诚共读相赏的情景：

> 每获一书，即同共勘校，整集签题。得书、画、彝、鼎，亦摩玩舒卷，指摘疵病，夜尽一烛为率。故能纸札精致，字画完整，冠诸收书家。余性偶强记，每饭罢，坐归来堂，烹茶，指堆积书史，言某事在某书、某卷，第几页、第几行，以中否角胜负，为饮茶先后。中即举杯大笑，至茶倾覆怀中，反不得饮而起，甘心老是乡矣。④

此种读书雅趣，其乐融融，怎不令人艳羡和怀念？南宋理学家罗大经也曾在《鹤林玉露》中以优美的笔触描绘了自己超凡脱俗的读书生活：

> 余家深山之中，每春夏之交，苍藓盈阶，落花满径，门无剥啄，松影参差，禽声上下。午睡初足，旋汲山泉，拾松枝，煮苦茗啜之。随意读《周易》、《国风》、《左氏传》、《离骚》、《太史公书》及陶杜诗、韩苏文数篇。从容步山径，抚松枝，与麛犊共偃息于长林丰草间。坐弄流泉，漱齿濯足。既归竹窗下，则山妻稚子作笋蕨，供麦饭，欣然一饱。弄笔窗间，随大小作数十字，展所藏法帖、墨迹、画

---

① 邓之诚：《骨董琐记》卷一《藏书印》，中国书店，1991，第9页。
② 王重民：《中国善本书提要》，上海古籍出版社，1983，第122页。
③ 孙树礼：《善本书室记》，载丁丙《善本书室藏书志》，光绪辛丑（1901年）钱塘丁氏刻本。
④ 平慧善：《李清照及其作品》，时代文艺出版社，1985，第166－167页。

卷纵观之，兴到则吟小诗，或草《玉器》一两段。再烹苦茗一杯，出步溪边，邂逅园翁溪友，问桑麻，说粳稻，量晴校雨，探节数时，相与剧谈一饷。归而倚杖柴门之下，则夕阳在山，紫绿万状，变幻顷刻，恍可入目。牛背笛声，两两来归，而月印前溪矣。①

读书赏画，吟诗品茗，忘情书卷，陶醉山水，人、书与田园风光自然地融为一体。此情此景，读书人夫复何求？明代福建藏书家徐𤊹也曾在《读书乐》一文中讲述了自己读书的快乐："余尝谓人生之乐，莫过闭门读书。得一僻书，识一奇字，遇一异事，见一佳句，不觉踊跃。虽丝竹满前，绣罗盈目，不足喻其快也。"②清代诗人王士祯也是一位以求书读书而自怡的人，朱彝尊曾经谈到他的这种求书精神："先生自始仕迄今，目耕肘书，借观辄录其副，每以月之朔望，玩慈仁寺日中集，俸钱所入，悉以购书。"③一般人登门造访，很难遇见他，但在书肆却很容易见到他。他自己在《古夫于亭杂录》中曾得意地记下此事："昔在京师，士人有数谒予而不获一见者，以告昆山徐尚书健庵。徐笑谓之曰：'此易耳，但值每月三五，于慈仁寺书摊候之，必相见矣。'如其言，果然。"④言下颇有自得之乐。清人萧梦松有一枚藏书印，印文曰："名山草堂，萧然独居。门无车马，坐有图书。沈酣枕籍，不知其余。俯仰今昔，乐且宴如。"表达的也是读书的无限情趣。

二 惜字爱纸的心理

惜字爱纸是我国儒家文化的一种悠久传统。来新夏先生在谈到古代藏书家的文化心态时曾经指出，历代藏书家确乎有一种共识，主要有两点：一是他们都珍惜和善待民族文化的传统，视保护民族文化为己任，千方百计地保护好作为民族文化主要载体的图书；二是把藏书作为自己的自怡行

---

① 罗大经：《鹤林玉露》丙编卷四，载《宋元笔记小说大观》，上海古籍出版社，2001，第5356—5357页。
② 叶昌炽：《藏书纪事诗附补正》，上海古籍出版社，1989，第295页。
③ 朱彝尊：《曝书亭集》卷六六《池北书库记》，世界书局，1937，第768页。
④ 王士祯：《古夫于亭杂录》卷三，中华书局，1988，第68页。

为，以藏书为手段，求得自身心态的满足。① 在秦始皇焚书坑儒之际，以伏生为代表的秦代旧儒凭记忆背诵古文《尚书》二十八篇，以孔氏家族为代表的汉儒偷偷地把儒家经典藏在墙壁的夹层里，还有的将图书藏于山林洞府，用各种方式保护了先秦文化。除了民间自发的保护行为外，官方也多有文献征集和保护活动。每每一个新王朝建立后，通常都会向民间采集图书，如东汉王朝建立后，光武帝进行了"采求阙文，补缀漏逸"的图书搜集工作，于是许多士人"抱负坟策，云会京师"②，很多典籍得以获存于世。清末藏书家丁丙、丁申兄弟在太平天国的战火中抢救文澜阁《四库全书》的事迹，更是被传为佳话。纵观中国历代藏书家，他们对图书内容与形式的保护和珍爱主要体现在以下三个方面。

（一）对图书实体外观的爱护

早在简策时代，古人就知道用杀青避蠹的方法保护书籍。汉刘向《别录》云："新竹有汁，善折蠹。凡作简者，皆于火上炙干之。陈、楚间谓之汗。汗者，去其汁也。吴、越曰杀，亦治也。"③ 汉魏时期，人们已经知道用黄蘖染纸可以防蠹。宋人又发明了一种椒纸，具有避蠹的功能。赵元考采用寒食面与腊月雪水调和粘书，据说此法可以使书不蠹。明代宁波天一阁多采用芸香避蠹。明清之际，广东南海发明了一种"万年红"涂料，涂在纸上，不仅可以防蠹，还可以美化装饰古籍。清人方功惠藏书则以东丹笺作副叶，因其可以避蠹。孙从添《藏书纪要》详尽介绍了皂角炒末可避鼠害，炭屑、石灰、锅锈铺地可驱白蚁等藏书保护方法。关于晒书，古人也有很多经验，如贾思勰《齐民要术》说："五月湿热，蠹虫将生，书经夏不舒展者，必生虫也。五月十五日以后，七月二十日以前，必须三度舒而展之。须要晴时，于大屋下风凉处不见日处。日曝书，令书色暍。热卷，生虫弥速。"④ 在古籍保护实践中，人们还发明了古籍装裱修复技术。大约从晋代开始，我国就已经出现古籍修复活动。北齐时期的颜之推告诫

---

① 来新夏：《藏书家文化心态的共识与分野》，载徐良雄《中国藏书文化研究》，宁波出版社，2003，第3页。
② 范晔：《后汉书》卷七九上，中华书局，1965，第2545页。
③ 应劭：《风俗通义校释》，吴树平校释，天津人民出版社，1980，第409页。
④ 贾思勰：《齐民要术校释》卷三《杂说》，缪启愉校释，中国农业出版社，1998，第227－228页。

后人,"借人典籍,皆须爱护,先有缺坏,就为补治"①,将爱惜图书视为士大夫的基本美德之一。宋代为装裱书画,市面上出现了装裱行业,一些藏书楼也设有专门的人员负责装裱书画名作。清代藏书家陆烜修补古书别有心得,他在《梅谷随笔》中介绍:"修补古书,浆粘中必入白芨,则岁久不脱。"② 黄丕烈独创了书籍"复背护持法",认为古书经如此处理可增强韧性,不致因频繁取阅而磨损。

古人对图书的珍爱,有时达到了一种近乎虔诚的心理。最具代表性的例子就是北宋的司马光,据费衮《梁溪漫志》记载:"司马温公独乐园之读书堂,文史万余卷,而公晨夕所常阅者,虽累数十年,皆新若手未触者。"读了几十年的书,还跟从来未用手碰过一样新,真是不可思议。司马光当然有自己的爱书之法,他在教训儿子公休爱护图书时说:"贾竖藏货贝,儒家惟此耳。然当知宝惜!吾每岁以上伏及重阳间,视天气晴明日,即设几案于当日所,侧群书其上,以曝其脑,所以年月虽深,终不损动。至于启卷,必先视几案净洁,藉以茵褥,然后端坐看之。或欲行看,即承以方版,未尝敢空手捧之,非惟手汗渍及,亦恐触动其脑。每至看竟一版,即侧右手大指面衬其沿,而覆以次指面捻而挟过,故得不至揉熟其纸。每见汝辈多以指爪撮起,甚非吾意。今浮图、老氏,尤知尊敬其书,岂以吾儒反不如乎?当宜志之!"③ 明人陈继儒《读书十六观》载:"赵子昂书跋云:'聚书藏书,良非易事。善观书者,澄神端虑,静几焚香,勿卷脑,勿折角,勿以爪侵字,勿以唾揭幅,勿以作枕,勿以夹刺,随损随修,随开随掩。'"④ 这就是元代赵孟頫给自己和家人订下的"八勿四随"的读书规矩。明清藏书家钤印在他们留给后人的藏书上的印文,如"性命轻至宝重""后人观之宜加珍护""愿流传勿污损""勿恣意涂窜""凡我子孙宜珍惜宝爱""在在处处有神物护持"等,反映了他们爱书护书的极致心态。更有甚者,黄丕烈每年除夕之夜还要举行"祭书"活动,张蓉镜得到了宋本《击壤集》,竟在书上血书"南无阿弥陀佛"祈求菩萨保佑,

---

① 颜之推撰,王利器集解《颜氏家训集解》卷一《治家》,上海古籍出版社,1980,第66页。
② 任继愈:《中国藏书楼》,辽宁人民出版社,2001,第24页。
③ 费衮:《梁溪漫志》卷三,载《宋元笔记小说大观》,上海古籍出版社,2001,第3371-3372页。
④ 叶昌炽:《藏书纪事诗附补正》,上海古籍出版社,1989,第80页。

清末江标刻有一枚长恩像（注："长恩"为我国古代传说中的司书神）的藏书印，乞求神灵护佑自己的藏书。

(二) 对图书卷帙完整性的保护

古籍在流传过程中，由于各种社会及自然原因，散佚的现象十分普遍。而对于藏书家而言，心痛莫过于此。因此他们总是呕心沥血、刻意搜访，冀望通过自己的诚心与努力，使尽可能多的残卷断帙能在自己手里得以破镜重圆、完璧如初。他们有的不仅藏书，还主持或参与刻书，使得一些珍本秘籍得以化身千万。如北宋经靖康之变，原来流行的《宋书》《南齐书》《北齐书》《梁书》《陈书》《魏书》《周书》等七部史书，在中原大地已不易见到。南宋藏书家井度（字宪孟）在四川任职期间，对七史重加收集补缀，在眉山刊行，史称"眉山七史"，其书版后被收入明南京国子监，对于保护我国古代文化作出了重要贡献。南宋另一位藏书家兼刻书家陈起，好收集刊刻唐诗，王国维称赞他："宋季临安书肆，若陈氏父子遍刻唐宋人诗集，有功于古籍甚焉。"[1] 陈起还与当时的江湖派诗人结成朋友，将他们的作品编辑刊刻为《江湖集》及前集、后集、续集，使很多南宋诗人的作品，得以流传至今。

明朝弘治年间，台州人谢铎和知府简继芳先后重刊过宋本《赤城志》，但到清乾嘉年间"重梓之版已散佚"，宋世荦了解到洪颐煊和郭协寅二家藏有残本，从"友人洪筠轩别驾颐煊、郭石斋茂才叶（协）寅各得残册，交互影钞，遂成全帙"[2]。明著名藏书家和刻书家毛晋的儿子毛扆，继承了父亲的遗志，他在刊刻《中吴纪闻》时，因家藏版片残缺了不少，向叶盛的裔孙叶九来借来旧抄本，发现该书卷末记云："洪武八年（1375年），从卢公武借本录存。"毛扆欣喜若狂，连夜抄校，纠正了原版片中一百多处错误，并补齐了版片所残缺的内容。陆深自幼喜爱藏书，壮年后历官京都，但俸银有限，虽经常逛书肆，见过不少珍本秘籍，"然限于力，不能举群聚也。间有残本不售者，往往廉取之。故余之书多断缺，缺少者或手自补缀，多者幸他日之偶完而未可知也。"[3] 脉望馆主人

---

[1] 王国维：《两浙古刊本考序》，收入《观堂集林》卷二一，河北教育出版社，2001，第648页。
[2] 宋世荦：《重刻嘉定赤城志序》，收入《台州丛书》，嘉庆二十三年（1818年）刻本。
[3] 叶昌炽：《藏书纪事诗附补正》，上海古籍出版社，1989，第147页。

赵琦美曾从旧书铺里购得李诫《营造法式》残帙一部，中缺十余卷。为补全此书，赵琦美四处寻访，先在一书商手里买得残本三册，后又设法从国家秘阁书库中借抄此书，但阁本亦残缺六七卷。他毫不气馁，继续遍访各家书楼坊肆，终于在二十年后补齐此书。赵琦美高兴之余，不惜花巨资从城里请来绘图师，重新为该书配制了插图，精心装潢，使该书臻于完善。

明末清初藏书家钱谦益非常喜欢读《微之集》，但他只有抄本和翻刻本，且缺字很多。后来他访得宋刻本，但因年代久远，宋本上也有许多字迹不清的地方。明末战乱刚一结束，他就去四处访书，终于一天在京城的破庙里发现了元刻本《微之集》残本一部，急忙买回家，一经对照，发现诸本残缺之处，元刻本内容完好无损。他欣喜若狂，立即动手将原藏宋刻本及抄本上空缺的字补齐，使这部残缺了四百多年的珍本得以完全。清代藏书家叶树廉，藏书楼名朴学斋，性嗜书，每遇宋元善本，虽零缺单卷必购。常捐衣食之需以聚书，多至近万卷。曹溶认为古人之诗文集甚多，但原本首尾完善而流行后世的，亦不过十之二三，特别是宋元文集至清初时已佚亡颇多，因此他专好收宋元文集。他编成的《敬惕堂书目》收录宋人文集一百九十六家、元人文集一百三十九家，后来绝大多数都被收进了《四库全书》。版本学家黄丕烈有一次从陈鳣那里得到半部未见刻本《庆湖遗老诗集》，几年后，又从张绍仁家收到半部同样的《庆湖遗老诗集》。两相对照，竟是一部书的两半部，由此终使一部残书成为完帙。黄丕烈在解释自己何以重视收购残破不全之书时说："余喜蓄书，兼蓄重出之本，即破烂不全者亦复蓄之，重出者取为雠勘之具，不全者或待残缺之补也。"① 又说："余生平喜购书，于片纸只字皆为之收藏，非好奇也，盖惜字耳。往谓古人慧命全在文字，如遇不全本而弃之，从此无完日矣，故余于残缺者尤加意焉，戏自号曰'抱守老人'。"② 黄丕烈曾购得宋版《温国文正司马公文集》，但该书破烂不堪，蠹鱼数以百计，缺页及无字处每册俱有。黄氏遂精加补缀，择良工为之装潢，费时近两年始补装一新，其工费已倍于买书价而达百余两银。乾隆至道光年间的藏书家陈揆，曾经从书船上买到一部唐人刘赓的《稽瑞集》，这部书是历代藏书目录都没有著录过的秘

---

① 黄丕烈：《士礼居藏书题跋记》卷五，潘祖荫辑，书目文献出版社，1989，第239页。
② 黄丕烈：《士礼居藏书题跋记》卷六，潘祖荫辑，书目文献出版社，1989，第324页。

本，因此给自己的藏书楼取名为"稽瑞"。他的藏书特点是"专于史志而旁嗜说部，其大较以网罗散帙、存亡继绝为宗旨"①。可以想见，如果没有这些藏书家及时的辑亡补佚、精心保藏，很多古籍或许早在数百年前便已湮没人间了。

明清学者还非常注意编刻丛书以保护古籍版本。如明代学者臧懋循毕生致力于元杂剧的搜集，编刊了百卷本《元曲选》，其所收元曲数占现存元曲总数的2/3。毛晋汲古阁辑刻了《津逮秘书》，荟萃人间善本足本，精加校勘，嗜书者偶得之，视若拱璧。清代常熟张海鹏又在汲古阁本《津逮秘书》的基础上，补充自购善本，再加上借自各家之本，多为传世将绝者，增订而成《学津讨原》，收书一百七十多种。张海鹏还刻有《墨海金壶》，收书以"文澜阁本居多，从宋刻旧椠钞录者什之三"②；又刻有《借月山房汇钞》，专收清代学者著述及四库未收之书，刊为袖珍本，校刻俱佳。其他较著名的还有黄丕烈的《士礼居丛书》、鲍廷博的《知不足斋丛书》、卢文弨的《抱经堂丛书》、毕沅的《经训堂丛书》、孙星衍的《平津馆丛书》、钱熙祚《守山阁丛书》等。在提倡汉学的风气下，清代还编刻了不少专门辑佚的丛书，如黄奭的《汉学堂丛书》、马国翰的《玉函山房辑佚书》、严可均的《全上古三代秦汉三国六朝文》等。他们的藏书和刻书活动，为保护和传承中国古代典籍作出了不可估量的贡献。

（三）对图书文字准确性的维护

古代图书在传抄、翻刻等流传过程中，由于眼讹手误，总是难免会出现一些文字上的错误，偏离了图书最初的面貌，故有"书三写，鱼成鲁，虚成虎"（《抱朴子·遐览》）的古语。又有校书如扫尘，旋扫旋生的说法。因此可以说，从图书诞生之日起，文献校勘活动就一直伴随着图书收藏、整理与传播利用的整个过程。前文提及的孔子先祖正考父，就是有文字记载的最早从事文献校勘的人。从此之后，文献校勘代不乏人。如孔子及其弟子子夏就曾校勘过当时的图书。三国时期的蜀人向朗，史称其"自去长史，优游无事垂三十年，乃更潜心典籍，孜孜不倦。年逾八十，犹手

---

① 黄廷鉴：《第六弦溪文钞》卷二《藏书二友记》，清光绪十年（1884年）虞山后知不足斋刻本。
② 任继愈：《中国藏书楼》，辽宁人民出版社，2001，第164页。

自校书，刊定谬误，积聚篇卷，于时最多。"① 北齐的颜之推提出了"观天下书未遍，不得妄下雌黄"② 的观点，并首次采用考古发现的金石铭文来校勘《史记》的误字。北宋时期的馆阁校勘图书通常包括校勘、覆校和点检三道程序，还专门制定了严格的"校雠式"。明代的赵用贤为校五卷本的《洛阳伽蓝记》，先后用了八年时间，以五种不同本子校雠，共改正误讹增补遗漏八百六十余字，才使这本不算太厚的书终成善本。

清代朴学复兴，文献校勘也达至鼎盛时期，名家辈出。张之洞《书目答问》附二《清代著述诸家姓名略总目》胪列《校勘之学家》，共举校勘家三十一人，分别是：何焯、惠栋、卢见曾、全祖望、沈炳震、沈廷芳、谢墉、姚范、卢文弨、钱大昕、钱东垣、彭元瑞、李文藻、周永年、戴震、王念孙、张敦仁、丁杰、赵怀玉、鲍廷博、黄丕烈、孙星衍、秦恩复、阮元、顾广圻、袁廷梼、吴骞、陈鳣、钱泰吉、曾钊、汪远孙等。这些校勘家因各人学术背景的不同，在校勘时表现出不同的专业化特色和价值取向，如阮元、王引之等人比较注重从音韵训诂的角度来校勘图书；戴震等人则"学长于考辨"，擅长破解那些与名物制度相关的难题；有的校勘家讲究版本的搜罗和比勘，如黄丕烈、顾广圻、卢文弨等，他们通常被学界称为版本学派；而以钱大昕、段玉裁等为代表的学者则更多地关注图书的内容，注重文本的考据，因而被誉为考据学派。两派在校勘方法上各有侧重，版本学派力主"死校法"，即"据此本以校彼本，一行几字，钩乙如其书；一点一画，照录而不改。虽有误字，必存原文"；考据学派则推崇"活校法"，即"以群书所引，改其误字，补其阙文。又或错举他刻，择善而从"③。前者主要在于校明异同，恢复古籍原貌，求图书版本之真；后者在于从义理方面对内容进行审核，校明是非，订正谬误，以求事实之真。

清儒校勘图书无以计数，其中以卢文弨校书最多，遍及经、史、子、集四部，多达二百三十余种。他校刻的《抱经堂丛书》共十七种，其中仅《群书拾补》就校勘了《五经正义》《周易注疏》等三十七种古籍；其次

---

① 陈寿：《三国志·蜀书》卷四一，中华书局，1959，第 1010 页。
② 颜之推撰，王利器集解《颜氏家训集解》卷三《勉学》，上海古籍出版社，1980，第 219 页。
③ 叶德辉：《藏书十约·校勘》，载徐雁、王燕均《中国历史藏书论著读本》，四川大学出版社，1990，第 533 页。

就是顾广圻，经他校跋的书也有二百来种，且校勘质量较为精审，如《韩非子识误》等；王念孙父子擅校经书，《读书杂志》就是王念孙校勘十八种古籍的成果汇集。而且，《读书杂志·淮南内篇后序》归纳出古籍致误通例六十二则，是对校勘学成果的一次系统的总结。王念孙之子王引之在《经义述闻·通说》中，进一步将这些通例归纳为更具普遍性的十二条规律；钱大昕校勘史书极为精细，其成果主要汇集在《廿十二史考异》《十驾斋养心录》中；戴震校勘了《算经十书》《水经注》《大戴记》和《仪礼》等十八种古书，其中以校《水经注》和《方言》用力最深，并在《水经注·序》中总结出了"审其义理，按之地望"的校勘方法；段玉裁费三十余年精力校正了《说文解字》，并在阮元幕中主定《十三经注疏校勘记》，影响巨深。以上所举，皆为乾嘉学者，其后学术界校勘风气稍减，至清末仍出现了像孙诒让、俞樾这样的校勘大家。孙诒让校书约有近百种，其中七十八种被收入《札迻》。章太炎认为，《札迻》可与王念孙的《读书杂志》相媲美；俞樾的《群经平议》《诸子平议》和《古书疑义举例五种》则通过审辞气、正句读、归条例，总结出不少校勘规律。

  中国古代读书人不畏艰辛，自觉地担当起了校书护书的历史重任。他们通常以自家藏书为基础，加上朋友之间互通有无和从书肆四处搜罗来的珍本秘籍，或孤军奋战，或相互切磋，长年累月地沉溺于陈编烂简之中，从事着在旁人看来异常枯燥单调的古籍校勘工作，数年艰辛，一朝完备，则喜不自胜，津津乐道。这如果没有惜字爱纸的儒家精神和对文化高度负责的历史使命感，显然是办不到的。我们今天阅读和使用的大部分古籍，字里行间都凝聚着他们的心血和对图书的珍护之情。

三 崇古"佞宋"的心理

  中国古人爱书，尤其爱古书。自孔子提出"述而不作，信而好古"（《论语·述而》）的思想之后，历代藏书家深远其影响。如最早提出"善书"一词的西汉河间献王刘德，曾就图书的内容、字体、年代、著者提出了自己的藏书标准：就内容来讲，必须是真本，也即正本；就字体来讲，专收古文书籍；就时间来讲，专收先秦旧书；就著者来讲，皆"七十子之徒所论"①。这四条标准实际上都是围绕古本展开的。此后,历代学者莫不如此。如东汉的许慎就颇重古本,如在他的名著《说文解字》中,所引经书与今文殊异,多战国古文字。唐太宗李世民也曾下诏,令校书"以六朝旧本"为正。

大约在明代中晚期,因为宋版书日益稀见,逐渐成为藏书家追求的至宝,佞宋的风气也渐形成。所谓佞宋,就是对宋版书的热爱到了痴迷的地步。万历年间,藏书家王世贞在做南京刑部尚书时,偶遇一书商正在出卖一部刻印精美、装帧考究的宋版《两汉书》。王世贞见到此书,爱不释手。书商揣摩出他非买此书不可的心理,要价极高。他一时拿不出那么多钱,又担心书被别人买去,于是与书商商定,用自己的一座庄园来换这部书,此事轰动一时。王氏对古书之痴迷,可见一斑。明代常熟著名藏书家和出版家毛晋,曾在自家门口贴出一则广告:"有以宋椠本至者,门内主人计页酬钱,每页出二百;有以旧抄本至者,每页出四十;有以时下善本至者,别家出一千,主人出一千二百。"周边地区的书贾藏家,争相卖书给毛家,有的外地书舶甚至日夜兼程赶来,以至于常熟一带流传有"三百六十行生意,不如鬻书于毛氏"②的民谚。据王咸绘《汲古阁图》题辞:"毛晋社主结藏书阁于隐湖之滨,颜曰汲古。次以甲乙,分以四库,非宋元绣梓不在列焉。"③可见,汲古阁就是一个宋元善本书库。

清代藏书家中,洪亮吉在《北江诗话》中提到的赏鉴家,在古籍版本方面大多属崇古佞宋一类,如清前期的钱谦益、钱曾、曹溶、季振宜,中期的黄丕烈、顾之逵、汪士钟等,后期的陆心源、邵懿辰、莫友芝、杨绍和、李希圣等。绛云楼主钱谦益是个宋元旧版的书痴,曹溶就说他"太偏性,所收必宋元版,不取今人所刻及钞本。"④钱谦益的族孙——版本学家钱曾在《述古堂书目》自序中也谈了自己收藏古籍版本的体会:"余二十年,食不重味,衣不完采,捆当家资,悉藏典籍中。如虫之负版,鼠之搬姜,甲乙部居,粗有条理。忆年驱雀时,从先生长者游,得闻其绪论。逮壮有志藏弆,始次第访求,问津知涂,幸免于冥行摘埴。然生平所嗜,宋

---

① 班固:《汉书》卷五三《汉书·河间献王传》,中华书局,1962,第2410页。
② 荥阳梅道人:《汲古阁主人小传》,载毛晋《汲古阁书跋》,上海古籍出版社,2005,第3页。
③ 曹之:《毛晋藏书考略》,《山东图书馆季刊》2002年第1期。
④ 钱谦益:《绛云楼书目·题词》,中华书局,1985。

椠本为最。冯定远每戏予曰：'昔人佞佛，子佞宋刻乎？'相与一笑，而不能已于佞也。"① 王士禛可谓钱曾的知音，他在《居易录》中描述了自己与之类似的心理："余官都下二十余载，俸钱之入，尽以购书。尝冬日过慈仁寺，见《尚书大传》、《朱子三礼经传通解》、荀悦、袁宏《汉记》，欲购之。异日侵晨往索，已为他人所有，归来怊怅不可释，病卧旬日始起。古称书淫成癖，未知视余如何？自知玩物丧志，故是一病，不能改也。亦欲使吾子孙知之。"② 清代中叶的藏书大家和版本学家黄丕烈一生无声色犬马之好，惟喜欢收藏图书和读书、校书，尤其喜爱宋版书，"每于除夕布列家藏宋本经史子集，以花果名酒酬之。"③ 他的好友顾广圻为他撰《百宋一廛赋》，说他家所藏宋本多达百部以上，就送他一个外号"佞宋主人"。黄氏欣然领受，便常自署此号。有一次，他得影宋写本《周易集解》首册，其余九册为友人陈鳣所得，黄为此急得生了一场大病，病危时也不肯把首册转让给陈鳣。陈鳣获知此事后，为使其速愈，遂将该书的其余九册全部让给了黄丕烈。黄氏得书后大喜，病居然很快就好了。"佞宋"一词可谓生动地概括了黄丕烈藏书的一生。为此，清人叶昌炽在《藏书纪事诗》中咏黄丕烈藏书事说："得书图共祭书诗，但见咸宜绝妙词。翁不死时书不死，似魔似佞又如痴。"④ 清末四大藏书家之一的陆心源，其藏书多得自汪士钟艺芸精舍所收乾嘉时苏州黄丕烈士礼居、周锡瓒水月亭、袁廷梼五观楼、顾之逵小读书堆等四大家之旧藏，极为珍贵，故号藏书楼为"皕宋楼"，意为宋版书有两百部之多。

对于钱谦益、黄丕烈等人的崇古佞宋心理，我们不能一味地认为只是一种收藏癖好，因为他们不仅是版本学家，同时也是诗人、学者，他们深知宋元旧版的学术价值。曹溶就说："宗伯（即钱谦益）每一部书能言旧刻若何，新板若何，中间差别几何。验之纤悉不爽。盖于书无不读，去他人徒好书束高阁者远甚。"⑤ 王芑孙《黄荛圃陶陶室记》曰："今天下好宋板书未有如荛圃者也。荛圃非惟好之，实能读之。于其板本之后先，篇第之多寡，音训之异同，字画之增损，及其授受源流、翻摹本末，下至行幅

---

① 叶昌炽：《藏书纪事诗附补正》，上海古籍出版社，1989，第345页。
② 叶昌炽：《藏书纪事诗附补正》，上海古籍出版社，1989，第383页。
③ 徐康：《前尘梦影录》卷上，中华书局，1985，第26页。
④ 叶昌炽：《藏书纪事诗附补正》，上海古籍出版社，1989，第573页。
⑤ 叶昌炽：《藏书纪事诗附补正》，上海古籍出版社，1989，第335－336页。

之疏密广狭、装缀之精粗敝好，莫不心营目识，条分缕析。"① 佞宋之风如果都弥漫着如此浓厚的为学旨趣，该是古籍版本文化史上的幸事。也不排除有的人借宋版书附庸风雅，让旁人笑话，如陈其元《庸闲斋笔记》载："今人重宋版书，不惜以千金数百金购得一部，则什袭藏之，不特不轻示人，即自己亦不忍数翻阅也。余每窃笑其痴。昆山令王鼎臣刺史定安酷有是癖，偿买得宋椠《孟子》，举以夸余，余请一观，则先负一楗出，楗启，中藏一楠木匣，开匣，乃见书。书之纸墨亦古，所刊字画亦无异于今之监本。余问之曰：'读此可增长智慧乎？'曰：'不能。''可较别本多记数行乎？'曰：'亦不能。'余笑曰：'然则不如仍读我监本，何必费百倍之钱购此也？'王恚曰：'君非解人，不可共君赏鉴。'急收弆之。余大笑去。"② 但客观地讲，明清藏书家崇古佞宋的心理是中国古籍版本文物价值的一种反映。

四 秘藏吝借的心理

我国古代大概是从宋代开始，在读书人中间流行着"借书一痴，还书一痴"的说法。这句话翻成白话的意思是：借书给别人是傻瓜，借了别人的书再还回去更是傻瓜。一方面主张不借，另一方面主张借了不还，如此一来，陷入恶性循环。古代图书流通之难，就可以想见了。其实，这里可能存在一个历史的误会。"借书一痴，还书一痴"的说法，可以追溯到唐代以前，但"痴"字原本是何字，已经不可考了。唐末的李匡文认为是"嗤"字，南宋的邵博认为是"㼡"字。如果是"借书一嗤，还书一嗤"，意颇不可解，很少人认同此说。"㼡"，与"痴"同音，是古代的一种酒器。"借书一㼡，还书一㼡"，邵博认为是古人借书和还书的时候，以酒作为执见之礼。这倒是一番雅意，但不知为何被宋人讹成了"借书一痴，还书一痴"，与原意大相径庭。不管怎么说，原话到了宋人的嘴里，变成了大家都不认同借和还书的行为，这就说明问题了。

中国古代藏书家灿若星辰，却很少有人愿意把书借给外人。前文所举

---

① 叶昌炽：《藏书纪事诗附补正》，上海古籍出版社，1989，第573页。
② 陈其元：《庸闲斋笔记》，《中华野史》，泰山出版社，2000，第9285页。

古人藏书印，多有对子孙"不许损失借卖"的训诫就是一个明证，"楼不接客，书不传人"成为大多数藏书家遵守的信条。如明代藏书家唐尧臣家"万竹山房"的万卷藏书，都钤有"借书不孝"的藏印。著名的"天一阁"主人范钦在藏书楼前手书禁牌："擅将书借出者，罚不与祭三年。"①明人谢肇淛《五杂俎》记载一位金华虞参政，"藏书数万卷，贮之一楼，在池中央，小木为杓，夜则去之。榜其门曰：'楼不延客，书不借人。'"②清代的钱曾撰成《读书敏求记》，但他爱书成癖，绝不将该书示人，在家就把书锁在书箧中，出门则随身携带。朱彝尊爱其书，不得已以黄金翠裘贿赂钱曾的书童，将《读书敏求记》偷偷抄出，用这种"雅赚"的方式才使得该书得以流传于世。晚清小说家刘鹗慕名到清末四大藏书楼之一的海源阁借读藏书，结果吃了闭门羹，扫兴而归。于是他在所著小说《老残游记》第八回中让书中主人公"老残"题诗一首："沧苇遵王士礼居，艺芸精舍四家书，一齐归入东昌家，深锁嫏嬛饱蠹鱼。"③诗中表达的意思是：江南四大藏书家季振宜、钱曾、黄丕烈、汪士钟的藏书最后都归入了山东聊城的海源阁，但海源阁的主人把它们深锁在书柜中，白白被蠹鱼蛀食。

分析古人藏书秘而不宣的心理，大致有这样几方面的原因。

一是聚书不易，易散难聚。古语说："君子之泽，三世而斩。"古籍版本的收藏也是如此，鲜有能传三代者。这主要是因为藏书需要满足不少条件：首先，要有一定的经济实力。古人聚书主要是通过购买，而藏书人中家资丰厚的毕竟是少数。很多家境贫穷的读书人，只好通过借抄的方式来聚书，这就需要日积月累，持之以恒，没有坚韧的毅力不可能做到。其次，要有一定的图书知识和版本鉴赏能力。古人藏书并不是一味追求数量和规模，更重要的是收藏质量，能辨识版本就非常重要，这就需要专业知识，并不是人人都能做到。再者，也需要一定的机遇。宋元旧本可遇而不可求，并不是有钱就能买来的。加上兵燹战乱和自然灾害等原因，古籍版本的收藏和传世更是不易。少数具有以上条件的藏书家凭着自己对古籍收藏的热爱与痴迷，在历经寻访、采买、抄写、交换、赐赠的种种曲折之后，好不容易如愿以偿，又岂肯将自己辛苦得来的果实轻易借人呢？

---

① 阮元：《宁波天一阁书目序》，载李希泌、张华《中国古代藏书与近代图书馆史料》，中华书局，1982，第40页。
② 谢肇淛：《五杂俎》卷一三，上海书店出版社，2001，第265页。
③ 刘鹗：《老残游记》，天津古籍出版社，2005，第49页。

二是版本珍贵，无可替代。历代藏书家都把宋元旧本视为极品，一旦收得一部宋版书，往往将之视为镇楼之宝，有的甚至以宋本标榜楼名室名，以示隆重。如陆心源的"皕宋楼"、黄丕烈的"百宋一廛"；潘承厚、潘承弼兄弟得宋版蜀大字本《陈后山集》二十卷，因号其楼曰"宝山楼"。这些宋元旧本无可替代，一旦丢失或损坏，便成千古遗恨。非但不外借，更是不轻易示人。即便是普通版本的全帙图书，一套借去一本，久借不归，全书便成了残本，最为可恼。清代著名的藏书大家瞿绍基，一生淡泊仕途，惟喜读书、藏书。乾隆几次下江南，都到瞿家看书。光绪帝也喜好古籍，多次派人到瞿家借书。有一部书光绪很想要，以封三品官、给银三十万两为交换条件。瞿氏以先朝颁有诏书，不便出卖为由谢绝了，光绪只好作罢。

三是以蓄财牟利为目的。古书藏书者，未必全是读书人，也有部分从事图书贸易的书商。洪亮吉在《北江诗话》中提到的掠贩家，指的就是这一类人。我国早在汉代就出现了图书交易市场槐市。北齐的辛术就曾到淮南寿春一带，"大收典籍，多是宋、齐、梁时佳本，鸠集万余卷。"① 宋代也有不少流动的书商，如《道山清话》载："近世印书盛行，而鬻书者往往皆躬自负担。"② 明代有一书商周子肇，专"以鬻书为业，而喜交士大夫，又时时载书出游，足迹几半天下。"③ 清代江南苏杭地区有很多以贩运图书为主业的书舫，穿梭于运河、苕溪、太湖之间，专事"掠贩"图书，如俞樾为丁申《武林藏书录》题诗云："山堂书贾推金氏，古籍源流能缕指。吾湖书客各乘舟，一棹烟波贩图史。"④ 当然，读书人当中也有因生活所迫而卖藏书的，这并不是绝对的。但既然把藏书当做获利的商品，自然就不会轻易外借他人。

对于古人秘藏吝借的心理，我们需要辩证地看。一方面，它不利于古籍版本最大范围的流通利用，但另一方面，它又确实保护了古籍。中国古代藏书流传至今的百不存一，而范氏天一阁之所以能完好地保存至今，就是因为坚持了"代不分书，书不出阁"的祖训。况且，并不是所有的藏书家都是秘不示人的，如汉代蔡邕多藏书，因爱惜少年王粲的才华，将自己

---

① 李百药：《北齐书》卷三八《辛术传》，中华书局，1972，第503页。
② 佚名：《道山清话》，载《宋人笔记小说大观》，上海古籍出版社，2001，第2929页。
③ 王应奎：《柳南随笔》卷一，中华书局，1983，第9页。
④ 丁申：《武林藏书录·题辞》，古典文学出版社，1957。

的藏书六千余卷赠予王粲。后周窦禹钧建"义塾",聚书千卷,供生员阅读。宋代的宋敏求居都城春明坊时,士大夫喜读书者多居其侧,以便借阅其藏书。李常（字公择）少时读书于庐山五老峰下白石庵僧舍,为官后,藏书于庐山五老峰下,凡九千余卷,供人借读。明代藏书家杨循吉在自家书橱上题诗曰:"吾家本市人,南濠居百年。自我始为士,家无一简编。辛勤二十载,购求心颇专。小者虽未备,大者亦略全。经史及子集,一一义贯穿。当怒读则喜,当病读则痊。恃此用为命,纵横堆满前。当时作书者,非圣必大贤。岂待开卷看,抚弄亦欣然。奈何家人愚,心惟财货先。坠地不肯拾,断烂无与怜。朋友有读者,悉当相奉捐。胜付不肖子,持去将鬻钱!"[1] 他把毕生的藏书赠予爱书的朋友,也不愿让它被不肖子孙卖了,这才是真正的爱书人。清代的周永年与桂馥合筑藉书园,聚书其中,供人阅览传抄,以广流传。以上这类藏书家虽不是主流,但他们通过向公众、社会开放的形式,捐私产为公益,以传布图书为己任,使一家之藏为众人所用,在中国古籍版本文化史上留下了一段佳话。

---

[1] 叶昌炽:《藏书纪事诗附补正》,上海古籍出版社,1989,第135页。

中编

古籍版本文化源流

历代国子监刻书考

中华文明，源远流长。自雕版印刷术在唐代的中国诞生之日起，刻书事业就在中国古老的大地上生根、发芽、成长、繁荣起来，在历史上形成了官刻、家刻、坊刻三大系统。刻本源流也成为中国古籍版本文化的一大奇观。三大刻书系统之中，无论是从经济实力还是学术资源来看，都以官刻实力最为雄厚。而纵观我国古代官刻的发展历史，只有一种刻本自始至终没有中断。它发轫于五代，终止于清朝，绵延不绝近千年。这就是国子监刻书。作为我国古代中央官刻的主体，国子监刻书开创了我国官方刻印儒家经典的先河，对于保存、传播古代文献，保护和继承中华文化，尤其是官方的主体文化，作出了不可磨灭的贡献。

一 国子监沿革述略

国子监是中国古代执掌教育的机构，为古代中国的最高学府，得名于《周礼》"国之贵游子弟学焉"[1]，历史上又称"国子学""辟雍""明堂"等。

一进国子监的大门——集贤门，是一个黄色琉璃瓦牌楼。牌楼之里，是一座十分华丽的建筑，这就叫辟雍……（辟雍）是在平地上开出一个圆的池子，当中留出一块四方的陆地，上面盖了一座十分宏大的四方大殿，安了一个巨大的镏金顶子，梁柱檐饰，皆朱漆描金，透刻敷彩，看起来像顶大花轿似的。[2]

---

[1] 杨天宇：《周礼译注·地官·师氏》，上海古籍出版社，2004，第199页。
[2] 转引自王艾宇《北京的大花轿》，《光明日报》1999年8月5日《文萃副刊》。

这是汪曾祺先生在《国子监》一文中给我们描述的一进国子监大门时的最初印象。这样的一座四方大殿不仅是出于古代建筑家的奇思巧想，更有其特定的历史内涵。《三辅黄图》引《援神契》曰："明堂上圆下方，四窗八牖。"又引《考工记》曰："上圆象天，下方法地，八窗即八牖也，四闼者象四时四方也。"① 可知这"四方"造型的殿身加上圆顶，是象征天地的，而对开的四门加上八扇大窗，乃是象征四时八节。不过对"四门"也另有一解，清代学者毛奇龄在《学校问》里认为，明堂四门指的是诗、书、礼、乐四学。辟雍的名称，《三辅黄图》引《白虎通》作如是解："辟者，璧也，象璧圆以法天也；雍者，壅之以水，象教化流行也。"② 因而，辟雍是体现国子监教育功能的一种形象的叫法。

（一）西汉至两晋的太学

国子监的历史可追溯到西汉的太学。汉武帝纳董仲舒之言，起立太学，置五经（书、礼、易、春秋、公羊）博士，开博士弟子员之科，征选天下茂才异士，至太学教。不过当时所谓的"太学"，颇为简单，仅以明堂、辟雍为受业之所，学生（即"博士弟子"）只不过五十人而已，而教授（即"主经博士"）也只有五人，每经一人。东汉时，五经教授定为十四人，太学也已具相当规模，如史载光武建武五年（29年），重建太学，在"洛阳城南开阳门外，去宫八里。讲堂长十丈，广三丈，堂前石经四部"③，中兴以后，顺帝扩建更修校舍，学生竟达三万人之众，规模可谓空前。

三国之世，政局分崩离析，干戈不断，太学有名无实，已呈现衰落景象。建安年间，曹操当政，始逐渐重视教育，但仅限于地方学校。至曹丕篡汉，正式改号称帝，方始成立太学。据《三国志·魏志》载："黄初五年（224年）夏四月，立太学，制五经课试之法，置春秋谷梁博士。"④ 虽然太学制度业已恢复，但由于三国纷争，内外多事，青年人为了逃避力役，多求诣太学，以至学生良莠参差不齐，到了后期，也是有名无实。

晋承魏制，亦立太学。晋武帝初年，蜀国已降，吴国也已不敌，于是

---

① 史念海：《三辅黄图校注》，三秦出版社，1995，第281页。
② 史念海：《三辅黄图校注》，三秦出版社，1995，第278页。
③ 陆机：《洛阳记》，转引自陈青之《中国教育史》，岳麓书社，2010，第3页。
④ 陈寿：《三国志·魏志》卷二《文帝纪》，中华书局，1959，第84页。

一面厉兵绥靖，安定民生，一面兴办教育，整顿学务。据《宋书》记："泰始八年（272年），有司奏：'太学生七千余人，才任四品，听留。'诏：'已试经者，留之。其余遣还郡国。大臣子弟堪受教者，令入学。'"① 这次大规模的整顿和淘汰，把一些只是为了"避役"，而非真正求学的太学生"遣还郡国"后，太学仍剩余三千人之众，这些学生来源不等，既有世族子弟，也有寒门儒生，于是另立国子学，与太学并行为二，遂成为一种双轨的高等教育制度。这就是国子学的由来。据《晋书·职官志》载："咸宁四年（278年），武帝初立国子学，定置国子祭酒、博士各一人，助教十五人，以教生徒。"② 到晋惠帝时代，对国子学的"生徒"（即贵胄子弟）的入学资格还进一步加上了"品位"的限定，如《南齐书》载齐臣曹思文表云："晋初太学生三千人，既多猥杂，惠帝时欲辨其泾渭，故元康三年始立国子学，官品第五以上得入国学。"③ 这样，国子学就成了专门培养封建贵族子弟的学校。

（二）隋代至清朝的国子监

北齐始，国子学改称国子寺。隋初，沿称国子寺。隋炀帝继位后，改国子寺为国子监。至此，中国古代教育才算脱离了宗庙制度而独立发展起来。《隋书·百官志》载："国子监置祭酒一人，从三品；司业一人，从四品；丞三人，从六品。并置主簿、录事各一人。国子学置博士，正五品；助教，从七品，员各一人。学生无常员。太学博士、助教各二人，学生五百人。先是仁寿元年，省国子祭酒、博士，置太学博士员五人，为从五品，总知学事。至是太学博士降为从六品。"④ 隋代国子监地位与前代相比，发生了变化，已经上升为管理教育的专门行政机构，主要职责是管理中央政府所设立的国子学、太学、四门、书学、算学的教学及行政工作。

唐因隋制，亦有国子监之设。唐高祖建国之初，仅设高等学府"国子学"，组织上隶属太常寺，没有单独的教育管理机关。太宗统一天下后，非常重视教育工作，认为为政之要唯在得人，于是在贞观元年（627年）五月建立了专管教育的机构国子监，直接领导京师的国子、太学、广文、

---

① 沈约：《宋书》卷一四《礼志》，中华书局，1974，第356页。
② 房玄龄：《晋书》卷二四《职官志》，中华书局，1974，第736页。
③ 萧子显：《南齐书》卷九《礼志》，中华书局，1972，第144页。
④ 魏徵等：《隋书》卷二八《百官志》，中华书局，1973，第799页。

四门、律学、书学、算学等七学，共招收学生2210人。高宗龙朔二年（662年），改国子监为司成馆，咸亨元年（670年）复称监，武后垂拱元年（685年）改国子监为成均监，神龙元年（705年）复称国子监。唐国子监置"祭酒一人，从三品；司业二人，从四品下。掌儒学训导之政，总国子、太学、广文、四门、律、书、算凡七学。""丞一人，从六品下，掌判监事。""主簿一人，从七品下，掌印、句督监事。""录事一人，从九品下：胥吏有府七人、史十三人、亭长六人、掌固八人。"①

五代的学校教育制度多沿袭隋唐，因社会动荡，战乱频繁，国子监的官制变化不定，在《新五代史》《旧五代史》中都没有明确说明，但五代国子监设立了国子祭酒、司业、监丞等职。因政权更迭频繁，时间又短（907－960年）等原因，统治者虽有心发展教育，但给国子监的人力和财力支持都是很有限的。据《五代会要》载："梁开平三年（909年）十二月，国子监奏修建文宣王庙，请率在朝及天下见任官，俸钱每贯剋留一十五文。"②后唐明宗天成三年（928年），国子祭酒崔协因经费匮乏，奏请国子监每年只置监生200员，入学者还要通过考试。两年后国子监又奏，凡补国子监生者按旧例入学应交"束修"两千钱，及第后再交"光学钱"一千。可见当时国子监在经费上还是很困难的。

到了宋代，国子监制度渐完备起来，据《宋史》载："（国子监）旧置判监事二人，以两制或带职朝官充，凡监事皆总之。直讲八人，以京朝官选人充，掌以经术教授诸生。丞一人，以京朝官或选人充，掌钱谷出纳之事。主簿一人，以京官或选人充，掌文簿以勾考其出纳。监生无定员。国子监不仅人员齐备，而且职责分明。元丰改制以后，"始置祭酒、司业、丞、主簿各一人，太学博士十人（原注：旧系国子监直讲，元丰三年，诏改为太学博士，每经二人），正、录各五人，武学博士二人，律学博士、正各一人。祭酒掌国子、太学、武学、律学、小学之政令，司业为之贰，丞参领监事。"③

辽国子监仍置祭酒、司业、监丞、主簿等职，国子学下再置博士和助教。金代时，"国子监，国子学、太学隶焉。祭酒，正四品；司业，正五品，掌学校；丞二员，从六品，明昌二年（1191年）增一员，兼提控女真

---

① 欧阳修：《新唐书》卷四八《百官志》，中华书局，1975，第1262－1263页。
② 王溥：《五代会要》卷一六《国子监》，中华书局，1998，第211页。
③ 脱脱等：《宋史》卷一六五《职官志》，中华书局，1977，第3909－3910页。

学。国子学，博士二员，正七品，分掌教授生员、考艺业［原注：太学同。明昌二年添女真一员，泰和四年（1204年）减，大安二年（1210年）并罢］。助教二员，正八品（原注：女真、汉人各一员）。教授四员，正八品。分掌教诲诸生［原注：明昌二年，小学各添二员，承安五年（1200年）一员不除］。国子校勘，从八品，掌校勘文字。国子书写官，从八品，掌书写实录。太学，博士四员，正七品（原注：大安二年减二员）。助教四员，正八品（原注：明昌二年不除一员，大安二年减二员）。"①

元灭金后，设国子监和蒙古国子监，与兴文署一起均隶属于集贤院，机构组织如下：国子监，职掌国之教令。"置祭酒一员，从三品；司业二员，正五品，掌学之教令，皆德尊望重者为之；监丞一员，正六品，专领监务。典簿一员，令史二人，译史、知印、典吏各一人。国子学，秩正七品。置博士二员，掌教授生徒、考较儒人著述、教官所业文字。助教四员，分教各斋生员。大德八年（1304年），分为职上都，增置助教二员、学正二员、学录二员，督习课业。典给一员，掌生员膳食。"② 蒙古国子监，"置祭酒一员，从三品；司业二员，正五品；监丞一员，正六品"。设蒙古国子学掌教习诸生，置"博士二员，正七品；助教二员，正八品；教授二员，正八品；学正、学录各二员"。③

元末至正十六年（1356年），朱元璋率部攻下集庆路（南京），至正二十五年（1365年）九月，将原集庆路儒学改建为国子学，吴元年（1367年）定为正四品衙门，设祭酒、司业、博士、典簿、助教、学正、学录、典膳（后改为掌馔）等职。明朝正式成立后，于洪武八年（1375年）又在安徽凤阳建中都国子学。洪武十五年（1382年）将南京国子学和中都国子学改为南京国子监、中都国子监，俱从四品衙门。洪武二十六年（1393年）停办中都国子监，仍保留南京国子监。明成祖迁都北京后，永乐元年（1403年）又在北京建立了北京国子监。两京格局形成后，南京国子监简称为南监或南雍，北京国子监简称为北监或北雍。

明代国子监的人员组织如下："祭酒一人，从四品；司业一人，正六品。其属，绳愆厅监丞一人，正八品；博士厅，五经博士五人，从八品；率性、修道、诚心、正义、崇志、广业六堂，助教十五人，从八品；学正

---

① 脱脱等：《金史》卷五六《百官志》，中华书局，1975，第1272页。
② 宋濂：《元史》卷八七《百官志》，中华书局，1976，第2193页。
③ 柯劭忞：《新元史》卷五七《百官志》，吉林人民出版社，1995，第1424页。

十人,正九品;学录七人,从九品;典簿厅,典簿一人,从八品;典籍厅,典籍一人,从九品;掌馔厅,掌馔二人,未入流。"祭酒、司业的主要职责是"掌国学诸生训导之政令",监丞"职掌绳愆厅之事,以参领监务",博士"职掌分经讲授,而时其考课"。助教、学正、学录,"掌六堂之训诲,士子肄业本堂,则为讲说经义文字,导约之以规矩。"①

清袭明制,亦置国子监。雍正三年(1725年)始设总理监事一人,由满汉大学士、尚书、侍郎内特简充任。以下职官有:满汉祭酒各一人,从四品;满、蒙、汉司业各一人,正六品。再往下,有满、汉监丞二人,正七品;满、汉博士二人,从七品;满、汉典簿二人,从八品;汉典籍一人,从九品。率性、修道、诚心、正义、崇志、广业六堂助教,满十五人,蒙八人,汉六人,从七品;汉学正一人(光绪时增至四人),正八品;汉学录一人(光绪时增至两人),正八品;八旗官学助教,满二人,蒙一人;教习,满一人,蒙二人,汉四人;笔帖式,满四人,蒙、汉各二人。②光绪时,国子监人数还有大幅度的增加,总数达148人。其内部机构分为绳愆厅、博士厅、典簿厅、典籍厅、六堂、南学、八旗官学、算学及档子房、钱粮处等部门,各司其职,职责分明。

光绪三十一年(1905年),光绪帝下谕准山西学政宝熙奏请设立学部折,原谕说:"前经降旨停止科举,亟应振兴学务,广育人才。现在各省学堂已次第兴办,必须有总汇之区,以资董率而专责成。著即设立学部……国子监即古之'成均',本系太学,所有该监事务,着即归学部。"③学堂事务,悉归学部管理,只剩下文庙祀典活动,另设国子丞一人掌管。至此,国子监作为国家最高教育机关才算完成了它的历史使命,寿终正寝了。

从西汉太学,到清朝国子监废止、学部成立,国子监历时二千余年。在这漫长的岁月里,国子监作为我国古代的最高教育机构,为我国古代的教育事业作出了巨大贡献。而办教育离不开教材,在大力兴办教育的同时,国子监还热心于刻书事业,开了我国高等教育出版的先河。国子监刻书从五代开始,至清代而终,几乎从未间断,为发展和保存我国古代文化竭心尽力。所刻书籍,从经书而起,发展到经、史、子、集四大门类,种

---

① 张廷玉等:《明史》卷七三《职官志》,中华书局,1974,第1790-1791页。
② 赵尔巽:《清史稿》卷一一五《职官志》,中华书局,1976,第3319页。
③ 上海商务印书馆编译所:《大清新法令》,商务印书馆,2010,第34页。

类齐全，数量众多，质量精良，流传广泛，在我国古籍版本文化上有"监本"之美誉。

二　五代国子监刻书

在雕版印刷技术还没有发明之前，国子学的教学用书大多是靠手工抄写的（此外也有少量拓本），不免错漏百出。为了规范教材的使用，一般是通过刊刻石经的方法，把儒家经典的整部著作写刻在石碑上，供人抄写传读，起到校正经义文字的作用。《后汉书·蔡邕传》记载：

> 邕以经籍去圣久远，文字多谬，俗儒穿凿，疑误后学，熹平四年（175年），乃与五官中郎将堂溪典、光禄大夫杨赐、谏议大夫马日䃅，议郎张驯、韩说，太史令单飏等，奏求正定六经文字。灵帝许之。邕乃自书丹于碑，使工镌刻，立于太学门外。于是后儒晚学咸取正焉。及碑始立，其观视及摹写者，车乘日千余辆，填塞街陌。①

这就是后世所谓的"汉石经"，又称"熹平石经"，为我国石刻经书之始，也成为校勘经书的底本依据。后世不断仿效此法，如魏正始年间刊刻的三体石经（用古文、小篆和隶书三种书体镌石）、唐开成郑覃石经（楷书写就）、五代后蜀石经、宋仁宗至和石经、南宋绍兴石经、清石经等。

唐代雕版印刷技术发明后，最初印制佛经、历书最多，字书及韵书、占梦、相宅等民间杂书次之。这说明唐代还处于雕版印刷的初创阶段，印刷能力还非常有限，优先印刷的往往是那些需求量大的图书。直至唐代晚期，才始见零星诗赋的刻印。为了规范儒家经典的内容，唐贞观十二年（638年），太宗针对当时"儒学多门，章句繁杂"的局面，命国子祭酒孔颖达领衔，名儒颜师古、司马才章、王恭等人辅助，国子司业助教、太学博士、助教以及司门博士助教等二十余人参加编写《五经》义疏，经过两年的努力，于贞观十四年（640年）编成《五经》义疏180卷，太宗亲自定名为《五经正义》，交由国子监作为试用的教材。此后继续修订，终于在高宗永徽四年（653年）正式颁行天下，作为钦定的全国性的教科书。

---

① 范晔：《后汉书》卷六〇下，中华书局，1965，第1990页。

在唐代初期雕版印刷远未普及的情况下，这种颁行方式只能是写本形式，而不可能是雕版印刷形式。

五代是10世纪上半叶出现在我国历史上的一个大动荡、大分裂的时代。在短短53年时间里，北方梁、唐、晋、汉、周五代更迭；南方吴、吴越、前蜀、楚、闽、南汉、荆南（南平）、后蜀、南唐和北方的北汉十国并存。这种混乱割据的局面造成了战火连年、民生凋敝的历史悲剧，另一方面也造成了人们思想意识上的极大混乱。国子监刻书正是在这种历史背景下产生的。它首开了我国官方刻印儒家经典的先河。国子监开始刻书的原因有二：一是雕版印刷技术自唐发明以来，经过一段时间的实践和普及，技术上已经比较成熟；二是当时统治者需要用一种规范来统一和约束人们混乱的思想，刻书便成了一种首选的手段。

（一）刻书经过概述

五代国子监刻书大致可分为两个阶段。

1. 监本群经的雕镌

《五代会要》记载：

> 后唐长兴三年二月中书门下省奏：请依石经文字，刻《九经》印板。敕令国子监集博士儒徒，将西京石经本，各以所业本经句度，抄写注出，仔细看读。然后顾召能雕字匠人，各部随帙刻印板，广颁天下。如诸色人要写经书，并须依所颁敕本，不得更使杂本交错。其年四月，敕差太子宾客马缟、太常丞陈观、太常博士段颙、路航、尚书屯田员外郎田敏，充详勘官，兼委国子监于诸色选人中，召能书人端楷写出，旋付匠人雕刻……汉乾祐元年（948年）闰五月，国子监奏见在雕印《九经》内，有《周礼》、《仪礼》、《公羊》、《谷梁》四经未有印本，今欲集学官校勘四经文字镂板。从之。周广顺六年六月，尚书左丞兼判国子监事田敏，进印板《九经》书、《五经文字》、《九经字样》各二部，一百三十册。①

监本群经自后唐长兴三年（932年）开雕，经后晋、后汉至后周广顺六年（956年）结束，共历四朝七帝二十五年。这项漫长的工作是由冯道

---

① 王溥：《五代会要》卷八《经籍》，中华书局，1998，第96页。

组织国子监完成的。所依据的底本是西京的石经本。所谓西京石经，指的就是唐"开成石经"。参与的人员主要有当时的一些著名学者，如马缟等人。先由擅长某经的儒徒依"开成石经"录出，经过初校的底本，再次进行精校细勘，然后在国子监中选拔擅长书法的人，以端楷写出样本，上版雕印，并且规定每天雕印五纸的定额，如数完成者可得到奖励。

后唐的历史仅仅十四年，到公元936年即为后晋取代。后晋的历史更短，前后仅有十年，又被后汉取代。而后汉历时只有四年，又被后周推翻。这种朝代的更替，势必对于这次群经的雕刻事业造成影响。正因为此，到后汉乾祐元年（948年），距这项工作的开始已经有十六年，国子监仍奏还有《周礼》《仪礼》《公羊》《谷梁》四经未有印版，欲集学官考校雕造，可见进展还是很缓慢的。所幸冯道、田敏等人都不是仅在一朝为官，才使得这项事业没有中断下来，到后周广顺六年（956年），十二经全部刻完。

冯道，字可道，瀛州景城人。先事后唐，任户部侍郎、翰林学士、丞相等职；再事后晋，任太尉；又事后汉，任太傅、太师；后周时，再任太师，兼中书令。"当是时，天下大乱，戎夷交侵，生民之命，急于倒悬，道方自号'长乐老'，著书数百言。自谓'孝于家，忠于国，为子、为弟、为人臣、为师长、为夫、为父，有子、有孙。时开一卷，时现一杯，食味、别声、被色，老安于当代，老而自乐，何乐如之？'"① 尽管后人对冯道这种明哲保身、圆滑世故的人生态度多有非议，但他对于五代的国子监刻书事业的贡献却是不可磨灭的。

五代这次刻印群经是我国儒家经典的第一次开雕，也是雕版印刷术由民间进入官方阶层的一个重要步骤，它不仅使印书范围由唐代的杂书上升到经典层次，更为重要的是，它大大提高了雕版印刷术的地位，是我国印刷史上一桩具有划时代意义的事件，它标志着我国的书籍流通和文字传播开始进入了一个崭新的时代，对后世文化的发展和流布的影响是不可估量的。

2.《经典释文》的刻印

《五代会要》载：

---

① 欧阳修：《新五代史》卷五四《冯道传》，中华书局，1974，第614页。

显德二年（955年）二月，中书门下奏，国子监祭酒尹拙状称准敕校勘《经典释文》三十卷，雕造印板，欲请兵部尚书张昭、太常卿田敏同校勘。敕其《经典释文》已经本监官员校勘外，宜差张昭、田敏详校。①

又王应麟《玉海·艺文》：

唐陆德明《释文》用古文，后周显德六年郭忠恕定古文刻板（忠恕定《古文尚书》并《释文》），太祖命判国子监周惟简等重修。②

监本群经印成以后，刻印解释群经音义的《经典释文》也就自然提上了议事日程。监本《经典释文》自后周显德二年（955年）开始雕印，至显德六年（959年）雕成，历时五年。至此，五代监本群经及解释群经音义的《经典释文》全部刻印完毕，可谓善始善终。

（二）底本及校勘

王国维认为："监本《九经》虽依唐石经文字，然唐石经专刊经文，监本则兼经注。考六朝以后，行世者只有经注本，无单经本。唐石经虽单刊经文，其所据亦经注本，如《周易》前题'王弼注'……《尔雅》题'郭璞注'。又注家略例，序文无不载入，是石经祖本本有注文，但刊时病其文繁，古存其序例，刊落其注耳。监本反是，虽兼经注，非径以经注本上板，乃用石经经文，而取经注本之注以加之，故长兴三年敕云：'编注石经'。《会要》云：'将西京石经本，各以所业本经句度，抄写注出'，则其渊源编写，可得而知。然监本经文虽依石经，亦非无所校定，如《礼记》不以《月令》为首，《尚书》'若网在纲'改为'若纲在网'，显与石经本殊异。"③ 这就是说，五代监本的底本并非完全依照唐开成石经，开成石经只有经文，没有注文，五代监本则经、注兼备，其注文是依据前代"经注本之注以加之"，就是西京开成石经的经文，五代监本亦有改窜之处。

---

① 王溥：《五代会要》卷八《经籍》，中华书局，1998，第96-97页。
② 王应麟：《玉海》卷三七《艺文·开宝尚书释文》，江苏古籍出版社，1987，第712页。
③ 王国维：《五代两宋监本考》，收入乔衍琯、张锦郎《图书印刷发展史论文集》，台北文史哲出版社，1982，第559-560页。

谈到五代监本的底本问题，还有一个与蜀本九经谁先谁后的问题。据《资治通鉴》记载："自唐末以来，所在学校废绝。蜀毋昭裔出私财百万营学馆，且请刻版印《九经》。蜀主从之。由是蜀中文学复盛。"① 另据王明清《挥麈录》："毋昭裔贫贱时，尝借《文选》于交游间，其人有难色。发愤，异日若贵，当板以镂之遗学者。后仕王蜀为宰相，遂践其言刊之。印行书籍，创见于此。事载陶岳《五代史补》。后唐平蜀，明宗命太学博士李鹗书《五经》，仿其制作，刊板于国子监，为监中印书之始。"② 按照王明清的说法，五代监本是后唐平蜀之后，仿制蜀本《文选》雕镂而成，却没有明言蜀本九经的刻印时间，因而后人都从王明清说，定为监本也在蜀本九经之后。然而，依王国维的考证：

> 监本《九经》固发端于吴蜀印板文字，然王仲言以为仿蜀毋昭裔《文选》制作，则大不然。昭裔相蜀，在孟昶明德二年（原注：唐清泰二年，公元935年），至广政十六七年（953-954年）尚在相位，仲言谓其相王蜀已非事实，其刊《文选》在相蜀后，不得在长兴之前。又，《通鉴》载昭裔开学馆刻《九经》在广政十六年（原注：即周广顺三年，953年），孔平仲《珩璜新论》亦云"周广顺中，蜀毋昭裔请刻印板《九经》，正田敏《九经》板成之岁，昭裔所刻，当仿其制"（原注：此即蜀大字《九经》，与石经无涉）。③

与王明清之说正相反，王国维的引证凿凿可据，当为定论。《册府元龟》所载冯道、李愚等奏，固发端于吴蜀印板文字，但并不是发端于毋昭裔的《文选》。既然雕版创始于唐，孟蜀在毋昭裔刻《文选》之前，当然已经有其他印版文字了。

参与五代监本校勘工作的人很多，有据可查的有太子宾客马缟、太常丞陈观、太常博士段颙、路航、尚书屯田员外郎田敏屯、国子司业樊伦、赵铢、国子监《礼记》博士聂崇义、兵部尚书张昭、国子监祭酒尹拙及郭忠恕等人。

五代群经监本的校勘是非常精审的。据《旧五代史·后唐明宗纪》、

---

① 司马光：《资治通鉴》，中华书局，1979，第9495页。
② 王明清：《挥麈录》，载《宋元笔记小说大观》，上海古籍出版社，2001，第3833页。
③ 王国维：《五代两宋监本考》，收入乔衍琯、张锦郎《图书印刷发展史论文集》，台北文史哲出版社，1982，第560页。

《五代会要》和《册府元龟》卷六〇八的记载，五代监本在刊刻之前，先将开成石经抄出校勘，校勘人员又皆为所业专经之士；初步校勘之后，又设详勘官五人，皆当时有名学者，校勘后实无讹误，乃召选能书人端楷写样，付匠雕刻。"校勘既期精审，雕镂又务请能手，故五代官刻九经，为数虽属不多，而校刊之方，可为宋人楷模，洵足重视。"①《经典释文》的校勘也是如此，"敕其《经典释文》，已经本监官员校勘外，宜差张昭、田敏详校。"② 由此可见，五代监本的校勘至少是经过两层把关的。

田敏等人二十二年如一日从事群经校勘工作，确实是一件非常不容易的事情。政府也给了他们一定的物质奖励，曾获赐"缯彩、银器"等，他本人也由屯田员外郎擢升为尚书左丞兼判国子监事、礼部尚书等职。由此可见，五代历届政府对雕刻群经还是比较重视的。当然，监本群经也不是十全十美的，仍以田敏为例，五代雕印经书，他始终其事，并且是详勘官，但"敏虽笃于经学，亦好为穿凿。所校九经，颇以独见自任。如改《尚书·盘庚》'若网在纲'为'若纲在纲'，重言'纲'字。有《尔雅》'椴，木槿'。注曰：'日及'，改为'白及'。如此之类，世颇非之。"③ 所以到了北宋淳化年间再次校刻经书时，"上以经书板本有田敏辄删去者数字，命觉与孔维详定。"④ 可见田敏主持校刻的九经，因"独见自任"，"好为穿凿"，也出了不少错误，致使到北宋时连经书上所镌刻的他的头衔都被删除了。他主持校刻九经，始终其事，有创始之功，但校勘过程中穿凿妄改，也是不容忽视的缺点。

（三）写官及刻工

五代监本是官方雕印群经的首创，在整个雕印过程中都抱着一种相当审慎的态度。雕版的书写是由擅长书法的官员来完成的，而不是招募民间书写匠人来做，这就是一个明证。据宋人赵明诚《金石录》载："右《后唐汾阳王真堂记》，李鹗书。鹗，五代时仕为国子丞，《九经》印板多其所书，前辈颇贵重之。"⑤ 王明清《挥麈录》也载："明清家有鹗书《五经》

---

① 毛春翔：《古书版本常谈》，上海人民出版社，1977，第21页。
② 王溥：《五代会要》卷八《经籍》，中华书局，1998，第97页。
③ 脱脱等：《宋史》卷四三一《田敏传》，中华书局，1977，第12819页。
④ 脱脱等：《宋史》卷四三一《李觉传》，中华书局，1977，第12821页。
⑤ 赵明诚：《金石录》卷三十，金文明校证，广西师范大学出版社，2005，第552页。

印本存焉，后题长兴二年也。"① 又据洪迈《容斋续笔·周蜀九经》载："《经典释文》末云：显德六年己未三月，太庙室长朱延熙书。宰相范质、王溥如前，而田敏以礼部尚书为详勘官。此书字画端严有楷法，更无舛误。"②《玉海·艺文》也称："唐陆德明《释文》用古文，后周显德六年郭忠恕定古文刻板（忠恕定《古文尚书》并《释文》）太祖命判国子监周惟简等重修。"③ 王国维在《五代两宋监本考》中也考证："至《二礼》、《二传》刊于周初者，则《周礼》、《公羊》皆郭嵘书。《仪礼》、《谷梁》虽不详书人姓名，然以前事例之，疑亦嵘书。"④

由此可知，国子监丞李鹗至少书写了《周易》《尚书》《诗经》《礼记》《春秋左氏传》；朱延熙写了《经典释文》；郭嵘写了《周礼》《仪礼》《公羊》《谷梁》；郭忠恕写了《古文尚书》及其《释文》。而且，五代监本的书法多采用楷体字。

五代监本的版页上只记校勘官、写官姓名，不记刻工名，这是五代监本的一大特点，说明当时刻工的社会地位还不高。关于五代监本刻工的情况已无从考证了，但有一点是毫无疑问的，以其审慎的态度追求写版的美观，在挑选刻工方面，自然也是精挑细选，代表了当时的最高技术水平。

（四）行款

五代监本流传下来的已经没有了。对于它的行款，只能是根据其他的文献记载来窥探一二了。

> 据日本室町氏所刊《尔雅》（原注：《古佚丛书》有复刊本），末有'将仕郎守国子四门博士匠李鹗书'一行，其本避南宋讳，当是南渡后重翻五代监本，或翻北宋时递翻之本（原注：观《释草》'椵，木槿'。注曰：'日及'，不作'白及'，是经宋人修改之证）。其书每半叶八行，行大十六字、小二十一字，与唐人卷子本大小行款一一相近，窃意此乃五代、南北宋监中经注本旧式。他经行款，固不免稍有

---

① 王明清：《挥麈录》，载《宋元笔记小说大观》，上海古籍出版社，2001，第3833页。
② 洪迈：《容斋随笔》续笔卷一五，上海古籍出版社，1978，第387页。
③ 王应麟：《玉海》卷三七《艺文·开宝尚书释文》，江苏古籍出版社，1987，第712页。
④ 王国维：《五代两宋监本考》，收入乔衍琯、张锦郎《图书印刷发展史论文集》，台北文史哲出版社，1982，第561页。

出入，然大体当与之同（原注：如北宋刊诸经疏，虽每行字数各经不同，然皆半叶十五行）。如吴中黄氏所藏《周礼·秋官》二卷，昭文张氏所藏《礼记》残卷，内府所藏《孟子章句》十四章，皆与李鹗本《尔雅》同一行款，疑亦宋时监本。若翻监中之本，又后来公私刊本，若建大字本、兴国军本、盱江廖氏及相台岳氏本，凡八行十七字本，殆皆渊源于此。①

由王国维的考证可知，五代监本与唐人卷子本大小行款一一相近，每半页八行，每行大十六字，小二十一字。这种经注格式为后来的北宋、南宋监本模仿，以至于后来"凡八行十七字本，殆皆渊源于此"。足见其流传之广，影响之大。

（五）刻书经费

五代期间，由于政局动荡，形势多变，政府拨给国子监的事业经费还是很有限的。如后梁建国之初的第三年（909年），国子监上奏朝廷要求修建文宣王庙，并请从官吏的俸钱中每贯克留十五文，充作经费。后唐明宗天成三年（928年），国子监祭酒崔协因经费匮乏，奏请国子监每年只置监生二百员，入学者还必须是通过了官方考试的。二年后，国子监又奏，初补国子监生者按旧例入学时应交束修钱二千，及第后要再交光学钱一千。

在事业经费非常有限的情况下，国子监仍能致力于长期刻书，实属不易。据《册府元龟》记载："敕下儒官田敏等考校经注。敏于经注长于《诗》、《传》，考订刊正，援引证据，联为篇卷，先经奏定，而后雕刻。乃分政事堂厨钱及诸司公用钱，又纳及第举人礼钱以给工人。"② 由此推知，五代国子监刻书的经费大致有两个途径：一是国家拨款，如诸司公用钱及政事堂厨钱等；二是民间筹款，如接纳及第举人的礼钱等。

（六）发行及社会流传

五代监本的发行情况，史料记载很少。据前文所举《五代会要·经籍》记载："后唐长兴三年二月中书门下省奏：请依石经文字，刻《九经》

---

① 王国维：《五代两宋监本考》，收入乔衍琯、张锦郎《图书印刷发展史论文集》，台北文史哲出版社，1982，第562页。
② 王钦若：《册府元龟》卷六〇八《学校部·刊校》，中华书局，1960。

印板。敕令国子监集博士儒徒,将西京石经本,各以所业本经句度,抄写注出,仔细看读。然后顾召能雕字匠人,各部随帙刻印板,广颁天下。如诸色人要写经书,并须依所颁敕本,不得更使杂本交错。"① 又据《册府元龟》记载:"樊伦为国子司业。太祖广顺末,尚书左丞田敏判国子监,献印板《九经》,书流行而儒官素多是非。伦掇拾舛误,讼于执政,又言敏擅用卖书钱千万,请下吏讯诘。枢密使王峻以素闻敏大儒,左右之,密讯其事,构致无状,于其书至今是非未悉。"②

从以上所举材料,我们至少可以确知三个情况:一是五代国子监刻书并非只是供国子监生内部使用的,而是"广颁天下"。二是这种广颁天下的形式并非是无偿的,而是有偿的。在冯道的建议下,国子监将校定雕印好了的九经,公开售卖,以补刻书经费之不足。樊伦告田敏挪用国子监"卖书钱千万",虽后因证据不足,"构致无状",但可由此见监本的发行收入也是颇可观的。三是民间个人除了购买刻本外,还可以抄写监本,但必须依"所颁敕本",不得以"杂本"变乱其内容。这说明官方很有版本控制意识,刻意对儒家经典的文本内容进行了管理。

五代监本由于校刻精审,广颁天下,因而当时在民间流传很广。据《旧五代史》引《爱日斋丛钞》称:"唐明宗之世,宰相冯道、李愚请令判国子监田敏校定《九经》,刻板印卖,朝廷从之。后周广顺三年六月丁巳,板成,献之。由世虽乱世,《九经》传布甚广。"③入宋以后,五代监本还有传本存世,如《挥麈录》载:"明清家有鹗书《五经》印本存焉,后题长兴二年也。"④《容斋随笔·周蜀九经》也载:"予家有旧监本,其末云:大周广顺三年五月,雕造《九经》书毕,前乡贡三礼郭书。"⑤ 只是由于战乱和兵火,到了宋代,特别是南宋以后,五代监本已经成了凤毛麟角、鲁殿灵光了。如陈振孙《直斋书录解题》著录有《九经字样》一卷,称:"往宰城南出谒,有持故纸售于道者,得此书,乃古京本,五代开运丙午(946年)所刻也,遂为家藏书籍之最古者。"⑥

---

① 王溥:《五代会要》卷八《经籍》,中华书局,1998,第96页。
② 王钦若:《册府元龟》卷六〇八《学校部·雠嫉》,中华书局,1960。
③ 薛居正:《旧五代史》卷四三,中华书局,1976,第588页。
④ 王明清:《挥麈录》,载《宋元笔记小说大观》,上海古籍出版社,2001,第3833页。
⑤ 洪迈:《容斋随笔》续笔卷一五,上海古籍出版社,1978,第387页。
⑥ 陈振孙:《直斋书录解题》卷三,上海古籍出版社,1987,第81页。

（七）刻书知见目录

周易	尚书	诗经
春秋左氏传	春秋公羊传	春秋谷梁传
周礼	仪礼	礼记
论语	孝经	尔雅
经典释文	五经字样	九经字样

（八）刻书特点

五代国子监所刻图书，全部是儒家经义，史书的刊刻还没有开始。刻印经书，最早是受吴蜀的影响，"尝见吴、蜀之人鬻印板文字，色类绝多，终不及经典。如经典校定，雕摹流行，深益于文教矣"。① 从表面上看，刊刻群经确实是为了校正经典文字，使读书人有标准的范本，但其实还有另一层深意。五代十国正是群雄并起的时代，政权更迭频繁。在这样一个动荡不安的社会环境里，封建割据的统治者格外重视儒家经典在维护自己统治秩序方面的作用，因为儒家经典集中反映了儒家讲求"修身、齐家、治国、平天下"的思想。社会越是动荡，这种思想越是得到统治阶层的青睐和支持。五代时期社会矛盾极其尖锐，任何一个小朝廷都懂得"王者虽以武攻克敌，终须以文德致治"的道理，因而在经费不充裕的情况下，仍能二十几年如一日地刻印儒家经典著作。关于史部雕造的问题，《旧五代史》引朱翌《猗觉寮杂记》云："后唐方镂《九经》，悉收人间所有经史，以镂板为正。"② 这里说"人间所有经史"，叙述过于含混，尚不足以证明五代国子监刻印过史书。史书通常篇幅比较长，以五代动荡的政局和有限的财力，恐怕一时难以付梓。

版页上只记校勘官、写官姓名，而不记刻工姓名，也是五代监本的一个特点。五代时，雕版印刷技术与唐代相比虽有了较大发展，但还未达到完全普及的程度，从事刻书工作的工人的社会地位还很低，民间刻书匠人的姓名还不能上经传。从行款来看，五代监本依稀有唐写经的影子，行距

---

① 王钦若：《册府元龟》卷六〇八《学校部·刊校》，中华书局，1960。
② 薛居正：《旧五代史》卷四三，中华书局，1976，第589页。

疏朗，每半页八行，行大十六字、小二十一字。

三　宋代国子监刻书

五代纷扰，历五十余年，而雕版印书之风，虽已渐普及，但为数不多。至宋太祖赵匡胤统一中国后，刻书事业发展很快，国子监承五代之余绪，继续刻书，除了翻刻五代监本群经外，又遍刻九经的唐人旧疏和宋人新疏，还刻印了许多史书、子书、医书、类书和《文选》等。据《宋史·邢昺传》载："（景德二年夏）上幸国子监阅库书，问昺经版几何？昺曰：国初不及四千，今十余万，经传正义皆具。臣少从师业儒时，经具有疏者百无一二，盖力不能传写，今板本大备，士庶家皆有之，斯乃儒者逢辰之幸也。"① 从宋朝建国的建隆元年（960年）到景德二年（1005年），仅仅四十多年的时间，书版的数量竟然增加了二三十倍，可见国子监刻书增长速度之快，刻书之多。

（一）刻书经过概述

宋建国于建隆元年（960年），立国的第三年，就开始校勘并摹印《经典释文》，《玉海》卷四三《艺文·开宝校释文》载：

> 建隆三年（962年），判监崔颂等上新校《礼记释文》。开宝五年（972年），判监陈鄂与姜融等四人校《孝经》、《论语》、《尔雅》释文上之，二月李昉知制诰李穆、扈蒙校定《尚书释文》（德明释文用《古文尚书》，命判监周惟简与陈鄂重修定，诏并刻板颁行）。咸平二年十月十六日，直讲孙奭请摹印《古文尚书音义》与新定《释文》并行，从之。是书周显德六年（959年）田敏等校勘，郭忠恕覆定《古文》并书刻板。②

又，《玉海》卷三七《艺文·开宝释尚书》载：

---

① 脱脱等：《宋史》卷四三一，中华书局，1977，第12798页。
② 王应麟：《玉海》，江苏古籍出版社，1987，第812页。

唐陆德明《尚书释文》用《古文》，后周显德六年郭忠恕定《古文》刻板，太祖命判国子监周惟简等重修，开宝五年二月诏翰林学士李昉校定上之，诏名《开宝新定尚书释文》，咸平二年（999年）十月乙丑，孙奭请摹《古文尚书音义》与新定《释文》并行，从之。①

北宋国子监大规模刻印经书大体上分为四个阶段。

第一次是从太宗端拱元年（988年）到淳化五年（994年），刻完《五经正义》，包括《周易正义》《尚书正义》《毛诗正义》《礼记正义》和《春秋左氏传》。此据《玉海》卷四三《艺文·端拱校定五经正义》载：

> 端拱元年三月，司业孔维等奉敕校勘孔颖达《五经正义》百八十卷，诏国子监镂板行之。《易》则维等四人校勘，李说等六人详勘，又再校。十月，板成以献。《书》亦如之，二年十月以献。《春秋》则维等二人校，王炳等三人详校，邵世隆再校。淳化元年十月，板成。《诗》则李觉等五人再校，毕道昇等五人详勘，孔维等五人校勘。淳化三年四月壬辰以献。《礼记》则胡迪等五人校勘，纪自成等七人再校，李至等详定，淳化五年五月以献。②

第二次，从太宗淳化五年（994年）到真宗咸平四年（1001年）刻完《七经疏义》，包括《周礼疏》《仪礼疏》《春秋公羊传疏》《春秋谷梁传疏》《论语正义》《孝经正义》《尔雅疏》。此据《宋史·李至传》载："淳化五年，兼判国子监。至上言：《五经》书疏已板行，惟二《传》、二《礼》、《孝经》、《论语》、《尔雅》七经疏未备，岂副仁君垂训之意！今直讲崔颐正、孙奭、崔偓佺皆励精强学，博通经义，望令重加雠校，以备刊刻。从之。"③又据《玉海》卷四三《艺文·端拱校定五经正义》载：

> 咸平三年癸巳，命国子祭酒邢昺等校定《周礼》、《仪礼》、《公羊》、《谷梁传》正义，又重定《孝经》、《论语》、《尔雅》正义。四年九月丁亥，翰林侍讲学士邢昺等及直讲崔偓佺表上重定《周礼》、《仪礼》、《公》、《谷》传、《孝经》、《论语》、《尔雅》七经疏义，凡

---

① 王应麟：《玉海》，江苏古籍出版社，1987，第712页。
② 王应麟：《玉海》，江苏古籍出版社，1987，第813页。
③ 脱脱等：《宋史》卷二六六《李至传》，中华书局，1977，第9177页。

一百六十五卷。赐宴国子监。昺加一级，余迁秩。十月九日，命摹印颁行。①

第三次，从真宗景德二年（1005年）至大中祥符七年（1014年），补刻讹缺经板，包括《周易》《尚书》《毛诗》《周礼》《仪礼》《礼记》《春秋经传集解》《春秋公羊解诂》《春秋谷梁传》《孝经》《论语》《尔雅》《五经文字》《九经字样》等。此据《玉海》卷二七《帝学·景德国子监观群书漆板》载："（景德二年）九月，国子监言，《尚书》、《孝经》、《论语》、《尔雅》四经字体讹缺，请以李鹗本别雕，命杜镐、孙奭校勘。"②又《玉海》卷四三《艺文·景德群书漆板》："（景德二年）九月辛亥，命侍讲学士邢昺与两制详定《尚书》、《论语》、《孝经》、《尔雅》文字。先是，国子监言群经摹印岁深，字体讹缺，请重刻板。因命崇文检详杜镐、诸王侍讲孙奭详校，至是毕，又诏昺与两制详定而刊正之。"同卷《艺文·咸平校定七经疏义》载："祥符七年九月，又并《易》、《诗》重刻板本，仍命陈彭年、冯元校定。自是《九经》及《释文》有讹缺者，皆重校刻板。"③

第四次，从真宗天禧五年（1021年）开始，对先前书印板进行重刻。此据《玉海》卷四三《艺文·景德群书漆板》载："天禧五年五月辛丑，令国子监重刻经书印板，以岁久刓损也。"④

北宋国子监除了大规模刻印经书外，还开创了官方刻印史书的先例。北宋国子监刻印的史书有"十七史"和《后汉志》《资治通鉴》等。按时间顺序，北宋国子监刻印史书也可分为以下几个阶段：第一阶段，太宗淳化五年（994年）校刻《史记》《汉书》《后汉书》。第二阶段，从真宗咸平三年（1000年）到咸平五年（1002年），校刻《三国志》《晋书》和《唐书》（注：《唐书》校完之后，并没有立即刻板，直至嘉祐五年才刻印）。第三阶段，从真宗乾兴元年（1022年）到仁宗天圣四年（1026年），校刻《后汉书》刘昭补《志》、《南史》、《北史》和《隋书》。第四阶段，从仁宗嘉祐五年（1060年）到神宗熙宁五年（1072年）左右，校刻《唐

---

① 王应麟：《玉海》，江苏古籍出版社，1987，第813页。
② 王应麟：《玉海》，江苏古籍出版社，1987，第534页。
③ 王应麟：《玉海》，江苏古籍出版社，1987，第814页。
④ 王应麟：《玉海》，江苏古籍出版社，1987，第814页。

书》《宋书》《南齐书》《梁书》《陈书》《魏书》《北齐书》《后周书》。

除了刻印"十七史"外,北宋国子监还刻印了《资治通鉴》《五代史记》《七十二贤赞》等史书。为了配合经义的教学,北宋国子监还刻印了《群经音辨》《輶轩使者绝代语释别国方言》《说文解字》《大广益会玉篇》《字说》《大宋重修广韵》《集韵》《韵略》等一批工具书。

值得注意的是,北宋国子监还配合朝政的形势需要而刻印书籍。如神宗熙宁变法,监中即刻印王安石的《三经新义》,以供推广新学之用。元祐保守派占据上风之后,又把司马光的力作《资治通鉴》梓行问世。真宗崇侫道教,则令国子监刊刻《老子道德真经》《庄子南华真经》《列子冲虚真经》,供其宣索,分赐辅臣。为武科进士和算学课士所用,监中刻印了《武经七书》和《周髀算经》等十种算书。此外,国子监还根据秘阁内府藏本校刊了许多古医书,如《黄帝素问》《内经》《千金翼方》等,大多颁行各路州军监,作为行医下药的范本,在治防疾病方面具有积极的社会意义。另外,国子监还刻印了一些皇帝附庸风雅的御制诗集。

靖康之变后,高宗南渡,国子监也随之迁都临安。因为金人攻破汴京时,将国子监书版掠之一空,到了南宋初年,国子监只好重新校刻经史群书。绍兴九年(1139年)九月,应尚书郎张彦实之请,"取旧监本书籍,镂板颁赐",绍兴二十一年(1151年)五月,鉴于旧监本残缺不全,"六经"无《礼记》,"三史"无《汉书》,"辅臣复以为言,上谓秦益公:'监中其他阙书,亦令次第镂板,虽重有费,不惜也。'由是经籍复全。"① 绍兴二十六年(1156年)三月,宋高宗颁布了一道诏书,"今后省试太学国子监公试发解及铨试刑法,令国子监印造《礼部韵略》、《刑统律文》、《绍兴敕令格式》,并从官给。"② 又据《玉海》载,在孝宗淳熙元年(1174年),国子监言《韵略》前后有增改、删削及多差舛,诏校正刊行。淳熙四年(1177年)二月,令监中重刻《刑统》颁行。淳熙八年(1181年)又诏国子监印经史子书各一帙,赐吴益王府,但所印何书,没有文字记载。嘉定十六年(1223年),宁宗诏令国子监刊修经版,据宋人魏了翁《鹤山集·六经正误序》载:

柯山毛居正义甫其于经传,亦既博览精择。嘉定十六年春,朝廷

---

① 叶德辉:《书林清话》卷六《南监补修监本书》,中华书局,1957,第145页。
② 徐松:《宋会要辑稿》,中华书局,1997,第2669页。

命胄监刊定经籍，司成，谓无义易。义甫驰书币致之，尽取六经三传诸本，参以子史字书，选粹文集，研究异同，凡字义音切毫厘必校，儒官称叹，莫有异辞。旬岁间刊修者凡四经，乃犹以工人惮烦，诡窜墨本，以给有司，而板之误字未尝改者十二三页。继欲修《礼记》、《春秋三传》，义甫以病目移告，事遂中缀。①

这次毛居正刊修经版，因眼疾被迫终止，仅修四经。可惜由于刻字工人嫌麻烦，"诡窜墨本，以给有司"，有十二三处错误没有改正。由上述可知，南宋时期，由于战乱不歇，经济凋敝，国子监刻书的规模和种类已无法和北宋相提并论了。

（二）底本和校勘

1. 底本

监本主要是供监中经生诵习用的，故以儒家经典和正史居多。北宋国子监最初是用五代长兴的旧版来印制群经的。据晁公武《石经考异序》载：

> 公武异时守三荣，尝对国子监所摹长兴板本读之，其差误盖多矣。昔议者谓大和石本（即唐开成石经）校写非精，时人弗之许，而世以长兴板本为便，国初遂颁布天下，收向日民间写本不用。然有讹舛，无由参校，判知其谬，犹以为官既刊定，难以独改。由是而观之，石经固脱错，而监本亦难尽从。②

正是由于五代旧版摹印岁深，字体讹缺，这才诏令国子监诸儒重新校定群经及其义疏，刊印颁行天下，因而北宋国子监刻印群经的底本当是五代国子监旧版无疑。至于诸史群经的义疏等其他书籍的刊印，无旧版可依，于是取秘阁所藏善本，相互参照，详加校勘。据《郡斋读书志》载：

> 嘉祐中，以《宋》、《齐》、《梁》、《陈》、《魏》、《北齐》、《周书》舛谬亡阙，始诏馆职雠校。曾巩等以秘阁所藏多误，不足凭以是

---

① 转引自曹之《中国古籍版本学》，武汉大学出版社，2007，第182页。
② 王国维：《五代两宋监本考》，收入乔衍琯、张锦郎《图书印刷发展史论文集》，台北文史哲出版社，1982，第566－567页。

正，请召天下藏书之家悉上异本，久之，始集。治平中，巩校定《南齐》、《梁》、《陈》三书上之，刘恕等上《后魏书》，王安国上《周书》。政和中，始皆毕，颁之学官，民间传者尚少。①

历靖康之变，北宋国子监版片悉数被金人掠去。赵宋南渡以后，国子监刻书的版片一般有两种方式获得：一是下诸道州学取所藏旧监本书籍为底本，重新镂版颁行。据李心传《建炎以来朝野杂记》甲集卷四："监本书籍，绍兴年末所刊。国家艰难以来，固未暇及。九年九月，张彦实待制为尚书郎，始请下诸州道学，取旧监本书籍，镂板颁行。从之，然取者多有残缺，故胄监刊六经无《礼记》，正史无《汉书》。"② 可见绍兴九年以后国子监所刻的经书是以北宋监本为底本的。二是国子监以政府的名义，直接向地方政府索取经史子书的版片送入监中，临安府、湖州、衢州、台州、泉州以及四川等地都向国子监进呈过版片。如《直斋书录解题》载："初，郡人思溪王氏刻《藏经》有余板，以刊二史（笔者注：指《唐书》及《五代史》）置郡庠。中兴，监书多阙，遂取其板以往，今监本是也……宇文时中守吴兴，以郡庠有二史板，遂取二书刻之，后皆取入国子监。"③

南宋国子监已经不自行刻印书籍了，据王国维在《两浙古刊本考》中称："南宋监本正史多取诸州刻板，如《唐书》、《五代史》取诸湖泮。既有明文，其余各史亦大抵如是。"④ 又说："北宋监本既为金人辇之而北去，故南渡初，即有重刊经疏者，如日本竹添氏所藏《毛诗正义》，乃绍兴九年九月十九日绍兴府雕造，此事是否奉行是月七日诏书，抑或先已刊刻，别无可考。又刊经疏者，绍兴之外尚有婺州所刊《春秋左传正义》、温州所刊《尔雅疏》，虽未审在何时。至绍兴十五年，令临安府雕造群经义疏，未有板者，则高宗末年经疏当尽有印板矣。此种州郡刊板，当时即入监中，故魏华父、岳倦翁均谓南渡监本书取诸江南诸州。盖南渡初，监中不自刻书，悉令临安府及他州郡刻之，此即南宋监本也。"⑤

---

① 晁公武：《郡斋读书志》卷五《宋书》，上海古籍出版社，1990，第184页。
② 李心传：《建炎以来朝野杂记》甲集卷四《监本书籍》，江苏广陵古籍刻印社，1981。
③ 陈振孙：《直斋书录解题》卷四，上海古籍出版社，1987，第107页。
④ 王国维：《闽蜀浙粤刻书丛考》，北京图书馆出版社，2003，第152页。
⑤ 王国维：《闽蜀浙粤刻书丛考》，北京图书馆出版社，2003，第148-149页。

2. 校勘

校勘是刻书过程中的一道非常重要的工序，宋代国子监对校勘工作极为重视。由于国子监是国家最高教育机关，高级人才云集，校勘力量很强。据《玉海》卷四三《艺文·端拱校定五经正义》载：

> 端拱元年三月，司业孔维等奉敕校勘孔颖达《五经正义》百八十卷，诏国子监镂板行之。《易》则维等四人校勘，李说等六人详勘，又再校。十月，板成以献。《书》亦如之，二年十月以献。《春秋》则维等二人校，王炳等三人详校，邵世隆再校。淳化元年十月，板成。《诗》则李觉等五人再校，毕道昇等五人详勘，孔维等五人校勘。淳化三年四月壬辰以献。《礼记》则胡迪等五人校勘，纪自成等七人再校，李至等详定，淳化五年五月以献。①

宋国子监对从事校勘工作的人员要求很高，不仅要专精一经，还要博通九经，据《宋史·崔颐正传》载：

> （咸平元年）初，判监李至上言："本监先校定诸经音疏，其间文字讹谬尚多，深虑未副仁君好古诲人之意。盖前所遣官多专经之士，或通《春秋》者未习《礼记》，或习《周易》者不通《尚书》，至于旁引经史，皆非素所传习，以是之故，未得周详。伏见国子博士杜镐、直讲崔颐正、孙奭，皆苦心强学，博贯《九经》，问义质疑，有所依据。望令重加刊正，冀去舛谬。"从之。②

通常校勘一书，要经过三道手续。一书校勘完毕，送覆勘官；覆勘既毕，送主判馆阁官，覆加点校。经过三道手续，可谓慎之又慎。宋代的"馆阁"，指的是昭文馆、史馆、集贤院"三馆"和秘阁，是北宋初年的主要校雠机构。可见，为了保证监本的质量，国子监和秘阁曾联手进行校勘工作。如《经典释文》的勘官有张崇甫、李守志、皇甫与、姜融、冯英，详勘官有聂朝义、卫融，重详勘官有陈鹗、姚忠。《春秋左传正义》载勘官李觉、袁逢吉，都勘官孔维，详勘官刘若纳、潘宪、陈雅、王炳，再校官员有王焕、邵世隆，再都校官孔维。再以《五经正义》中的《毛诗正

---

① 王应麟：《玉海》，江苏古籍出版社，1987，第813页。
② 脱脱等：《宋史》卷四三一，中华书局，1977，第12822页。

义》为例，参与校勘的有：勘官秦奭、胡令问、解贞吉、解损，都勘官孔维，详勘官孙俊、王元贞、尹文化、牛韶、毕道昇，再校官有刘弼、胡令问、孔维，再都校李觉。该书共有十三人前后分三次进行校勘，且有专人负责。正是由于校勘力量的强大和组织的严密，确保了校勘的质量。

宋国子监其他校书例兹举如下：

建隆元年（960年）崔颂校《礼记释文》；开宝五年（972年）姜融校《孝经》《论语》《尔雅》，李昉、李穆、扈蒙等校《尚书》；开宝六年（973年）刘翰、马志、张素、王从蕴、翟煦、王光祐、陈昭遇、安自良等人校《神农本草》；次年刘翰、马志、李昉等重校前书；开宝七年（974年），刘翰、马志等校定《开宝重定本草》；雍熙三年（986年），徐铉校《说文解字》；端拱元年（988年）陈谔、姜融、李穆、扈蒙、孔维、李说、王炳、邵世隆、李觉、毕道昇、胡迪、李至、杜镐、孙奭、崔颐正、李沆、吴淑、邢昺、舒雅、李慕清、王涣、刘士元等二十二人参校《五经正义》；淳化二年（991年），孔维、李觉等重新校定《五经正义》；淳化五年（994年），杜镐、舒雅、吴淑等校《史记》，陈充、况思道、尹少连、赵安仁等校《汉书》和《后汉书》；咸平间陈尧佐、周起、丁逊、任随等复校《史记》，习侃、晁迥、丁逊等复校《汉书》和《后汉书》；至道二年（996年），李沆、杜镐奉命校定《周礼》《仪礼》《公羊》《谷梁传》及《孝经》《论语》《尔雅》正义，咸平三年（1000年），邢昺、杜镐、舒雅、李维、孙奭、李慕清、王涣、崔偓佺、刘士元又参与其事；黄夷简、钱惟寅、刘蒙叟、杜镐、戚纶等校《三国志》；杜镐、刘铠、陈充、许衮等校《晋书》；咸平六年（1003年）杜镐、戚纶、刘锴等校《道德经》，祥符元年（1008年）又校《南华经》；景德二年（1005年）习侃等三校《汉书》，邢昺、杜镐、孙奭再校《尚书》《孝经》《论语》《尔雅》，邢昺、杜镐等校《庄子释文》；景德四年（1007年）陈彭年、丘雍等校《玉篇》；祥符六年（1013年），陈彭年、吴鉽、丘雍等校勘《玉篇》；祥符七年（1014年），陈彭年、冯元重校《九经》及《释文》；乾兴元年（1022年）马龟符、贾昌朝、黄鉴、王宗道等校刘昭注补《后汉志》；天圣二年（1024年），张观、王质、李淑、彭乘、孙觉等校《南史》《北史》和《隋书》；天圣四年（1026年），王举正、石居简、李淑等校《黄帝内经素问》《巢氏病源》《难经》，杨安国、赵希言、王圭公、孙觉、宋祁、杨中和校勘《律文》及其音义；景祐元年（1034年），王洙、丁度、李淑校《集韵》；景祐四年（1037年），丁度校定《礼部韵略》；嘉祐二年（1057年），掌禹锡、林亿、苏颂等校《千金翼方》《金匮要略》《伤寒论》；嘉祐中，曾巩校《南齐书》《梁书》《陈书》，刘恕等校《后魏书》，王安国校定《周书》；熙宁元年（1068年）卢佃、王汝翼等校《荀子》《扬子》《内扬子》，高保衡、孙奇、林亿校定《脉经》；元丰七年（1084年），王仲修、钱长卿校定《十种算书》等。

北宋时期还校刻了许多医书，对于民间治防疾病起了积极作用。由于事关人的健康甚至生命，校勘工作尤其精审，所谓差之毫厘，谬之千里。北宋政府为此专门成立了校勘医书的机构。据《直斋书录解题》载：

> 按《会要》：嘉祐二年，置校正医书局于编修院，以直集贤院掌禹锡、林亿校理，张洞校勘，苏颂等并为校正，又命孙奇、高保衡、孙兆同校正；每一书毕，则奏上。亿等皆为之序，下国子监板行。①

王国维《五代两宋监本考》所录《外台秘要方四十卷》附有林亿进呈的一则牒文，对北宋国子监刻印医书的原因和校勘经过有较为详细的说明。由于非常重视校勘工作，宋代监本内容精审，质量颇高，成为后人竞相翻刻和收藏的对象，世称善本。

（三）写官和刻工

1. 写官

两宋时期，国子监刻书是官方刻书的主体，其质量的优劣自然关系政府的形象，封建统治者尤其看重这一点，因而除对校勘精益求精外，对版片的书写也提出了很高的要求，参与书写的多是些书法优秀的有资历的官员或及第进士。以《五经正义》为例，其中《毛诗正义》书后所列的写官有：广文馆进士韦宿、乡贡进士陈元吉、承奉郎守大理评事张致用、承奉郎守光禄寺丞赵安仁。《春秋左传正义》的写官也为赵安仁。据《宋史·赵安仁传》载：

> 安仁生而颖悟，幼时执笔能大字，十三通经传大旨，早以文艺称。赵普、沈伦、李昉、石熙载咸推奖之。雍熙二年登进士第，补梓

---

① 陈振孙：《直斋书录解题》卷一三《外台秘要方》，上海古籍出版社，1987，第387页。

州榷盐院判官，以亲老弗果往。会国子监刻《五经正义》板本。以安仁善楷隶，遂奏留书之。①

在宋监本《五经正义》的所有写官里，赵安仁写版最多，而且书法上乘，所以王国维不无称道地说：

> 宋初，《五经正义》赵安仁所书最多，《诗疏》，安仁与张致用、陈元吉、韦宿等四人书，《左传疏》安仁一人书，想所书尚有他种，然衔名不存，无从考证矣。考安仁所书《金刚般若经》、《十善业道经要略》、《父母恩重经》诸石刻尚在，今开封府繁台下《金刚经》末题：大宋太平兴国二年岁次丁丑十月戊午朔八日乙卯乡贡进士赵安仁书。字体在欧、柳之间。赵德父评李鹗书窘于法度而韵不能高，安仁颇似之，然在刊本之中，当以李、赵为最精劲矣。②

赵安仁、张致用、陈元吉、韦宿等书法高手亲自为监本写版，给监本增色不少。人们都争相把它当做书法珍品来收藏，加上校勘精审，一时间被各地的书坊誉为"京本""京师本"，一再翻刻。

2. 刻工

北宋时期，国子监设在京都汴梁。其自行刻印的书版，一般都是送崇文院，招募汴京良工镂版，如天圣七年（1029年）在崇文院雕印《律文》及其《音义》十三卷，宝元二年（1039年）又雕造《群经音辨》等。而其他大部分国子监刻书，都是下杭州镂版，其原因有二：一是杭州的纸张质量上乘，比京师的要好。据叶梦得在《石林燕语》中说："京师比岁印板，殆不减杭州，而纸不佳。"二是浙江杭州地区的刻书业已经相当发达，在技术上处于全国领先的地位。因此叶梦得又说："今天下印书，以杭州为上，蜀本次之，福建最下。"③ 另据王国维考证："国子监刊书，若《七经正义》，若《史》、《汉》三史，若南北朝《七史》，若《唐书》，若《资治通鉴》，若诸医书，皆下杭州镂板。北宋监本刊于杭者殆居泰半。"④ 北

---

① 脱脱等：《宋史》卷二八七，中华书局，1977，第9656页。
② 王国维：《五代两宋监本考》，收入乔衍琯、张锦郎《图书印刷发展史论文集》，台北文史哲出版社，1982，第582页。
③ 叶梦得：《石林燕语》卷八，中华书局，1984，第116页。
④ 王国维：《两浙古刊本考·序》，收入王国维《闽蜀浙粤刻书丛考》，北京图书馆出版社，2003，第137页。

宋监本的刻工大半都是杭州地区的良工巧匠。

与五代相比，宋代刻工的专业技术更加娴熟，社会地位也有了一定的提高，这主要表现在刻工的姓名能在刻本中有相应的反映。两宋监本的刻工资料也多来自监本版心刻工人名的记载。兹举笔者所见的两例北宋监本的刻工资料：

《史记集解》一百三十卷，北宋监本。版心下方记有刻工姓名：牛贤、朱宗、朱保、石贵、印贵、安明、周成、吴安、吴圭、洪吉、何光、何先、何立、陈信、陈忠、陈择、陈昌、陈吉、陈宥、陈浩、陈言、吕吉、胡恭、孙安、□阝安、张璭、张聚、张宣、张安、幺珪、郑璋、郑彦、郑安、许宗、许简、许亮、赵昌、赵建、嵇起、华连、汤立、凌安、郎政、沈成、沈诚、施元、杨琪、杨守、卫玉、徐雅、徐真、屠亨、屠式、屠室、屠聚、钱真、蒋宗、连、金、祥等人。

《尚书正义》二十卷，北宋监本。版心下记刊工姓名：王政、施章、黄晖、吴珪、汪盛、陈忠、王伸、葛珍、朱因、王寔、方成、张亢、洪茂、蔡至道、洪先诸人。

南宋以后，国子监南迁临安，汴京的雕版工人也有一部分随政府南迁（另一部分迁至平阳）。兹举几例所见南宋国子监刻工资料：

《周易正义》十四卷，南宋监本，临安府绍兴十五年至二十一年刊本。版心记刻工姓名：王政、王允成、弓成、包端、朱寔、李询、徐高、章宇、顾仲等人。

《南齐书》五十九卷，南宋监本，治平二年杭州镂板。版心鱼尾下题"南齐纪一"，上记字数，下记刻工姓名：王才、王升、王成、王谅、王恭、王禧、王桂、王材、王定、王珊、王春、丁铨、方坚、方至，石昌、毛端、吴明、吴宗、吴中、吴椿、吴志、余荣、金政、徐珣、徐经、徐浚、徐义、徐仁、徐杞、宋琚、宋通、宋苇、马祖、马松、詹世荣、陈寿、陈琇、陈浩、陈震、陈彬、陈良、李端、李思忠、李昌、李充、李倍、李仲、何昇、何泽、何建、何庆、陆春、陆永、高昇、高文、高寅、郑春、张亨、张荣、张升、张三、朱梓、朱春、朱玩、许忠、贾祚、刘昭、刘仁、张斌、童遇、蔡邠、沈茂、沈珍、沈旻、缪恭、缪琮、杨荣、周明、章东、章忠、邵享、蒋荣、蒋信、陆永、顾澄、范元、金震、金荣、孙春、秦显、分林、单侣、项仁、马、徐、元、林、董、昇、霍、求、洪、孙、佑等。

《经典释文》，南宋监本。刻工有毛谅、陈明仲、陈明忠、余集、余永、张清、徐政、孙勉、徐茂、徐杲、徐升、包正、顾渊等，都是南宋初期杭州地区的良工。其中徐正、徐升还于绍兴九年（1139年）在绍兴府开雕过单疏本《毛诗正义》；顾渊、孙勉、毛谅、徐杲、包正在绍兴间参与过北宋监本《史记》的补版工作。

《汉书》《后汉书》，南宋监本。版心下记录的刊工姓名有孙昇、李度、董晖诸人。

《梁书》，南宋监本。版心下记有庞知柔、曹鼎、童遇等人，都是浙江人。

《荀子》，南宋监本。刻工有蒋辉等十八人。①

（四）行款

宋代刻书，无论经史子集，也无论官刻私雕，并没有固定的款式规格。如果一定要从中找出什么规律的话，其中一条倒不可忽略，即刻书的行款疏密取决于刻书单位或个人的财力物力及对作者的崇信程度。宋国子监刻书有国家财力作保障，因而书品极为考究，一般都是开本铺陈，行格疏朗，字体端庄，刀法剔透，印纸莹洁，墨色青纯。考其行款，也是有一定规律可循的。

1. 经书的行款

宋国子监经书的通常款式为每半页八行，行十六字，小字双行，行字数同，白口，左右双边。宋国子监刻印经书还有一个特点，即绝无把经文的注、疏合刻在一起的，都是将注、疏各自单独刊行，如王国维《五代两宋监本考》所说："明黄佐《南雍志·经籍考》所载旧版有《周易注疏》十三卷，《仪礼注疏》五十卷，《春秋正义》三十六卷，《春秋公羊传疏》三十卷，《春秋谷梁传疏》十二卷，《尔雅注疏》十卷，虽其名或称正义，或称疏，或称注疏，然其卷数皆与北宋单疏本合，而与南雍之十行本注疏不合，当即南宋所刊单疏旧板，以其板久阙不印，又明人但知有注疏，不知有单疏故，即以注疏目之证。"② 因此，考察宋国子监经书的行款要将经注、义疏分开来考察。

---

① 参见傅增湘《藏园群书经眼录》、李致忠《宋版书叙录》等。
② 王国维：《五代两宋监本考》，收入乔衍琯、张锦郎《图书印刷发展史论文集》，台北文史哲出版社，1982，第681-682页。

（1）经注本的行款

如前所言，宋代监本经书的行款多半是半页八行，行十六字，白口，早期四周单边居多，中后期左右双边居多。但也不尽然，如现存的《监本纂图重言重意互注毛诗》，就不是八行，而是半页十行，行十八字，小字双行，行二十四字，白口，四周双边。① 王国维在《五代两宋监本考》中谈五代监本的行款时，指出："据日本室町氏所刊《尔雅》……其书每半叶八行，行大十六字、小二十一字，与唐人卷子本大小行款一一相近，窃意此乃五代、南北宋监中经注本旧式。他经行款，固不免稍有出入，然大体当与之同（原注：如北宋刊诸经疏，虽每行字数各经不同，然皆半叶十五行）。"②

（2）经疏的行款

北宋监本经疏的行款，多为小字半页十五行，每行二十四至三十字不等。据王国维考证："北宋刊诸经书存于今者，临清徐氏有《周易正义》，日本枫山官库有《尚书正义》、竹添氏有南宋覆《毛诗正义》，近藤氏有影写《左传正义》。此外，如《仪礼》、《公羊》、《尔雅》三疏，世亦有南宋覆刊之本。其行款则除《易》疏未见外，《书》疏每行二十四字，《毛诗》与《左传》疏每行二十五字，《仪礼》疏二十七字，《公羊》二十三字至二十八字，《尔雅》疏三十字，皆半叶十五行，此亦六朝以来义疏旧式也……是五代刊九经用大字，宋初刊经疏用小字，皆仍唐时卷子旧式，非徒以卷帙之繁简分大小也。"③

南宋翻刻北宋旧监本，行款也沿用旧式。如傅增湘《藏园群书经眼录》著录《周易正义》十四卷，南宋监本，半页十五行，每行二十六七字，白口，左右双栏。但也有例外，如王重民《中国善本书提要》著录南宋监本《增修互注礼部韵略》，半页十行，行大小字二十八至三十不等，白口单边，板心上鱼尾上记大字数，鱼尾下记刻工姓名，中题"增韵"及页数。

2. 史书的行款

宋代国子监所刻史书有大字本、中字本、小字本三种本子，行款各不

---

① 李致忠：《宋版书叙录》，书目文献出版社，1994，第78页。
② 王国维：《五代两宋监本考》，收入乔衍琯、张锦郎《图书印刷发展史论文集》，台北文史哲出版社，1982，第562页。
③ 王国维：《五代两宋监本考》，收入乔衍琯、张锦郎《图书印刷发展史论文集》，台北文史哲出版社，1982，第581－582页。

相同。大字本，为半页九行；中字本为半页十行；小字本为半页十四行。中、小字本多为北宋监本；大字本多为南宋监本。

（1）中字本（十行本）

兹举例如下：《史记集解》，北宋、南宋监本。首次刊刻于淳化年间，后有景祐覆刊本。每行十九字，小注二十五六字不等。赵宋南渡后又有覆刊本，历宋元明三朝尚存于明南雍。《前汉书》《后汉书》，北宋监本。最初有淳化间刻本，后有景祐覆刊本。每行十九至二十字不等，小注二十五六七字不等。《三国志》，北宋监本。最初刻于北宋咸平之初，南渡后有衢州刻本。每行十九字，尚遵用北宋本行款，《吴志》后有咸平牒文。《晋书》，北宋监本。南渡后有闽中覆刊本。半页十行，行二十字。较《三国志》每行增一字。《南史》《北史》，北宋监本。半页十行，行十八字。《隋书》《新唐书》，北宋监本，南渡后有闽中覆刻本。半页十行，行十九字。以上各史，虽行字略有差别，然无不是半页十行。其字体大于十四行本而小于九行本，故《南雍志》以中字本称之。

（2）小字本（十四行本）

传世诸史监本，除十行本外，还有一种十四行本，其行款与南渡后南宋国子监所刻诸经单疏本款式基本相同，只是每页少一行，为十四行。据赵万里考证，常熟瞿氏《史记集解》为每行二十四至二十七字不等，"贞"字不缺笔，为仁宗前所刊。吴兴张氏藏《汉书》残卷每行二十七字；日本静嘉堂文库藏《吴志》二十五六字；海宁蒋氏藏《晋书》行二十六字，为北宋末闽中复刻本；江安傅氏藏《隋书》残卷，行二十五字；日本静嘉堂文库、北京图书馆藏《新唐书》残卷行二十五字。南渡后，南宋国子监所刻的十四行字本，"则仅常熟瞿氏藏《旧唐书》一种耳。《旧唐书》行二十五六字不等，构字缺笔，而'慎'、'敦'诸字不缺，为高宗朝刊本。"[①]

（3）大字本（九行本）

宋南渡以后，国子监下诸州郡刊刻诸史，均为每页九行本。其中除衢州刻《三国志》仍遵用北宋旧式外，余皆半页九行，行十九字。如淮南漕司刻印的《史记》，江东漕司刻印的《前汉书》《后汉书》等。南北朝《七史》虽未详确为何地所刊，但根据赵万里先生考证，当为江南或浙江

---

① 赵万里：《两宋诸史监本存佚考》，收入傅杰《二十世纪中国文史考据文录》，云南人民出版社，2001，第845页。

杭州附近雕印（每行字数多少不一，已无可考）。

由于经、史诸书，一般都是成批刻印，同类性质的书行款也就大同小异，有规律可循。至于其他子书、医书，刻印时则要分散一些，行款也就多不统一，无法归列。兹举两例：《扬子法言》，南宋监本。半页十行，行十八字。注文双行，行二十三字。白口，左右双边。《外台秘要方》，南宋国子监下绍兴两浙东路茶盐司刻本，半页十三行，行二十八至三十字不等。注文双行，白口，左右双边。

（五）刻书经费

宋代社会经济相对发达，刻书风气很盛。从官方的各州（府、军）、公使库、各路安抚司、提刑司、转运司、茶盐司、漕司、县学到民间的书院、书棚、书坊、家塾等竞相刻书，作为国家最高教育机构的国子监自然不甘落后，其经费是有充分保障的。北宋立国之初，国子监就设有专门掌管印刷事务的印书钱物所了，只是到了淳化五年（994年），李至因嫌其名不雅，上书乞改为国子监书库官。此事见《宋史·职官五》：

> 淳化五年，判国子监李至言：国子监旧有印书钱物所，名为近俗，乞改为国子监书库官。始置书库监官，以京朝官充。掌印经史群书，以备朝廷宣索赐予之用，及出售而收藏其直以上于官。[1]

从以上这段文字，至少可以知道两点：一是国子监设有专门掌管印书钱物的机关，经费由政府拨款，有充足的保证；二是国子监所刻的书，一部分是朝廷为了宣示文治，用于赏赐群臣和邻邦使者，另外一部分就是出售出去，所得资金上缴主管部门，这就具备了一般意义上的发行的特征了。

宋代政府对国子监刻书的投入是相当大的，太宗雍熙年间，国子监祭酒孔维"受诏与学官校定《五经正义》，刻板行用。功未及毕，被病。上遣太医诊视，使者抚问。初，维私用印书钱三十余万，为掌事黄门所发，维忧惧，遽以家财偿之，病遂亟，上赦而不问。"[2] 光是

---

[1] 脱脱等：《宋史》卷一六五，中华书局，1977，第3916页。
[2] 脱脱等：《宋史》卷四三一，中华书局，1977，第12812页。

刻印《五经正义》就投资不下三十余万钱，可见宋国子监刻书经费之充盈。除政府直接投资外，宋代国子监还有自己的学田，当有部分收入资助刻书。《宋史·仁宗本纪》载："（康定元年）壬戌，赐国子监学田五十顷。"①南宋以后，国子监一般都下各道府州县军学雕版，直接由中央政府拨支的经费就少了，而改为主要由地方政府来承担，由当地官衙领衔出资送往镂板。可考的有临安府、绍兴府、湖州、台州、衢州、泉州、成都府转运司、两浙东路茶盐司、江东漕司、淮南漕司等单位出资刻印过监本。

刻书经费除了各种官资外，还有另一种途径就是发行监本的收入。根据叶德辉《书林清话》载："宋时国子监板，例许士人纳纸墨钱自印。凡官刻书，亦有定价出售。今北宋本《说文解字》后，有'雍熙三年（986年）中书门下牒徐铉等校定《说文解字》'。牒文有''其书宜付史馆，仍令国子监雕为印板，依《九经》书例，许人纳纸墨钱收赎'等语。"②又据《续资治通鉴长编》称，熙宁八年（1075年）七月，"诏以新修经义付杭州、成都府路转运司镂板，所入钱封桩库半年一上中书。"③正是因为有了充足的经费保证，国子监刻书才能有如此巨大的规模和高质量。以至于叶德辉感叹道："宋时官刻书有国子监本，历朝刻经、史、子部见于诸家书目者，不可悉举。而医书尤其所重，如王叔和《脉经》……绍兴年间重刊，仍发各州郡学售卖。既见其刻书之慎重，又可知监款之充盈。"④南宋后，为学官王之望（瞻叔）所请，继续实行这种制度，优惠仕林，助文化之盛。

（六）发行及社会流传

宋代国子监不仅在图书出版方面有很高的成就，同时在图书发行方面也有自己的特色。据史料显示，宋代国子监刻书有自己的发行渠道。

其一，国子监自办图书发行。这又分两种情况：一是定价出售，个人购置或纳纸墨钱自印。清人叶德辉《书林清话》称："宋时国子监板，例

---

① 脱脱等：《宋史》卷一〇，中华书局，1977，第206页。
② 叶德辉：《书林清话》卷六《宋监本书许人自印并定价出售》，中华书局，1957，第143页。
③ 李焘：《续资治通鉴长编》卷二六六，中华书局，1985，第6529页。
④ 叶德辉：《书林清话》卷三《宋司库州军郡府县书院刻书》，中华书局，1957，第60页。

许士人纳纸墨钱自印。凡官刻书，亦有定价出售。"① 即可直接购买成书，也可"纳纸墨钱自印"。宋时书价是很低廉的，兹举一例：淳熙三年（1176年）舒州公使库刻本《大易粹言》内有一牒文云："今具《大易粹言》一部，计贰拾册，合用纸数印造工墨钱下项：纸副耗共一千三百张，装背饶青纸三十张，背青白纸三十张，棕墨糊药印背匠工食钱共一贯五百文足，赁板钱一贯两百文足。本库印造见成出卖，每部价八贯文足。"② 再据李心传《建炎以来朝野杂记》载："先是，王瞻叔为学官，尝请摹印诸经义疏及《经典释文》，许郡县以赡学或系省钱各市一本，置之于学。上许之。令士大夫仕于朝者，率费纸墨钱千余缗而得书于监云。"③ 二是由各地方政府机关用公款购买，"许郡县以赡学或系省钱各市一本，置之于学"，供各州府军学使用。为了使监本得以广泛流传，国子监将监本的书价定得比较低，如真宗天禧元年（1017年），"上封者言：'国子监所鬻书，其直尤轻，望令增定。'帝曰：'此固非为利，正欲文籍流布耳。'不许。"④ 可见，宋国子监刻书把社会效益放在了首位。

其二，国子监发监本到各州府军学，由其代售，有代办发行之意。南宋绍兴间重刊北宋监本医书就是采取这种发行方式。据《书林清话》称："宋时官刻书有国子监本，历朝刻经、史、子部见于诸家书目者，不可悉举，而医书尤其所重，如王叔和《脉经》、《千斤翼方》、《金匮要略方》、《补注本草》、《图经本草》五书，于绍圣元年牒准奉旨开雕，于三年刻成。当时所谓小字本，今传者有《脉经》一书，见《阮外集》，绍兴年间重刊，仍发各州郡学售卖。"⑤

其三，国子监下各州郡刻版，由地方政府向社会公开发行。如前所述，两宋国子监很多是将书编纂校勘好之后，下各州郡学刻版，这些监本的发行自然也由各地方政府完成，这种发行方式较之前者"代办发行"有较大的自主权。如南宋监本《荀子》就是由台州复刊北宋国子监熙宁间的旧本，并向社会发行的。

---

① 叶德辉：《书林清话》卷六《宋监本书许人自印并定价出售》，中华书局，1957，第143页。
② 李致忠：《宋版书叙录》，书目文献出版社，1994，第37页。
③ 李心传：《建炎以来朝野杂记》甲集卷四《监本书籍》，江苏广陵古籍刻印社，1981。
④ 毕沅：《续资治通鉴》卷三十三《宋纪》，上海古籍出版社，1987，第153页。
⑤ 叶德辉：《书林清话》卷三《宋司库州军郡府县书院刻书》，中华书局，1957，第60页。

宋代监本的发行非常重视社会效益，最初只收取少量低廉的纸墨费，淳祐初监本曾加价出售，为此陈师道上言道："伏见国子监所卖书，向用越纸而价小，今用襄纸而价高。纸既不迨，而价增于旧，甚非圣朝章明古训以教后学之意。臣欲乞计工纸之费以为价，务广其传，不亦求利，亦圣教之一助。"① 哲宗很快采纳了陈师道的建议，恢复了只收取工本费的书价制度。元祐三年（1088年），官方下令刊刻小字体医书，以降低出版成本，便民购买，据《仲景全书四种》后牒文："中书省勘会：下项医书册数重大，纸墨价高，民间难以买置。八月一日奉圣旨，令国子监别作小字雕印。内有浙路小字本者，令所属官司校对，别无差错，即摹印雕版，并候了日，广行印造，只收官纸工墨本价，许民间请买。奉敕如右，牒到奉行。"② 绍圣元年（1094年），哲宗再次指示国子监刊印小字本医书，便民购置。监本书因为便宜，购买方便，很快就风靡全国，上至朝廷士大夫，下至平民百姓，均可购置。有不少人还因此成为藏书家，如四川眉山孙氏"市监书万卷"，潞州张仲宾家产巨万，居全路之首，尽买国子监书，子孙大多成才。

南宋时期，出现了一批以"监本"两字开头为书名的书籍，其中不少是各地的翻刻本，如《监本纂图重言重意互注点校尚书》（建本）、《监本纂图重言重意互注点校毛诗》（建本）、《监本纂图重言重意互注礼记》、《监本纂图重言重意互注论语》、《监本纂图春秋经传集解》、《京本附释音纂图互注重言重意周礼》、《京本纂图附音重言重意互注春秋经传集解》（绍定庚寅垂裕堂刻）。所谓"纂图"，指用图谱的形式说明该经书的渊源流派、师承关系；"重言"指的是把重复出现的词用数字标注出来，表明它出现的次数；"重意"指的是把意义相同的句子，以"重意"标出。在每书名前冠以监本、京本二字，表明该书源于监本，也有为书坊做广告的意思，但从另一方面也反映了翻刻监本之风很盛，监本很受读者的青睐。

宋代监本，传世极罕，现尚可见一二，如国家图书馆藏的乾德三年（965年）刻本《经典释文》（三十卷）、端拱元年（988年）刻本《周易正义》（十四卷）。

---

① 陈师道：《后山集·论国子卖书状》，台湾商务印书馆影印清文渊阁《四库全书》本，1986。
② 曹之：《中国古籍版本学》，武汉大学出版社，1992，第199页。

（七）刻书知见目录①

1. 北宋国子监刻书知见目录

周易附略例	尚书	毛诗
周礼	仪礼	礼记
春秋经传集解	春秋公羊经传集解诂	春秋谷梁传
孝经	论语	尔雅
五经文字	九经字样	孟子附音义
周易正义	尚书正义	毛诗正义
礼记正义	春秋左传	周礼疏
仪礼疏	春秋公羊传疏	春秋谷梁传疏
尚书释文	礼记释文	尔雅释文
孝经正义	论语正义	尔雅疏
书义	周礼新义	诗经新义
春秋经	三经新义	孟子直讲
三礼图	古礼附释文识误	经典释文
群经音辨	輶轩使者绝代语释别国方言	说文解字
大广益会玉篇	大宋重修广韵	字说
集韵	韵略附诸州发解条例	礼部韵略
景祐天竺字源	法言注附音义	是正文字
史记	汉书	后汉书
后汉书补志	三国志	晋书
宋书	南齐书	北齐书
梁书	陈书	魏书
后周书	南史	北史
隋书	唐书	五代史记
资治通鉴	七十二贤赞	五服年月解

---

① 本目录参考王国维《五代两宋监本考》、李焘《续资治通鉴长编》、毕沅《续资治通鉴》、徐松《宋会要辑稿》、莫友芝《邵亭传本知见目录》、《黄丕烈书目题跋》、叶德辉《书林清话》、傅增湘《藏园群书经眼录》、曹之《中国古籍版本学》、严佐之《古籍版本学概论》等书目和专著。

至圣文宣王赞	汉书刊误	十哲
玉台新咏集	唐律疏义	律文
荀子	老子道德真经	扬子法言
扬子	内扬子	冲虚至德真经
齐民要术	庄子南华真经	庄子释文
六帖	韵对	孙子
吴子	六韬	司马法
三略	尉缭子	李靖问对
难经	黄帝内经大素	甲乙经
灵枢经	重广补注黄帝内经素问	伤寒论
脉经	新编金匮要略方论	千金翼方
太平圣惠方	黄帝三部针灸甲乙经	外台秘要方
庆历善救方	巢氏诸病源候论	急备千金方要
神医善救方	皇祐简要济众方	开宝重定本草
开宝详定本草	铜人腧穴针灸图经	铜人针灸图经
图经本草	补注本草	周髀算经
九章算术	孙子算经	术数记遗
海岛算经	五曹算经	夏侯阳算经
张丘建算经	五经算术	辑古算经
地理新书	文苑英华	初学记
太平御府	太平广记	册府元龟
文选	政和圣济经	述六艺箴
承华要略	祥符降圣记	授时要录
唐六典	阴阳地理书	御制文集
风角集占	神农本草	金匱要略方

2. 南宋国子监刻书知见目录

周易正文	尚书正文	毛诗正文
周礼正文	仪礼正文	礼记正文
春秋正经	左传正文	公羊正文
谷梁正文	孝经正文	论语正文
周易附略例	尚书	毛诗

周礼	仪礼	礼记
春秋经传集解	春秋公羊传解诂	春秋谷梁传
孝经	论语	尔雅
孟子章句	周易正义	尚书正义
周礼疏	毛诗正义	仪礼疏
礼记正义	春秋左氏传正义	春秋公羊传疏
春秋谷梁传疏	春秋经传集解	周易义海撮要
周易程氏传	孝经正义	论语正义
尔雅疏	经典释文	群经韵辨
群经音辨	淳熙礼部韵略	增修互注礼部韵略
史记	汉书	后汉书
三国志	晋书	梁书
陈书	魏书	北齐书
后周书	南齐书	宋书
南史	北史	隋史
唐书	五代史记	唐艺文志
唐书纠谬	五代史纂误附杂录	资治通鉴
通鉴纲目	国语	孔子家语
刑统	刑统律文	荀子
庄子	列子	亢桑子
文子	扬子法言	字说
丛桂毛诗集解	白虎通德论	昌黎先生集
大观证类本草	监本附音春秋谷梁传注疏	史记集解
绍兴敕令格式	金匮要略方	补注本草
千金翼方	太平圣惠方	外台秘要方
图经本草	脉经	

（八）刻书特点及评价

宋代国子监刻书在我国古代官刻史上写下了光辉的一笔，无论是刻书规模、刻书种类、刻书质量都创造了我国古代出版史上一个不小的奇迹，为我国以后历代官刻书的发展打下了坚实的基础。综合其刻书特点，大致有以下几点。

第一，就刻书的种类来看，两宋国子监刻书完全打破了五代时单一的经书一统天下的格局，刻印了大量的正史、子书、类书、医书，刻书门类开始向多样化发展。经历五代十国分裂割据的局面后，宋代进入了一个相对统一、稳定的发展时期，统治者开始提倡大一统的思想。史书，特别是正史，可看做是统治阶级总结历朝得失和经验教训的一面镜子。大规模刻印史书，正是顺应了这种历史需要。宋代封建经济普遍发展，文化比较繁荣，为大型类书的编纂和刻印提供了物质保障和学术支持。宋国子监还特别重视医书的刻印，有二十四五种之多，且多次翻刻。这一方面是由于经济的发展，使人们对健康有了更高的要求，另一方面是因为医书是关系国计民生的大事，民间传本多有缺漏错误，官方的监本能起到范本的作用，具有权威性。

第二，就刻印方式来看，两宋国子监，特别是南宋国子监，将自己编辑校勘好了的书，既可发本监书库官刻印，也可下地方各州郡镂板，编辑和出版分开，有点类似现代出版社的做法。根据王国维的考证，北宋监本《周礼疏》《礼记疏》《春秋谷梁传疏》《孝经正义》《论语正义》《尔雅疏》《书义》《新经诗义》《周礼新义》《史记》《汉书》《后汉书》《新唐书》《资治通鉴》等都是下杭州镂板的。南宋监本更是分散在全国各地刻板。如绍兴二年（1132年），两浙东路提举茶盐司公使库下绍兴府余姚县刻板《资治通鉴》；绍兴十五年（1145年）临安府雕造《十二经》义疏；绍兴中，两淮江东转运司刻《史记》《汉书》《后汉书》等。

第三，官方非常重视刻书。两宋时期从始至终边事不断，中间还经历了靖康之变、首都之迁，于军事倥偬之余，仍殷殷垂意于文化，很值得现代人学习。

第四，就行款上看，经书和史书因为大多是成批刻印，或前后时间间隔不长，因而有一定规律可循。其他子书、医书等的行款，则比较多样化。

四　金代国子监刻书

在11世纪初，东北女真族的生产方式已由游牧生产转变为农业定居，社会经济得到较大的发展，迅速地崛起于白山黑水之间。到了1113年，阿骨打继任为完颜部的首领，锐意整顿部落内部事务，实力得到了增强。1115年元旦，阿骨打正式建国称帝，国号"大金"。金国在太宗年间先后灭掉辽国和北宋，与南宋对峙，统治中国北部达120年之久。在这120年的时间里，金代统治者也很重视文化典籍的出版工作。

金天会四年（1127年），即北宋钦宗靖康元年十二月，金兵破汴，北宋首都失陷。宋犒金军黄金500万两、白银5000万两。掠去徽、钦二帝，宫嫔亲王，帝姬驸马千余人，百工伎艺、杂工匠、伶人、医官千又余人，乃至伎女、艺人等男女不下十万。金人得到如此庞大的财物、工匠艺人，所以能在三年之内建成壮丽的中都（今北京城外西南），从此中都便成了金朝的政治、经济、文化中心。金国子监刻书事业也兴盛在这个时期，它的刻书形式主要有以下三种。

第一，北宋旧监在金代继续刻印书籍。北宋都城被攻破之时，"举凡宗室、后妃、下至伎女、打筋斗诸艺人，子女玉帛、金银彩缎，以及太医局灵宝丹之微，无不入担车载，急如星火，一一解往金营"。后因粘罕（完颜宗翰）建议，说是破人国后于人、物掠夺太甚，会为天下后世所讥笑，"于是又取图籍文书，与其镂板偕行，其所欲不在是也。靖康元年十二月十六日（金太宗天会四年），金人入国子监取书，凡王安石说皆弃之。建炎元年（或称靖康元年天会五年）正月九日，始取国子监书板、三馆秘阁四部书。二十三日，金人索监书藏经，如苏黄文及《资治通鉴》之类，指名索取。仍移开封府，令见钱支出收买，开封府直取书籍铺。二十六日，金人来索古器、秘阁三馆书籍、监书印板、古圣贤图像、宋人文集、阴阳医卜之书。国子监主簿叶将、博士熊彦诗、上官悟等，押书印板并馆中图籍，往营中交割。二十九日，差董迪权司监业，起书籍等，差兵八千人运赴军前。三十日，金人索秘书省文籍、国子监印板。凡此皆有日月可稽，而见于《大金吊伐录》、《靖康纪闻》、《三朝北盟会编》者也。盖宋汴京百余年官私所积之图书、国子监版片至是为之一空矣。"[1]

北宋国子监图书版片虽为金人悉数掠之北去，但在天德三年（1151

---

[1] 张秀民：《金源监本考》，收入张秀民《张秀民印刷史论文集》，印刷工业出版社，1988，第132页。

年），即绍兴二十一年正月中都设置国子监之前，北宋汴京国子监仍在奉行刻书之事，且很可能留用了一些降臣，继续经营监事，这可视为金代国子监刻书的序幕。国家图书馆所藏葛仙翁《肘后备急方》前载有杨用道的一篇序文：

> 昔伊尹著汤液之论，周公设医师之属，皆所以拯救民疾，俾得以全生而尽年也……乃复摘录其方，分以类例，而附《肘后》随证天下，目之曰《附广肘后方》，下监俾更加雠次，且为之序而刊行之……皇统四年（1144年）十月戊子儒林郎汴京国子监博士杨用道谨序。①

金代在北宋汴京国子监除刻印了《附广肘后方》外，想必还刻印了其他一些书籍，只是文献无征，已不能考知了。

第二，中都国子监用北宋监本版片重印书籍。金完颜亮天德三年（1151年）正月，初置国子监，四月丙午，诏迁都燕京（即中都）。《金史·选举志》谓："凡养士之地曰国子监，始置天德三年。后定制，词赋、经义生百人，小学生百人，以宗室及外戚皇后大功以上亲、诸功臣及三品以上官兄弟子孙年十五以上者入学；不及十五者入小学。大定六年始置太学，初养士百六十人，后定五品以上官兄弟子孙百五十人，曾得府荐及终场人二百五十人，凡四百人。府学亦大定十六年（1176年）置，凡十七处，共千人。"②国子学及府学的设立，表明金人已经按照当时比较发达的汉族文化模式来培养自己的人才和塑造自己的文化形象了，就连金熙宗也夜以继日地伏读儒家经典。而要进行儒家教育，没有教材是不行的，于是金代国子监便利用从北宋掠夺来的监本旧版，集中印刷了一批书籍。据《金史·选举志》载：

> 凡养士之地曰国子监……凡经，《易》则用王弼、韩康伯注；《书》则用孔安国注；《诗》用毛苌注、郑玄笺；《春秋左氏传》用杜预注；《礼记》用孔颖达疏；《周礼》用郑玄注、贾公彦疏；《论语》用何晏集注、邢昺疏；《孟子》用赵岐注、孙奭疏；《孝经》用唐玄宗

---

① 张秀民：《金源监本考》，收入张秀民《张秀民印刷史论文集》，印刷工业出版社，1988，第134页。
② 脱脱等：《金史》卷五一，中华书局，1975，第1131页。

注;《史记》用裴骃注;《前汉书》用颜师古注;《后汉书》用李贤注;《三国志》用裴松之注;及唐太宗《晋书》、沈约《宋书》、萧子显《齐书》、姚思廉《梁书》、《陈书》、魏收《后魏书》、李百药《北齐书》、令狐德棻《周书》、魏征《隋书》、新旧《唐书》、新旧《五代史》、《老子》用唐玄宗注疏;《荀子》用杨倞注;《扬子》用李轨、宋咸、柳宗元、吴秘注。皆自国子监印之,授诸学校。①

金代国子监设立之后,为了给监生和各地府学学生提供标准的读本,共出版了九经及注疏、十四史和三子,凡二十六种书。这表明,金代国子监设置伊始,便紧紧围绕着教育的需要,印行了经、史、子书的精粹,这是金代国子监一次较大规模的出版活动。

第三,金代国子监自行刻印了一些书籍。以上之所以说是一次出版活动,而不说是一次刻书活动,是因为这些书籍都是根据北宋国子监掠夺来的旧版重新印刷的,并没有重新镂板。金代国子监自行雕版刻印的书籍,据文献可考的只有《阴阳地理书》《东坡奏议》《地理新书》《山林长语》等数种而已。

据元好问《中州集》记载,可知金国子监刻印过《东坡奏议》:

> 兴陵(指金世宗,他死后葬在兴陵)曾问宋名臣孰为优,覆道以苏端明轼对。上曰:"吾闻轼与王诜交甚款,至作歌曲,戏及姬侍,非礼之甚,尚何足道耶?"覆道进曰:"小说传闻,未必可信,就使有之,戏笑之间,亦何得深责。世徒知轼之诗文不可及,臣观其论天下,实经济之良才,求之古人陆贽而下未见其比,陛下无信小说传闻,而忽贤臣之言。"明日录轼奏议上之,诏国子监刊行。②

金世宗大定二十四年(1184年),平阳毕覆道为刊印北宋王洙所撰《地理新书》写了一道序文:

> 宅葬者,养生送死之大事也。自司马史分阴阳家流,至唐迄宋,屡诏儒臣典领。司天监属出秘阁之藏,访草泽之书,胥参同异,校覆是非,取合于理,而灾祥有稽者,留编太常,即今之颁行《地理新

---

① 脱脱等:《金史》卷五一,中华书局,1975,第1131页。
② 元好问:《中州集》中州壬集第九《右相文献公耶律覆》,四部丛刊本。

书》是也。俾世遵用，以裨政治，保生民，跻于寿域，惠亡者安于泉下，示爱民广博之道，不其题与？兵火之后，失厥监本，于是俗所传者，甚有伪谬。至于辞略而理乖，名存而实革，既寝差误，触犯凶灾，仆深患斯文之弊。遂质诸师说，访求善本，参校以正之者，仅千余字，添补漏阙者，几十数处。兼有度刻步尺之差者，则以算法而改之，有阴阳加临之误者，则以成式推而定之……发挥经义，注释礼文，岁余方毕，藏之于家，以伺同道之能者，踵门而采择焉，庶亦知余攻业之不忽也。时大定岁在阏逢执徐，平阳毕覆道题。①

这篇序文，表明毕覆道的新校本《地理新书》，只是"藏之于家，以伺同道之能者，踵门而采择焉"，实则并未刊行。然而，这篇序文却也透露出这样一则信息："至唐迄宋，屡诏儒臣典领。司天监属出秘阁之藏，访草泽之书，胥参同异，校覆是非，取合于理，而灾祥有稽者，留编太常，即今之颁行《地理新书》是也。"说明由司天监提供材料，太常寺编纂的《地理新书》，在大定二十四年可能亦由中央政府刊印版行了。至于由中央政府的什么机构刊行，很可能还是由国子监开雕的，理由就是以前就是由国子监刊印此书，有"兵火之后，失厥监本"为证。"金制，凡司天台学生，听官民家年十五以上、三十以下试补，又三年一次，选草泽人试补。其试之制：以《宣明历》试推步，及《婚书》、《地理新书》，试合婚安葬，并《易》筮法，六壬课，三命五星之术。"② 盖因《地理新书》是司天台学生试补的内容，故由国子监刊印颁行。该书因与考试有关，销售量很大。除在国子监雕印外，在明昌年间（1190－1196年）的蒲阪、平阳等处书籍铺亦多有刊行，所以毕覆道才"质诸师说，访求善本，参校以正之"。

又，据元好问《中州集》丙集第三载：

（刘迎）字无党，东莱人。初以荫试部橼。大定十三年（1173年），用荐书对策，为当时第一。明年登进士第，除豳王府记室，改太子司经，显宗特亲重之。二十年，从驾凉陉，以疾卒。章宗即位，

---

① 张金吾：《金文最》卷一九《序》，清光绪二十一年（1895年）重刻本。
② 张秀民：《金源监本考》，载《张秀民印刷史论文集》，印刷工业出版社，1988，第137页。

录旧学之劳，赐其子国枢进士第。无党自号无静居士，有诗文乐府，号《山林长语》，诏国子监刊行。①

以上这段记载说明金代刘迎的《山林长语》在章宗时也由国子监刊行了。另据《金史》记载："熙宗猎于海岛，三日之间，亲射五虎获之。（完颜）勖献《东狩射虎赋》。"② 世宗大定二十年（1180年），诏刻了这篇《东狩射虎赋》及诗文等篇什。据李致忠先生推断，也当由国子监雕印，只是史无明载，不好断言。

金国自迁都燕京后，浸染华风，故俗渐失，金主深以为患，于是开始禁止女真人改为汉姓，不许女真人学穿汉衣，卫士不谙女真语者，勒令学习，还在京师中都设立女直国子学（因避辽兴宗耶律宗真的讳，改"真"为"直"），诸路设女直学府，专用女真字书教养学生。并于"大定四年（1164年），诏以女直字译书籍。五年，翰林侍讲学士徒单子温进所译《贞观政要》、《白氏策林》等书。六年，复进《史记》、《西汉书》。诏颁行之。"③ 又据《金史·世宗本纪》记载：

（大定二十三年，1183年）八月乙未，观稼于东郊，以女直字《孝经》千部付点检司分赐护卫亲军……九月己巳……译经所进所译《易》、《书》、《论语》、《孟子》、《老子》、《扬子》、《文中子》、《刘子》及《新唐书》。上谓宰臣曰：朕所以令译《五经》者，正欲女直人知仁义道德所在耳。命颁行之。④

又据《金史·选举志》载：

（大定）二十八年（1188年），谕宰臣曰："女直进士惟试以策，行之既久，人能预备。今若试以经义可乎？"宰臣对曰："《五经》中《书》、《易》、《春秋》已译之矣，俟译《诗》、《礼》毕，试之可也。"⑤

从以上材料可知，自大定四年（1164年）起，金政府一再组织力量，

---

① 元好问：《中州集》丙集第三《刘记室迎》，四部丛刊本。
② 脱脱等：《金史》卷六六，中华书局，1975，第1559页。
③ 脱脱等：《金史》卷九九《徒单镒传》，中华书局，1975，第2185页。
④ 脱脱等：《金史》卷八《世宗本纪》，中华书局，1975，第184页。
⑤ 脱脱等：《金史》卷五一《选举志》，中华书局，1975，第1142页。

设立译经所，用女真文字翻译了不少汉籍中的经、史、子书，并皆令颁行，或以上千部分赐护卫亲军。只是史书没有明载究竟是何机构刊行，是由女真国子学刊印，或弘文院译经所自译自刊，抑或由国子监刊版，不得而知，因此，这一部分书籍不敢确定为金代监本，在此予以说明。

根据以上资料，胪列金代国子监刻书知见目录如下：

附广肘后方	周易	尚书
毛诗	春秋左氏传	礼记正义
周礼	周礼疏	论语
论语正义	孟子	孟子直讲
孝经	史记	前汉书
后汉书	三国志	晋书
宋书	南齐书	梁书
陈书	后魏书	北齐书
周书	隋书	新唐书
旧唐书	新五代史	旧五代史
老子	荀子	扬子
东坡奏议	地理新书	山林长语

另附：以女真文字刻版目录（极有可能由国子监刊行，但史无明载，姑存之）：

贞观政要	白氏策林	史记
西汉书	易经	尚书
论语	孟子	礼记
春秋左氏传	老子	扬子
文中子	刘子	新唐书
诗经		

五　元代国子监刻书

元朝是由朔漠中崛起的蒙古族依靠金戈铁马建立起来的封建王朝。蒙古骑兵第一次南下灭金亡宋时，实行了野蛮的烧杀掠夺政策，金代中都在陷落后遭到了毁灭性的破坏，金代国子监的书籍版片也毁于战火之中。蒙古族最初只谙弓马，未遑文事。但随着政权在全国范围内的建立，蒙古族的贵族统治者渐渐认识到，夺取政权要靠武攻，稳固政权则要靠文治。所以元朝自"太祖、太宗即知贵汉人，延儒生，讲求立国之道。"① 自此之后，元朝历代统治者对文治的构想逐步系统化，先后采取了尊经崇儒、兴学立教、举贤招稳、科举取士、保护工匠等一系列措施。

至元元年（1264年），忽必烈下诏设置国子监，并以儒学大师许衡为集贤院大学士、国子监祭酒，教养国子与蒙古大姓四怯薛人员。选拔七品以上朝官子孙，并许随朝三品以上官员推选凡民之俊秀者入学，作为陪堂伴读。至元十四年（1277），又置蒙古国子监，立蒙古国子学，选随朝百官、怯薛台、蒙古及汉人子弟入学。至元二十四年（1287年），立国子学，置博士、教官掌教生徒。同时，元政府还十分重视地方各级儒学的建置和生徒的培养。据至元二十三年（1186年）大司农司的统计，元朝立国不到二十年，"诸路学校凡二万一百六十六所，储义粮九万五百三十五石，植桑枣杂果树二千三百八十九万四千六百七十二株"②。足见元代学校之富足。这也是元代中央的很多书要下各路儒学开雕的经济基础。

至元十三年（1276年），元军渡江南下，攻破临安。元世祖"命焦友直括宋秘书省禁书图籍。伯颜入临安，遣郎中孟祺籍宋秘书省、国子监、国史院、学士院图书，由海道舟运至大都。"并接受许衡的建议，"遣使取杭州在官书籍版及江西诸郡书板，立兴文署以掌之。"③ 至此，兴文署便成了元代官刻的主体机构，而原来的南宋国子监改为西湖书院，南宋旧监的版片也由西湖书院继承下来，并继续修补和印行书籍。除修补旧版外，西湖书院还新刻了一些书籍，如马端临《文献通考》这部重要的典志体通史，就是在泰定元年（1324年）奉旨下杭州雕置于西湖书院，后又经过书院山长方员和马端临的女婿校刻订正，于至元五年（1339年）重新付梓。元苏天爵编《国朝文类》是一部元代文章总集，也由西湖书院刊印于至元二年（1336年）。杭州西湖书院历年补版重印的书籍约有一百十数种，这

---

① 陈邦瞻：《元史纪事本末·自序》，中华书局，1979，第226页。
② 宋濂：《元史》卷一四《世祖本纪》，中华书局，1976，第294页。
③ 钱大昕：《补元史艺文志序》，载雒竹筠《元史艺文志辑本》，燕山出版社，1999，第547页。

些书版大多保存到明初，移入南京国子监。

元代国子监自行刻印的书籍很少，笔者只见到一例。叶德辉《书林清话》载："故元时官刻首推国子监本。元祐（注：元祐为宋哲宗年号，疑为延祐）三年（1316年）刻小字本《伤寒论》十卷，见《杨志》。"① 元代国子监刻书更常见的方式是牒呈中书省批准，下诸路儒学召工镌刻，可能是因为元代儒学比较发达，经费也比较充裕的缘故，这一点倒是继承了南宋国子监刻书的传统。如至元六年（1340年），元国子监牒呈中书省批准，下浙东道宣慰使司都元帅府，分派庆元路儒学召工雕印了《玉海》二百卷、《辞学指南》四卷、《诗考》一卷、《地理考》六卷、《汉艺文志考证》十卷、《通鉴地理通释》十四卷、《汉制考》四卷、《践阼篇集解》一卷、《周易郑康成注》一卷、《姓氏急就篇》二卷、《急就篇补注》四卷、《周书王会补注》一卷、《小学绀珠》十卷、《六经天文篇》二卷、《通鉴答问》五卷。② 这是元代国子监的一次大规模的刻书活动。

判断元刻是否为监刻，一个重要的方法就是看卷首是否有国子监的牒文，如至元六年庆元路刻的《玉海》，其卷首就有国子监呈中书省的牒文。由于一般的藏书目录都很少著录是否有监牒，故考索元国子监刻书有一定的困难。傅增湘《藏园群书经眼录》著录了两例元代监本：《玉海》二百卷（宋王应麟撰）附《辞学指南》四卷，元至元六年庆元路儒学刊本，十行二十字，全书无补板，至为难得，海昌古韵阁许氏旧藏；《周易郑康成注》，元至元六年庆元路儒学刊本，十行二十字，白口双栏，版心上记字数，蝴蝶装。

元代国子监刻书的数量很少，而且书的篇幅都比较小，除《玉海》外，其他多为一些考证、集解、补注等类书籍，与鼎盛时期的宋国子监刻书已不能相提并论了。以笔者之寡陋，列出元代国子监刻书知见目录如下：

| 伤寒论 | 玉海 | 辞学指南 |
| 诗考 | 地理考 | 通鉴地理通释 |

---

① 叶德辉：《书林清话》卷四《元监署各路儒学书院医院刻书》，中华书局，1957，第91页。
② 李致忠：《元代的刻书机构》，载《北京出版史志》第八辑，北京出版社，1996，第11－12页。

汉制考	汉艺文志考证	践阼篇集解
周易郑康成注	姓氏急就篇	急就篇补注
小学绀珠	周书王会补注	六经天文篇
通鉴答问		

六　明代国子监刻书

明代是国子监刻书发展的鼎盛阶段，刻书种类和数量都远超前代，经、史、子、集一应俱全，尤以史书监本为特色，在历代国子监刻书史上颇具代表性。明代国子监刻书的大发展得益于朱明王朝对教育的重视。早在朱元璋初定天下之际，"宜令郡县皆立学校，延师儒，授生徒，讲论圣道，使人日渐月化，以复先王之旧。"[①] 至正二十五年（1365年）九月，朱元璋将元集庆路（今南京地区）儒学改为国子学，并保留了原有的版片。大明建立后，于洪武八年（1375年）在安徽凤阳建中都国子监，后因故停办。洪武十四年（1381年），在南京鸡鸣山南麓将原国子学改建为国子监（史称南监）。明成祖朱棣取得政权后，迁都北京，于永乐元年（1403年）在北京又建立了一个国子监（史称北监）。这样，明代就出现了南、北二监并立的局面。明代国子监在培养人才的同时，于刻书事业亦是孜孜以求。

（一）补版及新刻图书

洪武元年（1368年）八月，大将军徐达破元都，将所藏宋元旧版尽入南京国子学。洪武八年（1375年），明太祖又下令把江南各地的书版都集中到南京，包括杭州西湖书院的宋元旧版也都归入南监。因此，南监刻书以嘉靖为界，前期多为递修宋元版片，之后新雕版的书籍才多了起来。

1. 补版

据《南雍志》载，明代南京国子监非常重视版片的修补工作，有案可查的修补活动就有七次[②]：第一次于洪武十五年（1382年）十一月，太祖

[①] 张廷玉等：《明史》卷六九，中华书局，1974，第1687页。
[②] 曹之：《中国古籍版本学》，武汉大学出版社，2007，第249页。

命礼部修补国子监旧藏书版，谕曰："今国子监所藏旧书板多残缺，其令诸儒考补，命工部督匠修治之。"① 第二次于永乐二年（1404年）三月，成祖"命工部修补国子监经籍版。"② 以上两次补版收效甚微，加上管理不善，书版大量丢失。至成化初，诸书亡数已逾两万篇。第三次于正统六年（1441年），依祭酒陈敬宗言："《文献通考》等书乃朝廷备用之书籍，今既捐阙，宜令礼部委官盘点见数，转行工部委官带匠计料修补。上皆从之。"③ 第四次于成化初年，"时巡视京畿、南京、河南诸御道史上海董纶，以赃犯赎金送充修补之费，《文献通考》补完者几二千页焉。"④ 成化十八年（1482年）还修补了《新唐书》。第五次是嘉靖七年（1528年）冬，锦衣卫闲住千户沈麟"请校刻历代史书，乞差官购求善本。上以差官未便，只就南监所存旧版翻阅修补，以广流布。"⑤ 这次重点修补了十七史旧版，其中宋"眉山七史"七种、元各路儒学本十种。第六次于万历年间，如万历四年（1576年）修补《晋书》《新唐书》《辽史》；万历六年（1578年）修补《宋史》；万历十年（1582年）修补《汉书》《后汉书》《晋书》；万历十六年（1588年）修补《金史》等。第七次于天启二年（1622年）秋，"祭酒黄儒炳受事珍护是书，爰有修辑之役，司业叶灿继至同心协赞，正其讹谬，修其残蚀，次其错落，原无版者购求善本修补，以成全璧。"⑥ 在黄儒炳的主持下，先后修补了《后汉书》《元史》《辽史》《金史》《宋史》等。以上所举，只是规模稍大而已。其实，修补版片是一项经常性的工作，随坏随补，从未间断。如《新唐书》有成化十八年，弘治三年，嘉靖八年、九年、十年补版，还有万历五年、十年、十六年、十七年、二十六年、三十七年、三十九年、四十四年、四十五年补版等；《宋史》有万历六年、二十五年、二十八年补版；《元史》有万历二十六年、三十七年、三十九年、四十四年，天启三年，崇祯元年、二年、三年、七年、八年、十年、十一年补版。

南监还对经书版片进行了修补。明初，南监所藏《十三经注疏》皆为

---

① 黄佐：《南雍志》卷一《事纪一》，台北伟文图书出版社影印本，1976。
② 黄佐：《南雍志》卷一《事纪二》，台北伟文图书出版社影印本，1976。
③ 黄佐：《南雍志》卷一《事纪三》，台北伟文图书出版社影印本，1976。
④ 黄佐：《南雍志》卷十八《经籍考下》，台北伟文图书出版社影印本，1976。
⑤ 黄儒炳：《续南雍志》卷十七《经籍考》，台北伟文图书出版社影印本，1976。
⑥ 黄儒炳：《续南雍志》卷十七《经籍考》，台北伟文图书出版社影印本，1976。

宋元旧版，"至明正德后递有修补之页"，"其初本缺《仪礼》，以杨复《仪礼图》补之，亦宋、元旧板。嘉靖五年（1426年），陈凤梧刻《仪礼注疏》于山东，以板送监。"① 只是到了后来，由于年代久远和管理不善，《周礼》《礼记》《孟子》三经版尽失无存。但在嘉靖中，闽中御史李元阳用旧十行本，刊为《十三经注疏》，神宗万历中北监才依闽版刊刻了北监《十三经注疏》。

2. 新刻图书

南监新刻图书规模稍大的有三次：第一次为洪武三年（1370年），新刻《元史》，共雕版片4475面。此后刻书很少。直至弘治五年（1492年），礼部尚书兼文渊阁大学士丘浚奏请访求遗书：

> 敕两京内外守备大臣合同南京司礼监、礼部翰林院官查盘永乐中原留南京内府书籍有无多寡全欠，具数奏知，量为起取存留，分派辏补。其止有一本无副余者，将本书发下国子监，敕祭酒司业行取监生抄录，字不必工，惟取端楷，录毕散各堂教官校对，不许差错。每卷末识以誊写监生、校对教官衔名。其师生只照常例俸廪，别无支给，挨次差拨如常。合用刊字、折背、刷印匠作及纸笔之费，行合于衙门量为拨办，不限年月。书成装订，陆续付两监典籍掌管，如此则一书而有数本，藏贮而又有异所，永无疏失之虞矣。②

南监刻书数量才有所增加。第二次为嘉靖七年（1528年）至十四年（1535年），重新刻印了二十一史中的《史记》《汉书》《后汉书》《辽史》《金史》，其余都是略事修补，如《陈书》《新唐书》有嘉靖八至十年补版；《晋书》有嘉靖九年、十年及三十七年补版；《宋史》有嘉靖三十九年、四十年补版；《元史》有嘉靖九年、十年补版等。参与校刻的官员有祭酒张邦奇、林文俊，司业江汝璧、张星等人。第三次为万历二年（1574年）至二十四年（1596年），新刻《史记》《三国志》《宋书》《南齐书》《梁书》《陈书》《魏书》《北齐书》《周书》《南史》《北史》《五代史》十二史，其余随时补刻。参与校勘的官员有祭酒余有丁、高启愚、陆可教、冯梦

---

① 莫友芝：《藏园订补郘亭知见传本书目》卷一《经部一》，傅增湘订补，中华书局，1993，第2页。

② 丘浚：《重编琼台会稿》卷七《请访求遗书奏》，台湾商务印书馆影印清文渊阁《四库全书》本。

祯、赵用贤、邓以广，司业周子仪、刘珹、余孟麟、张一桂、季道统、刘应秋等人。

南监除了大量刊刻史书、经书外，还刻印了不少制书、子书、诗文集、杂书、韵书等。笔者据黄佐《南雍志》、黄儒炳《续南雍志》、周弘祖《古今书刻》、《钦定国子监志》卷五十二附《明太学志载书籍板片名目》、杜信孚《明代版刻综录》、顾廷龙《明代版本图录初编》、王重民《中国古籍善本书提要》等资料不完全统计，明代南监刻书共计441种，各类分布如表1所示。

表1　明代南监刻书种类及数量

种　类	制书	经书	史书	子书	诗文集	类书、政书	韵书	杂书
数　量	27	107	58	41	56	5	13	134

北监的刻书规模相对南监来讲小了很多，但若单以新雕版片数量而言，却堪与南监匹敌。这主要是因为南监修补旧版较多，而北监本大多重新镂板而成。据清《钦定国子监志》所附《明太学志载书籍板片名目》著录，北监刻书147种，其中经部39种、史部59种、子部37种、集部12种，而实际上这并非北监刻书的全部，如《古今书刻》著录的明北监本《忠经》《西林诗集》《大都志》等就未包括进去，二十一史中的《新唐书》《宋史》《辽史》《金史》等也不见著录。北监两次大规模的刻书活动以《十三经注疏》和《二十一史》的刊刻最为著名。据万历十二年（1584年）祭酒张位上疏：

> 辟雍乃图书之府，故自昔辨谬证讹，必以秘书及监为征。今监有《十七史》，而《十三经注疏》久无善本，请命工部给资镂板。又乞凡内府有板者，各赐一部。在京衙门条例等书尽，各刷送在外郡邑。刊刻诸书，责令人观进表官，以便赍投，此特自北雍言也。[①]

北监自万历十四至二十一年（1586-1593年）刻印《十三经注疏》335卷。据文献可考的有万历十四年刻《周易正义》《周易兼义》《尔雅注疏》《论语注疏解经》，十五年刻《尚书注疏》《毛诗注疏》，十六年刻

---

① 黄儒炳：《续南雍志》卷十七《经籍考》，台北伟文图书出版社影印本，1976。

《礼记注疏》，十八年刻《孟子注疏解经》，二十一年刻《仪礼注疏》《周礼注疏》《春秋穀梁传注疏》等。北监本《十三经注疏》是以嘉靖福建闽本为底本的，而福建李元阳刻本又是出自南监十行本，故两者仍是有渊源的。

北监自万历二十二至三十四年（1594－1606年）刻印《二十一史》。万历二十二至二十三年刻《新唐书》，二十二至二十四年刻《后汉书》，二十三至三十四年刻《北齐书》，二十四年刻《晋书》，二十四至二十五年刻《魏书》《汉书》，二十四至二十七年刻《宋书》，二十六年刻《史记》《隋书》，二十七年刻《宋史》，二十八年刻《五代史》《三国志》，二十六至二十九年刻《北史》，二十九至三十年刻《元史》，三十至三十一年刻《南史》，三十一至三十三年刻《周书》，三十三年刻《南齐书》《梁书》《陈书》，三十三至三十四年刻《金史》，三十四年刻《辽史》。参与校刊的人员有刘应秋、李廷机、敖文祯、方从哲、萧云举、李腾芳、杨道宾、萧良有、黄汝良、叶向高、周如砥、沈榷等。

（二）底本及校勘

1. 底本

南京国子监印书的版片，有相当一部分是宋、元遗留下来的旧版。嘉靖以前南监曾有三次大规模搜集旧版的行动。

第一次在洪武间，据《续文献通考》卷一百四十一《经籍考》载："太祖洪武元年（1368年）八月，大将军徐达入元都收图籍。"所藏宋元旧版尽入南监，其中最有名的当属宋刻"眉山七史"。据《书林清话》卷六《宋蜀刻七史》载："（眉山七史）元时版印模糊，遂称之为九行邋遢本，盖其书半叶九行，每行十八字也。元以来递有修板。明洪武时，取天下书板实之南京，此板遂入国子监，也遂称为南监本。"据《南雍志·经籍考》，当时南监收集到《宋书》版片2716片，《梁书》970片，《南齐书》1061片，《陈书》556片，《魏书》3385片，《北齐书》716片，《周书》877片。洪武十四年（1381年）在鸡鸣山正式建国子监时，还将元集庆路儒学的书版移交到了这里。

第二次在弘治四年（1491年），祭酒谢铎奏称："本监所有书板，虽旧多藏贮，而散在天下者，未免有遗。虽旋加修补，而切于日用者犹或未备，乞敕各布政司将所有如《程朱大全集》与《宋史》等书，尽行起送到监，而改东西书库屋为楼，上以为庋置之所，下以为印造之局，则不敢污坏散漫，而教化之助，亦永有赖矣。"① 此后，南监再次大规模搜罗版片，据《南雍志》著录，当时搜罗的版片有宋乾道间刻《桂林志》397片，宋景定间刻《临川志》866片，宋咸淳间刻《续文章正宗》569片，元延祐间池州刻《读书工程》145片，元至治间刻《文献通考》741片（双面），元至正间朱天爵刻《朱子行状》67片，元至正间浙东宪使张士和刻《历代十八史稿》548片，后至元二年（1336年）刻《元文类》1600片，元丁饶介刻《桧亭诗稿》97片，元刻《通志略》13724片，元江浙行省刻《六书统》803片，等等。

第三次是嘉靖七年（1528年），南监大规模补刻《二十一史》，当时南监没有宋、辽、金三史，便差人将广东布政司原刻《宋史》版片进呈南监，并于吴下购得辽、金二史，亦行刊刻，补成全史。据顾炎武《日知录》载："嘉靖初，南京国子监祭酒张邦奇等请校刻史书，欲差官购索民间古本，部议恐滋烦扰，上命将监中《十七史》旧板考对修补。仍取广东《宋史》板附监，《辽》、《金》二史无板者，购求善本翻刻。"②

南监除了继承宋元版片之外，还陆续收集了不少明代各地所刻的版片，如有洪武间蜀藩刻《蜀汉本末》173片，洪武四至六年（1371－1373年）永丰尹蔡玘刻《欧阳居士文集》533片，成化浙江副使张和命刻《文鉴》2200片，嘉靖五年（1526年）山东巡抚都御史陈凤梧刻《新刊仪礼注疏》860片和《诸史会编》6000片等。

这样，经过几次大规模的版片收集，加上后来陆续送入南监的版片，南京国子监的版片已经相当丰富了。以嘉靖间南监印行的《二十一史》为例，其版片系由宋刻元明递修本、元刻明修本和明新刻本组成。正因如此，柳诒徵在《南监史谈》中说："明南京国子监二十一史，世称为南监本。其中故有宋版者七，元版者十，惟《辽》、《金》二史翻刻元版，《宋》、《元》二史为明版……故南监二十一史，实合江南、四川、广东、北平各地版本。"③

---

① 黄佐：《南雍志》卷四《事纪四》，台北伟文图书出版社影印本，1976。
② 顾炎武：《日知录》卷十八《监本二十一史》，上海古籍出版社，2006，第1030页。
③ 柳诒徵：《南监史谈》，载柳曾符、柳定生《柳诒徵史学论文集》，上海古籍出版社，1991，第170页。

表2　南监嘉靖间刻印《二十一史》的版本系统①

书　名	刊年及刊（修）者	版片存失情况
史记130卷（大字本）	明嘉靖七年南监刊	完计2235面
史记70卷（中字本）	元大德间饶州路儒学刊（明修）	1600面，欠219面
史记70卷（小字本）		存1160面
汉书100卷	明嘉靖七年南监刊	完计2775面
	元大德九年太平路儒学刊（明修）	完计2775面
后汉书120卷	明嘉靖九年南监刊	完计2477面
	元大德九年宁国路儒学刊	完计2366面
三国志65卷	南宋衢州刊元明初递修池州路儒学刊	1392面，欠6面
	元大德十年集庆路儒学梓（明修）	计1296面
晋书130卷	元集庆路儒学江浙刊十行二十字本	3152面，失13面
宋书100卷	南宋绍兴间眉山刊本（元明递修）	2714面，欠2面
南齐书59卷	南宋绍兴间眉山刊本（元明递修）	1058面，欠3面
梁书56卷	南宋绍兴间眉山刊本（元明递修）	967面，欠3面
陈书36卷	南宋绍兴间眉山刊本（元明递修）	548面，欠8面
魏书124卷	南宋绍兴间眉山刊本（元明递修）	3382面，欠3面
北齐书50卷	南宋绍兴间眉山刊本（元明递修）	704面，欠2面
后周书50卷	南宋绍兴间眉山刊本（元明递修）	872面，欠5面
隋书85卷	元大德间饶州路儒学刊（明初修）	1694面，欠37面
南史80卷	元大德间广德路儒学刊（明初修）	1643面，欠130面
北史100卷	元大德间信州路儒学刊（明初修）	2676面，欠45面
新唐书225卷	元大德九年建康路儒学刊（明初修）	4796面，欠85面
五代史75卷	元大德间（九路儒学刊明修）	763面
宋史491卷	明成化十六年巡抚两广都御史朱英刻于广州，嘉靖八年送监	好版7704面，裂破模糊版2043面，失者127面
辽史115卷	明嘉靖七年南监刊（取吴下本为底本）	1035面，欠3面
金史135卷	明嘉靖七年南监刊（取吴下本为底本）	2398面
元史202卷	明洪武三年序刊	4475面

由于宋元旧版大部分集中在南监，北监刻书多以南监本为底本。以万历间刻印的二十一史为例，《史记》《汉书》《后汉书》《辽史》《金史》用

---

① 尾崎康：《以正史为中心的宋元版本研究》，北京大学出版社，1993，第81-83页。

的就是南监本的嘉靖版；《晋书》《新唐书》则用的是元刊明南监万历间递修版。经过南监对宋元旧版的整理后，北监用南监本作为底本刻印图书是很自然的事情。

2. 校勘

明国子监刻书的校勘工作一般由祭酒、司业担纲领衔，其他监官如监丞、博士、助教、学正、学录、典簿、典籍也参与校对，甚至监生也有保管版片、印行书籍、随时校订刊补之责。

嘉靖七年（1528年），锦衣卫闲住千户沈麟"奏准校勘史书，礼部以祭酒张邦奇、司业江汝璧博学有闻，才猷亦裕，行文使逐一考对修补，以备传布。"[①] 从嘉靖八年至十年（1531年），先后参与修补刻印《二十一史》的监官有程煌、黄良弼、刘世龙、聂曼、王昆、许尧、邹鲁、张杰等人。总督其事的先后有张邦奇、江汝璧和林文俊、张星。据林文俊《方斋存稿》载：

> 自嘉靖八年四月十二日开局，分委博士臣程煌、学正臣黄良弼校刊《元史》；助教臣刘世龙校刊《史记》、《前汉书》、《辽史》、《金史》；臣聂曼校刊《五代史》、《陈书》、《南齐书》；臣王昆校刊《三国志》；臣许尧校刊《后汉书》、《晋书》、《宋书》；学正臣邹鲁校刊《隋书》、《唐书》、《魏书》；学录臣张杰校刊《北齐书》、《梁书》、《周书》、《南史》、《北史》；臣邦奇、臣汝璧实总其事，督率诸臣昼夜雠校，功未及成而二臣以升迁、丁忧相继去任。臣文俊与丁忧司业臣张星接管以来，照旧校理，严督匠作，用心刊刻，期在速成，以仰副德意。[②]

万历年间，南监第二次大规模修补刻印史书，参与校勘的监官更多。可考的有：万历二至五年余有丁、周子义校《史记》《梁书》《五代史》；十年高启愚、刘珹校补《汉书》《后汉书》《晋书》；十六年赵用贤、余孟麟校《陈书》《周书》；十六至十八年赵用贤、张一桂校《北齐书》《南齐书》；十七至十九年赵用贤、张一桂校《南史》；十六至二十一年邓以赞、刘应秋、陆可教、冯梦祯校《北史》；二十至二十一年陆可教、冯梦祯校《三国志》；二十二至二十三年季道统校《隋书》；二十四年冯梦祯、黄汝良校《史记》《三国志》；二十二至二十五年冯梦祯、季道统校《宋书》；

---

① 黄佐：《南雍志》卷十八《经籍考下》，台北伟文图书出版社影印本，1976。
② 林文俊：《方斋存稿》卷二《进二十史疏》，台湾商务印书馆影印清文渊阁《四库全书》本。

二十四至二十五年冯梦祯、黄汝良校《魏书》。

稍后，北监也刻印《二十一史》，参与校勘的官员有刘应秋、李廷机、敖文祯、方从哲、萧云举、李腾芳、杨道宾、萧良有、黄汝良、叶向高、周如砥、沈榷等人。天启二年（1622年），南监又一次修补版片，参与校勘的官员有祭酒黄儒炳、侯恪、胡尚英、王锡衮，司业叶灿、谢德浦、周凤翔等。崇祯六年（1633年），祭酒吴士元等又重新校勘修补了北监《二十一史》的版片。

表3　北监《二十一史》校勘人员及校勘时间

书　名	校勘人员	校勘时间
史　记	刘应秋、杨道宾、方从哲	万历二十六年
汉　书	杨道宾、刘应秋、方从哲	万历二十四至二十五年
后汉书	李廷机、方从哲	万历二十二至二十四年
三国志	敖文祯、黄汝良、杨道宾、周如砥	万历二十八年
晋　书	方从哲	万历二十四年
宋　书	方从哲、黄汝良	万历二十四、二十六、二十七年
南齐书	萧云举、李腾芳	万历三十三年
梁　书	萧云举、李腾芳	万历三十三年
陈　书	李腾芳	万历三十三年
魏　书	李廷机、方从哲、刘应秋	万历二十四至二十五年
北齐书	李腾芳	万历三十三、三十四年
周　书	萧云举、李腾芳	万历三十一至三十三年
隋　书	刘应秋、杨道宾、方从哲	万历二十六年
南　史	杨道宾、萧云举、黄汝良、周如砥	万历三十至三十一年
北　史	方从哲、黄汝良	万历二十六、二十七、二十九年
唐　书	萧良有、叶向高	万历二十二至二十三年
五代史	敖文祯、黄汝良、杨道宾、周如砥	万历二十八年
宋　史	方从哲、黄汝良	万历二十七年
辽　史	沈榷	万历三十四年
金　史	李腾芳	万历三十三至三十四年
元　史	杨道宾、黄汝良、萧云举、周如砥	万历二十九至三十年

除了监官外，监生也有参与版片的修补和校勘工作的，据《三国志》冯梦祯序文称，辅佐校勘的监生有刘世教、袁之熊。如《三国志》卷二十

四、二十五题"丙申(万历二十四年)三月监生刘世教校";卷二十八、二十九题"监生刘世教校";卷三十末题"万历丙申四月监生刘世教校"。参与校对《宋书》的监生有邓希稷、叶宪祖、张汝霖、汪有功、刘世教、秦延默等26人;参与校对《北史》的监生更多,有陈延策、张金砺、王教行、吴应钟、夏之时、姚宗宸、蒋应谨、汤之衡、姜永德、荆懋贤、张拱昌等48人。

国子监以外人员,与校刊有关系的,亦可考见。如冯梦祯序《三国志》称:"借本资校者,余同年进士四川参议张君后甲、监生吴养泽。"《宋书》冯跋又称:"休文(即沈约)《宋书》毕工三年矣,余初阅数篇,犹有错误。会友人布衣姚叔祥,自檇李见访。叔祥故博雅,即以委之。乃手对旧本,参以《南》、《北史》、《通典》、《通志》诸书,牯牯二三月,始得竣事。"①姚君名士粦,字叔祥,海盐人,与胡震亨同学。当时以布衣身份参与校勘监本诸史者,姚士粦之外,还有陆景成,事亦见南监本《三国志》冯梦祯序。

(三)书工及刻工

古代刻书大致包括校勘、定稿、写版、刻版、刷印、装订等环节,其中后四个环节均由刻书工人完成。五代监本的写版是由擅长书法的官员来完成的,两宋监本也多是由书法优秀的有资历的官员或及第进士写版,但一般只限于经书,因为史书一般部头比较大,不能再当书法作品来抄写了。这样,写版、刻版的工作都由刻书工人来完成,刻书工人也有了专业分工,分书工、刊工、印工和裱褙工。为了谋生,大多数刻书工人既能写版,又能刻版,甚至能将四项工作全部兼顾起来。明代国子监的书版就有很大一部分是由刻书工人完成写版、刻版工作的。李国庆《明代刊工姓名索引》著录了十余例明监本写工、刻工情况,兹举其略。

《史记》一百三十卷,张邦奇校,嘉靖九年(1530年)南监刻本,书口下有刻工名:段蓁、方瑞、扈铨、扈田、扈文华、高成、何球、何瑞、何风、何恩、何良、何文、何宪、何祥、刘正、刘高、刘山、刘丙、刘

---

① 柳诒徵:《南监史谈》,载柳曾符、柳定生《柳诒徵史学论文集》,上海古籍出版社,1991年,第176页。

九、陆宣、陆宗华、陆奎、陆鏊、吕机、李潮、李安、李清、马相、马龙、盛应鹏、盛琼、盛天祥、唐祥、唐天德、温德、王恺、王程、王稿、吴成、吴冈、徐敖、袁电、叶弟、叶堂、叶襄、易赞、周永日、周宣、章悦、章浩、章言、张凤、张宪。

《史记》一百三十卷，冯梦祯校，万历二十四年（1596年）南监刻本，书口下有刻工名：包义、陈偣、端午、戴惟孝（戴孝）、戴仕、戴州、戴春、付登、付贞、付亮、郭文、胡宣、胡斌、胡相、何鲸、洪谋、洪以信、洪忠、姜伯、蒋昂、蒋卿、金科、吕中、李永、李智、李仁、李枝、刘荣、刘辛、罗祥、毛伦、倪忠自（倪忠、倪自）、彭桢、汝桢、舒钦、世卿、陶学、谈志、王志、吴有仁、翁正、魏清、夏昇、杨元、杨石、杨文、杨魁、晏述、晏伯、以仁、周士、周见、张仁、张希、朱本。

《前汉书》一百卷，嘉靖八年至九年（1529-1530年）南监校刻本，书口下题刻工名：何宪、何思、何凤。

《后汉书》一百二十卷，嘉靖八年至九年（1529-1530年）南监校刻本，书口下题刻工名：黄珦、黄铣、黄瑄、黄彪、黄炎。

《三国志》六十五卷，明刻南监递修本，书口下题刻工名：黄琢刊、监生盛世皋刊。

《宋书》一百卷，万历二十二年（1594年）南监重刻本，书口下题：郭文刻、述、晏。

《宋史》四百九十六卷，成化间朱英刻本，嘉靖八年（1529年）入南监。书口下有书工及刻工题名。如《志》《传》的书工有：志一至三，劳莘写；志四，劳莘写，马仁刊；志五，汤性善写；志六，黎浩写；志七至九，汤惠写；志十，李俊写；志十四至十六，汤惠写；志十七，李俊写；志十八至二十二，汤惠写；志二十三，劳莘写；志二十四、二十五，冯正写；志二十九，李俊写；传一百五，戴锐写；传一百六，刘沛写；传一百七，陈蕭写；传一百八，梁楷写；传一百九，李琳写；传一百十，林珍写。其他部分的书工还有黎沿、麦正、文仁等人。刻工则有陈直、呈祖、呈长、呈隐、公遂、黄各、李京、刘辛、王英、王祖、王亚庄、萧贤、张文定等人。

《五代史记》七十四卷，万历四年（1576年）南监刻本，刻工有：黄昱、黄翰、黄幹、黄朝、里明。

《五代史记》七十四卷，万历五年（1577年）南监重刻本，刻工有黄显、洪平、易兹。

《汉纪》三十卷，万历二十六年（1598年）南监刻本，书口下有刻工题名：何鲸、载惟考、易文正刻、陶。

《古史》六十卷，万历四十年（1616年）南监刻本，书口下题名：俞允、王□龙、孝

从以上所举来看，刻工家族式作业的特点比较明显，有的刻工先后参与了多部史书的镌刻。

除职业工人外，国子监生也有充当业余书手、刻工的，比如有的南监本版心下左方刊有小字，"其一曰监生某某写、某某对。如《新唐书》成化十八年（1482年）补版，有刊'监生汪鉴写、监生郑琦对'者；有刊'监生汪鉴写、监生田方对'者。其一曰监生某某刊，或监生某某助刊。如《新唐书》嘉靖戊午补版，载'监生陶鏛刊'、'监生胡崇贵'刊，万历十六年（1588年）补版载'监生张沛刊'，'监生吴养和刊'，及《晋书》载'监生陈所蕴、夏昭、汪克勤等刊'，前举《宋书》'监生黄家祯助刊'是。其一仅书监生某地某人，不言其为写、为对、为刊。如《新唐书》成化十八年补版，有'监生高安廖缙'、'监生金溪何清'、'监生莱县曹广'、'监生广信俞延桔'等是。"①

由此可见，不独写样、校样，就连刻版都有监生参与其中，颇有近世工读之精神，或可谓当时的一种职业教育。正是由于众多人力的投入，明朝国子监刻书的规模和数量都远超前代。但同时也因参与人员的素质参差不齐，刻书质量难以保证，引起了后人的一些非议。

（四）版式行款

明国子监刻书以经书、史书居多，经书以《十三经注疏》为代表，史书以《二十一史》为代表，故本文以这两部大型丛书为重点来考察明监本的版式行款。

1.《十三经注疏》的版式行款

据《藏园订补邵亭知见传本书目》云：

> 注疏有十行十七字附释音本，后宋元旧刊，至明正德后递有修补

---

① 柳诒徵：《南监史谈》，载柳曾符、柳定生《柳诒徵史学论文集》，上海古籍出版社，1991，第181－182页。

之页，即明初南雍所集旧版也。阮氏所藏凡有十经，独缺《仪礼》、《孝经》、《尔雅》三种，所作校勘记据此本为多。后又得《孝经》，凡十一经。至嘉靖中，闽中御史李元阳等即用此十行本重写，刊为《十三经注疏》，每半页九行，行二十一字，所谓闽本也。南监中诸经板仍十行之旧，其初本缺《仪礼》，以杨复《仪礼图》补之，亦宋元旧版。嘉靖五年，陈凤梧刻《仪礼注疏》于山东，以板送监，十行，行二十字，闽刻《仪礼》即据其本，经文佚脱数之，亦未能校补。后南监《周礼》、《礼记》、《孟子》板尽无存，余亦多残缺。神宗万历中，乃依闽板刻北监《十三经》。①

《藏园订补郘亭知见传本书目》对南北二监十三经的版式行款作了进一步说明：

> 元刊明修本《十三经注疏》，为《周易兼义》九卷、《音义》一卷、《略例》一卷、《附释音尚书注疏》二十卷……共三百三十五卷。半页十行，行十七字或十八字，白口，左右双栏。此本零种诸家多有之，而罕见全帙。其版明代入南监，断烂已甚，修补之版极多，亦罕见初印本。……明万历十四年至二十一年北京国子监刊《十三经注疏》三百三十五卷，从闽本出，故书名、卷数亦与元刊十行本同。每半叶九行，行二十一字，注双行同，白口，左右双栏，版心上方阳面记"万历某年刊"字样。此即莫氏前文所称之北监本十三经也。②

由此可知，南监《十三经注疏》的版片，其行款除《仪礼注疏》为半页十行，行二十字外，其他的都为半页十行，行十七字或十八字，而北监《十三经注疏》依闽中御史李元阳旧本重刊，皆半页九行，行二十一字。这就是南、北二监所刊《十三经注疏》行款上的最大差别。兹举一例：《仪礼注疏》十七卷，明万历二十一年北京国子监刊本，九行二十一字，注双行同，白口，左右双栏，版心上记有"万历二十一年刊"字样，下题刻工姓名。

---

① 莫友芝：《藏园订补郘亭知见传本书目》卷一《经部一》，傅增湘订补，中华书局，1993，第2页。
② 莫友芝：《藏园订补郘亭知见传本书目》卷一《经部一》，傅增湘订补，中华书局，1993，第5页。

2.《二十一史》的版式行款

明南京国子监刻印诸史的版片，有元明递修的宋眉山七史本，有明修元代各路儒学所刊本，还有明代新刻本。有的即使同一种史书，其版本也有递修本和重刻本、大字本和小字本、不同人员和不同时间的校刻本，因而版式大小、行款疏密皆不一律。

南监嘉靖版《二十一史》的版式行款兹举如下：《史记》《汉书》《后汉书》为半页十行，行二十一字，四周双栏。其中《史记》为白口，《汉书》《后汉书》为细黑口。《三国志》为南宋初期衢州旧版，半页十行，行十九字，注双行二十一至二十三字，白口双边，版心上记字数，下记刻工姓名。补版黑口，中缝较窄，上记字数。明补版不记字数。《晋书》为元儒学刊明修本，半页十行，行二十字，细黑口，左右双栏，间有四周双栏。《魏书》《宋书》《南齐书》《梁书》《陈书》《北齐书》《周书》仍是沿用"眉山七史"旧版。该版为南宋中期所刊，洪武中入南监，递经修补，原版几无，版行模糊，故称"九行邋遢本"，或以其版历宋元明三朝，又谓之"三朝版"，其行款一律为半页九行，行十八字。《北史》《隋书》为元各路儒学刊版，前者十行，行二十一字，黑口，四周双栏；后者十行，行二十二至二十四字不等，黑口，四周双栏。另有《南史》《唐书》《五代史》行款不见记载。《宋史》仍用成化间朱英刊本，半页十行，行二十字，黑口，四周双栏。《辽史》《金史》为半页十行，行二十二字，细黑口，左右双栏。明洪武三年序刊的《元史》为十行，行二十字，大黑口，四周双栏。

南监万历版《二十一史》的版式行款也比较复杂：万历二年至五年所刊《史记》（余有丁本）、《梁书》《五代史》为半页十行，行二十一字，四周双栏，白口。万历十六年至二十四年新刻《宋书》《魏书》《陈书》《周书》《北齐书》《南齐书》《南史》《北史》《隋书》《史记》（冯梦祯本）、《三国志》，其中只有《三国志》为半页十二行，行二十三字，左右双边，注文不像其他各史那样在正文中插入双行小字，而是仍用大字，改行低一格，字体也有明朝体和写刻体两种。《史记》（冯梦祯本）、《魏书》为半页十二行，行二十一字，左右双边。其他均为半页九行，行十八字，有白口，也有细黑口。而没有重新雕版的《汉书》《后汉书》《晋书》《唐书》《宋史》《辽史》《金史》《元史》等，都是嘉靖《二十一史》的续印本，版式行款自然仍续其旧。分析南监仍采用旧版的原因，很可能是因为这几部书的部头较大，重刻费时费力，如《晋书》版片有3150片，《唐书》版片有4800片。明初刊本《宋史》《元史》虽然损毁严重，但仍未重刊，恐怕也是因为其版片数量多达1万片和4500片的缘故。

嘉靖版与万历版《二十一史》有两个不同点：其一，"万历刊本，则遍载寮寀也。余有丁《史记》序，称诸学官参对者，得具列左方，序后备载监丞、博士、助教、学正、学录、典簿、典籍诸人姓名。"冯国祯《三国志》序称："学录石可大、典簿刘坚荣、署典簿事学正陈一道、典籍马迁，则有监督经营之劳者，得附书云。目录后又列可大等衔名，而序所不载之监丞李之晔、博士黄全初、刘大纶，助教张骥、朱星曜、舒应凤、郑梦祯，学正曾士科、胡淑、谭师孔、学录王之机等，亦具列焉。"而嘉靖本"只载祭酒司业衔名，余官不附书。"如嘉靖八年（1529年）南监本《辽史》卷端仅题"大明南京国子监祭酒臣张邦奇、司业江汝璧奉旨校刊"。其二，万历监本"多记载其校订某卷之时日，是亦万历监本异于嘉靖监本者也"①。

北监版《二十一史》，因万历间统一依南监本重刊，故版式行款较为整齐划一。虽版心刊年（从万历二十二年至三十四年）和所题祭酒、司业衔名各异，行款、字体则大致统一，均为半页十行，行二十一字，注文小字双行，白口，左右双栏，版心有"万历某年刊"一类刊记，书口下题刻工姓名。

以上主要讨论了经书、史书监本的行款版式，其他子部、集部类书籍版片的行款，笔者限于所见，兹举两例：《子汇》共二十四种三十四卷，明周子义编，万历四年至五年（1576—1577年）南京国子监刊本，均为半页十行，行二十一字；《孔丛子》三卷，万历四至五年南京国子监《子汇》本，半页十行，行二十一字，白口，四周双栏。

（五）刻书经费

明国子监刻书之盛，与其有多方资金来源是密不可分的。

第一，由户部、工部、礼部拨支经费。明国子监日常经费主要有乾鱼银和膳夫银，用于师生俸廪、充当庙户、修理公廨等。由于这部分资金已

---

① 柳诒徵：《南监史谈》，载柳曾符、柳定生《柳诒徵史学论文集》，上海古籍出版社，1991，第175—176页。

有专用，且有时不能按月发放，故用于校刻书籍的份额有限。南监要刻书，只得向皇帝奏请，得到批示后再由户部、工部、礼部筹资另行支给。如嘉靖时先刊补二十史，南监祭酒林文俊奏称："重新翻刊并各史应合修补者费银尚多，请再于南京户部支取本监折乾鱼银一千八百两……南京工部遵照先奉钦依会议事理，发银五百两送监接济，通前共银三千两，本监收贮支用。"光是新刊《史记》《汉书》《后汉书》《辽史》《金史》五史，就花去白银1463两2分3厘，修补另十五史并纸札、印刷、工食等项，又用银1496两3钱7分5毫，总共花费白银2959两3钱9分3厘5毫。3000两白银已所剩无几，还剩下《宋史》未刊，故林文俊"乞敕礼部议处再发银两，或于南京户部再将本监折乾鱼银动支，与今支剩修史银相帮支用，庶可兴工重刊。"①

第二，由工部承接刻书工程，负担所有经费。即先由国子监校订，再交由工部刻补版片。如洪武十五年（1382年），因南监所藏旧书版多有残缺，太祖命工部督匠修治。永乐二年（1404年），朱棣又命工部修补国子监经籍版片。宣德六年（1431年）九月，宣宗命南京工部修补国子监书籍阙板。正统六年（1441年）四月，祭酒陈敬宗言于朝："《文献通考》等书乃朝廷备用书籍，今既损阙，宜令礼部委官盘点见数，转行工部委官带匠，计料修补。上皆从之。"② 这在国子监更是求之不得的事。此外，亦可由工部给资，在监刻版。如万历十二年（1584年），祭酒张位疏陈："臣谓南监有《二十一史》，而《十三经注疏》久无善本，容臣等率属订校，工部给资，镂板于监。"③

第三，变卖庵寺之银。据《南雍志》卷十八《经籍考下》"梓刻本末"条载："嘉靖七年（1528年），锦衣卫闲住千户沈麟奏准校勘史书，礼部以祭酒张邦奇、司业江汝璧博学有闻，才猷亦裕，行文使逐一考对修补，以备传布，于顺天府收贮变卖庵寺银，取七百两发监。"这笔钱用作张邦奇等购求善本及校刻史书之用。嘉靖十七年（1538年），南京礼部尚书霍韬以变卖庵寺银498两，托国子监祭酒伦以训刻印了《杜氏通典》。

第四，利用赃犯赎金和各种罚款。据《南雍志》载："至成化初，祭

---

① 林文俊：《方斋存稿》卷二《进二十史疏》，台湾商务印书馆影印清文渊阁《四库全书》本。
② 黄佐：《南雍志·事纪三》，台北伟文图书出版社影印本，1976。
③ 黄儒炳：《续南雍志·事纪》，台北伟文图书出版社影印本，1976。

酒王㒕会计诸书，亡数已逾二万篇，时巡抚京畿南京河南道御史上海董纶，乃以赃犯赎金送充修补之费。"① 又据赵用贤《重刻〈陈书〉跋》云："予至南雍逾数月，乃加检阅，诸史中独《周》、《陈》二部最敝，私欲重托之梓，而剞劂之费苦无所资。会侍御陈君邦科、营缮郎崔君斗瞻、榷税龙江首捐少府稍入金来助。因为筹计工用，独《陈书》差易举。始付缮写，而大京兆石公应岳、许公孚远、台使彭君而珩、孙君鸣治，各举所部锾金相属，遂得授工锓刻。"《书重刻〈周书〉后》又云："余既梓《陈书》，乃复取此重加校阅，因取古本并监旧本正其讹网者几数千余言，方谋缮写，而大中丞王公用汲、督学使詹君事讲、江台使陈君邦科各举所部赎援来助，遂复刻此。"《重刻〈北齐书〉题辞》云："凡再阅月，中丞王公用汲、御史孙公鸣治、黄公仁荣各举赎援来助，通得四十余金，遂复以付梓。"②

第五，由官员和监生捐资。明代官员俸禄虽低，但仍有人愿意捐资刻书。据《南雍志》云："景泰二年（1451年），因国子监司业赵㻞言：内外诸学生生徒合令兼习兵书，剖至南监，搜求旧板，已失其半，本监祭酒吴节因与应天府尹马谅、府丞陈宜谋搏俸资，命工重刻。"③ 不仅是官员，监生也有捐资刻书的。嘉靖十七年（1538年）刻《杜氏通典》，监生下崃也曾助银百两。正是由于有了诸多经费渠道和相对丰富的物质资源，明代国子监才能频繁搜补递修前代遗留下来的各类版片，并刊刻了大量的新书。

（六）刻书知见目录

笔者根据黄佐《南雍志》、黄儒炳《续南雍志》、周弘祖《古今书刻》、王重民《中国古籍善本书提要》、杜信孚《明代版刻综录》、顾廷龙《明代版本图录初编》，以及《钦定国子监志》卷五二所附《明太学志载书籍板片名目》，列出明代南北国子监刻书知见目录。

1. 明代南京国子监刻书目录

（1）制书类

| 监规 | 大诰 | 大诰续编 |

---

① 黄佐：《南雍志》卷十八《经籍考下·梓刻本末》，台北伟文图书出版社影印本，1976。
② 赵用贤：《松石斋集》卷一一，《四库禁毁书丛刊》，北京出版社，2000。
③ 黄佐：《南雍志》卷十八《经籍考下·武经七书》，台北伟文图书出版社影印本，1976。

大诰三编	大诰武臣	大明令
洪武礼制	大明律	劝善书
教民榜	资世通训	存心灵
洪武正韵	五伦书	本朝制书
洪武正韵小字	孝慈录	稽古定制
礼仪定式	永鉴录	御制帝训
御制官箴	为善阴骘	御制大诰
大明官制	孝顺事实	

（2）经书类

周易注疏	周易大学注疏	周易小字注疏
周易程氏传	周易本义	周易大字本义
复斋易说	周易本说	周易启蒙
周易音训	尚书注疏	书传会选
尚书释文	尚书会选	尚书表注
书经补遗	书经小字注疏	读书丛说
诗经集注	毛诗注疏	毛诗正义
毛诗音义	毛诗集传	诗传注疏
诗经集传	春秋正义	春秋左传集解
春秋经传集解	春秋左传附释音	春秋辨疑
春秋公羊疏	春秋谷梁疏	春秋诸国统纪
春秋纲领	春秋本义	三传辨疑
春秋或问	春秋集注	国语附国语补音
仪礼注疏	新刊仪礼注疏	仪礼经传通解
仪礼	仪礼经传续通解	仪礼集说
大戴礼记	六经正误	论语注疏
论语集注考证	论语旁通	论语旁解
孝经集解	玄宗考经	范氏孝经
论语白文	论语明本大字	大学疏义
大学鲁斋诗解	大学丛说	大学白文
孟子白文	大学明解	中庸白文
孟子简明大字	孟子节文	大学古本

孟子旁解	四书集编	文公家礼
大学衍义	中庸古本	四书集注
易经传义	诗经集注	书经集注
春秋四传	礼记集说	诗经通解
周礼全经	曲礼全经	古文小学
礼书	乐书	律吕古意
文公四书	小学注疏	小学训疏
小学白文	中庸丛说	书经补遗
春秋公羊传	春秋谷梁传	春秋诸国统纪
春秋正文	左氏注疏	息斋春秋
仪礼经传	五经新义撮要	经渠图说
尔雅注疏	尔雅	周礼句解
周礼集说	孝经注疏	孝经鲁斋直解
孝经明解	孝经集说	

(3) 史书类

诸史会编	资治通鉴	资治通鉴考异
资治通鉴三省编辨误	通鉴释文	资治通鉴外纪
资治通鉴问疑	资治通鉴纲目	通鉴纲目凡例
通鉴纪事	通鉴纪事本末	通鉴前编附举要
大事记通释	通鉴音释	历代十八史略
子由古史	战国策	吴越春秋
史记大字	史记中字	史记小字
前汉书	后汉书	三国志
晋书	宋书	梁书
南齐书	陈书	后魏书
北齐书	后周书	隋书
南史	北史	唐书附释音
五代史	宋史	辽史
金史	元史	贞观政要
读史管见	西汉会要	东汉会要
西汉诏令	蜀汉本末	南唐书

历代帝王统论	宋辽金正统辨	诸葛武侯传
朱子行状	将鉴论断	百将传
两汉诏令	吕氏春秋	宋名臣奏议
晋书音义		

(4) 子书类

老子	颜子	曾子
列子	老子汇诠	荀子
吕氏春秋	刘向新序	刘向说苑
杨子法言	杨子折衷	太玄索隐
集注太玄经	周子太极图说	周子书
程氏遗书并外书	朱子语略	朱子三书
孙子	吴子	六略
三略	尉缭子	司马法
李靖问对	女教	文中子注
太玄经	诸儒鸣道	朱子大全
温公太玄注	真西山读书记	子汇
阴阳文录	传习录	农书
孙门传道录	近思录	论衡
风俗通	白虎通	

(5) 诗文集类

楚辞	乐府诗集	文选
欧阳居士文集	晦庵文集	文鉴大字板
文鉴小字板	文章正宗	杜律批评
续文章正宗	国朝文类	顺斋薄先生集
陈子产诗集	东廓文集	王文定公集
罗圭峰文集	圭峰续集	怀麓堂稿
阳明文录	雅颂正书	雅颂正音
曹文贞公集附续集	淮阳献武王诗	桧亭诗稿
韩文评选	古廉诗集	戴石屏先生诗集

白沙诗教	白沙诗集	穆文简公集
诗序注	陈先生诗集	选诗演义
乐府诗集	诗谱	杨升庵外集
六朝乐府	文则	文法
宋文鉴	何大复文集	剡源文集
文髓	曲江文集	会稽三赋
逃虚子集	南唐蒲先生丛稿	鸣集后集
文章辩体	皇明文衡	曾文质公集
太学燕会诗	寿俊会诗	古今会编
白泉文集	元文类	

(6) 类书、政书类

玉海	杜氏通典	通志略
文献通考	大注三篇	

(7) 韵书类

说文解字	韵府群玉	礼部韵
广韵	玉篇	增韵
书学正韵	韵经	六书统
毛冕韵	洪武正韵	群书音辨
唐音		

(8) 杂书类

国语	大观本草	唐刑统
刑统赋	博古图	断狱律文
释文三注	了斋先生年谱	困学纪闻
笔准	晦庵读书法	读书法言
寿亲养老书	读书工程	金陀粹编
金陀续编	平宋录	读书丛说
东莱读书记	皇明政要	修辞鉴衡
宪台通纪	南台备记	牧民忠告

133

四箴字体	风宪忠告	庙堂忠告
千家姓	千字文字帖	千字文法帖
草韵	九成宫帖	梦华录
南雍条约	南雍旧志	赵孟頫千字文
小字帖	南雍志	二业合一训
圣谟衍	明论附新论	脉诀刊误
大事记通释	临川志	天文志
景定建康志	金陵新志	金陵旧志
东来法源	漕河通志	河防通议
桂林志	柳州志	集庆志
农桑衣食	救荒活民书	农桑撮要
营造法式	永乐三年登科录	象台志
宾阳志	苍悟志	容州志
建武志	斟鄗志	玉融志
瑞阳志	载桑图	长安志
黄氏日抄	厚德录	留都录
风俗通	论俗编	祭礼从宜
礼篇	存古正字	五礼新仪
乡饮酒礼	筭法	洗冤录
遵道录	文公家礼	家礼仪节
杜环千字文	虞世南千字文	虞世南百家姓
水马驿程	存古正学	赵子昂千字文
鲜于真草千字文	心统图义	篆书礼
六书正讹	南雍申教录	大字千字文
文字谈苑	问辨录	百忍箴
新泉志	参替行事	守潼宣训
心统图说	龙川乡饮志	玄教
大科训规	孔子像及四配像	奇器图
朱文公书	邵尧夫游伊洛	陈祭酒种松柏二记
吕中允心统图说	古律图叙	千家姓
草木子	古文苑右编	皇明开国功臣录
急就篇	上誉笔录	中誉笔录

后续誊笔录	旧南雍三课	南雍初诫
雍政大略	南雍教程	南雍雅会条约
南雍推广教程	南雍诫勖	南雍杂志一览
大学讲章	太学仪注	太学条例
太学仪节	文庙祭器册	

2. 明代北京国子监刻书目录

隆庆二年春季考录	史记	前汉书
后汉书	三国志	汉诏
古史	万历四年临雍录	晋书
宋书	南齐书	梁书
蜀汉本末	宋辽金正统	大明集礼
陈书	后魏书	北齐书
周书	临规发明	会约
侯伯习礼	大诰	隋史
南史	北史	唐书
春季考录	申明监规	大明律
五代史	宋史	辽史
金史	通鉴纲目	东厢条约
山海经	文献通考	元史
古史	世史正纲纲目	世史正纲
前编通鉴正误	通鉴正误	西厢条约
资治通鉴	易经大全	大明会典
敕谕监规	国子监通志	国子监续志
隆庆元年临雍录	辟雍纪略	易经本义
周易正义	周易兼义	尚书注疏
毛诗注疏	尚书正义	周易音训
书经大全	书经集注	周礼注疏
仪礼注疏	礼记注疏	春秋左传注疏
毛诗正义	书经	白文尚书会选
春秋谷梁传注疏	孟子注疏	论语注疏解经
尔雅注疏	论语注疏	诗经大全

135

诗经集注	诗乐图谱	春秋大全
春秋公羊传注疏	孝经注疏	孟子节文
周易	春秋正传正义	春秋胡传
四时候气图	玉浮图	礼记大全
四书	四书集义	论语白文
周易音训	论语集注	礼记集注
仪礼	周礼	仪礼图解
祭礼	大学衍义	四书抄释
外篇衍义	书传	四书大全
小学	四书集注	大学或问
四书集义	中庸或问	论语小字
尉缭子	孟子集注	孟子小字
朱子语略	四子抄释	教经
千字文体	孝经	红签字帖
白签字帖	韵略	诗对押韵
诗韵图谱	字苑撮要	千家文体
临川文集	淮海集	东莱集
樊川集	押韵西林字书	西林诗集
青云赋	楚辞	唐诗
大学讲章	孟元四赋	珍珠囊
出师表	历代名臣奏议	太学讲章
青云梯赋	丧礼	忠经
务本书	务本直言	诗苑
敕谕授职到任须知	国子监志	山海经
官箴	类林杂说	大都志
本草方	本草幼小方	脚气治方
老子	列子	药性珍珠囊
太学仪注	礼生仪注	为善阴骘
孝顺事实	五伦书	明伦大典
性理大全	法言	太元
太元索引	观物篇	进修录
大学衍义	小学	朱子语录

读书录	经世籍	司马温公心箴
我箴学的	国子监条例	

（七）社会流传及评价

明代国子监刻书数量众多，种类齐全，内容包罗万象，流传甚广。以史书为例，从明初至万历年间，除社会阅读量较大的前四史外，其他诸史几乎都奉南监本为圭臬。嘉靖后，私家刻书极为盛行，翻刻旧本之风大盛。明监本也多有翻刻本，如嘉靖中闽中御史李元阳依南监旧版十行十七字附释音本《十三经注疏》重写，刊为半页九行，行二十一字，是谓之"闽本十三经"。明代著名出版家毛晋，于崇祯间翻刻了北监本《十三经注疏》。至于其他私家翻刻监本，更是不可计数。

入清以后，顺治、康熙、乾隆间，官方均对明监本《二十一史》进行过修补，或依监版重刻。如顺治七年（1650年），布政使冯如京曾补修《二十一史》版；顺治十五年（1658年），江宁府儒学教授朱谟校刻《元史》；康熙二十年（1681年），江宁知府陈龙严捐奉补刊《新唐书》；康熙三十九年（1700年），江宁府儒学教授荆子迈校刊《梁书》及《新唐书》，训道王弈章校刊《隋书》。其他诸史亦多有顺治十五六年及康熙三十九年补版。乾隆四年（1739年），武英殿又依明北监《二十一史》版式，加以新修《明史》及《旧唐书》，合为《二十三史》。其中六朝诸史及《宋史》《辽史》《金史》与北监无异。明南监《二十一史》的书版至乾隆时尚存于江宁藩府书库中，嘉庆时藩府失火，殃及库书，版籍才全部烧毁。明监本在明清私家藏书目录中也多见著录，足见其流传之广。

明监本的质量，总体来说，嘉靖本要高于万历本，南监本要高于北监本。正如莫友芝所言：

> 明南监本《二十一史》，或取他省旧刊附官刊，《元史》不足之部则新刊足之。其式大小、行疏密，皆不一样，以嘉靖印者为最佳。后来新收旧版，递有修补，不贵矣。其板至嘉庆间乃毁于火。然雍、乾以来印者，不可读矣。收南监本能得嘉靖前印旧刊诸种，盖以嘉靖新刊诸种乃为最佳……明北监本板，万历间依南监本重刊为一律，虽较整齐，而不如南监本旧印之少讹字。康熙间通修补一过，其板至今犹存。然自乾隆殿板成，此板遂罕印矣。北监不如南监古雅，唯《三国

志》一种精校，胜南监。①

现存北监本几乎没有明清人的藏书印，除尊经阁本前半之外，训点批注也很少。这也从一个侧面反映出北监本不受藏家重视。

南监嘉靖版《二十一史》中，又以前三史质量最高。据《南雍志》载，张邦奇等奏称《史记》《汉书》《后汉书》"残缺模糊，剜补易脱，莫若重刻"云云，可知这三部书皆据宋本重刊，"而非取他省旧刊修补充数者，盖南监本之善者，无过于斯本矣"②。其他诸史取他省旧刻修补的，原来讹字脱字就较多，几经修补，错讹更甚，且因版本损坏或散失而造成缺页的情况也不少，其中《晋书》和《新唐书》因卷册较多，万历中南监又未加改雕，而是继续用元刊本版片补刻，所以舛误更多。有的每页字体都不相同，版式也很不一致，甚至展开书卷后左右两边框廓大小也有区别。对此，清人叶德辉多有批评：

> 明两监书板，尤有不可为训者。如南监诸史，本合宋监及元各路儒学板凑合而成，年久漫漶，则罚诸生补修。以至草率不堪，并脱叶相连亦不知其误。北监即据南本重刊，缪种流传，深可怪叹。吾不知当时祭酒司业诸人，亦何尸位素餐至于此也。或谓当时监款支绌，不得不借此项收入，略事补苴。且于节用之中而见课士之严肃，其立法未为不善。虽然，南监板片，皆有旧本可仿，使其如式影写，虽补板亦自可贵。乃一任其板式凌杂，字体时方时圆，兼之刻成不复细勘，致令讹谬百出。然则监本即不毁于江宁藩库之火，其书虽至今流传，亦等于书帕坊行，不足贵重矣。③

南监本之失还在于颠倒篇次，妄加删削，率易书名。如《史记》将司马贞补撰《三皇本纪》冠于《五帝本纪》之上，而失宋本旧貌；又将《史记》三家注文随意删节，致使讹舛丛生。张元济以监本校黄善夫本，发现"《集解》全删者四百九十九条，节删者三十五条；《索隐》全删者六百一十三条，节删者一百二十二条；以《正义》为尤多，全删者八百三

---

① 莫友芝：《藏园订补郘亭知见传本书目》卷四《正史类》，傅增湘订补，中华书局，1993，第196页。
② 潘景郑：《著砚楼书跋》，古典文学出版社，1957，第34页。
③ 叶德辉：《书林清话》卷七《明南监罚款修板之谬》，中华书局，1957，第181-182页。

十七条，节删者一百五十七条"①。受当时刻书风气的影响，身为南监祭酒的冯梦祯也不能免俗，轻率地将唐人刘肃的《大唐新语》易名为《唐世说新语》。顾炎武在《日知录》卷十八《监本二十一史》中历数南监本之失。对此，柳诒徵作了比较中肯的评价：

> 顾亭林摘举南监本疏舛处，谓"适足以彰太学之无人，而贻后来之姗笑。"又谓"惟冯梦祯为南监祭酒，手校《三国志》，犹不免误，终胜他本。"知冯之校刻，亭林亦称许之矣。亭林讥监本《晋书·华谭传》后"淮南袁甫"跳行，而以"始"字绝句。今按：宋小字本《晋书·华谭传》亦至"茂嗣爵"始止，"淮南袁甫"另为一行，则其失不自监本始也。今人诩百衲本诸史之精，如《宋书·天文志》"周将伐殷，五星聚房；齐桓将霸，五星聚箕；汉高入秦，五星聚东井"二十五字，宋本系双行夹注，监本亦双行夹注，近年江南官书局本尚尔，惟殿本误为正文耳。《北齐书·列传》第二十九附刊此传，与《北史》同，但不序世家，又无论赞，疑非正史。二行宋本有，殿本无，而监本有之。即江南官书局本亦有之，以此知监本多本宋元。②

监本之失，在于机械地照搬了宋本，连同错误也沿用了过来，但总算不失为尊重古籍旧貌，比之殿本将注文误为正文，又稍胜一筹。

北监刻书相对南监来说粗率一些，虽说统一了南监本因历朝递修造成的版式混乱，并对字迹漫漶处作了些许修订，但因未经仔细校勘，版本文字反不及南监本。除因袭南监本的错误之外，又增添了不少新的错误。如辽、金诸史，缺文动辄数页。《仪礼》脱误尤多，如《士礼昏》脱"壻授绥姆辞曰未教不足与为礼也"一节十四字；《乡射礼》脱"士鹿中翿旌以获"七字；《士虞礼》脱"哭止告事毕宾出"七字；《特牲馈食礼》脱"举觯者祭卒觯拜长者答拜"十一字；《少牢馈食礼》脱"以授尸坐取箪兴"七字。这与明人当时刻书的风气有一定关系。"万历间人，多好改窜古书。人心之邪，风气之变，自此而始……不知其人，不论其世，而辄改

---

① 张元济：《校史随笔·监本大删三家注》，上海古籍出版社，1998，第 5 页。
② 柳诒徵：《南监史谈》，载柳曾符、柳定生《柳诒徵史学论文集》，上海古籍出版社，1991，第 179—180 页。

其文，缪种流传，至今未已。"对此，顾炎武痛斥为："此则秦火之所未亡，而亡于监刻矣。"①

顾氏的批评固然有失偏颇，但明代国子监刻书与同期书院刻书相比，无论在人力、财力还是藏书方面均有优势，而质量反居其下。这确实是一个值得深思的问题。当然，在数量众多的明监本中也不乏质量上乘之作，如南监本《史记》《汉书》《后汉书》和北监本《三国志》等，就是它们当中的杰出代表。对于明监本的质量，我们应该一分为二地予以客观评价。

七　清代国子监刻书

清代康熙、雍正、乾隆三朝经济繁荣、国力强盛，为刻书提供了雄厚的物质基础。清朝统治者出于维护其统治的需要，一方面大兴"文字狱"，一方面又大力提倡刻书，把刻书作为笼络知识分子的一种手段。在这种社会背景下，清代国子监承明代北监之余绪，继续刻书。清代国子监刻书规模很小，与前代相比，国子监作为官刻主体机构的地位已被武英殿取代，退而居其次。

（一）刻书经过概述

清国子监刻书主要是由其下属典籍厅的典籍负责。《钦定国子监则例》载："典籍厅额设汉典籍一员，职掌贮监书籍碑石版刻，凡匠役开晒拓印各事宜，皆由其董率。"典籍厅招募匠役四名，专门负责印刷装订书籍。"本监额设匠役四名，募能刷印拓墨装订者充补，凡刷印书籍及官用墨刻，照例给与纸张物料饭食，其发办季考月课堂课试卷亦照此例。"② 顺治九年（1652年），上谕国子监云："所作文字，不许妄行刊刻，违者听提调官治罪。"③ 可见，早在顺治时，清国子监就已经开始刻印书籍了，只是文献无征，当时具体刻印了哪些书籍已不得而知了。但可以看出清国子监于刻书一事，一开始就态度非常严肃，书稿不得随意付诸枣梨，否则以违纪

---

① 顾炎武：《日知录》卷十八《监本二十一史》，上海古籍出版社，2006，第1031页。
② 《钦定国子监则例》卷三三《典籍厅·经理下》，台北文海出版社影印本，1989。
③ 《清会典事例》卷三八九《礼部·学校·训士规条》，中华书局影印本，1991。

论处。

康熙时，清国子监还对明监遗留版本进行了一些修补工作，如康熙二十二年（1683年）国子祭酒王士祯《请修经史刻版疏》云：

> 窃惟列圣道法之传莫备于经，历代治乱之迹莫详于史。古帝王内圣外王之学，不外经史而毕具矣。我皇上聪明天纵，宵旰不遑，犹日御讲筵，研精经史，又以刊刻经书讲义颁赐诸臣，典学之勤，二帝三王蔑以尚矣。查明代南北两雍，皆有《十三经注疏》、《二十一史》刻板，今南监版存否完缺，久不可知。惟国学所藏原版，庋置御书楼。此版一修于前朝万历三十三年，再修于崇祯十二年，自本朝定鼎迄今四十余载，漫漶残缺，殆不可读。所宜及时修版，庶几事少功倍，伏乞敕下部议，查其急宜修补者，早为鸠工，俾剞缺悉为完书，亦仰裨圣朝文教之一端也。①

在《明史》修好后，如其所请，清国子监修补了不少明监残版。在康熙二十五年（1686年）重修北监本《金史》卷一脱脱题衔后，题有："康熙二十五年国子监祭酒臣常锡布、祭酒加一级臣翁叔元、司业臣宋谷浑、司业加一级臣达鼐、司业臣彭定求、学正臣王默、典籍臣程大毕奉旨重校修。"②

康熙五十二年（1713年），清国子监刻印了唐韩愈撰、清李光地辑的《韩子粹言》。雍正十一年（1733年），清国子监又刻印了李光地辑的《朱子礼纂》。乾隆二年（1737年），国子监臣杨名时又请旨据武英殿版重刻《御纂周易折中》版1021面，《御纂性理精义》版420面，《钦定春秋传说汇纂》版1906面，《钦诗经传说汇纂》版1617面，《钦定书经传说汇纂》版1175面③，以上五书版片共计6139面，在短短一年当中，平均每日刻版近17面。

清代国子监除了雕版刷印书籍之外，还拓印了不少石刻书籍，转发地方州县学官，以广流布。此据《钦定国子监则例》载：

---

① 《钦定国子监志》卷五三《艺文一》，台湾商务印书馆影印清文渊阁《四库全书》本，1986。
② 王重民：《中国善本书提要》，上海古籍出版社，1983，第86页。
③ 《钦定国子监志》卷五二《经籍二·板片》，台湾商务印书馆影印清文渊阁《四库全书》本，1986。

康熙五十一年（1702年）奉上谕礼部训饬士子文，若令各府州县学官一体勒石，恐有不产石州县地方，或致借端扰派，俟国子监勒石后，以拓本汇颁各省，转发所属各学，钦此。①

另外，作为一种激励先进的手段，清国子监还择优选刻六堂肄业生的课卷，这在历朝国子监刻书中是不多见的。"凡六堂肄业生大课一等至二等一名课卷，由绳愆厅移付收贮，其六堂月课卷有可入选者，令肄业生另写副本，呈本堂助教、学正学录覆阅，各加圈点，汇交存贮，以备选刻。"②

（二）协助武英殿刻书

清国子监在自行刻书印书的同时，还大力协助武英殿刻书。

首先，清国子监有为武英殿刻书提供底本的任务。据《高宗实录》卷七六载：

乾隆三年（1738年）九月壬子，大学士等议覆国子监奏称太学所贮《十三经注疏》、《二十一史》版本模糊，难以修补，请重加校刻，以垂久远，应如所请。令国子监购觅原本各一部，分派编检等官校阅，交武英殿缮写刊刻，即将版片交国子监存贮，以备别印。再国子监奏有写本《旧唐书》一部，亦请刊刻，以广流布。得旨：版片不必国子监查办，著交于庄亲王于武英殿御书处等处查办。③

其次，国子监为武英殿保存了大量版片。武英殿版片刻好后，交由国子监收藏保管。"武英殿版片五十三种，寄本监存贮，立有印册备查。"④这五十三种书版包括《十三经注疏》《二十三史》、御纂文集、《三通》《八旗通志》《八旗通谱》等，版片共计136914块。乾隆三十四年（1769年），武英殿清查版片，国子监将旧存《近思录》《大学衍义》二种载入武英殿册内，将《朱子全书》共版2933块、《古文约选》共版1081块、

---

① 《钦定国子监则例》卷三三《典籍厅·经理下》，台北文海出版社影印本，1989。
② 《钦定国子监则例》卷一六《博士厅·经理》，台北文海出版社影印本，1989。
③ 转引自曹之《中国古籍版本学》，武汉大学出版社，2007，第305页。
④ 《钦定国子监志》卷三三《官师五·题名》，台湾商务印书馆影印清文渊阁《四库全书》本，1986。

《国学礼乐录》共版357块，行文缴回本监。乾隆四十六年（1781年），准武英殿来文咨取《辽史》版共1124块、《金史》版共2547块、《元史》版共4345块，国子监后又将三史版共8016块缴回。①

清国子监对书版的管理是相当严格的。"本监版刻及武英殿寄监存贮版刻均立册详识数目，凡书籍刻版之册，皆钤以监印。新旧交代则详验而悉数之。"② 夏天天气晴好时，还要即时曝晒书版，以防潮湿发霉。每年五月、十月要查验书版两次，并将存缺情况记载存册。"凡御书楼书籍及存贮版片，会同典籍厅不时检查，六堂八旗官学所贮官书于每年五月、十月呈堂派员查验，委员各取具本堂本学甘结，并自具甘结存案，如有遗失朽蠹，据实呈堂，著令本堂本学赔补。"③ 对因岁久残缺书版，随时修补。

再次，清国子监还为武英殿刻书提供人力上的帮助。《钦定国子监则例》卷一一载："乾隆三年（1738年）奉上谕：武英殿写字需人，著在国子监肄业之正途贡生内看其年力精壮、字画端楷、情愿效力者选取十人送武英殿，以备誊录缮写之用。"又嘉庆二十一年（1817年）武英殿修书处奏称："武英殿修书处额设校录十名，刊刻书籍之时，校对底本，上年议定章程，各馆应刊书籍俱交本处校对。书卷既繁，差使倍多，校录实不敷分派，查校录一项由国子监肄业之拔贡、优贡、副贡生考送充补，书籍告成，蒙恩给予议叙，准以教职等官选用，合无仰恳圣恩，酌增校录十名，俾资分校，即由国子监考送，其一应事宜俱与额设校录画一办理，如此则校刊书籍可期迅速矣！"④ 可见，清代武英殿刻书所取得的成就背后，国子监也是付出了相当努力的。

如上所述，清国子监所藏书版大约有三个来源：一是明代国子监遗留下来的旧版；二是武英殿新刻书版，交由国子监保存；三是本监新刻书版。用这些版片刷印书籍，是有所分工的。"凡遇各处奏准钦颁发书籍，如系殿版，由武英殿刷印，监版由监刷印，其工价照向例，奏定数目，移咨户部支领。"具体工作安排，也有非常明确的规定，严格按照规定的手续办事："凡本监刷印书籍，由厅派匠役办理，如武英殿来监刷印书籍，

---

① 《钦定国子监则例》卷三二《典籍厅·经理上》，台北文海出版社影印本，1989。
② 《钦定国子监志》卷二九《官师二·典守》，台湾商务印书馆影印清文渊阁《四库全书》本，1986。
③ 《钦定国子监则例》卷一六《博士厅·经理》，台北文海出版社影印本，1989。
④ 《钦定国子监则例》卷一一《绳愆厅·校录》，台北文海出版社影印本，1989。

准武英殿来文交派工匠到监,照所开某书若干部,听其自行刷印,派役看宁,防范火烛,严察工匠衣带蒙混。"对于本监士人刷印书籍也有明确的规定:"凡本监存贮《御纂四经》、《性理精义》书版五种,系本监自行重刊,钦遵谕旨,厅士人呈报交价刷印。其余如《十三经》、《二十三史》、《三通》、《八旗通志》、《八旗通谱》等书系属武英殿寄存,仍由武英殿派员会同办理。"①

(三) 刻书经费及发行流传情况

清代国子监刻书经费主要来自两个渠道:一是皇帝恩赏给国子监的银两。据《钦定国子监则例》卷三三下"核实工价"条:"凡本监版刻需用工料,在恩赏银两内支销,按例细加核算,不得听匠役浮开。"然而,恩赏银两毕竟有限,清国子监刻书经费的另一个主要渠道就是向户部支领。如《钦定国子监则例》卷三三又载:"乾隆四年,礼部咨称大学士赵国麟奏准颁发御纂各书,交礼部顺天府收贮。由监将四经刷送,所需工价照例称咨户部支领,又护理湖南巡抚张灿奏准颁发御纂各书,由监刷给《周易折中》、《近思录》、《大学衍义》三种,照例咨领工价。"②

清代皇帝不仅重视刻书,同样也关心图书的发行工作,这其中尤以乾隆皇帝为甚。乾隆三年(1738年)上谕称:"从前奉世宗宪皇帝谕旨,将圣祖仁皇帝御刻经史诸书颁发各省布政使,敬谨刊刻,准人印刷,并听坊间刷卖,原欲士子人人诵习,以广教泽也。近闻书版收贮藩库,士子及坊间刷印者甚少,著各抚藩留心办理,将书版重加修整,俾士民等易于刷印。有愿翻印者,听其自便,毋庸禁止。如御纂诸书,内有为士人所宜诵习而未经颁发者,著各督抚奏请颁发,刊版流布。至于武英殿、翰林院、国子监皆有存贮书版,亦应听人刷印。并从前内府所藏各书,如满汉官员有愿购觅者,既准刷印,其如何办理之处,著礼部会同各该处定议,请旨晓谕遵行。钦此。"③

礼部在接旨后,会同各有关部门,共同议定书价数目,然后"听士人呈报,交价刷印",国子监自刻五种书版《御纂周易折中》《钦定书经传说汇纂》《钦定诗经传说汇纂》《钦定春秋传说汇纂》《御纂性理精义》,均

---

① 《钦定国子监则例》卷三三《典籍厅·经理下》,台北文海出版社影印本,1989。
② 《钦定国子监则例》卷三三《典籍厅·经理下》,台北文海出版社影印本,1989。
③ 《钦定国子监则例》卷三三《典籍厅·经理下》,台北文海出版社影印本,1989。

是通过这种方式颁发各地的。

(四) 刻书知见目录

金史	韩子粹言	朱子礼纂
御纂周易折中	钦定书经传说汇纂	钦定诗经传说汇纂
钦定春秋传说汇纂	御纂性理精义	近思录（刷印）
大学衍义（刷印）		

综上所述，清代国子监刻书的地位已让位于武英殿刻书，就所知道的刻书种类而言，不再是以历代国子监传统的经史类书籍为主，而是以御纂书类为主，间以课卷、石刻拓印本充之。它更多的是协助武英殿刻书，如为其提供旧版底本，为其存贮、保管新刻殿版，为其提供誊抄缮写人员等。另外，国子监还负责祗领、藏贮、收发、购补书籍等职能。

"同书异本"致因考

所谓"同书异本",是指同一种书在传抄、翻刻等流传过程中,因篇章卷次、文字内容、装订形式等方面的差异而形成的不同版本形式。同书异本现象与文献相伴而生,它与文献的制作和传播方式直接相关,还与一定的社会因素有关,是版本学得以产生的根本原因。

一 文献制作、传播方式与同书异本

文献生产作为创造客观知识的劳动,其过程是由客观知识的输出(文献的首次记录)和物化(文献的复制)两部分构成,文献的载体和复制技术决定了客观知识在传播过程中的保真度。我国古代文献的制作方式大致经历了龟甲文献、金石文献、简策文献、版牍文献、缣帛文献、纸写文献、雕版印刷文献的演变,除雕版印刷可重复制作外,其他文献制作方式无论是刻划还是抄写,都是一次性完成,可复制性差,文献在传递过程中文本信息的保真度极低,故有"书三写,鱼成鲁,虚成虎"[1]之说,历史上"燕相遗书"就是著名的例子。宋人刘昌诗《芦浦笔记》亦载:

> 汉武帝元朔三年诏曰:"夫刑罚所以防奸也,内长文所以见爱也。"张晏曰:"长文,长文德也。"师古曰:"诏言有文德者,即亲内而崇长之,所以见仁爱之道。"鲁氏自备载章子厚家藏古本《汉书》,"内长文"是"而肆赦"字,盖"而"讹为"内","肆赦"皆缺偏旁,而为"长文"。诏云其赦天下,意甚明白。[2]

---

[1] 葛洪著《抱朴子内篇校释》,王明校,中华书局,1986,第335页。
[2] 刘昌诗:《芦浦笔记》卷二,中华书局,1985,第10页。

这个汉时的传抄错误，魏张晏、唐颜师古都没有发现，还因错就错地进行了注解。直到宋人阅读了章惇（字子厚，建州浦城人）家藏古本《汉书》，才发现了这个错误。

文献的每一次制作和传播，因不可避免的因素，如书手眼花手误、简策散乱、帛纸残损等，各种异文层出不穷，不一而足，归纳起来大致有以下几种。

第一，误字。或因形似而误，或因音近而误，如刘向《晏子书录》载："中书以'夭'为'芳'，'又'为'备'，'先'为'牛'，'章'为'长'，如此类者多。"①

第二，脱文。造成脱文的原因有脱简、抄脱等。脱简是指简策书在流传过程中缺失了一简或数简，与后世刻本缺页类似，如《汉书·艺文志》称："刘向以中古文校欧阳、大小夏侯三家经文。《酒诰》脱简一，《召诰》脱简二。率简二十五字者，脱亦二十五字；简二十二字者，脱亦二十二字；文字异者七百有余，脱字数十。"② 抄脱是指缣帛书和纸写本而言的，属无意脱漏，具体致误原因不胜枚举，有重文抄脱，有义似抄脱，有窜行抄脱等。

第三，衍文。造成衍文的原因不外两方面，一是无意多抄了原文没有的文字，一是有意增加了原文没有的文字，具体来说，有不明文义而衍，不明训诂而衍，因注疏而衍，涉上下文而衍，因旁注而衍等。如《韩非子·难三》："且夫物众而智寡，寡不胜众，知不足以遍知物，故因物以治物。下众而上寡，寡不胜众者，言君不足以遍知臣也，故因人以知人。"俞樾《古书疑义举例五种》："按《韩非》原文本作：'且夫物众而智寡，寡不胜众，故因物以治物。下众而上寡，寡不胜众者，故因人以知人。'旧注于上句'寡不胜众'云：言智不足以遍知物也。于下句'寡不胜众'云：言君不足以遍知臣也。传写误入正文而有错误，遂不可读。"③

第四，倒文。是在抄刻过程中，原文的词语被颠倒的错误，古时勾改文字叫"乙"，故又称"乙文"或"倒乙"。有字的倒置，如《老子》二十一章："自古及今，其名不去，以阅众甫。"朱谦之《老子校释》："马叙伦曰：'各本作自古及今，非是。古、去、甫，韵。'按傅本、王弼本作

---

① 姚振宗：《师石山房丛书·别录佚文》，开明书店，1936，第8页。
② 班固：《汉书》卷三〇，中华书局，1962，第1706页。
③ 俞樾：《古书疑义举例五种》，中华书局，1956，第93页。

'自今及古',帛书《老子》甲、乙本亦作'自今及古'。"①有句的倒置,如《三国志·吴书·虞翻传》:"翻复怒曰:'当闭反开,当开反闭,岂得事宜邪?'"张元济《校史随笔·三国志》谓新疆鄯善出土的古写本《三国志》"当闭反开,当开反闭"两句乙转。②

第五,错简。原指简策书因编简绳索烂断、折断,使竹简散乱,造成书籍篇章次第混乱的错误。从孔子"韦编三绝"的故事可以推知,这在简策时代是经常发生的。后也指帛书、写本、刊本的同类错误,表现为文章内容的篇章、一段或一节文字的次序错乱颠倒。如《战国策·秦策》"齐助楚攻秦"章,载楚国中张仪计,拒陈轸谏,以致伐秦而大败于杜陵。末云:"故楚之土壤士民非削弱,仅以救亡者,计失于陈轸,过听于张仪。"又"楚绝齐"章,载齐伐楚,楚王使陈轸西说于秦。末云:"计听知覆逆者,惟王可也。计者,事之本也;听者,存亡之机。计失而听过,能有国者寡也。故曰:计有一二者,难悖也;听无失本末者,难惑也。"王念孙认为,"楚绝齐"章末节"计听知覆逆者"后五十一字,与该章上文绝不相属,此是著书者之辞,当在"齐助楚攻秦"章之下。③

正是由于文献在传抄刻写的过程中,文献原始内容的真实性不断衰减,导致了同书异本的产生。可以说,同书异本现象伴随着文献的制作和传播而产生,自先秦就已有之。1993年郭店楚简出土,为我们提供了实物证据。这次考古共发现三种《老子》书,整理者名之为"甲""乙""丙"组,是迄今为止所见年代最早的《老子》传抄本,约成于战国前期。这三种竹简在形制、字体和简文内容等方面都不尽相同,完全可以视为《老子》一书的同书异本。入汉以后,同书异本的现象更加普遍。1973年,长沙马王堆汉墓出土的一批汉代帛书中,《老子》一书也有两种写本,一种字体介于篆、隶之间,书中不避高祖讳;一种为隶书,避高祖讳,不避惠帝刘盈讳。两本文字也多有不同,据此可以断定当时传抄的底本不止一个。西汉刘向受诏整理国家藏书,《战国策》一书就用了六种版本,《管子》《列子》各用了五种版本,《晏子》也用了四种版本。纸发明以后,抄书渐广,藏书日富,也加剧了同书异本的产生。如北齐颜之推《颜氏家训·书证》对当时的同书异本现象多有记载,列举了"江南本""江南旧

---

① 朱谦之:《老子校释》,中华书局,1984,第89页。
② 张元济:《校史随笔》,上海古籍出版社,1998,第31页。
③ 倪其心:《校勘学大纲》,北京大学出版社,2004,第199页。

本""河北本"等诸本的不同。

唐代雕版印刷发明之后，同书异本的现象非但没因图书制作技术的改进而有所减少，反成燎原之势。这是因为，雕版印刷虽然底版一次制成，可重复印制，文献复制技术有了大幅提高，但在写版和刻版过程中，文献制作的技术性致误因素并没有消除，而且一旦制成，错误流传更广。另外，雕版印刷并没有改变书出多门的状况，它继承了写本时代遗留下来的各种版本问题，并因刻书系统（官刻、家刻、坊刻）自身的多样性和复杂性，以及版本种类和数量的极大丰富，使得同书异本之间的差异愈发显现出来。

二　其他社会因素与同书异本

同书异本产生的原因是复杂的，除去文献在制作和传播过程中不可避免的技术性因素外，还与许多其他非技术性的社会因素有关。

（一）因文字本身的差异导致同书异本

文字是社会发展到一定阶段的产物。在"车同轨，书同文"以前，先秦的文字并不是统一的。战国时期群雄争霸，各行其是，很多字的写法也不一致。当时中国文字有两大系统，王国维称之为东土文字与西土文字。东土文字是齐、楚、燕、赵、韩、魏六国的文字系统，也称蝌蚪文，仔细分起来，又有晋、楚、燕、齐四系，四系之间的文字也有差别。西土文字是秦国的文字系统，也称籀文、大篆，在形体上近似小篆，如著名的石鼓文就是。这两大系统，及四系之间的文字差异，在先秦图书的传抄和流传过程中势必造成同书异本。秦始皇统一中国后，确立了以秦篆和秦隶为全国一统的地位。到汉代时，则以汉隶为通行文字。至此，由文字系统本身的差异导致同书异本的因素才基本消除了。但自汉代以来，因先秦的古文和汉代的今文的不同导致的今古文之争却持续了两千年。

（二）因誊抄副本而导致同书异本

古时文献保存和流传不易，为使之不至失传，只好誊写副本。如司马迁著《史记》，"成一家之言，厥协六经异传，整齐百家杂语，藏之名山，副在京师。"① 荀勖整理汲冢书，最后"付秘书缮写，藏之中经，副在秘阁。"②《隋书·经籍志》载，隋开皇三年（583年），牛弘表请分遣使人搜访异本，并"召天下工书之士，京兆韦霈、南阳杜頵等，于秘书内补续残缺，为正副二本，藏于宫中。"炀帝即位后，"秘阁之书，限写五十副本。"③ 历史上也有因买不起，或买不到书而誊抄副本的，如《颜氏家训·勉学》载："东莞臧逢世，年二十余，欲读班固《汉书》，苦假借不久，乃就姊夫刘缓乞丐客刺书翰纸末，手写一本。"④ 也有为了区分图书的不同使用功能，而誊写副本的，如唐人柳公绰家藏书万卷，"经史子集皆有三本：一本尤华丽者，镇库；又一本次者，长行批览；又一本又次者，后生子弟为业。"⑤ 也有为了避免作品散佚，或防止他人伪作混入而誊写副本的，如唐代大诗人白居易所著文集，就先后抄录副本，分置多处。他于开成四年（839年）作《苏州南禅院白氏文集记》，称：

> 唐冯翊县开国侯太原白居易，字乐天，有文集七秩，合六十七卷，凡三千四百八十七首……家藏之外，别录三本：一本置于东都圣善寺钵塔院律库中，一本置于庐山东林寺经藏中，一本置于苏州南禅院千佛堂内。⑥

其中东林寺本于太和九年（835年）入藏，收诗二千九百六十四首，勒成六十卷；圣善寺本于开成元年（836年）入藏，收诗三千二百五十五首，勒成六十五卷；苏州南禅院本于开成四年（839年）入藏，收诗三千四百八十七首，为六十七卷本。这三个版本皆题《白氏文集》。开成五年（840年），他又将后续之作抄付香山寺，凡八百首，合为十卷，别题《洛中集》。会昌五年（845年），他又编定了七十五卷本的《白氏文集》。他在《白氏集后记》中自记曰：

> 白氏前著《长庆集》五十卷，元微之为序；《后集》二十卷，自为序；今又《续后集》五卷，自为记。前后七十五卷，诗笔大小凡三

---

① 司马迁：《史记》卷一三〇《太史公自序》，中华书局，1959，第3320页。
② 郭璞：《穆天子传·荀勖序》，台湾商务印书馆影印文渊阁《四库全书》本，1986。
③ 魏徵等：《隋书》卷三二，中华书局，1973，第908页。
④ 颜之推撰、王利器集解《颜氏家训集解》，上海古籍出版社，1980，第189页。
⑤ 钱易：《南部新书·丁部》，中华书局，2002，第46页。
⑥ 白居易：《白居易集》卷六一，岳麓书社，1992，第977页。

千八百四十首。集有五本：一本在庐山东林寺经藏院，一本在苏州禅林寺经藏内，一本在东都圣善寺钵塔院律库楼，一本付侄龟郎，一本付外孙谈阁童。各藏于家，传于后。其日本、新罗诸国及两京人家传写者，不在此记。①

这就是说，除去上述六十卷本、六十五卷本、六十七卷本外，还有长庆四年（824年）元稹为之作序的五十卷本，以及在此基础上加入《后集》二十卷和《续后集》五卷的七十五卷本。可见，《白氏文集》在当时就有五个版本传世。他将文集誊写五本，分寄五处，以便长久留存，传诸后世。但历史违背了他的意愿，由于战火的破坏，人世的变化，白居易亲自编定的文集并未能完好无损地流传下来，却给后人留下了错综复杂的版本源流问题。历代誊写副本的优良传统，一方面确能起到保存文献和促进流通的作用，但在抄写过程中，由于各种因素的干扰，加上作者本人的不断递补及后人的编辑加工，副本不可能与原本保持完全一致，各本之间产生差异是很自然的。因此，人们主观上保存文献的努力，客观上加剧了同书异本现象的产生。

（三）因剽窃、作伪导致同书异本

剽窃也是导致同书异本的原因之一。据《世说新语·卷上·文学第四》载："初，注《庄子》者数十家，莫能究其旨要。向秀于旧注外为《解义》，妙析奇致，大畅玄风。唯《秋水》、《至乐》二篇未竟，而秀卒。秀子幼，《义》遂零落，然犹有别本。郭象者，为人薄行，有俊才，见秀《义》不传于世，遂窃以为己注。乃自注《秋水》、《至乐》二篇，又易《马蹄》一篇，其余众篇，或定点文句而已。后秀《义》别本出，故今有向、郭二《庄》。"② 郭象剽窃了向秀的成果，仅自注了两篇，其余只是定点文句，稍加改易而已。从文本内容看，向、郭两人的《庄注》实乃同书异本。

需说明的是，伪本与伪书都是古籍作伪的产物，但它们是两个不同的概念。伪本是历史上确有其人其书，只是由于后人出于某种目的，伪造出了不同的版本；伪书是托他人之名，凭空杜撰，一般不涉及版本问题。历

---

① 白居易：《白居易集·白氏集后记》，岳麓书社，1992，第1150页。
② 刘义庆：《世说新语》，刘孝标注，上海古籍出版社，1982，第120－121页。

史上由作伪导致同书异本的例子很多,此举一例。如《梁书·萧琛传》载,萧琛在宣城为太守时,"有北僧南渡,惟赍一葫芦,中有《汉书序传》。僧曰:'三辅旧老相传,以为班固真本。'琛固求得之,其书多有异今者,而纸墨亦古,文字多如龙举之例,非隶非篆,琛甚秘之。及是行也,以书饷鄱阳王范,范乃献于东宫。"皇太子命刘之遴、张缵、陆襄等人参校异同,刘之遴具陈异状十事,其大略曰:

> 案古本《汉书》称"永平十六年五月二十一日己酉,郎班固上",而今本无上书年月日字;又案古本《叙传》号为中篇,今本称为《叙传》;又今本《叙传》载班彪事行,而古本云"稚生彪,自有传";又今本纪及表、志、列传不相合为次,而古本相合为次,总成三十八卷;又今本《外戚》在《西域》后,古本《外戚》次《帝纪》下;又今本《高五子》、《文三王》、《景十三王》、《武五子》、《宣元六王》杂在诸传秩中,古本诸王悉次《外戚》下,在《陈项传》前;又今本《韩彭英卢吴》述云:"信惟饿隶,布实黥徒,越亦狗盗,芮尹江湖,云起龙骧,化为侯王",古本述云:"淮阴毅毅,杖剑周章,邦之杰子,实惟彭、英,化为侯王,云起龙骧";又古本第三十七卷,解音释义,以助雅诂,而今本无此卷。[①]

后来宋人王之望根据刘之遴的记载,推断出这个所谓的"班固真本"是伪本。

(四) 因佛经的翻译导致同书异本

佛教自东汉经西域传来,教义的传播有赖于经典的翻译,译经便成为弘扬佛教的首要事业。早期佛经的翻译,主要是通过口授,也有一人传言、一人笔受的对译,翻译方法多为直译,经卷的选择没有系统性,随意性较大,且重复翻译较为常见,因而极易产生同书异本。这主要是因为"经出西域,运流东方,提挈万里,翻转胡汉。国音各殊,故文有同异;前后重来,故题有新旧。"(《出三藏记集·序》)至梁释僧祐时,"或一本数名;或一名数本;或妄加游字,以辞繁致殊;或撮半立题,以文省成

---

① 姚思廉:《梁书》卷四〇《刘之遴传》,中华书局,1973,第573页。

异。至于书误益惑,乱甚棼丝,故知必也正名,于斯为急矣。"① 僧祐《出三藏记集》对佛经的同书异本现象多有记载,如卷七《合微秘持经记》云:"此经凡有四本,三本并各二名,一本三名,备如后列。其中文句参差,或胡或汉音殊,或随义制语,各有左右,依义顺文,皆可符同。所为异处,后列得法利、三乘阶级人数,及动地、雨华、诸天妓乐供养,多不悉备,意所未详。"② 卷七《合放光光赞略解序》又载:"《放光》、《光赞》,同本异译耳。其本俱出于阗国持来,其年相去无几。"③

《隋书·经籍志》对佛经因重复翻译,流传失实,导致同书异本也有记载:"(汉)灵帝时,有月支沙门支谶、天竺沙门竺佛朔等,并翻佛经。而支谶所译《泥洹经》二卷,学者以为大得本旨。"到了晋元熙中,"新丰沙门智猛,策杖西行,到华氏城,得《泥洹经》及《僧祇律》,东至高昌,译《泥洹》为二十卷。后有天竺沙门昙摩罗谶复赍胡本,来至河西。沮渠蒙逊遣使至高昌取猛本,欲相参验,未还而蒙逊破灭。姚苌弘始十年,猛本始至长安,译为三十卷。"④ 以《妙法莲花经》为例,自魏晋至后秦,该经的版本几经变化,有六卷本、十卷本、七卷本,各版本名称也不同。据宋人夏竦《文庄集》载:

> 故竺乾大士集灵鹫遗言曰:《萨达磨奔荼利迦》,魏梵僧支强梁接译于交址,初成六卷,翻"萨达磨"为"妙法","奔荼利迦"为"莲花",是名《法华三昧》;晋敦煌僧竺法护译为十卷,名《正法华》,分二十七品;后秦鸠摩罗什益"普门"一品,译为七卷,名《妙法莲花》;隋崛般笈多益"药草喻"品之半,以"提婆达多"品入"塔"品,名《添品法华》。唐道宣律师叙云,三经文旨互承,时所崇尚,皆用秦本。⑤

再以《金刚经》为例,自魏晋至隋唐曾有六个译本。据宋人王炎《双溪类稿》载:

---

① 释僧祐:《出三藏记集》卷四《新集续撰失译杂经录》,中华书局,1995,第123页。
② 释僧祐:《出三藏记集》卷七《合微秘持经记》,中华书局,1995,第279页。
③ 释僧祐:《出三藏记集》卷七《合放光光赞略解序》,中华书局,1995,第265页。
④ 魏徵等:《隋书》卷三五《经籍志》,中华书局,1973,第1097–1098页。
⑤ 夏竦:《文庄集》卷二二,台湾商务印书馆影印清文渊阁《四库全书》本,1986。

世所诵《金刚般若波罗蜜经》,皆鸠摩罗什所译本,语似明白,意或不圆。偶得龙舒王日休校正六译本,其一则罗什所译,次则魏三藏留支、陈三藏真谛、隋三藏笈多、唐三藏玄奘、唐僧义净,是为六译。①

(五) 因历代书厄导致同书异本

唐初雕版印刷发明以前,书籍抄录搜藏颇为不易,因而搜藏之责主要属之政府,于是典籍的聚散常随政局的变化而更易,造成了同书异本。隋牛弘尝著《五厄论》,其言有五厄:秦始皇焚书,书之一厄也;王莽末期焚荡书籍,书之二厄也;董卓西京之乱,书之三厄也;西晋末刘、石等乱华,文籍失坠,书之四厄也;梁末萧绎焚书,书之五厄也。明代的胡应麟增补隋后书籍之厄,列为"十厄",以补前人之不足。这些都是就大者论之,若其小厄,则不可胜计。然而文献的强大生命力是不可阻隔的,虽多有亡佚,终有劫余传世。这些保留下来的文献,或因口耳相传,或因破壁现书,或因后人辑佚,或因妄者伪造,便形成了不同的版本。以秦火之后的《尚书》为例,版本就有以下之多。

1. 今文本

据《史记·儒林列传》:"秦时焚《书》,伏生壁藏之。其后兵大起,流亡,汉定,伏生求其《书》,亡数十篇,独得二十九篇,即以教于齐鲁之间。学者由是颇能言《尚书》,诸山东大师无不涉《尚书》以教矣。"② 汉文帝时征召专治《尚书》之人,伏生已年逾九十,无力应征,于是命晁错去济南学《尚书》。其时伏生已老不能言,言不可晓,只好让其女儿传言教晁错,晁错是颍川人,听齐方言有困难,只能"以其意属读而已"。晁错用汉代通行的文字把它抄录下来,入藏汉代秘府,这就是《尚书》传本中的今文中秘本。

2. 古文本

古文本《尚书》,是用先秦大篆写成的。它又有以下六种版本③。

①孔安国家藏本。据《史记·儒林列传》:"孔氏有古文《尚书》,而

---

① 王炎:《双溪类稿》卷二四,台湾商务印书馆影印清文渊阁《四库全书》本,1986。
② 司马迁:《史记》卷一二一,中华书局,1959,第3125页。
③ 曹之:《中国古籍编撰史》,武汉大学出版社,1999,第14-15页。

安国以今文读之，因以起其家。"① 孔安国以"今文读之"，就是用今文来定章句。

②孔壁本。据《汉书·艺文志》载："武帝末，鲁共王坏孔子宅，欲以广其宫。而得《古文尚书》及《礼记》、《论语》、《孝经》凡数十篇，皆古字也……孔安国者，孔子后也，悉得其书，以考二十九篇，得多十六篇。安国献之。遭巫蛊事，未列于学官。"② 鲁共王坏孔子宅发生在景帝时，孔安国当时已是博士，至少有二十余岁，距汉武帝征和初巫蛊案发生时有三十五六年，孔安国献《尚书》时当有近六十岁。这与司马迁在《史记》中称其"早卒"相矛盾。司马迁曾亲自向孔氏问学，其记载当可确信。这就是说，献孔壁古文者不可能是孔安国，而是另有其人。孔壁本和孔安国家藏本也并不是一个本子。该本比今文本多出16篇。

③中古文本。据《汉书·艺文志》载："刘向以中古文校欧阳、大小夏侯三家经文……文字异者七百有余，脱字数十。"③ 刘向这里用的就是中古文本《尚书》。

④河间献王本。据《汉书·河间献王传》："献王所得书皆古文先秦旧书，《周官》、《尚书》、《礼》、《礼记》、《孟子》、《老子》之属，皆经传说记，七十子之徒所论。"④ 河间献王修学好古，从民间收得的古书中有《尚书》。但《史记》却只说他好儒，而未言得书事。所以学者对此本尚有疑义，如王国维就认为此本是孔壁古文本的传写本。此姑存之。

⑤张霸伪"百两本"。据《汉书·儒林传》："世所传《百两篇》者，出东莱张霸，分析合二十九篇以为数十，又采《左氏传》、《书叙》为作首尾，凡百二篇。篇或数简，文意浅陋。成帝时，求其古文者，霸以能为《百两》征，以中书校之，非是。"⑤ 张霸将29篇拆成了百篇，并将各篇的序言合编成两篇，称"百两"篇。这个造假案当时就被发现了，但《尚书》百篇之说却从此盛行开来。

⑥漆书古文本。据《后汉书·杜林传》："林前于西州得漆书《古文尚

---

① 司马迁：《史记》卷一二一，中华书局，1959，第3125页。
② 班固：《汉书》卷三〇，中华书局，1962，第1706页。
③ 班固：《汉书》卷三〇，中华书局，1962，第1706页。
④ 班固：《汉书》卷五三，中华书局，1962，第2410页。
⑤ 班固：《汉书》卷八八，中华书局，1962，第3607页。

书》一卷，常宝爱之，虽遭难困，握持不离身。"① 该本篇数与今文本同，都为29篇。后经卫宏、贾逵、马融、郑玄等人传注后，分为34篇。到魏晋王肃作注后，立于学官，并刻入魏正始"三体石经"中。上述《尚书》诸版本，又是因西晋的永嘉之乱，俱佚弗传。于是东晋又出现了梅赜的伪本《古文尚书》，该本实际上是今文和古文的混编本，含今文33篇（由28篇分析而成），另造古文25篇，以合刘向、郑玄所称58篇之数。

秦代焚书禁学，《诗经》也遭劫难，至西汉初年，《诗经》便有四个版本：鲁人申培所传《鲁诗》，齐人辕固所传《齐诗》，燕人韩婴所传《韩诗》，鲁人毛亨所传《毛诗》。前三者诗属今文经，西汉时得立学官。《毛诗》属古文经，私家传授，东汉渐盛，末年郑玄为之作笺，受社会推崇，其他三家先后亡佚，只有《毛诗》独传于世。而与上述《尚书》《诗经》情况相反的是，秦代未去医药、卜筮、种树之书，《易》类文献得以直接保存下来，因而秦代前后的《周易》抄本的差别就不大。可见，历代书厄确系同书异本产生的一大诱因。

（六）由学术争论导致和加剧了同书异本

学术贵有源流，但也因师授的不同，各学派之间各奉经典，固执己说，争论不休，从而导致和加剧了同书异本的发展。以儒家经典为例，昔秦因焚书坑儒，六艺缺焉。至汉初，经学乃兴，据《史记·儒林传》载："言《诗》，于鲁则申培公，于齐则辕固生，于燕则韩太傅；言《尚书》，自济南伏生；言《礼》，自鲁高堂生；言《易》，自菑川田生。言《春秋》，于齐鲁自胡毋生，于赵自董仲舒。"② 其后，《汉书·艺文志》也称："《春秋》分为五，《诗》分为四，《易》有数家之传。"③《春秋》五家，指的是左氏、公羊、谷梁、邹氏、夹氏五家；《诗》四家，指的是毛氏、齐、鲁、韩四家；《易》数家，指的是施、孟、梁丘、京、费、高诸家。据《后汉书·范升传》载：

> 近有司请置《京氏易》博士，群下执事，莫能据正。《京氏》既立，《费氏》怨望，《左氏春秋》复以此类，亦希置立。《京》、《费》

---

① 范晔：《后汉书》卷二七，中华书局，1965，第937页。
② 司马迁：《史记》卷一二一，中华书局，1959，第3118页。
③ 班固：《汉书》卷三〇，中华书局，1962，第1701页。

已行,次复《高氏》,《春秋》之家,又有《驺》、《夹》。如今《左氏》、《费氏》得置博士,《高氏》、《驺》、《夹》,《五经》奇异,并复求立,各有所执,乖戾分争。①

其时,《礼》也有数个版本,"汉兴,鲁高堂生传《士礼》十七篇。讫孝宣世,后仓最明。戴德、戴圣、庆普皆其弟子,三家立于学官。《礼古经》者,出于鲁淹中及孔氏,与十七篇文相似,多三十九篇。"②《士礼》和《礼古经》篇文相似,篇数不同,当属同书异本。《乐》也存在同书异本,据《汉书·艺文志》载:"武帝时,河间献王好儒,与毛生等共采《周官》及诸子言乐事者,以作《乐记》,献八佾之舞,与制氏不相远。其内史丞王定传之,以授常山王禹。禹,成帝时为谒者,数言其义,献二十四卷记。刘向校书,得《乐记》二十三篇,与禹不同。"③《尚书》如前所述,也存在中古文、欧阳、大、小夏侯等诸多版本。而所有这些经传版本,可以归为今文经和古文经两大类别。所谓今文经,是指以汉代通行的隶书写成的经典。古文经是指以先秦的籀文(大篆)写就的经典。这两者不单是文字上存在差异,更主要的是经传的内容和篇目也大有出入。自此,因今、古文的版本差异,经学家们也自然地分立为两大学派,即今文学派和古文学派。今文学派的代表人物有董仲舒、欧阳生、田何、申培公、辕固生、韩婴、胡毋生、施雠、孟喜、梁丘贺、夏侯胜、夏侯建、戴德、戴圣等。古文学派的代表人物有刘歆、贾逵、许慎、马融、郑玄、服虔、卫宏、杜林等。这两派最初只以经本文字内容的不同而得名,但一经对立,互相立异,各缮营垒,因而先从文字分歧,经篇的有无残全,进而在治学风格乃至思想内容上,都形成不可调和的矛盾。从经本上看,今文以齐、鲁、韩三家《诗》、今文《尚书》《仪礼》《礼记》、今《易》《春秋公羊传》《谷梁传》为经典,古文家以毛《诗》《古文尚书》《周礼》、古《易》《春秋左氏传》为经典,正所谓各执异本。

除两派之间的斗争外,学派内部也同样存在分歧。如今文学派内部的《春秋公羊传》和《春秋谷梁传》就存在版本之争。汉宣帝甘露三年(51年),专门召开了一次评定《五经》异同的"石渠阁会议",据《汉书·

---

① 范晔:《后汉书》卷三六,中华书局,1965,第1228页。
② 班固:《汉书》卷三〇,中华书局,1962,第1710页。
③ 班固:《汉书》卷三〇,中华书局,1962,第1712页。

儒林传》载：

> 乃召《五经》名儒太子太傅萧望之等大议殿中，平《公羊》、《谷梁》同异，各以经处是非。时，《公羊》博士严彭祖、侍郎申挽、伊推、宋显，《谷梁》议郎尹更始、待诏刘向、周庆、丁姓并论。《公羊》家多不见从，愿请内侍郎许广，使者亦并内《谷梁》家中郎王亥，各五人，议三十余事。望之等十一人各以经谊对，多从《谷梁》。由是《谷梁》之学大盛。①

参加这次会议的大多是今文经学家，有严彭祖、申挽、伊推、宋显、尹更始、刘向、周庆、丁姓、施雠等。此次会议的主题是讨论《春秋公羊传》和《春秋谷梁传》之异同，可以说是今文经学内部辩论五经异同的一次会议。东汉初年光武帝时陈元、范升之争，东汉末期的何休、郑玄之争，都涉及今文学内部的《公羊》和《谷梁》的分歧。但这二经并没有因一时的争立而使另一方湮没，而是一直并存至今。学术史上的今古文之争，持续了两千年，其最初的起因就是版本之争。后来发生在这两派之间，及各学派内部的学术争论，反过来又维持和加剧了同书异本的发展。

（七）因避讳导致同书异本

我国避讳的历史可追溯到先秦，《礼记·曲礼上》曰："入国而问俗，入门而问讳。"至秦汉时，避讳逐渐形成了一种制度，但那时的避讳还不甚严格，史籍中犯讳之例时有发生。魏晋南北朝时期，避讳进一步趋于严格，至唐宋时达到鼎盛。我国避讳的种类大致可分四类：一是"君讳"，这是全国性的，又称"国讳"或"公讳"。如秦时避始皇嬴政之名，改"正月"为"端月"，汉时避刘邦之名，改"邦"为"国"。二是"圣讳"，就是避孔子的名讳。三是"宪讳"，避上官的名讳。四是"家讳"，避父母长辈的名讳。如唐代李贺父名"晋肃"，终生不得考进士，因"进"和"晋"同音，犯了家讳。古籍中避讳的方法有四种：一是改字，如唐时将"民风"改为"人风"；二是缺笔，即讳字最后一笔不写，这种方法始于唐初，如"世""民"二字就有采用缺笔避讳的，宋时这种避讳方法最常见；三是改读，如"甄"字本读"坚（jiān）"，后因三国时吴国君叫孙坚，江

---

① 班固：《汉书》卷八八，中华书局，1962，第3618页。

左诸儒为避讳,就改读为"真(zhēn)",一直沿用至今;四是空字,即凡遇讳字,刻写时或留出空格,或以"某"字代之。避讳作为封建社会的一种历史制度,给古籍的抄刻和传播带来的影响是显而易见的,正如宋人张世南《游宦记闻》说:

> 字学不讲,多因前代讳恶,遂致书画差误。汉以火德王,都于洛阳,恶水能灭,遂改"洛"为"雒"。故今惟经书作"洛",而传记皆作"雒"矣。秦始皇嫌"皋"字似"皇"字,改为"辠"……"世"字因唐太宗讳世民,故今"牒"、"葉"、"棄"皆去"世"而从"云"。"漏泄"、"缧绁"又去"世"而从"曳"。"世"之与"云"形相近,与"曳"声相近。若皆从"云",则"绁"为"沄"矣,故又从"云"而变为"曳"也。"民"则易而从"氏","昏"、"愍"、"泯"之类,至今犹或从"氏"也。以至如晋讳"昭",改昭穆之"昭"为"韶"音。秦讳"政",而改"正月"为"征"音,至今从之。此何理耶?①

避讳的直接后果就是导致同书异本的产生。这类同书异本有一个共同特点,那就是不同的版本一定跨越了不同的时代。它分为三种情况:一是因作者姓名避讳而导致同书异本。如南朝刘宋时,徐广著《史记音义》十二卷。隋时避炀帝杨广讳,《隋书·经籍志》以其字行,改著为"徐野民"。到了唐代,"民"字又犯了讳,结果改成了"徐野人"。实际上,刘宋本徐广《史记音义》、隋本徐野民《史记音义》和唐本徐野人《史记音义》是同一种书,只是因避讳造成了版本著录的不同。二是因书名避讳而导致同书异本,如隋炀帝杨广改三国时魏人张揖的《广雅》为《博雅》,唐太宗李世民改北魏贾思勰的《齐民要术》为《齐人要术》,宋太祖赵匡胤改唐人颜师古的《匡谬正俗》为《刊谬正俗》,或《纠谬正俗》。三是书的内容因避讳而导致细微差异,凡因讳字造成用字变化的都属此例,这类例子非常普遍,毋庸赘述。避讳虽造成了同书异本现象,但也为版本鉴定提供了有价值的方法。

---

① 张世南:《游宦记闻》卷九,《笔记小说大观》,江苏广陵古籍刻印社,1984,第7册,第370页。

(八) 因规避时政而导致同书异本

古之良史,秉笔直书,往往得罪当权者,迫于压力,不得已另写他本,从而造成同书异本。如晋代的孙盛(字安国,太原中都人)即是。据《晋书·孙盛传》载:

> 盛笃学不倦,自少至老,手不释卷。著《魏氏春秋》、《晋阳秋》,并造诗赋论难复数十篇。《晋阳秋》词直而理正,咸称良史焉。既而桓温见之,怒谓盛子曰:"枋头诚为失利,何至乃如尊君所说!若此史遂行,自是关君门户事。"其子遽拜谢,谓请删改之。时盛年老还家,性方严有轨宪,虽子孙斑白,而庭训愈峻。至此,诸子乃共号泣稽颡,请为百口切计。盛大怒。诸子遂尔改之。盛写两定本,寄于慕容俊。太元中,孝武帝博求异闻,始于辽东得之,以相考校,多有不同,书遂两存。[1]

以上是导致同书异本的社会因素的分析。需要说明的是,产生同书异本的社会因素是复杂的,它会随着时代的发展而不断变化,且这些因素并不是孤立地作用于文献发展本身,往往是综合交织在一起,共同营造了版本学产生和发展的社会土壤。

---

[1] 房玄龄等:《晋书》卷八二,中华书局,1974,第2148页。

中国古籍版本学形成时期再辨

《图书与情报》1997年第3期发表了《古籍版本学形成时期辨疑》一文。该文通过对古籍版本学形成时期的几种论点（"先秦说""西汉说""起自《遂初堂书目》说""起自《读书敏求记》说""起自《天禄琳琅书目》说""起自黄丕烈说""当代说"等）进行比较、评价及分析之后，得出结论："完全可以说，《读书敏求记》、《天禄琳琅书目》的出现及黄丕烈对古籍版本的考订，标志着古籍版本学的初步形成。"[①] 该文的一个关键论据就是，上述两种书目及黄丕烈的研究包含了版本源流和版本鉴别两大核心内容。

中国古籍版本学是研究中国古籍版本源流及版本鉴定规律的一门学科，但问题是，果真是直到《读书敏求记》《天禄琳琅书目》的出现及黄丕烈对版本的考订工作后，我国学术界才开始了对版本源流和版本鉴别的研究吗？在这之前有没有这方面的专门研究？评价一门学科确立的标志是什么？版本学是一时一地形成的吗？笔者想就这一论题谈谈自己的一孔之见，以就教于方家。

笔者以为，大凡一门科学的确立，应同时具备以下几个条件：一是社会基础；二是研究对象及核心研究内容；三是形成了一定的理论及研究方法；四是学科表述形式。但同时我们也应该看到，任何学科的发展又都是一个历史渐进的过程，版本学不是天上掉下来的，它需要一个由萌芽、初步形成到最终确立的过程。

一 中国古籍版本学萌芽于先秦，初步形成于汉

版本学产生的社会基础早在先秦就已形成了，即同书异本现象的出

[①] 周铁强：《古籍版本学形成时期辨疑》，《图书与情报》1997年第3期。

现。1993年郭店竹简的出土为我们提供了有力的佐证。郭店竹简中有《老子》书三种，整理者名之为"甲组""乙组""丙组"。这是迄今为止所见年代最早的《老子》传抄本，大约写成于战国前期。这三组在竹简形制、抄写的书体和简文文意等方面都不相同，完全可以视为《老子》一书的同书异本。① 既然有了同书异本现象，对版本问题进行研究就不可避免。如《国语·鲁语》载："昔正考父校商之名颂十二篇于周太师，以《那》为首。"② 正考父为孔子七世祖，他用周天子的乐官太师保存的原底本来核对宋国错乱了的《商颂》，才确定以《那》为首。孔子对六经更是进行过一番条理次序、去重存异、辨别正误的整理工作，涉及的版本问题也更为复杂。孔子的弟子子夏也颇重版本，曾指出史书误将"晋己亥涉河"记为"晋三豕涉河"的错误。先秦已有善本观的萌芽，如《墨子·非命上》："天下之良书，不可尽计数。"③ 尽管没有指明"良书"的具体标准，但种种迹象表明，版本的鉴别和选择问题已不可避免地摆在先秦人面前。鉴于版本学的社会基础已经形成，以及先秦诸子对版本的鉴别研究，笔者认为，版本学在先秦已经萌芽。

西汉版本学在先秦的基础上有了进一步的发展，如刘德提出了具体的"善书"观，他择书有四条标准："就时间而言，必须是'先秦旧书'，秦汉图书一律不收；就内容而言，必须是'真'本，伪本一律不收；就著者而言，皆'七十子之徒'所论；就文字而言，必须是'古文'，今文图书一律不收。"④ 司马迁著《史记》广采博征，《汉书·孔安国传》载："孔氏有古文《尚书》，孔安国以今文字读之，因以起其家逸《书》，得十余篇，盖《尚书》兹多于是矣。遭巫蛊，未立于学官。安国为谏大夫，授都尉朝，而司马迁亦从安国问故。迁书载《尧典》、《禹典》、《洪范》、《微子》、《金縢》诸篇，多古文说。"⑤ 可见他对版本问题也多有研究。刘向受诏校理国家藏书，以确定图书定本。他把"广搜异本"作为第一步，然后在异本的基础上进行删除重复、条别篇章、定著目次的工作，如他在整理《战国策》时用了六种版本，整理《管子》用了五种版本，整理《晏

---

① 曹之、司马朝军：《二十世纪版本学研究综述》，《图书与情报》1999年第3期。
② 左丘明：《国语·鲁语下·齐闾丘来盟》，鲍思陶校点，齐鲁书社，2005，第105页。
③ 苏凤捷、程梅花注说《墨子·非命上》，河南大学出版社，2008，第237页。
④ 曹之：《中国古籍版本学》，武汉大学出版社，2007，第49页。
⑤ 班固：《汉书》卷八八，中华书局，1962，第3607页。

子》用了四种版本，整理《列子》用了五种版本。刘向大规模的校勘实践对于推动版本学的初步形成起了重要的作用。张禹对汉代《论语》的版本有深入的研究，据《汉书·张禹传》载："初，禹为师，以上难数对己问经，为《论语章句》献之。始鲁扶卿及夏侯胜、王阳、萧望之、韦玄成皆说《论语》，篇第或异。禹先事王阳，后事庸生，采获所安，最后出而尊贵。诸儒为之语曰：'欲为《论》，念张文。'由是学者多从张氏，余家浸微。"① 郑玄校释诸经，也是广罗异本，择善而从。"其校《仪礼》，有今文、古文之辨；校《周礼》，有故书、今书之异。""盖郑氏作注，参用二本。从今文者，则今文在经，古文出注；从古文者，则古文在经，今文出注；此其大较也。其次《周礼注》中所称'故书'、'今书'亦最详细。"② 汉代群儒广搜异本、比勘异同、择善而从的版本研究活动以及他们的善本观，为汉代以后的版本学研究确立了基本的程式，标志着版本学的初步形成。但由于对版本鉴别规律和版本源流两大核心内容的研究尚有欠缺，笔者以为，版本学作为一门独立学科的最终确立还有待时日。

二 中国古籍版本学正式确立于宋

任何事物的发展都是一个由量变到质变的过程，版本学也不例外。先秦至宋的历史进程也是版本学产生的社会条件的形成、积累、成熟的过程。版本学最终确立所需要的社会条件包括同书异本现象的社会化，由图书制作技术的进步带来的各种版本数量、种类的空前增加，以及学术界对版本现象的研究和关注。

（一）宋代版本学的社会基础分析

应该说，版本学产生的社会基础在同书异本现象出现之后就自然形成了，但由于自先秦直至唐代以来，图书的制作方式一直是靠手工传抄，因而在很大程度上制约了图书的生产和流通，给版本研究带来了一定的困难。正是由于唐代雕版印刷术的发明，图书形制才开始了由以写本为主向

---

① 班固：《汉书》卷八一，中华书局，1962，第3352页。
② 张舜徽：《郑学丛著》，齐鲁书社，1984，第55页。

以刻本为主的转变,但这个转变并不是一蹴而就的,而是经过了五代,直至宋代,雕版印书才大行其道,出现了官刻、家刻、坊刻三大系统,版本的数量和种类极大地丰富起来。陆游《老学庵笔记》曾记载了一个故事:"三舍法行时,有教官出《易》义题云:'乾为金,坤又为金,何也?'诸生乃怀监本至帘前请曰:'题有疑,请问。'教官作色曰:'经义岂当上请?'诸生曰:'若公试,固不敢。今乃私试,恐无害。'教官乃为讲解大概。诸生徐出监本,复请曰:'先生恐是看了麻沙本,若监本则"坤"为"釜"也。'教授皇恐,乃谢曰:'某当罚。'即输罚,改题而止。"① 连一般的学生都粗知版本,可见宋人对版本的关注已经成了社会生活的重要部分。

宋代学术界对版本问题的关注要超过前代,以校勘为例,方崧卿在校《韩愈集》时,就援据了碑刻十七篇、唐令狐澄本、南唐保大本、秘阁本、祥符杭本、嘉祐蜀本、谢克家本、李旸本等。在参校取证的过程中,宋人又进一步认识到不同版本资料的重要性,如欧阳修校《韩愈集》每参之于碑刻,沈晦校《柳宗元集》取资于正史、类书,而周必大等校《文苑英华》则凡经史子集、传注、《通典》《通鉴》及《艺文类聚》《初学记》下至乐府、释老、小说之类,无不参用。为使校勘叙例更为完备,有的就在叙例中加入考述版本源流、说明所据底本、参校特点等内容,如方崧卿《韩愈举正·叙例》、廖莹中《九经总例》便是。另外,宋代立国以后,大兴文籍,先后编成《太平御览》等四大类书及《资治通鉴》等一大批史学名著。学术的发展和繁荣为版本学的产生提供了丰厚的学术养料。应该提出的是,宋代版本学产生所需要的学术素养也是自先秦以来历代学术发展和积累的结果,先秦子学、两汉经学、魏晋玄学、隋唐佛学都为版本学的形成作出了自己的贡献。这是因为,版本学是为学术研究服务的,而学术的发展反过来又促成了版本学的最终确立。

(二) 宋代版本学研究对象及两大核心研究内容的确立

古籍版本学的研究对象是各种版本,包括写本、拓本、刻本、活字本、套印本、插图本等一切形式的图书版本,其中写本和刻本是重点研究

---

① 陆游:《老学庵笔记》卷七,载《宋元笔记小说大观》,上海古籍出版社,2001,第3518页。

对象，而古籍版本源流和版本鉴定规律则是古籍版本学研究的两大核心内容。版本源流又有广、狭二义之分。从广义上讲，版本源流是指图书制作方式的演变源流；从狭义上讲，版本源流是指同书异本的演变源流（即单书版本系统）。有宋一代，对图书的各种版本研究已经是相当普遍了，而且不少研究都是开创性的。

1. 对广义版本源流的研究

（1）关于当代刻书的情况，宋人著述多有论及。如周密《志雅堂杂抄》、龚明之《中吴纪闻》、洪迈《夷坚志》、叶梦得《石林燕语》等。他们对刻书的研究于后世了产生了深远的影响，如今天所谓的宋代"四大刻书中心"（浙、建、蜀、汴）即源于《石林燕语》。叶梦得称："今天下印书，以杭州为上，蜀本次之，福建最下。京师比岁印板，殆不减杭州，但纸不佳，蜀与福建多以柔木刻之，取其易成而速售，故不能工。福建本几遍天下，正以其易成故也。"①

（2）关于雕版印刷起源问题，宋人叶梦得、朱翌等提出了"唐末说"。叶梦得在《石林燕语》中说："世言雕版印书始冯道，此不然。但监本五经板，道为之耳。柳玭《家训》序言其在蜀时尝阅书籍，云'字书小学，率雕版印纸'，则唐固有之矣。但恐不如今之工。"② 朱翌也称："雕印文字，唐以前无之，唐末益州始有墨板。"③ 他们的看法比较接近现代学者研究得出的结论。

（3）关于活字印刷问题，沈括详细总结了毕昇泥活字的制作方法。他在《梦溪笔谈》中说："板印书籍，唐人尚未盛为之。自冯瀛王始印《五经》，以后典籍皆为版本。庆历中有布衣毕昇又为活板，其法：用胶泥刻字，薄如钱唇，每字为一印，火烧令坚。先设一铁板，其上以松脂蜡和纸灰之类冒之。欲印，则以一铁范置铁板上，乃密布字印，满铁范为一板，持就火炀之，药稍熔，则以一平板按其面，则字平如砥……不以木为之者，文理有疏密，沾水则高下不平，兼与药相沾，不可取。不若燔土，用讫，再火令药熔，以手拂之，其印自落，殊不沾污。"④ 这是古代史书中关

---

① 叶梦得：《石林燕语》卷八，收入中华书局，1984，第 116 页。
② 叶梦得：《石林燕语》卷八，收入中华书局，1984，第 116 页。
③ 朱翌：《猗觉寮杂记》卷下，收入《笔记小说大观》，江苏广陵古籍刻印社，1984，第 6 册，第 62 页。
④ 沈括：《梦溪笔谈》卷十八《技艺》，侯真平校点，岳麓书社，2002，第 131 页。

于毕昇发明泥活字印刷术的唯一记载。

（4）关于拓本源流，宋代对拓本进行收藏和研究的人很多，最著名的当属欧阳修和赵明诚、李清照夫妇。欧阳修撰写周秦至五代金石文字跋尾四百多篇，编为《集古录》。赵氏夫妇共藏金石拓本多至两千件，其中汉唐石刻拓本数十轴，著成《金石录》，该书以所藏三代彝器及汉唐以来石刻，仿欧阳修《集古录》例，编排成帙。曾宏父撰《石刻铺叙》，援引石经及秘阁诸本，考订梳理甚详，于蜀石经各书，详及册、卷、字数，对《钟鼎彝器款识帖》《凤野帖》等还记板片（石板）几何等。陈思撰《宝刻丛编》，对石刻拓本源流也多有论及。

2. 对单书版本源流（版本系统）的研究

一般认为，对版本源流的考订是从清代黄丕烈开始的，黄氏曾说："书籍贵有源流，非漫言藏弆而已。"① （《〈宋纪受经考〉跋》）他考订版本源流的研究成果散见于《士礼居藏书题跋记》，这成了"清代说"的重要论据。然而事实上，对版本系统的考订在宋代就已开始了。宋代对单书版本源流的考订以拓本榻本居多，刻本较少；字帖之类的特殊图书居多，一般图书较少。这是因为，虽然雕版印刷在两宋时期已经很发达，但毕竟历年有限，刻本源流尚未形成纵横交叉的错综关系，而石刻拓本及榻本已经有了较长的历史；宋代书法之风很盛，历代皇帝和朝野名士多留情翰墨，对书帖版本的研究就成了很自然的事情。但无论刻本还是拓本和榻本，只是版本种类的不同，就版本学意义而言并没有实质的不同。宋人对单书版本系统的考订，以曹士冕的《法帖谱系》、桑世昌的《兰亭考》、俞松的《兰亭续考》为代表。曹士冕的《法帖谱系》考订的是北宋淳化间《淳化阁法帖》的版本系统。宋太宗赵光义于淳化三年（992年）出御府所藏历代真迹，命侍书学士王著模刻禁中，厘为十卷，分赐王公大臣。后内府及民间转相翻刻，或增补削删，或别为卷第，由此衍生出名目繁多的分枝别派，以至于使人"得其一二者，未暇详考，往往自为珍异。此是彼非，莫知底止。"② 因此，曹氏以平生所见诸本，一一加以考订，撰为是书。《法帖谱系》分上下两卷，首冠《法帖谱系图》，第一次用图表的形式揭示各本的源流关系，每本下或叙述摹刻始末，

---

① 转引自戴南海《版本学概论》，巴蜀书社，1989，第9页。
② 曹士冕：《法帖谱系·序》，台湾商务印书馆影印清文渊阁《四库全书》本，1986。

或指明出处源流，或考订异同增损、工拙优劣，兼议石刻拓本、刻本源流。

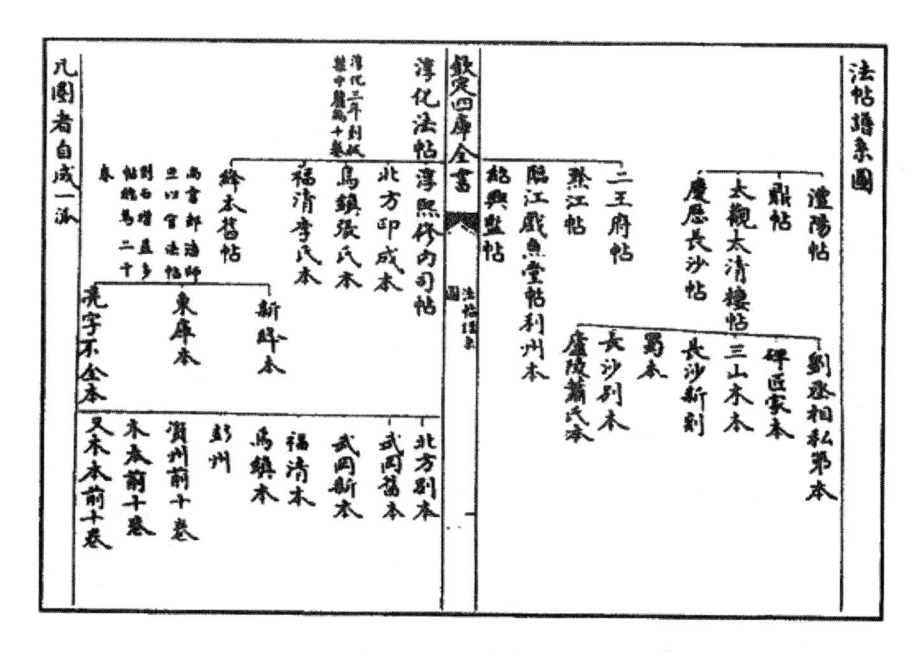

图 22 《法帖谱系》

桑世昌，陆游之甥，著《兰亭考》，对东晋王羲之《兰亭序》的版本源流考订甚详。他在卷十一《传刻》中，以刻地分类，列举各地版本多达六十一种，其中御府版本五种；定武版本六种；会稽、婺女、豫章各有版本三种；洛阳、邯郸、七闽、括苍、金陵、上饶、景陵、九江、龙舒、八桂、永嘉、常德、临川各有版本一种；另外还有丹邱本、周安惠安本、陈氏本、三米本、杵本、陶氏本、诸葛氏本、钱氏本、中山王氏本、吴氏本、尤氏本、刘氏本、范氏本、邵氏本、陈东之本、潘氏本、石氏本、唐硬黄本、织本、残石本、南岳本、章氏本、卢氏本、徐滋本、无名本、武陵本、王氏藏本等计二十七种。又于各版本条目下，广记版本特征，比较版本异同。

俞松《兰亭续考》，继桑世昌而作，然其书体例与《兰亭考》迥异，上卷兼载俞松自藏与他家藏本，下卷则皆载其自藏经李心传题跋者。《兰亭续考》所收《兰亭序》版本，有绍兴间高皇帝赐郑谌本、鲁子学本、东坡跋官本、唐绢本、唐永徽中抚本、李凤山所藏本、王歧公本、李西台临本等计30余种。是书多收题跋，并指明自藏或他藏之处。

3. 宋代对版本学理论及研究方法的探索

版本学理论的发展是一个漫长而又缓慢的过程，自西汉刘德提出"善书"观起，版本学理论直到今天还很不完善。这与版本学是一门实践性极强的学科有很大关系。长期以来，人们忽视了对版本学基础理论的总结和归纳。不过，通过对宋人版本实践的考察，我们还是可以窥见宋代版本学理论一斑的。

（1）"版本"内涵的扩大。"版本"（或称"板本"）一词最早见于北宋太宗端拱元年（988年）。据《宋史·赵安仁传》载："安仁生而颖悟，幼时执笔能大字，十三通经传大旨，早以文艺称。赵普、沈伦、李昉、石熙载咸推奖之。雍熙二年，登进士第，补梓州榷盐院判官，以亲老弗果往。会国子监刻《五经正义》板本，以安仁善楷隶，遂奏留书之。"① 雍熙二年为公元985年，北宋国子监刻《五经正义》始于太宗端拱元年，因此，此"板本"一词指的是公元985－988年间的事情。"版本"的诞生为版本足于名学奠定了基础。起初的"版本"，约定俗成地指雕版印刷的书本，与写本是相区别的。如朱熹《谢上蔡语录后序》称："熹初到括苍，得吴任臣写本一篇，后得吴中版本一篇。"但随着雕版印刷技术的成熟和普及，"版本"渐遍天下，传统的写本日渐减少，失去了与"版本"并称的地位，"版本"的含义渐有扩大之势。这表现在宋人的著述中，除非特指写本、石刻本等，"本"多指雕版印刷的本子。

（2）版本学术语的丰富。早在南北朝时就有了"误本""俗本""古本""江南本"等版本学名词（见北齐颜之推《颜氏家训·勉学第八》），但到了宋代，版本学术语空前增多，而且各种术语有了比较明确的划分，如评价版本的优劣真伪有"真本""善本""赝本""错本"等，考订广义版本源流有"刻本""印本""写本""藏本""石刻本""拓本""榻本"等，辨别一书版本系统有"祖本""副本""别本""他本""定本"等，叙述版刻地点又有"蜀本""京本""杭本""建本""越州本""高丽本""监本""阁本"等，评价版本优劣时有"真本""善本""赝本""错本"等称谓，甚至还出现了描述特定形式和内容的版本名称，如"焦尾本""朱墨本""巾箱本""节本"等。这些术语虽也存在重复和模糊不清的问

---

① 脱脱等：《宋史》卷二八七，中华书局，1977，第9656页。

题，但已基本形成了一套完整的版本学语言系统，其中绝大部分直到今天我们仍在使用，它们的出现和规范使用为版本学的确立提供了最基本的理论元素。

（3）宋人的善本观。宋代以前，已有"善书""书本""真本"等概念，但"善本"一词最早则见于宋代。文渊阁《四库全书》影印本《五百家注柳先生集》附录卷四中有一篇穆修于天圣九年（1031年）写的序文："予少嗜观二家之文……志欲补得其正而从之，多从好事者访善本，前后累数十。"宋人多重校雠，把内容无误的本子当做"善本"，如叶梦得所言："唐以前，凡书籍皆写本，未有模印之法。人以藏书为贵，书不多有。而藏者精于雠对，故往往皆有善本。"① 以朱熹为代表，则提出了无论官私，以义理为准的善本观，他在《晦庵集·书韩文考异前》说："苟是矣，虽民间近出小本不敢违；有所未安，则虽官本、古本、石本不敢信。"

（4）对版本鉴定方法的探索。宋人对版本鉴定的方法有：据序跋鉴定，如陈振孙《直斋书录解题》卷八《释书品次录》解题云："末有黎阳张恽跋，称大定丁未。盖北方板也。"② 据讳字鉴定，如《郡斋读书志》卷三《石经谷梁传》解题云："右其后不载年月及所书人姓氏。案，文不阙唐及伪蜀讳字，可讳'恒'字，以故知刊石当在真宗以后。"③ 据卷篇变迁鉴定，如《直斋书录解题》卷九《老子》解题云："魏王弼撰……世所行《老子》，分《道德经》为上下卷。此本《道德经》且无章目，当是古本。"④ 据原藏者题识鉴定，如《郡斋读书志》卷十八《沈亚之集》解题云："此本之后有景文宋公题字，称得之于端明李学士。编次无伦，盖唐本也。"⑤ 据藏书印记鉴定，如黄伯思《跋元和姓纂后》："首有'镇海军节度使印'，盖富韩公家旧本也。"⑥ 据书目著录鉴定，如晁说之《曾子后记》云："《汉艺文志》、《曾子》十八篇，《隋志》、《曾子》二卷《目》一卷，《唐志》、《曾子》二卷。今世所传《曾子》二卷十篇，盖唐本

---

① 叶梦得：《石林燕语》卷八，中华书局，1984，第116页。
② 陈振孙：《直斋书录解题》，上海古籍出版社，1987，第237页。
③ 晁公武：《郡斋读书志校证》，孙猛校证，上海古籍出版社，1990，第104页。
④ 陈振孙：《直斋书录解题》，上海古籍出版社，1987，第285页。
⑤ 晁公武：《郡斋读书志校证》，孙猛校证，上海古籍出版社，1990，第901页。
⑥ 黄伯思：《东观余论》卷下《跋元和姓纂后》，中华书局影印本，1988，第249页。

也……视《隋》亡《目》一卷，视《汉》亡八篇矣。"[1] 据纸张墨色、藏书印记、前人题识及讳字综合鉴定，如《郡斋读书志》卷十八《刘绮庄歌诗》解题云："其本乃南唐故物，纸墨甚精，后题曰'升平四年重题'，印其文曰'建邺文房'，本内'秘'字皆阙其画，而'超'字不阙，盖吴时所缮写也。"[2] 宋人的版本鉴定方法，虽尚欠详密，但提供了比前人更多的新的东西。作为版本鉴定的一些主要方法，也均为后世版本学家所继承，其开创之功实不可没。

4. 宋代版本目录的出现

有宋以前，对版本学研究的论述都散见于历代史集笔记中。到了宋代，这一现象有了改观，那就是出现了版本目录。历来学者以为，最早著录图书版本的书目是南宋尤袤的《遂初堂书目》，其实不然。姚名达先生于《中国目录学史》指出："然古录失传，传者惟南宋初年尤袤之《遂初堂书目》独并注众本于各书目下，说者乃以版本学之创始推之，竟不知其前尚有多数版本专家，何其陋也？"[3] 晁公武《郡斋读书志》、陈振孙《直斋书录解题》即是也。《遂初堂书目》一书而兼载版本，如著录《史记》即有川本、严州本，著录《前汉书》有川本、吉州本、越州本、湖北本，著录《后汉书》又有川本、越州本等。有的还于书名之上冠以该书版本，如"杭本《周易》""旧监本《尚书》""高丽本《尚书》"等。但在《遂初堂书目》之前，晁公武《郡斋读书志》即有对图书版本的著录，且远详于《遂初堂书目》。与《遂初堂书目》只记书名相比，《郡斋读书志》对版本的著录多夹附在叙释提要中，如史部正史类著录《宋史一百卷》，叙述该书版本源流有"秘阁所藏本""政和中颁之学官"的"政和颁本"、绍兴十四年的"眉山刊本"和"宇文季蒙家本"，详细介绍了宋版"眉山《七史》"的由来始末。

除了记录有关图书的出版年、出版地、出版者外，有的还著录了墨色特征，如史部实录著录《神宗朱墨史二百卷》注："以旧录为本用墨色，添入者用朱色，其删去者用黄抹。"[4] 与《郡斋读书志》并称于世的《直

---

[1] 王皓：《宋代版本学成就管窥》，收入阳海清《版本学研究论文选集》，书目文献出版社，1995，第369页。
[2] 晁公武：《郡斋读书志校证》，孙猛校证，上海古籍出版社，1990，第914页。
[3] 姚名达：《中国目录学史》，商务印书馆，1998，第413页。
[4] 晁公武：《郡斋读书志校证》，孙猛校证，上海古籍出版社，1990，第232页。

斋书录解题》对版本的著录又更趋于完备，著录内容除出版年、出版地、出版者等主要项目外，有的还著录版本的行款格式、装潢、字体及印记等，如春秋类著录《春秋经一卷》："每事为一行，广德郡所刊，古监本也。"① 春秋类著录《春秋经加减一卷》"此本作小褾册，才十余板。前有'睿思殿书籍'印。"② 宋代版本目录的出现，使得版本学有了自己特有的学科表述形式，并最终从校勘学、目录学中逐渐分离、独立出来。宋代以后的版本目录对版本的著录虽有某些发展变化，但总的来说，却未出宋人的规制。

综上所述，笔者以为，中国古籍版本学当正式确立于宋，此后的"清代说"和"当代说"都不符合历史事实。但笔者同时也认为，版本学的形成与确立是一个在实践中渐进和积累的过程，它不可能是一时一地的产物，从先秦版本学的萌芽、西汉版本学的初步形成到隋唐五代以来的历代版本学的发展都为宋代版本学的正式确立奠定了坚实的基础。

---

① 陈振孙：《直斋书录解题》，上海古籍出版社，1987，第51页。
② 陈振孙：《直斋书录解题》，上海古籍出版社，1987，第58页。

魏晋南北朝版本学成就管窥

魏晋南北朝时期，社会动荡，政权更迭频繁。长期的封建割据和连绵不断的战争，使得这一时期中国文化的发展受到特别的影响，突出表现为玄学的兴起、佛教的输入、道教的勃兴及波斯、希腊文化的渗入。文化的交融，学术思想的趋于活跃，为版本学的孕育、成熟提供了丰厚的土壤。一般认为，版本学正式确立于宋代，但魏晋南北朝时期为版本学的最终确立进行了大量的学术积累，是中国古籍版本学史上无法忽略的一个重要阶段。

一 魏晋南北朝的同书异本现象

同书异本现象的广泛存在是版本学得以孕育和发展的基础。魏晋南北朝时期，因文献生产方式的改进、佛经的翻译和流传、官私校书注书的兴起，以及图书剽窃、作伪等因素的影响，同书异本现象有了很大的发展。

纸虽在东汉就开始运用于书写了，但最初并没有取得应有的地位，简策仍是当时图书的主要形式。直至东晋末年桓玄称帝，下诏以行政命令的形式强制以"黄纸"代替简策文献，纸用作书写材料才渐而普及。纸的地位的变化，使得文献生产复制变得更加容易，也导致了同书异本现象的增加。这从文献记载就可以看出来，如北齐颜之推《颜氏家训》大量出现"江南本""江南旧本""河北本""古本""俗本""误本"等。因同书异本现象的大量涌现，版本问题越来越成为一个不容忽视的问题。人们因版本选择之误闹出来的笑话也不断，迫使人们不得不正视这个问题。如颜之推《颜氏家训·勉学》载：

江南有一权贵，读误本《蜀都赋注》，解"蹲鸱，芋也"，乃为

"羊"字,人馈羊肉,答书云:"捐惠蹲鸱。"举朝惊骇,不解事义。久后寻迹,方知如此。元氏之女,在洛京时,有一才学重臣,新得《史记音》,而颇纰缪,误反"颛顼"字,"顼"当为许录反,错作许缘反,遂谓朝士言:"从来谬音'专旭',当音'专翾'耳。"此人先有高名,翕然信行。期年之后,更有硕儒,苦相究讨,方知误焉。①

佛经的翻译和流传也导致了大量同书异本的产生。早期佛经的翻译,主要是通过口授,也有一人传言、一人笔受的对译,翻译方法多为直译,经卷的选择没有系统性,随意性较大,且重复翻译较为常见,因而极易产生同书异本。这主要是因为"经出西域,运流东方,提挈万里,翻转胡汉。国音各殊,故文有同异;前后重来,故题有新旧。"② 至南朝梁释僧祐时,"或一本数名;或一名数本;或妄加游字,以辞繁致殊;或撮半立题,以文省成异。至于书误益惑,乱甚棼丝,故知必也正名,于斯为急矣。"③

因同书异本的增多,"广勘异本,择善而从"也就成了必不可少的一项工作,也促进了版本学的发展。魏晋南北朝时,社会虽然动荡,但官私校书不断。任昉(彦升),乐安博昌人,《梁书·任昉传》称其"坟籍无所不见,家虽贫,聚书至万余卷,率多异本。昉卒后,高祖使学士贺纵共沈约勘其书目,官所无者,就昉家取之。"王僧孺,东海郯人,亦好坟籍,聚书至万余卷,率多异本,勘与沈约、任昉家书相媲美。北凉阚骃,字玄阴,敦煌人,也曾典校经籍,刊定诸子三十余卷。与私家校雠相比,官方校书成绩更大。刘宋间,秘书丞殷淳、谢灵运、王俭都先后在秘阁校订坟籍。南齐沈约也曾在东宫校四部图书。南梁任昉任秘书监,时"秘阁四部,篇卷纷杂",他"手自雠校,由是篇目定焉"④。北魏孙惠蔚入东观,曾上疏请"臣今依前丞相卢昶所撰《甲乙新录》,欲裨残补阙,损并有无,校练句读,以为定本,次第均写,永为常式。其省先无定本,广家推寻,搜求令足。今求令四门博士及在京儒生四十人,在秘书省专精校考,参定

---

① 颜之推撰,王利器集解《颜氏家训集解》,上海古籍出版社,1980,第195页。
② 释僧祐:《出三藏记集·序》,中华书局,1995。
③ 释僧祐:《出三藏记集》卷四《新集续撰失译杂经录》,中华书局,1995,第123页。
④ 姚思廉:《梁书》卷一四《任昉传》,中华书局,1973,第254页。

字义。"① 北齐天保七年（556年），诏令樊逊、高乾和、马德敬等十二人校定群书。而要刊定众籍，必须广集众本。于是樊逊建议：

> 按汉中垒校尉刘向受诏校书，每一书竟，表上，辄言：臣向书、长水校尉臣参书、太史公书、太常博士书，中外书合若干本以相比较，然后杀青。今所雠校，供拟极重，出自兰台，御诸甲馆。向之故事，见存府阁，即欲刊定，必藉众本。太常卿邢子才、太子少傅魏收、吏部尚书辛术、司农少卿穆子容、前黄门郎司马瑞、故国子祭酒李业兴并是多书之家，请牒借各本参校得失。②

樊逊等通过借私人藏书来校订官府藏书，共得别本三千余卷，《五经》诸史的各种版本网罗无遗，堪为广罗异本的典范。

魏晋代汉，异端思想纷起，儒家独尊的地位岌岌可危。其间老、庄思想活跃，玄谈风行，辨言析理，清要为贵，表现为抽象的理论比较发达，对儒家经典的注解层出不穷。王弼、韩康伯注《周易》、何晏注《论语》、杜预注《左传》、范宁注《谷梁传》、郭璞注《尔雅》《庄子》、韦昭注《国语》、徐广注《史记》等，是这一时期注疏家的代表，亦都考察异同，择善而从。如何晏（平叔）《论语集解》自序曰：

> 前世传授师说，虽有异同，不为训解。中间为之训解，至于今矣。所见不同，互有得失。今集诸家之善，记其姓名。有不安者，颇为改易。名曰《论语集解》。③

晋末徐广（野民），东莞姑幕人。晋孝武帝以广博学，除为秘书郎，校书秘阁，作《史记音义》，多采异本，注异同。《史记·吴太伯世家第一》有"俭而易，行以德辅，此则盟主也"句，徐广注曰："'盟'，一作'明'"，此为注异字例；再如有"且盘庚之诰有颠越勿遗，商之以兴"句，徐注云："一本作'《盘庚之诰》有颠之越之，商之以兴'"④，此为注异文例。故刘宋裴骃《史记集解序》云：

---

① 魏收：《魏书》卷八四《孙惠蔚传》，中华书局，1974，第1853页。
② 李百药：《北齐书》卷四五《樊逊传》，中华书局，1972，第614页。
③ 何晏：《论语集解义疏·论文集解叙》，商务印书馆，1937。
④ 司马迁：《史记》卷三一，中华书局，1959，第1472页。

（《史记》各本）文句不同，有多有少，莫辨其实，而世之惑者，定彼从此，是非相贸，真伪舛杂。故中散大夫东莞徐广研核众本，为作《音义》，具列异同，兼述训解。①

南北朝间因注书而事校雠的，以刘宋裴松之注《三国志》、裴骃撰《史记集解》、梁刘孝标注《世说新语》为代表，也是广集诸书，参研同异，对异文、脱文、错字及讳字等有所说明。如注异文例，《三国志·魏书·崔琰传》有"刚断英跱"，裴案："'跱'，或作'特'，窃谓'英特'为是也。"②如注误字例，《三国志·魏书·徐晃传》"今假臣精兵"，案："晃于时未应称臣，传写者误也。"③《世说新语·赏誉》"王右军道东阳"条有"我家阿林"句，注："'林'应作'临'。《王氏谱》曰：'临之字仲产'。"④如注脱文例，《世说新语·文学》"僧意在瓦官寺中"条有"僧意云：'谁运圣人邪？'"句，注："诸本无僧意最后一句，意疑其阙。庆校众本皆然。唯一书有之，故取以成其义。然王修善言理，如此论，特不近人情，犹疑斯文为谬也。"⑤裴骃撰《史记集解》，博采贾逵、服虔、王肃、杜预、韦昭、徐广等家注本及异文。如《宋微子世家》："曰'太师，少师，我其发出往？吾家保于丧？'"《史记集解》注曰："徐广曰：'一云"于是家保"。'骃案：马融曰'卿大夫称家'。"⑥以上注文中"或作""一作""诸本""一云"等词，都是他们广勘异本的明证。由此可见，当时的人们对同书异本现象的关注已经很普遍了。

二 魏晋南北朝版本学成就

魏晋南北朝的版本学成就可以归结为以下几个方面（代表人物为梁释僧祐、北齐颜之推）。

---

① 裴骃：《史记集解序》，司马迁：《史记》，中华书局，1959，第 4 页。
② 陈寿：《三国志·魏书》卷一二，中华书局，1959，第 370 页。
③ 陈寿：《三国志·魏书》卷一七，中华书局，1959，第 528 页。
④ 刘义庆：《世说新语》，刘孝标注，上海古籍出版社，1982，第 264 页。
⑤ 刘义庆：《世说新语》，刘孝标注，上海古籍出版社，1982，第 140 页。
⑥ 司马迁：《史记》卷三八，中华书局，1959，第 1607 页。

(一) 形成了版本学意义上"本"的概念

书籍称为"本",始见于西汉刘向《别录》:"雠校,一人读书,校其上下,得谬误,为校。一人持本,一人读书,若怨家相对,故曰雠也。"① 但据清人叶德辉《书林清话·书之称本》认为:"书之称'本',必有所因。《说文解字》云:'木下曰本',而今人称书之下边曰书根,乃知本者,因根而计数之词。"② 今人张舜徽先生也持此观点:

> 清末叶德辉《书林清话》卷一说:"今人称书之下边曰书根,乃知本者因根而计数之词。"这话是对的。因根计数,起于卷轴。就卷子中的木轴而言,可以称根,也可称本。那末,"版"的名称原于简牍,"本"的名称原于缣帛是确无疑义的了。③

另外从文献记载来看,西汉时绝少以"本"指简策书(而简策是当时图书的主要形制)。如《汉书·河间献王传》称:"献王所得书皆古文先秦旧书"④,并不称"先秦旧本"。现存《别录》佚文中也只有"中书""外书""臣向书""臣参书""大中大夫卜圭书""射声校尉立书""太史书""太常书"等名称,绝不言及"本"字,而这些书大多是简策书。这更加证实了简策书在汉代并不称为"本"。可见,刘向"一人持本"的真实含义并非特指简策书的"底本",而是以轴计数的"上素之书"。这在版本学史上至少说明,作为版本学意义上的"本"的概念在刘向所处的西汉时期并未形成。

佛教自东汉经西域传入,主要凭借佛教经典的翻译和传播,这为版本学术语的产生提供了一个前所未有的触发机会。首先,因其跨越了地域、文字的界限,人们需要将那些用梵文写成的外文原本翻译成当时通用的文字,为了称呼的方便,于是产生了"梵本""晋本"等概念。如梁释慧皎《高僧传》卷一《汉洛阳支楼伽谶》载:"先是,沙门昙果于伽维罗卫国得梵本,孟详共竺大力译为汉文。"又《晋长安僧伽跋澄》载:"跋澄口诵经本,外国沙门昙摩难提笔受为梵文,佛图罗刹宣译,秦沙门敏智笔受为

---

① 应劭撰,王利器校注《风俗通义校注》,中华书局,1981,第495页。
② 叶德辉:《书林清话》卷一《书之称本》,辽宁教育出版社,1998,第11页。
③ 张舜徽:《中国校雠学分论——版本》,《华中师院学报》1979年第3期。
④ 班固:《汉书》卷五三,中华书局,1962,第2410页。

晋本。"① 六朝时译经所依据的底本，也有一些并非梵文原本，而是已经转译成西域某国文字的，如梁释僧祐《出三藏记集》卷一《梵汉译经音义同异记》说："西方写经，虽同祖梵文，然三十六国，往往有异。譬诸中土，犹篆籀文变体乎。"② 这样便又有了"胡本"的称谓。需要说明的是，"梵本""胡本"作为译经时所依的外文原本，类似于今天我们译书所称的原文底本。从这个意义上讲，它们都是作为一个版本名称来使用的，而且它们的使用在南北朝初期已非常普遍。据王子舟先生粗略统计，仅"梵本"一词在《出三藏记集》中就出现了不下八十余处。③ 笔者对梁释慧皎《高僧传》做过类似统计，也有二十六处之多。其次，佛经译本的版本问题比较复杂，重复翻译比较常见，往往是前人译过，后人再译。这样从佛经的著述方式和流传过程，又催生了"正本""异本""定本""前本""旧本"等一系列版本名称。这些版本概念在梁释僧祐《出三藏记集》、慧皎《高僧传》等佛教名著中使用非常频繁，比版本学界通常认为的最早讲究版本的著作——北齐颜之推的《颜氏家训》（该书成于入隋之后）还要早。以《高僧传》为例，其卷四《晋洛阳朱士行》载：

> 昔汉灵之时，竺佛朔译出《道行经》，既《小品》之旧本也，文句简略，意义未周。士行常于洛阳讲《道行经》，觉文章隐质，诸未尽善，每叹曰："此经大乘之要，而译理不尽，誓志捐身，远求大本。"遂于魏甘露五年（260年），发迹雍州，西渡流沙。既至于于阗，果得梵书正本，凡九十章……又有无罗叉比丘，西域道士，稽古多学，乃手执梵本，叔兰译为晋文，称为《放光波若》。皮牒故本，今在豫章。至太安二年（303年），支孝龙就叔兰一时写五部，校为定本。④

《高僧传》卷七《宋京师东安寺释慧严》载：

> 《大涅槃经》初至宋土，文言致善，而品数疏简，初学难以措怀。严乃共慧观、谢灵运等依《泥洹》本加之品目。文有过质，颇亦治

---

① 释慧皎：《高僧传》，中华书局，1992，第33页。
② 释僧祐：《出三藏记集》，中华书局，1995，第13页。
③ 王子舟：《"梵本"考述》，《图书馆学研究》1988年第4期。
④ 释慧皎：《高僧传》，中华书局，1992，第145-146页。

改,始有数本流行。严乃梦见一人,形状极伟,厉声谓严曰:"《涅槃》尊经,何以轻加斟酌?"严觉已悚然,乃更集僧,欲收前本。①

《出三藏记集》卷七《合首楞严经记第十》载:

> 又有支越字恭明,亦月支人也……亦云出此经,今不见复有异本也。②

在其他南北朝人著述里,版本术语也不鲜见。如北魏崔鸿《十六国春秋》有"经本""初本"等概念:

> 昙无谶(原注:"无"一作"摩","谶"一作"忏"),本天竺人……时蒙逊据有凉州,自称为王,乃闻谶名,召与相见,接待甚厚。蒙逊素奉大法,志在弘通,欲请出经本。谶以未参土言,又无传译,恐言乖于理,不论即翻。于是学语三年,遍晓华言,方译初本,分为十卷。③

《梁书·刘之遴传》中刘之遴提到了《汉书》"古本",北齐颜之推的《颜氏家训》更是提到了"误本""俗本""古本""江南本""江南旧本""河北本"等。这么多专有版本名称的产生和频繁使用,确系前所未有。这说明在南北朝时,由于文献的著述、流传方式的复杂化,使得同一文本的文献的表现形式多样化问题,即同书异本问题日益严重。同时,也使人们进一步认识了异"本"同书的实质,从而促成了"本"的概念的形成。

(二) 发展了西汉以来的善本观

据《汉书·河间献王传》载,西汉刘德最早提出了"善书"的标准:就内容来讲,须是真本;就字体来讲,专指古文书籍;就时间来讲,专指先秦旧书;就著者来讲,皆"七十子之徒所论"。其核心思想就是尚古。魏晋南北朝以来,善本观有了新的发展。一方面由于纸张的广泛应用,书籍的生产呈活跃的状态,版本数量大幅增长;另一方面,政权更迭,战事

---

① 释慧皎:《高僧传》,中华书局,1992,第262页。
② 释僧祐:《出三藏记集》,中华书局,1995,第270页。
③ 崔鸿:《十六国春秋》卷九十七《北凉录四》,载《中国野史集成》,巴蜀书社,1993。

频繁，公私藏书聚散无常，加上书籍在传抄过程中的眼讹手误，误本迭出。这一时期，文字内容没有错误或少有错误的精校本便成了人们追求的时尚，如北齐颜之推提出了"观天下书未遍，不得妄下雌黄"的著名观点。他在《颜氏家训》里大量列举了"俗本""误本"的异文情况，说明了正本和旧本之可贵，如《书证》篇载：

> 《汉书》："田肯贺上。"江南本皆作"宵"字。沛国刘显，博览经籍，偏精班《汉》，梁代谓之《汉》圣。显子臻，不坠家业。读班史，呼为"田肯"。梁元帝尝问之，答曰："此无可求，但臣家旧本，以雌黄改'宵'为'肯'。"元帝无以难之。吾至江北，见本为"肯"。①

与刘德的"善书"观相比，南北朝人虽也尊视古本，但因战争相寻，干戈是务，文教有限。据《隋书·经籍志》载："宋武入关，收其图籍，府藏所有，才四千卷。赤轴青纸，文字古拙。后魏始都燕代，南略中原，粗收经史，未能全具。孝文徙都洛邑，借书于齐，秘府之中，稍以充实。暨于尔朱之乱，散落人间。后齐迁邺，颇更搜聚，迄于天统、武平，校写不辍。后周始基关右，外逼强邻，戎马生郊，日不暇给。保定之始，书止八千，后稍加增，方盈万卷。周武平齐，先封书府，所加旧本，才至五千。"② 与汉相比，受客观条件的影响，南北朝人对古本的珍视程度有限，且并非一味地迷信旧本。如颜之推在《颜氏家训·书证》中就曾对江南旧本产生过怀疑。

这一时期人们的"善书"观受魏晋玄学的影响，追求个体精神自由，主张"越名教而任自然"，因此对汉代以前的儒家经典不甚看重，反对只"存其义而不论其文"的版本观念。

（三）从理论上探讨了广罗异本的重要性

梁释僧祐，彭城下邳人，著《出三藏记集》，他在卷第十《十法句义经序第三》中称：

---

① 颜之推撰，王利器集解《颜氏家训集解》，上海古籍出版社，1980，第405页。
② 魏徵等：《隋书》卷三二，中华书局，1973，第907页。

> 经之大例，皆异说同行。异说者，明夫一行之归致；同行者，其要不可相无，则行必俱行。全其归致，则同处而不新；不新故顿至而不惑，俱行故丛萃而不迷也。所谓知异知同，是乃大通；既同既异，是谓大备也。以此察之，义焉廋哉！①

有其理论作指导，在实践中他尽可能地广搜异本，如整理《菩萨善戒经》时，先是查看旧录，得知有七种异本，然后搜罗众本，对其篇卷进行了仔细比较，断其正误。据《出三藏记集》卷第九《菩萨善戒菩萨地持二经记第四》载：

> 祐寻旧录，此经十卷，是宋文帝世三藏法师求那跋摩于京都译出。经文云，此经名《善戒》，名《菩萨地》，名《菩萨毗尼摩夷》，名《如来藏》，名《一切善法根本》，名《安乐国》，名《诸波罗蜜聚》，凡有七名。第一卷先出优波离问受戒法，第二卷始方有"如是我闻"，次第列品乃至三十。而复有别本，题为《菩萨地经》。检此两本，文句悉同，唯一两品分品、品名，小小有异，义亦不殊。既更不见有异人重出，推之应是一经。而诸品乱杂，前后参差。《菩萨地》本分三段：第一段十八品，第二段四品，第三段有八品。未详两本孰是三藏所出正本也。

> 又《菩萨地持经》八卷，有二十七品，亦分三段：第一段十八品，第二段四品，第三段五品。是晋安帝世，昙摩谶于西凉州译出。经首礼敬三宝，无"如是我闻"，似撰集佛语，文中不出有异名。而今此本或题云《菩萨戒经》，或题云《菩萨地经》，与三藏所出《菩萨善戒经》，二文虽异，五名相涉，故同一记。又此二经明义相名相涉，故同一记。又此二经明义相别部也。并次第明六度，品名多同，制辞各异。祐见《菩萨地经》一本，其第四卷第十《戒品》，乃是《地持经》中《戒品》，又少第九《施品》，当是曝晒误杂。后人不悉，便尔传写，其本脱多，恐方乱惑，若细寻内题，了然可见。若有《菩萨地经》阙无第九《施品》者，即误本是也。②

---

① 释僧祐：《出三藏记集》，中华书局，1995，第370页。
② 释僧祐：《出三藏记集》，中华书局，1995，第333-334页。

颜之推，字介，琅琊临沂人。初仕南梁，后投北齐任黄门侍郎，再入北周为御史大夫。隋初东宫太子召为学士，曾自叹一生"三为亡国之人"，著有《颜氏家训》《证俗音字》等。他在《颜氏家训·勉学》中说：

> 校定书籍，亦何容易，自扬雄、刘向，方称此职耳。观天下书未遍，不得妄下雌黄。或彼以为非，此以为是；或本同末异；或两文皆欠，不可偏信一隅也。①

这为版本考证在校雠学中争取了一席之地，功莫大焉。他在实践中特别注意考察异本异文问题，并能断其误。他在《颜氏家训》里就多次提到"江南本""河北本""古本""今本""俗本""见本""传本"等多种版本，对其异文情况多有辨正。如《书证》篇载：

> 《后汉书》："酷吏樊晔为天水郡守，凉州为之歌曰：'宁见乳虎穴，不入冀府寺。'"而江南书本"穴"皆作"六"。学士因循，迷而不悟。夫虎豹穴居，事之较者，所以班超云："不入虎穴，安得虎子？"宁当论其六七耶？②

（四）萌芽了考订版本源流的思想

魏晋以来，佛经翻译层出不穷，版本问题非常复杂。如《出三藏记集》卷第八《合维摩诘经序第十三》载："盖《维摩诘经者》，先哲之格言……然斯经梵本，出自维耶离。在昔汉兴，始流兹土，于时有优婆塞支恭明。逮及于晋，有法护、叔兰。此三贤者，并博综稽古，研机极玄，殊方异音，兼通开解。先后译传，别为三经，同本、殊人、出异。或辞句出入，先后不同；或有无离合，多少各异；或方言训古，字乖趣同；或其文胡越，其趣亦乖；或文义混杂，在疑似之间。"针对"同本、殊人、出异"如此复杂的情况，僧祐认为：

> 若其偏执一经，则失兼通之功；广批其三，则文烦难究。余是以合两，令相附，以明所出为本，以兰所出为子，分章断句，使事类相

---

① 颜之推撰，王利器集解《颜氏家训集解》，上海古籍出版社，1980，第219页。
② 颜之推撰，王利器集解《颜氏家训集解》，上海古籍出版社，1980，第424页。

从。令寻之者瞻上视下，读彼按此，足以释乖迁之劳，易则易知矣。若能参考校异，极数通变，则万流同归，百虑一致。①

他在《出三藏记集》卷第四《新集续撰失译杂经录第一》中又说：

新撰失译，犹多卷部，声实纷糅，尤难铨品。或一本数名；或一名数本；或妄加游字，以辞繁致殊；或撮半立题，以文省成异。至于书误益惑，乱甚棼丝，故知必也正名，于斯为急矣。是以校雠历年，因而后定。其两卷以上，凡二十六部，虽阙译人，悉是全典。其一卷已还，五百余部，率抄众经，全典盖寡。观其所抄，多出《四含》《六度》《道地》《大集》《出曜》《贤愚》及《譬喻》《生经》，并割品截偈，撮略取义，强制名号，仍成卷轴。至有题目浅出，名与实乖，虽欲启学，是芜正典，其为惩谬，良足深诫。今悉标出本经，注之目下，抄略既分，全部自显，使沿波讨源，还得本译矣。②

僧祐在《出三藏记集》的众经序记中也多注明版本出处，如卷七《合首楞严经记》记曰："此经本有记云：支谶所译出……今之《小品》、《阿闍贳》、《屯真》、《般舟》，采谶所出也。"③

（五）摸索出一套整理版本的方法

僧祐为达到"万流同归"之目的，在整理佛经时通常总是选择一本为"母本"，他本以"子本"相从。如在整理《大比丘二百六十戒》时，有庐山竺僧舒许《戒》、昙摩侍所出《戒》和尼《戒》三本，各有异同。"余因闲暇，为之三部合异，粗断起尽，以二百六十《戒》为本，二百五十者为子，以前出常行《戒》全句系之事末。而亦有永乖不相似者，有以一为二者，有以三为一者。余复分合，令事相从。"④再如他在整理《首楞严经》时，有支越本、支法护本、竺叔兰本三个版本，"批寻三部，劳而难兼。欲令学者即得其对，今以越所定者为母，护所出为子，兰所译者系之，其所无者辄于其位记而别之。"对待三个不同的版本，僧祐采取了三

---

① 释僧祐：《出三藏记集》，中华书局，1995，第310-311页。
② 释僧祐：《出三藏记集》，中华书局，1995，第123页。
③ 释僧祐：《出三藏记集》，中华书局，1995，第270页。
④ 释僧祐：《出三藏记集》，中华书局，1995，第415页。

种不同的措施。他之所以以支越本为母本，是因为"此一本于诸本中辞最省便，又少胡音，遍行于世。"① 僧祐还继承了前贤的存疑之法，不以己之私意断版本之是非，而是"新旧两存"，以待来贤，这反映了他实事求是的科学态度。如《出三藏记集》卷九《中阿含经序第八》称：

> 此《中阿含经》，凡有五诵……若委靡顺从，则惧失圣旨；若从本制品，类多异旧，则逆忤先习，不惬众情。是以其人不得自专，时有改本，从旧名耳。然五部异同，孰知其正？而道慈愚意，怏怏于违本。故诸改名者，皆抄出注下，新旧两存，别为一卷，与目录相连，以示于后。将来诸贤，令知同异，得更采访。脱遇高明外国善晋胡方言者，访其得失，刊之从正。②

颜之推还首创用金石文字作为版本校订的依据，如《颜氏家训·书证》载：

> 《史记·秦始皇本纪》："二十八年，丞相隗林、丞相王琯等议于海上。"诸本作"山林"之"林"。开皇二年五月，长安民掘得秦时铁称权，旁有铜涂，镌铭二所。其一所曰："廿六年，皇帝尽屏兼天下诸侯，黔首大安，立号为皇帝，乃诏丞相状、琯法度量则不壹嫌疑者，皆壹明之"，凡四十字……其书兼为古隶，余被敕写读之，与内史李德林对见。此称权今在官库，其丞相'状'字，乃为'状貌'之'状'，'爿'旁作'犬'，则知俗作'隗林'，非也，当为'隗状'耳。③

综上所述，魏晋南北朝时期是版本学萌芽、发展的一个重要时期，它承前启后，为版本学在宋代的最终确立打下了坚实的基础，在版本学史上占有重要的历史地位。

---

① 释僧祐：《出三藏记集》，中华书局，1995，第270页。
② 释僧祐：《出三藏记集》，中华书局，1995，第338页。
③ 颜之推撰，王利器集解《颜氏家训集解》，上海古籍出版社，1980，第415-416页。

论善本观的形成

善本观是版本学的一个核心概念，在版本学史上具有标志性意义。所谓善本观，是指在版本鉴别和选择过程中，于人们头脑中形成的关于图书版本的学术价值、历史价值和审美价值的一种综合价值取向。历史地考察善本观的形成过程就会发现，善本的概念是由"善书"和"本"的概念发展融合而成的。"善书"与"善本"的概念是有区别的，它不特指同种书的不同版本而言，因而不完全是一种版本观念。在作为版本学意义上的"本"的观念还没有形成以前，"善书"观是这一价值取向的具体表现。

一 善书观的演进

春秋时孔子整理六经时有一条原则，即"述而不作，信而好古"，强调"多闻，择其善者而从之。"时礼坏乐崩，周室式微，孔子欲借经籍以彰显周道，于是四处征稽文献，以考古礼，最后因"不得通其道"，退而删订六经，但他的"好古"思想就此埋下了种子。战国初期，私人藏书有了较大发展，《墨子·非命上》曰："天下之良书，不可尽计数。"[①] 墨子虽没提出其关于"良书"的具体标准，但毫无疑问，其择书思想已经萌芽。"善书"一词就最早见于《汉书·河间献王传》：

> 河间献王德以孝景前二年立，修学好古，实事求是。从民得善书，必为好写与之，留其真，加金帛赐以招之。由是四方道术之人不远千里，或有先祖旧书，多奉以奏献王者，故得书多，与汉朝等。是时，淮南王安亦好书，所招致率多浮辩。献王所得书皆古文先秦旧

---

① 苏凤捷、程梅花注《墨子·非命上》，河南大学出版社，2008，第237页。

书,《周官》、《尚书》、《礼》、《礼记》、《孟子》、《老子》之属,皆经传说记,七十子之徒所论。①

西汉刘德就图书的内容、字体、年代、著者提出自己的选择标准,这在藏书史和版本学史上是第一次,对后世影响深远。如东汉的许慎就颇重古本,在他的名著《说文解字》中,所引经书与今文殊异,多战国古文字。刘表也特别留意对正本的收集,据东汉蔡邕《刘镇南碑》载:"(表)深愍末学远本离实,乃令诸儒改定五经章句,删刬浮辞,芟除烦重。又求遗书,写还新者,留其故本。于是古典毕集,充于州闾。"②

汉人崇尚正本和古本,是有其深刻的历史背景的。在今古文相互攻讦,彼此斥责对方为伪学的年代,手持"真本"(即正本)作为真凭实据是很有说服力的。刘歆在校秘书时,"见古文《春秋左氏传》,大好之",并上书欲立古文《左氏春秋》《毛诗》《逸礼》《古文尚书》于学官,这主要是因为"歆以为左丘明好恶与圣人同,亲见夫子,而公羊、谷梁在七十子后,传闻之与亲见之,其详略不同。"③ 他认为古文《左传》比今文经传在解释《春秋》上更有道理,并进而把两者相比较,发现古文经与今文经相比,在传承的环节上要少得多,且有较为固定的原本,因而可信度高。到王莽执政时,古文学派一度占据了上风,《左传》、古文《尚书》、《逸礼》、《毛诗》皆立于学官。刘秀依靠谶纬的精神支援建立了东汉政权后,把反对王莽篡汉作为政治号召,一改莽之所为,把今文经传立于学官,遭到了一些士人的反对。尹敏,字幼季,南阳堵阳人。建武初,刘秀以敏博通经籍,令校图谶。敏却对曰:"谶书非圣人所作,其中多近鄙别字,颇类世俗之辞,恐疑误后生。"④ 杜林,字伯山,扶风茂陵人,在兵乱流离之际,仍对古文《尚书》"常宝爱之,虽遭艰困,把持不离身。"他曾感叹道:"常恐斯经将绝,何意东海卫子、济南徐生复能传之,是道竟不坠于地。古文虽不合时务,然愿诸生无悔所学!"⑤ 可见,古文经学在民间得到了广泛传播,并以私人教授的方式扩大影响,渐深入人心。在这种形势

---

① 班固:《汉书》卷五三,中华书局,1962,第2410页。
② 蔡邕:《蔡中郎集》卷六《刘镇南碑》,台湾商务印书馆影印文渊阁《四库全书》本,1986。
③ 班固:《汉书》卷三六《刘歆传》,中华书局,1962,第1967页。
④ 范晔:《后汉书》卷七九《尹敏传》,中华书局,1965,第2558页。
⑤ 范晔:《后汉书》卷二七《杜林传》,中华书局,1965,第937页。

下，章帝在建初八年（83年）下诏曰：

> 《五经》剖判，去圣弥远。章句遣辞，乖疑难正。恐先师微言将遂废绝，非所以重稽古，求道真也。其令群儒选高才生，受学《左氏》、《谷梁春秋》、《古文尚书》、《毛诗》，以扶微学，广异义焉。①

魏晋以来，佛教与玄学相结合，有了广泛而深入的传播，佛经的翻译和整理便成了首务。但因佛经译出多门，传承派别有异，再加经文前后学说改易，文义渐为乖滞。因而对原书正本的需求便成了这一时期人们的当务之急。如梁释慧皎《高僧传》载：

> 昔汉灵之时，竺佛朔译出《道行经》，既《小品》之旧本也，文句简略，意义未周。士行常于洛阳讲《道行经》，觉文章隐质，诸未尽善，每叹曰："此经大乘之要，而译理不尽，誓志捐身，远求大本。"遂于魏甘露五年（260年），发迹雍州，西渡流沙。既至于于阗，果得梵书正本，凡九十章。②

南北朝时，一方面由于纸张的广泛应用，书籍的生产呈活跃的状态，版本数量大幅增长；另一方面，政权更迭，战事频繁，公私藏书聚散无常，加上书籍在传抄过程中的眼讹手误，误本迭出。从南北朝时期已大量出现"误本"一词来看，人们对此已有广泛的认识。这一时期，文字内容没有错误或少有错误的精校本便成了人们追求的时尚，如北齐颜之推提出了"观天下书未遍，不得妄下雌黄"③的著名观点。他在《颜氏家训》里大量列举了"俗本""误本"的异文情况，说明了正本和旧本之可贵。与汉人的善书观相比，南北朝人虽也尊视古本，但因战争相寻，干戈是务，文教有限。据《隋书·经籍志》载："宋武入关，收其图籍，府藏所有，才四千卷。赤轴青纸，文字古拙。后魏始都燕代，南略中原，粗收经史，未能全具。孝文徙都洛邑，借书于齐，秘府之中，稍以充实。暨于尔朱之乱，散落人间。后齐迁邺，颇更搜聚，迄于天统、武平，校写不辍。后周始基关右，外逼强邻，戎马生郊，日不暇给。保定之始，书止八千，后稍

---

① 范晔：《后汉书》卷三《肃宗孝章帝纪》，中华书局，1965，第145页。
② 释慧皎：《高僧传》卷四《晋洛阳朱士行》，中华书局，1992，第145页。
③ 颜之推撰、王利器集解《颜氏家训集解》，上海古籍出版社，1980，第219页。

加增，方盈万卷。周武平齐，先封书府，所加旧本，才至五千。"① 与汉相比，受客观条件的影响，南北朝人对古本的珍视程度有限，且并非一味地迷信旧本，如颜之推在《颜氏家训·书证》中就曾对江南旧本产生过怀疑："《诗》云：'将其来施施。'《毛传》云：'施施，难进之意。'郑笺云：'施施，舒行貌也。'《韩诗》亦重为施施。河北《毛诗》皆云'施施'。江南旧本，悉单为'施'，俗遂是之，恐为少误。"

南北朝时期人们的"善书"观与其学术思想的变迁有极大关系。魏晋以来，玄学大盛，儒学衰弱，清谈倾极一时。玄学家们以其追求个体自由的精神反对儒家名教、礼制的束缚。如阮籍曾辛辣地讽刺儒家所推崇的"君子"，用躲在裤裆里的虱子譬喻其伪善、猥琐。嵇康则更直接地菲薄儒家圣人周公、孔子乃至儒学经典《六经》，主张"越名教而任自然"。他们注重的典籍是《老子》《庄子》和《易经》，对汉代以前的经学典籍不甚看重也是很自然的，如《颜氏家训·书证》载：

> 客有难主人曰："今之经典，子皆谓非，《说文》所言，子皆云是。然则许慎胜孔子乎？"主人拊掌大笑，应之曰："今之经典，皆孔子手迹耶？"客曰："今之《说文》，皆许慎手迹乎？"答曰："许慎检以六文，贯以部分，使不得误，误则觉之。孔子存其义而不论其文也。先儒尚得改文从意，何况书写流传耶？比如《左传》'止戈'为'武'，'反正'为'乏'，'皿蟲'为'蠱'，亥有二首六身之类，后人不得辄改也，安敢以《说文》校其是非哉？且余亦不专以《说文》为是也，其有援引经传，与今乖者，未之敢从。"②

由此看来，南北朝人以"不得误""与今乖者，未之敢从"为其"善本"观，而那种只"存其义而不论其文"的经典则是不受欢迎的。这在古籍版本学史上可谓独树一帜。

隋唐以来，写本极为发达，藏书日富，人们的"善本"观在前代的基础上也随之有了新的发展。首先，隋唐人继承了崇尚前朝旧本的传统。《隋书·经籍志》载：

---

① 魏徵等：《隋书》卷三二，中华书局，1973，第908页。
② 颜之推撰、王利器集解：《颜氏家训集解》，上海古籍出版社，1980，第457-458页。

隋开皇三年，秘书监牛弘表请分遣使人搜访异本。每书一卷，赏绢一匹，校写既定，本即归主。于是民间异书，往往间出。及平陈已后，经籍渐备。检其所得，多太建时书，纸墨不精，书亦拙恶。于是总集编次，存为古本。①

虽"纸墨不精，书亦拙恶"，但因是先陈旧书，还是当作古本藏于宫中。陆德明，名元朗，表字德明，生于隋唐之际，著《经典释文》三十卷。晁公武《郡斋读书志》称之"颇载古文及诸家同异"。《四库全书总目》亦称之"所采汉魏六朝音切凡二百三十余家，又兼载诸儒之训诂，证各本之异同，后来待以考见古义者，注疏以外，惟赖此书之存"②，对他在保存古音义方面所作的贡献评价甚高。唐太宗爱好书法，曾"出御府金帛购天下古本，命魏徵、虞世南、褚遂良定真伪，凡得羲之真行二百九十纸，为八十卷，又得献之、张芝等书，以'贞观'字为印。草迹命遂良楷书小字以影之。其古本多梁、隋官书。"③颜师古，名籀，以字行。他的字"师古"本身就透露出尚古的气息，他在奉敕考定五经定本时的确也是这么做的。《旧唐书·颜师古传》载：

太宗以经籍去圣久远，文字讹谬，令师古于秘书省考定《五经》，师古多所厘正，既成，奏之。太宗复遣诸儒重加详议，于时诸儒传习已久，皆共非之。师古辄引晋、宋已来古今本，随言晓答，援据详明，皆出其意表，诸儒莫不叹服。④

魏徵曾注《类礼》，元行冲引范行恭、施敬本检讨刊削，勒成五十卷，上奏立于学官。尚书左丞相张说坚决反对，他说："今之《礼记》，是前汉戴德、戴圣所编录，历代传习，已向千年，著为经教，不可刊削。至魏孙炎始改旧本，以类相比，有同抄书，先儒所非，竟不行用。贞观中，魏徵因孙炎所修，更加整比，兼为之注，先朝虽厚加赏赐，其书竟亦不行。今行冲等解徵所注，勒成一家，然与先儒第乖，章句隔绝，若欲行用，窃恐

---

① 魏徵等：《隋书》卷三二，中华书局，1973，第908页。
② 纪昀、陆锡熊、孙士毅等：《四库全书总目》，中华书局，1997，第424页。
③ 欧阳修：《新唐书》卷五七《艺文志》，中华书局，1975，第1448页。
④ 刘昫：《旧唐书》七三，中华书局，1975，第2594页。

未可。"① 张说认为《类礼》因袭了孙炎改过的本子，导致"与先儒第乖，章句隔绝"，故不用。

其次，唐人首次出现了"真本"的概念。据樊绰《蛮书》载：

> 贞元十年（794年），三使悉至阙下，朝廷纳其诚款，许其归化，节度恭承诏旨，专遣西川判官崔佐时亲信数人越云南，与牟寻盟于玷苍山下。誓文四本内，一本进献；一本牟寻置于玷苍山下神祠石函内；一本纳于祖父等庙；一本置府库中以示子孙，不令背道，不令侵掠……今南蛮子孙违负前誓，伏料天道必诛。容臣亲于江源访觅其誓文，续俟写录真本进上。②

"真本"，即正本、祖本之意。这说明唐人已注意从源流上来考察版本了。另外，唐人还有一种以搜讨异书为趣事的倾向，如刘禹锡，"尝谓翻讨书传最为乐事，忽得异书，如得奇货。人知其如此，故求怪僻难知之籍，穷其学之深浅，唐卿皆推其自出以示之，有所不及见者，累日寻究，至忘寝食，必得而后已。故当时士大夫多以博洽推之。"③ 所谓异书，即"怪僻难知之籍"，其中有的很可能就是珍稀的古本。

再者，隋唐人对图书版本的形式美有了更高的追求。如隋炀帝时，"秘阁之书，限写五十副本，分为三品：上品红琉璃轴，中品绀琉璃轴，下品漆轴。"④ 所谓上品即今之善本书，用最好的材料做卷轴，颇为讲究。唐人也很重视图书的纸张和装订，据《旧唐书》载：

> 凡四部库书，两京各一本，共一十二万五千九百六十卷。皆以益州麻纸写。其集贤院御书，经库皆钿白牙轴，黄缥带，红牙签；史书库钿青牙轴，缥带，绿牙签；子库皆雕紫檀轴，紫带，碧牙签；集库皆绿牙轴，朱带，白牙签，以分别之。⑤

五代承袭汉时重正本之传统，用其内容之真，以刊正别本。如《五代会要·史馆杂录》载显德二年（955年）十二月诏云："史馆所少书籍，

---

① 刘昫：《旧唐书》卷一〇二《元行冲传》，中华书局，1975，第3718页。
② 樊绰：《蛮书》卷三，台湾商务印书馆影印清文渊阁《四库全书》本，1986。
③ 陆友仁：《研北杂志》卷上，台湾商务印书馆影印清文渊阁《四库全书本》，1986。
④ 魏徵等：《隋书》卷三二《经籍志》，中华书局，1973，第908页。
⑤ 刘昫：《旧唐书》卷四七《经籍志》，中华书局，1975，第2082页。

宜令本馆诸处求访补填……仍委中书门下于朝官中选送三十人，据见在书各求真本校勘，刊正舛误。"① 对版本内容之精审，也是五代人的强烈追求。五代在冯道的主持下，于后唐长兴三年（932）开始雕版刻印群经，为期精审无误，设初勘官、详勘官十余人，"将西京石经本，各以所业本经句度，抄写注出，仔细看读。"② 由于其"校勘既期精审，雕镂又务请能手，故五代官刻九经，为数虽属不多，而校刊之方，可为宋人楷模，洵足重视。"③ 同样，五代也非常重视版刻字体的美观，当时的监本群经和《经典释文》的雕版就是由李鹗、郭忠恕、朱延熙、郭嵝等书法高手来完成的，字体多用楷法，故五代监本因其版刻美观，字体严整，被后人当做珍品收藏，如宋人赵明诚《金石录》称："《九经》印板多其（李鹗）书，前辈颇贵重之。"④ 朱延熙所书《经典释文》在南宋尚有流传，洪迈《容斋随笔·周蜀九经》称其："此书字画端严有楷法，更无舛误。"⑤，视之为善本。

自先秦至五代，中国古代善书观的演进呈现以下三个特征：先是从时间上来评判，以期获得图书版本的第一印象，历史上多表现为崇尚古本、正本；然后是从内容上来评判，多表现为重视精校覆勘本。这主要是从版本使用的角度来考虑的。这表明，对实用性的考虑在我国古代善书观中占有相当重要的地位；再者，在前两者得到一定程度的满足后，对图书版本形式美的追求便活跃了起来。

二 "本"的概念的形成

以上主要是从图书的收藏、使用来探讨"善书"观的演进过程。实际上，在这个过程发生的同时，图书的形制也在进一步发展。在南北朝期间，一个重要事件对"善书"观产生了深远的影响，那就是作为版本学意义上的"本"的概念的形成。"本"，《说文解字》释为："木下曰本"，本

---

① 王溥：《五代会要·史馆杂录》，中华书局，1999，第305页。
② 王溥：《五代会要·经籍》，中华书局，1999，第128页。
③ 毛春翔：《古书版本常谈》，上海人民出版社，1977，第21页。
④ 赵明诚：《金石录》卷三十，金文明校证，广西师范大学出版社，2005，第552页。
⑤ 洪迈：《容斋随笔》续笔卷一五，上海古籍出版社，1978，第387页。

意为树根，后引申为根本、原始等意，也可作计量词用。书籍称为"本"，始见于刘向《别录》："雠校，一人读书，校其上下，得谬误，为校。一人持本，一人读书，若怨家相对，故曰雠也。"① 这里刘向所称的"本"，后人对它有种种猜测。因对其解释的不同，得出的结论也截然相悖。余嘉锡先生在《余嘉锡论学杂著·书册制度考》中说：

> 寻《风俗通》之意，"一人持本"者，持竹简所书改易刊定之本；"一人读书者"，读传写上素之书也。以油素之书写自竹简，则竹简之书为原本，故呼曰"本"。其后简策之制既废，写书者借人之书传录，则呼所借者为"本"。《后汉书·延笃传》注引《先贤行状》曰："延笃欲写《左氏传》，无纸，乃借本讽之。"是其事也。凡书无不可传写者，因有"书本"之名矣。②

在这段文字里，余先生把"本"理解为由简上素时作为原本的简策书，这倒是符合了"原始"的引申义。似乎由此可以认为，西汉时期版本学意义上的"本"的概念已经形成。但事实是不是这样呢？前者"一人读书"，此"书"当指简策无疑。问题的焦点在于后一个"一人读书"，究竟这个"书"指的是帛书还是简策呢？据刘向叙录中"皆已定以杀青，书可缮写"之类的话可知，刘向在每校定一书后，还要将简策底本上的文字誊录于缣帛之上，谓之"上素"，故接下来的工作必是将简策本与缣帛本对读。按照校勘工作的常规，所读之书当为校定好了的底本（也即简策）。因为简策既已杀青，不需修改，可以保证诵读的连续性。而且，读相对散乱的简策定本以校相对齐整的帛书，不容易发生次序颠倒和缺文漏字现象，这一点非常重要，故读书之人必不是改字之人。因此，"一人持本"之"本"当为帛书才对，也只有"持本"之人有空隙腾出手来改正文字上的错误。"持"者，握也，所持之处当指帛书的卷轴。可见，余氏认为所持之"本"为简策书是讲不过去的，因而称此"本"是指"底本"也难以令人信服。

清人叶德辉《书林清话·书之称本》认为："书之称'本'，必有所因。《说文解字》云：'木下曰本'，而今人称书之下边曰书根，乃知本者，

---

① 应劭撰，王利器校注《风俗通义校注》，中华书局，1981，第495页。
② 余嘉锡：《余嘉锡论学杂著·书册制度考》，中华书局，1963，第542页。

因根而计数之词。"① 叶氏认为书之称本是源于"因根而计数","本"是作为计量词来使用的，此言颇有见地。但他又说："吾谓书本由卷子折叠而成，卷不如折本翻阅之便，其制当兴于秦汉间"，把"本"当成折本，这就大错了。原因是刘向校书时尚未有纸本书，又何来经折装？既然"本"是指卷轴装的帛书，那么帛书何以称为"本"呢？原来帛书一般采用卷轴装，即左端粘接轴棒，两端轴头突出于外。"本"就是这轴头，并因其计数进而代指帛书。这既符合"木下曰本"的说法，也印证了叶德辉"因根而计数之词"的猜测。张舜徽先生也持此观点：

> 清末叶德辉《书林清话》卷一说："今人称书之下边曰书根，乃知本者，因根而计数之词。"这话是对的。因根计数，起于卷轴。就卷子中的木轴而言，可以称根，也可称本。那末，"版"的名称原于简牍，"本"的名称原于缣帛是确无疑义的了。②

在版本学意义上的"本"的概念形成以后，"本"作为与"木"相关的事物的计量词的使用仍很广泛，这从一个侧面为叶氏的观点提供了佐证。如《隋书·宇文恺传》："自古明堂图惟有二本，一是宗周，刘熙、阮谌、刘昌宗等作，三图略同。一是后汉建武三十年作，《礼图》有本，不详撰人。"③《渑水燕谈录》卷二载："京师民刻画其（司马光）像，家置一本。"这里的图、像均是卷轴装。该书卷六又载："海陵西溪盐场，初文靖公尝官于此，手植牡丹一本。"此作植物的计量词用。

另外一个更具说服力的证据是，从文献记载来看，西汉时绝少以"本"指简策书（而简策是当时图书的主要形制）。如《汉书·河间献王传》称："献王所得书皆古文先秦旧书"，并不称"先秦旧本"。现存《别录》佚文中也只有"中书""外书""臣向书""臣参书""大中大夫卜圭书""射声校尉立书""太史书""太常书"等名称，绝不言及"本"字，而这些书大多是简策书。这更加证实了简策书在汉代并不称为"本"。这些片状的简策只能称为"版"，只有卷轴装的帛书才称为"本"。可见，刘向"一人持本"的真实含义并非特指简策书的"底本"，而是以轴计数的

---

① 叶德辉：《书林清话》卷一《书之称本》，辽宁教育出版社，1998，第11页。
② 张舜徽：《中国校雠学分论——版本》，《华中师院学报》1979年第3期。
③ 魏徵等：《隋书》卷六八，中华书局，1973，第1593页。

"上素之书"。这在版本学史上至少说明,作为版本学意义上的"本"的概念在刘向所处的西汉并未形成。《史记·儒林传》有言:"诸学者多言《礼》,而鲁高堂生最本。"[①] 此"本"仅是它的引申义,还不是当做描述版本的术语来使用的。直到东汉末期,"本"才开始用作版本术语,如蔡邕《蔡中郎集·刘镇南碑》中称刘表"写还新者,留其故本",此"故本"即为底本。但"本"较为广泛地用作版本学术语还是魏晋南北朝以后的事情,且与佛经的传入有极大关系。前文《魏晋南北朝版本学成就管窥》已有论及,此不赘述。总之,南北朝时期文献著述、流传方式的复杂化,使得同书异本问题日益严重。这也使得人们进一步认识了异"本"同书的实质,从而促成了"本"的概念的形成。

三 结论

综上所述,"善书"观是从图书的收藏、流通和使用过程中产生的,而"本"的形成是从文献的整理、比较过程中产生的。善本观则是这两者发展和融合的产物,但这个融合不是一蹴而就的,而是一个渐进的过程,在这期间出现了"佳本""好本"等概念,如《北齐书·辛术传》云:"(术)及定淮南,凡诸资物,一毫无犯,唯大收典籍,多是宋、齐、梁时佳本。"[②] 唐代的张守节则提出了"好本"的概念,他于《史记正义·字例》中称:"《史》、《汉》有此古字者,乃为好本。"[③] 颜师古注《汉书》卷五"逡巡"条也有类似叙述,但这里的"好本"观过于简单化。笔者以为,一种观念的形成,是整个社会思潮之大趋势,不可以只言片语而断之。"佳本""好本"确系时人的善本观,但从这些笼统的词语中,我们无法窥其豹斑,这只能说明这时的善本观还不够成熟。宋代雕版印刷的普及和繁荣,不仅使宋人藏书数量激增,版本类型日趋丰富,同时也加剧了同书异本矛盾的发展,促成了宋人善本观的形成。

---

① 司马迁:《史记》卷一二一,中华书局,1959,第3126页。
② 李百药:《北齐书》卷三八,中华书局,1972,第503页。
③ 司马迁:《史记·论字例》,中华书局,1959,第14页。

宋人善本观考略

宋代雕版印刷的普及和繁荣，不仅使宋人藏书数量激增，版本类型日趋丰富，也促成了宋人善本观的形成。"善本"一词最早见于宋代。《五百家注柳先生集》（文渊阁四库全书影印本）附录卷四有天圣九年（1031年）穆修的一篇序文，称："予少嗜观二家之文，常病柳不全见于世，出人间者，残落总百余篇。韩则虽目其全，至所缺坠，亡字失句，独于集家为甚。志欲补得其正而从之，多从好事者访善本，前后累数十。"此后，宋人著述中"善本"一词的使用才渐趋频繁。与西汉刘德提出的"善书"观相比，宋人"善本"观更趋明朗，其总体特征表现为对内容完整无误的追求，具体表现为以下六个方面。

一 崇古本、旧本、写本

宋人的善本观保持了尚古的传统，有时到了近乎痴迷的地步，虽有脱谬，亦照收不误。这与唐代韩、柳在文学领域发起古文运动，其势波及两宋不无关系。如欧阳修《记旧本韩文后》载其得州南李氏旧本《昌黎先生文集》六卷，"脱落颠倒，无次序"，但因"《集》本出于蜀，文字刻画颇精于今世俗本"，仍"特以其旧物而尤惜之。"[1] 朱长文，字伯原，苏州吴县人，其《阅古丛编序》亦称："余少也学古，凡古人之文，无不求而读之，又从而藏之。好其书，如其文也。古书之载于纸墨者，几希而存于金石者，类在于故都之外，四方之远，与夫山林墟墓之间，唯势位赫赫，众所翕附，而好之甚笃者，为能多置也。"[2] 在遇见多个版本时，古本或近古

---

[1] 欧阳修：《欧阳修诗文选注》，宋心昌选注，上海古籍出版社，1994，第94页。
[2] 朱长文：《乐圃余稿》卷七，台湾商务印书馆影印清文渊阁《四库全书》本。

本往往成了宋人的首选,如沈晦,字元用,钱塘人,政和间曾以元符京师开行本、曾丞相家本、晏元献家本、穆修家藏本校理柳宗元《柳先生集》,"四本中晏本最为精密;柳文出自穆家,又是刘连州旧物,今以四十五卷本(穆本)为正。"① 晏本虽号为精密,但穆本最早出,沈氏仍选其为底本。宋人对古本的嗜求,可谓多多益善,哪怕是文字稍近古,亦善之,不敢妄改,如晁说之《题写本老子后》云:"此书故题曰《老子道德经》,胜于分《道》、《德》为两经者。其文字稍近古,特录之,自便观览。"② 方崧卿校《韩愈集》,"其他古本'汝'多作'女'……此类非一,亦不敢尽从刊改。今之监本已非旧集,然校之潮袁诸本,犹为近古。如《送牛堪序》,阁本、杭本皆系于十九卷之末,此本尚然。今用以为正,而录诸本异同于其下。"③ 著名女词人李清照逢靖康之变,怅然载书南渡,"乃先去书之重大印本者","后又去书之监本者",后"金人陷洪州,遂尽委弃。所谓连舻渡江之书,又散为云烟矣!独余少轻小卷轴书帖,写本李、杜、韩、柳集、《世说》、《盐铁论》,汉唐石刻副本数十轴,三代鼎彝十数事,南唐写本书数箧。"④ 可见,在李清照的眼里,南唐写本为最善,监本次之,一般印本又次之。宋人崇尚古旧本是走过一段弯路的,可谓历史经验的总结。据程俱《麟台故事》载:

> 景祐元年(1034年)九月,诏翰林学士张观等刊定《前汉书》、《孟子》,下国子监颁行。议者以为前代经史皆以纸素传写,虽有舛误,然尚可参雠。至五代,官始用墨版摹六经,诚欲一其文字,使学者不惑。至太宗朝,又摹印司马迁、班固、范晔诸史,与六经皆传,于是世之写本悉不用。然墨版讹驳,初不是正,而后学者更无他本可以刊验。会秘书丞余靖建言《前汉书》官本差舛,请行刊正,因诏靖及王洙尽取秘阁古本,校对逾年,乃上《汉书刊误》三十卷。至是改旧摹版以从新校。然犹有未尽者,而司马迁、范晔史尤多脱略,惜其后不复有古本可正其舛谬云。⑤

---

① 柳宗元撰,魏仲举辑《五百家注柳先生集·沈晦后序》,台湾商务印书馆影印清文渊阁《四库全书》本。
② 晁说之:《景迂生集》卷十八,台湾商务印书馆影印清文渊阁《四库全书》本。
③ 方崧卿:《韩集举正》卷一,台湾商务印书馆影印清文渊阁《四库全书》本。
④ 赵明诚:《金石录·李清照后序》,广西师范大学出版社,2005,第532页。
⑤ 程俱:《麟台故事》卷二《修纂》,载《中华野史》,泰山出版社,2000,第1559页。

可见，宋人尊尚古旧写本，也并非一味嗜古，也有版本内容方面的考虑。叶梦得对此有过深入分析，他说："唐以前，凡书籍皆写本，未有模印之法。人以藏书为贵，书不多有。而藏者精于雠对，故往往皆有善本。学者以传录之艰，故其诵读亦精详。五代时……自是书籍刊镂者益多，士大夫不复以藏书为意，学者易于得书，其诵读亦因灭裂，然板本初不是正，不无讹误。世既一以版本为正，而藏本日亡，而讹谬者遂不可正，甚可惜也。"① 叶氏尊崇唐写本，并不惟其古远而已，实则因为旧写本不易得，藏者益加珍惜，几经流传，反复雠对，故内容更趋于无误。对于印本给写本带来的冲击，陆游也深有感触，其《跋唐卢肇集》云："子发尝谪春州，而《集》中误作'青州'，盖字误也。《题清远峡观音院》诗作'青州远峡'，则又因州名而妄窜定也。前辈谓印本之害，一误之后，遂无别本可证，真知言哉！"② 所以我们对宋人崇尚古写本，应一分为二地看，一方面是由于其历史文物价值之不易得，另一方面是因其内容更趋于无误，接近于图书的本来面貌，可正今本之失。

二　尊官本

我国自西汉以来就有官定正本的传统。隋代创立科举制度以后，为给科举考试提供标准的范本，官定正本就显得更有必要了。宋人对以监本为代表的官刻本尤其重视，如眉山孙氏"市监书万卷"③ 藏于家。黄庭坚《跋秦氏所置法帖》亦称："它日当买国子监书，使子弟之学务实求是。"④ 宗绰，濮安懿王之子，与英宗偕学于邸，每得异书，必转以相对，蓄书多至七万卷。据洪迈《容斋随笔·荣王藏书》载："宣和中，其子淮安郡王仲糜进目录三卷，忠宣公在燕得其中帙，云：'除监本外，写本、印本书籍计二万二千八百三十六卷。'"⑤ 倘此言不诬，宗绰所藏监本当在四万卷

---

① 叶梦得：《石林燕语》卷八，中华书局，1984，第116页。
② 陆游：《陆放翁全集》，中国书店，1986，第174页。
③ 魏了翁：《鹤山集》卷四一《眉山孙氏书楼记》，台湾商务印书馆影印清文渊阁《四库全书》本。
④ 吴光田：《黄庭坚书论全辑注》，河北教育出版社，2008，第259页。
⑤ 洪迈：《容斋随笔》五笔卷一三，上海古籍出版社，1978，第772。

以上，数量堪为惊人。李清照南渡避难，"乃先去书之重大印本者"，最后不得已才去"书之监本者"，也是尊崇官本的反映。不过需要指出的是，宋人尊崇官本，也不全因其为正统。实际上，宋代官刻因为有雄厚的财力和优秀的人才作保证，校勘精审，内容少误。如国子监校勘一书，先由详勘官校毕，再送覆勘官，覆勘既毕，又送主判馆阁官，覆加点校，确保了监本内容的质量。监本还多请名家手写上版，版式精美，人们竟相把它当做书法珍品来收藏，如陈造，字唐卿，高邮人，其《题国语》曰："吾家藏是书，乃监本也，句而音之。是书字尤大，纸不恶，尤可宝。"① 宋代其他官刻，如秘阁本、公使库本等，就整体而言，质量也是不错的。刘弇，字伟明，安福人，其《书楚辞后》云："兹本传自广陵董天民主通之静海簿，自云得之林公次中家，次中得之子固所谓秘阁本者也，比模本十异四五。予从天民求之，十反不厌，然后得而视窜字之在模本者，与模本莫有，而予注其旁者，类不少别，乃归以其说为信然。是则《楚辞》善本，视天下宜不多有矣，故余于此本尤志焉。"② 因而对宋人尊崇官本，不能一味认为是阿谀权贵，维护正统，实际上也有出于对版本内容和形式的双重考虑。

三　嗜金石拓本

这是宋人尚古的又一反映，如大文学家欧阳修，凡世俗所嗜，一无留意，于金石尤好焉，"上自周穆王以来，下更秦、汉、隋、唐、五代，外至四海九川，名山大泽，穷崖绝谷，荒林破冢，神仙鬼物，诡怪所传，莫不皆有，以为《集古录》。以谓转写失真，故因其石本，轴而藏之。"③ 他在《删正黄庭经序》中说："有《黄庭经》石本者，乃永和十三年（356年）晋人所书，其文颇简，以较今世俗所传者，独为有理，疑得其真……乃为删正诸家之异，一以永和石本为定。"④ 可见，石本之可贵，首先在于其文古远，"得其真"，独为有理。赵明诚、李清照夫妇，共收藏金石拓本多至2000件，

---

① 陈造：《江湖长翁集》卷三一，台湾商务印书馆影印清文渊阁《四库全书》本。
② 刘弇：《龙云集》卷二九《周必大序》，台湾商务印书馆影印清文渊阁《四库全书》本。
③ 欧阳修：《欧阳修全集·集古录目序》，中国书店，1986，第1087页。
④ 欧阳修：《欧阳修选集》，陈新、杜维沫选注，上海古籍出版社，1986，第394页。

其中汉唐石刻拓本数十轴，著成《金石录》，考诸家同异，订其得失，甚为可观。曾宏父，字幼卿，嗜石刻，作《石刻铺叙》，远引石经及秘阁诸本，而自述其所集《凤墅帖》特详，多藏书家稀见的石刻珍本。另外，曹士冕作《法帖谱系》、桑世昌作《兰亭考》、俞松作《兰亭续考》，也是在多集、广见古旧金石拓本的基础上完成的。即便是当代石刻，宋人也颇珍惜，如洪迈《容斋四笔》卷十《东坡题潭帖》云："潭州石刻法帖十卷，盖钱希白所镌，最为善本。"宋人缘何如此重视金石拓本？刘跂对此有过分析：

> 昔文籍既繁，竹素纸札，转相誊写，弥久不能无误。近世用墨版摹印，便于流布，而一有所失，更无别本是正。然则誊写摹印，其为利害之数略等。又前世载笔之士所见所闻与其所传不无同异，亦或意有轩轾，情流事迁，则遁离失实，后学欲窥其罅，搜抉证验，用力多见功寡，此雠校之士，抱椠怀铅，所以汲汲也。昔人欲刊定经典及医方，或谓经典同异，未有所伤，非若医方能致寿夭。陶景丞称之以为名言，彼哉卑陋，一至于此！或讥邢邵不善雠书。邢曰误书思之更是一适，且别本是正，犹未敢曰可，而欲以思得之，其讹有如此者。惟金石刻出于当时，所作身与事接，不容讹妄，皎皎可信。①

刘跂认为，写本转相誊写，不能无误；而墨版有利有害，虽便于流布，但一有所失，更无别本是正；相比之下，金石拓本"不容讹妄，皎皎可信"。陆游也认为，金石本之可贵，在于能传远，其《跋六一居士集古录跋尾》曰："予始得此本，刻画精致，如见真笔。会有使入蜀，以寄张季长。及再得之，才相距数年，讹阙已多。知古人欲传远者，必托之金石！"②可见，宋人嗜金石拓本，一方面是出于对其文物和书法价值的欣赏，另一方面则是因其内容能够留真和传远。

四　重精校本

从实际需要出发，寻求内容正确可靠的本子，也是宋人善本观的一大

---

① 刘跂：《学易集》卷六《金石录序》，台湾商务印书馆影印清文渊阁《四库全书》本。
② 陆游：《陆放翁全集》，中国书店，1986，第183页。

特色。宋时藏书家多以精校本为追求目标，如欧阳修于旧本韩集，屡有增补校正，据其《记旧本韩文后》称："凡三十年间，闻人有善本者，必求而改正之。"① 宋绶精勤于校勘，彭乘称"宋宣献博学，喜藏异书，皆手自校雠。尝谓校书如扫尘，一面扫一面生，故有一书每三四校。"② 宋绶之子敏求，"其家藏书，皆校三五遍者。世之蓄书，以宋为善本。"③ 宋时官方整理藏书，也以校勘精审作为评判善本的重心，如马令《南唐书》载："皇朝初，离五代之乱，诏学官训校九经，而祭酒孔维、检讨杜镐苦于讹舛，及得金陵藏书十余万卷，分布三馆及学士舍人院，其书多雠校精审，编帙完具，与诸国本不类。"④ 程俱《麟台故事》拾遗卷上《书籍》称："帝（仁宗）既择士编校馆阁书籍，访遗书于天下，以补遗亡，又谓辅臣曰：'宋、齐、梁、陈、后周、北齐书，世罕有善本，可委编校官精加校勘。'自是访得众本校正讹谬，遂为完书，模本而行之。"⑤ 周辉《清波杂志》亦称："国朝庆历年间，命儒称集四库为籍，名曰《崇文总目》，凡三万六百六十九卷。尔后于《总目》外，日益搜补校正，皆为善本。"⑥ 另外，宋人刻书大多悉心校勘，态度之严谨，堪为后世之典范，其目的就是为了给后人留下经得住历史考验的精校本，如朱熹刻书态度非常认真，他在《朱文公文集·滕藤德章》中说："向在彼刊四经四子，当时校刊自谓甚仔细，今观其间，乃犹有误字，如《书·禹贡》'厥贡羽毛'之'羽'误作'禹'字……今不能尽记，或因过目，遇有此类，幸令匠人随手改正也。古《易》音训最后数版有欲改易处，今写去，所欲全换者两版，并第三十四版之末行五字。此已是依原版大小及行字疏密写定，今但只令人依此写过，看令不错误，然后分付匠人，改之为佳。"⑦ 针对部分刻书而不事校雠的现象，陆游提出了严肃批评，他于《跋历代陵名》道："近世士大夫所至，喜刻书版，而略不校雠，错本书散满天下，更误学者，不如不刻之为愈也。"⑧ 对于伪托造假之书，或是不慎援引了伪书的著述，洪迈更是

---

① 欧阳修：《欧阳修诗文选注》，宋心昌选注，上海古籍出版社，1994，第 94 页。
② 彭乘：《续墨客挥犀》卷七，江苏古籍出版社，1988，第 120 页。
③ 朱弁：《曲洧旧闻》卷四，载《中华野史》，泰山出版社，2000，第 1100 页。
④ 马令：《南唐书》卷二三，中华书局，1985，第 154 页。
⑤ 程俱：《麟台故事》，载《中华野史》，泰山出版社，2000，第 1562 页。
⑥ 周辉：《清波杂志》，载《中华野史》，泰山出版社，2000，第 1291 页。
⑦ 转引自曹之《中国古籍版本学》，武汉大学出版社，2007，第 191 页。
⑧ 陆游：《陆放翁全集》，中国书店，1986，第 159 页。

斥之为"浅妄书",不足为据。

五　求足本、完本

宋人对图书内容的完整性也颇重视,如曾巩《战国策目录序》云:"刘向所定《战国策》三十三篇,《崇文总目》称十一篇,阙。臣访之士大夫家,始尽得其书,正其误谬,而疑其不可考者,然后《战国策》三十三篇复完。"① 陈振孙《元和姓纂》称:"(该书)绝无善本。顷在莆田,数本相校,仅得七八。后又得蜀本校之,互有得失,然粗完整矣。"② 楼钥始得《春秋繁露》写本、京师印本、罗氏兰堂本,然"皆不合《崇文总目》及欧阳文忠公所藏八十二篇之数。余老矣,犹欲得一善本,闻婺州潘同年叔度景宪多收异书,属其子弟访之,始得此本,果有八十二篇,前所未见。"③ 宋人甚至以完本图书作为贺寿之礼,据尹焞《书易传后序》称:"焞至阆中求《易传》,得上十卦于吕稽中,实余门生也。后至武信,婿邢纯多方求获全本,以所收纸借笔吏成其书,为生日之礼,殆与世俗相视者异矣,敬而受之。"④ 宋人为求得一完本,还常要广罗异本,进行辑佚活动,如苏舜钦称:"杜甫本传云有集六十卷,今所存者才二十卷。又未经学者编辑,古律错乱,前后不伦,盖不为近世所尚,坠逸过半,吁可痛闵也。天圣末,昌黎韩综官华下,于民间传得号《杜工部别集》者凡五百篇。予参以旧集,削其同者,余三百篇。景祐初,侨居长安于王纬主簿处,又获一集,三本相从,复择得八十余首。"⑤ 周必大序刘弇《龙云集》:"先是,汴京及麻沙刘公集二十五卷。绍兴初,予故人会昌尉罗良弼遍求别本,手自编纂,增至三十三卷,凡六百三十余篇。"⑥ 绍兴二十一年(1151年),郑康佐取惠阳本、阁本、蜀本等多个版本,与教授王维对唐庚《眉山集》进行了整理,得到了一个较为完整的本子,据郑康佐序云:

---

① 曾巩:《元丰类稿》卷一一,台湾商务印书馆影印清文渊阁《四库全书》本。
② 陈振孙:《直斋书录解题》卷八,上海古籍出版社,1987,第228页。
③ 楼钥:《攻媿集》卷七七《跋春秋繁露》,台湾商务印书馆影印清文渊阁《四库全书》本。
④ 尹焞:《和靖集》卷三《书易传后序》,台湾商务印书馆影印清文渊阁《四库全书》本。
⑤ 苏舜钦:《苏舜钦集·题杜子美别集后》,中华书局,1961,第200页。
⑥ 刘弇:《龙云集》卷二九《周必大序》,台湾商务印书馆影印清文渊阁《四库全书》本。

唐公之文凡十有二首,诗赋一百十有一首,与先君所传颇有重复。既而进士葛彭年以所藏阁本相示,文凡五十六首,诗赋二百八十七首,较之所见,稍加多矣,而篇帙觳乱,句读舛谬不可辨。未几,又得蜀本于归善令张匪躬之家,文凡一百四十二首,诗赋三百有十首,较之闽本,益加多矣,而增损甚少,可以取正。康佐以郡事倥偬,遂属教授王维则雠校,旁援博取,凡所辨正,悉有据依,而唐公之文遂为全篇。①

除对版本内容完整无误的要求外,宋人对版本的形式和工艺,与前代相比也有了更高的追求。叶梦得因"京师比岁印板,殆不减杭州,但纸不佳。蜀与福建多以柔木刻之,取其易成而速售,故不能工",故得出"今天下印书,以杭州为上,蜀本次之,福建最下"②的结论,可见宋人对图书的用纸、刻版的工艺水平也是很讲究的,把它们也归入了评判版本优劣的重要因素。王钦臣,字仲至,性嗜古书,家藏书数万卷,皆手自校雠,世称善本,徐度称其:"每得一书,必以废纸草传之,又求别本参校至无差误,乃缮写之,必以鄂州蒲圻县纸为册,以其紧慢厚薄得中也,每册不过三四十叶,恐其厚而易坏也,此本专以借人及子弟观之。又别写一本,尤精好,以绢素背之,号'镇库书',非己不得见也。"③王钦臣以用纸、装帧极为讲究的镇库本作为善本,仅供其个人使用,这实际上是一种善本特藏的思想。宋敏求也有类似的做法,"其家书数万卷,多文庄宣献手泽与四朝赐札。藏秘惟谨,或缮写别本,以备出入。"④廖莹中是一位刻书家,以刻韩、柳集著称,他在刻《九经》时,"凡用十余本对定,各委本经人点对,又圈句读,极其精妙,皆以抚州单抄清江纸造,油烟墨印刷,其装饰至以泥金为鉴。"⑤除用纸、装帧外,字体也是宋人对版本形式考察的一个重要方面,如黄庭坚《跋与张载熙书卷尾》:"《兰亭禊》、《饮诗叙》二本,前一本是都下人家用定武旧石刻摹入木板者,颇得笔意,亦可玩也;一本以门下苏侍郎所藏唐人临写墨迹刻之成都者,中有数字极瘦劲

---

① 唐庚:《眉山集·郑康佐序》,台湾商务印书馆影印清文渊阁《四库全书》本。
② 叶梦得:《石林燕语》卷八,中华书局,1984,第116页。
③ 徐度:《却扫编》卷下,《中华野史》,泰山出版社,2000,第1001页。
④ 陆友仁:《研北杂志》卷上,《中华野史》,泰山出版社,2000,第652页。
⑤ 周密:《志雅堂杂钞》卷下,台湾商务印书馆影印清文渊阁《四库全书》本。

不凡，东坡谓此本乃绝伦。"① 朱熹《答曹立之》云："熹近得蜀本吕舆叔先生《易说》，却精约好看，方此传写，或未见，当转寄也。"② 宋人对版本形式的追求与版本的实用性并不矛盾，如陈振孙《杜工部诗集注》解题曰："福清曾噩子肃刻板五羊漕司，字大宜老，最为善本。"③ 当然，形式再美的版本都是在内容少误的基础上才堪称为善本的，正如陆游《跋李太白诗》所云："此本颇精。今当涂本虽字大可喜，然极谬误，不可不知也。"④

值得注意的是，宋人的善本观不是一成不变的，在具体的文献环境下，在写本与刻本、官本与私本、真本与异本、内容与形式的比较取舍中，又会因各自的特性而有所变通。

第一，善本不必是古本旧本。当一种观念发展到极端时，往往就背离了它的初衷。宋人尚古风气之烈，发展到后来甚至不惜作假，以新充旧，冒充善本。如陆游《跋陈伯予所藏乐毅论》称："世传中山古本《兰亭》'之'、'流'、'带'、'右'、'天'五字，有残阙处，于是士大夫所藏《兰亭》悉然。又谓《乐毅论》古本至一'海'字止，于是凡《乐毅论》亦至'海'字止。其余妄伪乱真，大抵如此。"陆游针对这种不良风气，提出了善本不必是旧本的观点，认为"伯予此轴皆佳，后一本尤敷腴可爱，未可以'海'字为定论也。"又《跋陈伯予所藏兰亭帖》云："予鉴定此本，自是绝佳，然亦不必云唐旧刻也。"⑤ 究竟当如何处理好古本与今本的关系呢，徐铉提出了"务援古以正今，不徇今而违古"的思想。据其《重修说文序》："今以集书正、副本及群臣家藏者，备加详考，有许慎注义，序例中所载而诸部不见者，审知漏落，悉从补录。复有经典相承传写及时俗要用而《说文》不载者，承诏皆附益之……俾夫学者无或致疑，大抵此书务援古以正今，不徇今而违古。"⑥

第二，善本当以"文势义理"为准，"无论官私"。版本之学，历来均重古本、官本、石本，至宋时尤甚。朱熹对此并无异议，但他坚决反对迷

---

① 吴光田：《黄庭坚书论全辑注》，河北教育出版社，2008，第228页。
② 朱熹：《朱熹集》，郭齐、尹波点校，四川教育出版社，1996，第2520页。
③ 陈振孙：《直斋书录解题》卷十九，上海古籍出版社，1987，第559页。
④ 陆游：《陆放翁全集》，中国书店，1986，第197页。
⑤ 陆游：《陆放翁全集》，中国书店，1986，第193页。
⑥ 徐铉：《重修说文序》，《全宋文》第一册，巴蜀书社，1988，第381页。

信和盲从。如方崧卿作《韩文举正》，虽"号为精密"，"然其去取多以祥符杭本、嘉祐蜀本，及李、谢所据馆阁本为定，而尤尊馆阁本，虽有谬误，往往曲从他本，虽善亦弃不录"，导致"例多而词寡，览者或颇不能晓知"，朱熹乃"悉考众本之同异，而一以文势义理及他书之可证验者决之。"故朱氏着重强调："苟是矣，则虽民间近出小本不敢违；有所未安，则虽官本古本石本不敢信。"现存《韩集考异》纠正唐人旧本、石本之例甚多，而于宋代馆阁校本，朱熹尤屡有质疑，认为"大抵馆阁藏书，不过取之民，而诸儒略以官课校之耳，岂能一一精善，过于私本？世俗但见其为官，便尊信之，而不复问其文理之如何，已为可笑，今此乃复造为改定之说以钳众口，则又可笑之甚也。"① 无独有偶，王彦辅增注杜甫诗集时，也提出了以"义有兼通者"为选择底本的标准，他说："按郑文宝《少陵集》，张逸为之序；又有蜀本十卷，自王原叔内相再编定杜集二十卷，后姑苏守王君玉得原叔家藏，于苏州进士何瑑、丁修处，及今古诸集相与参考，乃曰：义有兼通者，亦存而不敢削。故予之所注，以苏本为正云。"② 周必大对官本也不是一味尊崇，如他对秘阁本《文苑英华》就提出了尖锐批评："臣过计有三不可：国初文集虽写本，然雠校颇精，后来浅学者改易，浸失本指。今乃尽以印本易旧书，是非相乱，一也；凡庙讳未祧，止当阙笔，而校正者，于赋中以'商'易'殷'，以'洪'易'弘'，或值押韵，全韵随之。至于唐讳及本朝讳，存改不定，二也；元阙一句或数句，或颇用古语，乃以不知为知，擅自增损，使前代遗文幸存者，转增疵类，三也。"造成这种状况的原因是，秘阁校勘人员皆是"稍习文墨"，但"既得此为课程，往往妄加涂注，缮写装饰，付之秘阁，后世遂为定本。"③

第三，善本当为不"轻以意改书"者。重精校本，并不是要以己意妄改其内容。宋代理学的盛行，给文献整理带来的负面影响就是出现了尚义理而舍训诂的倾向，荒经蔑古和妄改经义的学风有所抬头。据苏轼《仇池笔记》称："近世人轻以意改书，鄙贱之人，好恶多同，故从而和之者众，遂使古书日就讹舛，深可忿疾。孔子曰：'吾犹及史之阙文也。'自予少

---

① 朱熹：《原本韩集考异》，台湾商务印书馆影印清文渊阁《四库全书》本。
② 王彦辅：《增注杜工部诗序》，收入《杜甫全集》，珠海出版社，1996，第1837页。
③ 周必大：《文忠集》卷五五《文苑英华序》，台湾商务印书馆影印清文渊阁《四库全书》本。

时,见前辈皆不敢轻改书,故蜀本大字书皆善本。"① 彭叔夏也颇有同感,他于《文苑英华辨证·自序》称:"叔夏十二三时,手钞《太祖皇帝实录》,其间云:'兴衰治□之源',阙一字,意必谓'治乱'。后得善本,乃作'治忽'。三折肱为良医,信知书不可以意轻改。"② 真正的善本,当是宁阙亦勿妄改也。

第四,善本"虽未必皆得其真,然求不为异者"。得真本、正本固然可喜,然而不能尽得,也可退而求其次,其原则就是"不为异",这是宋人善本观在求真方面的一种灵活变通。吴若,绍兴间通判建康,时杜集注本颇多,"凡称樊者,樊晃小集也;称晋者,开运二年官书本也;称荆者,王介甫四选也;称宋者,宋景文也;称陈者,陈无己也;称刊及一作者,黄鲁直、晁以道诸本也。"吴若认为,"虽然子美诗如五谷六牲,人皆知味,而鲜不为异馔所移,故世之出异意、为异说,以乱杜诗之真者,甚多。此本虽未必皆得其真,然求不为异者也。"③

与前代相比,宋人善本观已趋明朗。它以版本内容的精确性和完整性为主要评价指标,以校雠为手段,从时间到空间,从内容到形式,从读书治学的实际需要出发,全面而又具体地对版本进行综合考察,既有对传统的继承,又有所发展和创新,不拘泥,不固守,不迷信,反映了宋人求真、求实、求美的版本学精神内涵。

---

① 苏轼:《仇池笔记》卷上,华东师范大学出版社,1983,第213页。
② 彭叔夏:《文苑英华辨证·自序》,台湾商务印书馆影印清文渊阁《四库全书》本。
③ 吴若:《杜工部集后记》,收入《李白杜甫诗全集》,北京燕山出版社,1995,第611页。

中国古籍版本学百年

阮元为钱大昕《十驾斋养新录》所作的序文，开篇就是："学术盛衰，当于百年前后论升降焉。"[1] 以百年为时间段对古籍版本学进行回顾、总结和展望，堪称真知灼见。古籍版本学是中国传统学术的一部分，有着极悠久的历史。它的发展不可能像现代科学技术一样一日千里，而是有其自身的规律性的，表现出较强的稳定性和连续性。因此，本文拟以近百年以来中国古籍版本学为对象，冀望通过对20世纪中国古籍版本学的考察，能从其百年流变的轨迹中探寻出未来版本学发展的方向。但同时我们也应看到，20世纪的古籍版本学并不是横空出世的，而是在先秦两汉以来版本学不断积累、发展的基础上达到的一个新高度。要对近百年来中国古籍版本学进行总结，须先将它置于版本学发展的历史长河中来作一个总体定位，因为非如此不能厘清其源流，也便不能明察其得失，更不能妄评其进展。

一 中国古籍版本学流略

中国古籍版本学源远流长，早在先秦时期就有了版本学的萌芽，如出现了同书异本的比勘活动，出现了"良书"（《墨子·非命上》）的概念。至西汉时，河间献王刘德提出了"善书"（《汉书·河间献王传》）的概念，第一次从内容、字体、年代和著者提出了自己的选书标准。成帝时刘向等人受命整理国家藏书，撰成《别录》和《七略》，标志着版本学的初步形成。但这一时期学科的分化和独立尚不明显，版本学与校勘、目录诸学一起共融于古籍整理这个母体之中，同属于广义校雠学的范畴。

魏晋南北朝以后，由于纸张的普及，特别是佛经的流入，同书异本现

---

[1] 钱大昕：《十驾斋养新录·序》，江苏古籍出版社，2000。

象更趋普遍，版本学也因此获得较大发展。这一时期的代表性人物是南梁释僧祐和北齐颜之推。由于佛经跨地域、跨文种的翻译传播，催生了"正本""异本""定本""前本""旧本"等一系列版本术语（见梁释僧祐《出三藏记集》）。颜之推在《颜氏家训》中也提到了"误本""俗本""古本""江南本""江南旧本""河北本"等名词，说明这一时期人们的版本概念更为明确了。尤值得注意的是，这一时期还萌芽了考订版本源流的思想，如僧祐针对当时佛经"或辞句出入，先后不同；或有无离合，多少各异；或方言训古，字乖趣同；或其文胡越，其趣亦乖；或文义混杂，在疑似之间"的状况，提出了"万流同归，百虑一致"[①]的思想，并逐渐摸索出一套整理和考订版本的方法。颜之推还首创了用金石文字来校订版本。

由隋唐五代而入两宋，由于文献制作技术的进步，特别是唐代雕版印刷术的发明及至宋代的普及，同书异本的数量空前增加，为版本学最终确立提供了丰厚的物质基础；而历代善本观的不断发展，及至宋代的成熟，则为版本学的确立提供了理论因子；历代官定正本、私家校雠、注释群书、史志目录等学术传统实际上也都包含了"广勘异本、择善而从"的内容，这些文献整理活动的历史积累对推动版本学的确立提供了强有力的实践支持。

宋代版本学对中国古籍版本学的贡献有四：一是在前代的基础上形成了一套基本规范的版本学术语，并首次出现了"版本""善本"等版本学核心概念；二是形成了比较成熟的善本观，表现在宋人既继承了汉魏以来尊崇古本、写本、官本、精校本、足本的传统，还能在特定的文献环境下进行一定的变通，如陆游提出"善本不必是古本旧本"，朱熹提出善本当以"文势义理"为准而"无论官私"，彭叔夏提出善本当为"不可以意轻改"者（相对精校本而言），吴若则提出善本"虽未必皆得其真，然求不为异者"等观点，这些都是宋人善本观成熟的标志；三是确立了版本学研究的两大核心内容，即鉴定古籍版本和考订版本源流，并在版本鉴定方法上多有开创之功；四是出现了一批重要的版本目录，如晁公武《郡斋读书志》、陈振孙《直斋书录解题》和尤袤的《遂初堂书目》，尤值得一提的是，南宋出现了我国首部研究单书版本系统的目录专著——曹士冕的《法

[①] 释僧祐：《出三藏记集》，中华书局，1995，第311页。

帖谱系》，该书第一次用绘图的形式形象地揭示了版本之间的源流关系。

元代历史较短，知识分子地位低下，学术研究衰落，版本学无可称道。入明后，版本学才稍有发展。这一时期版本学的代表人物是胡应麟。他在《少室山房笔丛·经籍会通》里对图书制作的演变源流、雕版印刷的起源以及自己的善本观进行了阐述，提出了衡量版本价值的七个标准，具有一定影响。值得称述的是，明代版本学开始了对宋元本，特别是宋本的专题研究。如此由宋代对个别、具体的版本进行研究，发展到对整个朝代版本的特征进行规律性的总结，应视为版本学的一大进步。但明代版本学的不足也很明显，其版本目录与宋代相比不仅没有得到相应发展，还出现了某种程度的退步。这表现为在明代为数不多的藏书目录中，大多只记书名，连提要也不多见，更不记版本，故学术价值不高，如高儒《百川书志》、周弘祖《古今书刻》、赵用贤《赵定宇书目》、范钦《天一阁书目》、刘若愚《内版经书纪略》等即是。

清代是我国古籍版本学的繁荣时期。由于考据学的极盛，文字训诂、音韵、校勘、辨伪、辑佚诸学蜂起，各种研究方法相互交融，考据学的方法也渗入了版本学研究中，使版本学研究方法更趋完善和周密，从而推动了版本学的发展，出现了一批版本学大家，如钱曾、黄丕烈、钱大昕、顾广圻、孙星衍、吴骞、钱泰吉、张金吾等。这一时期，版本目录大量涌现，对版本的著录更趋全面和完善。除一般的版本目录，如毛扆《汲古阁珍藏秘本书目》、季振宜《季沧苇藏书目》等外，还出现了一大批善本目录，如钱曾《读书敏求记》、曹溶《静惕堂书目》、朱彝尊《潜采堂宋金元人集目录》、徐乾学《传是楼宋元本书目》、黄丕烈《百宋一廛书录》、于敏中等《天禄琳琅书目》、张金吾《爱日精庐藏书志》、陆心源《皕宋楼藏书志》、丁丙《善本书室藏书志》、瞿镛《铁琴铜剑楼藏书目录》、莫友芝《宋元旧本书经眼录》等。其中钱曾的《读书敏求记》是我国第一部提要式的古籍善本书目，它为版本研究成果的表述找到了一种比较恰当的方式，也为清代提要式善本书目的发达（以《四库全书总目提要》为代表）起到了开山引路的作用。清代还出现了专门研究行款的特殊的版本目录，如江标的《宋元行格表》；清人孙庆增、缪荃孙还摸索出了一套程序化的编制版本目录的方法。可以说，清代学者将传统目录在版本学方面的功能发挥到了极致。另外，清人在版本学题跋方面，也颇有成绩。清人题跋汇为专集的有王士禛《渔洋书籍跋尾》、彭元瑞《知圣道斋读书跋尾》、陈鳣《经籍跋文》、黄丕烈《士礼居藏书题跋记》、顾广圻《思适斋题跋》、瞿中溶《古泉山馆题跋》、吴寿旸《拜经楼藏书题跋记》、钱泰吉《曝书杂记》、陆心源《仪顾堂题跋》等，其中很多版本鉴定的经验总结，均可视为版本考证的专题汇编。

由上可知，中国古籍版本学的发展经历了由先秦的萌芽到西汉的初步形成，由六朝隋唐的发展分化渐至宋代的确立，再经元明时期的停滞消退辗转达至清代的繁荣这样一个曲折的过程。在这个漫长的历史过程中，中国古籍版本学长期以目录的形式存在，故历史上有"版本目录学"之称谓。此外，人们鉴定版本或考订版本源流的经验、方法大多散见于历代文集中的序、跋、叙录及笔记、校勘记中，没有版本学论著的出现，其研究成果的表述都是经验性的。这些都与版本学实践性很强的学科特点有关。

二 近百年来中国古籍版本学的发展历程

20世纪中国古籍版本学的发展，可以中华人民共和国成立为界，划分为前后两个阶段。这两个阶段各有其特点，前者是清代版本学的余绪，后者则表现出了一些现代学科的特点。

（一）20世纪前半期的中国古籍版本学

20世纪前半期，中国社会剧烈动荡，因外寇入侵，国内战争及各种政治动乱，历史文献遗存遭到严重破坏，版本学研究也因此受到一定影响。但同时由于近代西方机械印刷技术的引进，文献印制效率大为提高，各类版本数量大为增加，又为版本学的发展创造了一定条件。另外，由于清代版本学的巨大惯性，这一时期虽然政局风雨飘摇，但还是涌现出缪荃孙、叶德辉、王国维、罗振玉、陶湘、钱基博、傅增湘、郑振铎、张元济、孙毓修、向达、赵万里，王重民等一批著名版本学家。他们卓有成效的学术研究活动，有力地推动了版本学的进一步发展。

首先，这一时期出现了我国版本学的几部总论性的著作，即叶德辉的《书林清话》、张元济的《中国版本学》及钱基博的《版本通义》。《书林清话》成于清末，刻于1919年，它采用笔记体裁，全面系统地提供了有关古代图书版本的各种知识，包括书籍、版本的各种名称，版刻的源流和历史，各地的刻书风气，历代著名的官私坊刻及优劣，历代刻书的规格、字体、纸张、用墨、工价、书手、刻工、牌记、讹舛，图书的装订，古代的雕版印刷、活字印刷、彩色套印的创始和传播，历代刻、抄书、藏书、借书的掌故，还有图书作伪方面的资料。该书虽带有较强的经验性色彩，但仍堪称总结性的版本学专著。除此之外，叶德辉还著有《四库全书版本考》《郋园读书志》《藏书十约》等，也多版本知识。张元济的《中国版本学》（上海商务印书馆1916年影印）是我国第一部以"版本学"为名的版本论著，把版本学从史学中独立了出来。钱基博的《版本通义》1931年由上海商务印书馆出版。全书分四部分："原始第一"记上古至五代版本；"历史第二"记宋元明清版本沿革；"读本第三"记四部要籍善本；"余记第四"杂记治版本之心得。该书可贵之处在于，它较早地提出了"版本之学"的说法，并且第一次试图从理论和实践两方面对版本学进行专门系统的阐述。1931年中国科学社还编纂排印了《中国版本略说》，也可视为版本学论著。以上几部总论性专著的出现，标志着版本学已经寻找到了摆脱目录学附庸地位的道路。

除总论性的著作外，这一时期还出现了专论性的版本学著作，如孙毓修的《中国雕版源流考》（上海商务印书馆1918年版），向达的《唐代刊书考》（1928年《中央大学图书馆第一年刊》）和《中国印刷术的起源》（1930年《中学生》第五号），蒋元卿的《中国雕版印刷术发轫考》（1936年《安徽大学季刊》第1卷第2期），均可视为刻本源流方面的专论。

这一时期编制的版本目录主要有缪荃孙编《艺风藏书记》《艺风藏书续记》《艺风藏书再续记》《江南图书馆善本书目》《清学部图书馆善本书目》，王国维的《五代两宋监本考》及《两浙古刊本考》，陶湘《明吴兴闵版书目》，王文进《文禄堂访书记》，孙殿起《贩书偶记》及《续编》，故宫博物院编《故宫所藏殿本书目》，张允亮《故宫善本书目》，傅增湘《双鉴楼善本书目》《藏园群书题记》及《藏园群书经眼录》，赵万里《北平图书馆善本书目》，赵录绰《北平图书馆善本书目乙编》，王重民《中国善本书提要》等；值得一提的是，这一时期出现了善本书影，如杨守敬《留真谱》，瞿启甲《铁琴铜剑楼宋金元本书影》，张允亮《故宫善本书影初编》，柳诒徵《钵山书影》，刘承干《嘉业堂善本书影》，故宫博物院文献馆《重整内阁大库残本书影》，王文进编《文禄堂书影》，陶湘编《涉园所见宋版书影》，顾廷龙和潘景郑合编《明代版本图录初编》等。其中《明代版本图录初编》开始把目光由宋元本转向明代版本，一改乾嘉以来的"佞宋"风气，这对于扩大版本学的研究领域产生了积极影响；这一时期的题跋汇编有缪荃孙辑《士礼居藏书题跋续录》《荛圃藏书题识》《荛圃刻书题识》《红雨楼题跋》，王大隆辑《荛圃藏书题识续录》《荛圃藏书题识再续录》《思适斋书跋》，张元济《涉园序跋集录》，罗继祖编《大云书库藏书题识》等。

20世纪前半期是中国古籍版本学发展的重要转型时期，一方面在继承传统的版本目录、叙录、题跋等方面不遗余力，另一方面在研究成果的表现形式上又多有创新，出现了善本书影、版本图录，出现了研究刻本源流的专著，出现了总结性的版本学专著，标志着这一时期的版本学开始走上了独立发展的道路。

（二）20世纪后半期至今的中国古籍版本学

这一时期中国古籍版本学的发展大致可以划分为以下三个阶段。

1. 第一阶段（1949—1965年）

中华人民共和国成立后，百业待兴，古籍版本学也从此进入了一个新的发展阶段。这一时期的版本学专著有陈国庆的《古籍版本浅说》（辽宁人民出版社1957年版）、张秀民的《中国印刷术的发明及其影响》（人民出版社1958年版）、中国书店编的《古籍版本知识》（中国书店1961年版）、毛春翔的《古书版本常谈》（中华书局1962年）、张秀民的《活字印刷史话》（中华书局1963年版）等。《古籍版本浅谈》对两百多个版本学术语作了简明扼要的解释，对普及版本学常识和推动版本学术语规范化起了一定作用；《中国印刷术的发明及其影响》提出了印刷术起源于唐代的"贞观说"，并论述了中国印刷术对亚洲、非洲和欧洲的影响；《古籍版本知识》出自古籍鉴定大师雷梦水、张宗序手笔，列举资料极为丰富，如清代武英殿刻书、官书局刻书、民国精刻本等都是各书所论不及的。关于版本鉴定方面，该书也极富特色，真假俱呈，详辨优劣，特别是从价格上来判断版本取舍，实践性极强。《古书版本常谈》是作者长期从事古籍整理的经验总结，重点论述了古籍版本源流和古籍版本的鉴定问题，配有插图，通俗易懂，可惜明代部分稍显凌乱，清代部分又过于简单。《活字印刷史话》论述了我国泥活字、木活字及金属活字的起源、发展、变化源流。

　　建国初期，为了摸清家底，各大图书馆还编印了大量版本目录，有《北京图书馆善本书目》《北京大学图书馆善本书目》《上海图书馆善本书目》《复旦大学图书馆善本书目》《南京大学图书馆善本书目》《武汉大学图书馆藏善本书目》《广东中山图书馆藏善本书目》《天津市人民图书馆善本书目》《中国地方志综录》《中国丛书综录》等。《中国地方志综录》是一部方志版本目录，由我国著名方志学家朱士嘉先生编撰，1935年由商务印书馆出版，1958年出版增订本。上海图书馆编《中国丛书综录》（中华书局1959至1962年版）是我国一部大型丛书版本目录，共著录丛书2797部。这个阶段编印的古籍名家题跋有顾廷龙辑、叶景葵撰《卷庵书跋》，潘景郑校订、毛晋撰《汲古阁书跋》等。

　　这个阶段还汇编了一部规模空前的善本书影，这就是1960年由北京图书馆赵万里主编的《中国版刻图录》，该书收录古籍善本550种，图版724幅，选辑中国雕版印刷术发明以后历代雕版印刷的书籍中有代表性的作品的样页，按刻版时代和刻版地区编排，内容分刻版、活字版、版画三个大类，卷首有序文一篇，展示了各个时代刻版印刷技术的发展历史。值得一提的是，该书所选书籍已不限于宋元善本，已经注意到了传世最多的明清刻本。

　　此外，这一时期在各类学术报刊上还发表了一批相关论文，据笔者不完全统计有101篇，其中关于版本学基础理论的有4篇，主要是介绍版本、善本的概念，以知识普及为主；关于版本形制与类别的有10篇；关于版本学史的有3篇；关于写本源流的有4篇；关于雕版印刷起源的有7篇；关于历代刻书源流的有8篇；有关活字本、插图本、拓本等源流的有18篇；考订单书版本源流的有40篇；研究版本鉴定方法的有5篇；版本辨伪的有2篇。这说明对传统古籍版本形制的演变源流、版本源流的考订仍是这一时期人们研究的热点，雕版印刷起源问题也引起了人们的关注，而版本学基础理论仍然没有引起人们足够的重视。

　　总的来看，这个阶段的版本学与20世纪前半期相比，仍没有获得质的飞跃，表现为各种研究成果在表现形式上仍然是以版本知识的经验性描述为主，还没有出现一部真正意义上的版本学理论论著。另外在中国印刷术起源问题上，研究方法稍显苟简，未能综合各种研究方法多角度地来考察雕版印刷的起源。

2. 第二阶段（1966－1977 年）

由于众所周知的原因，这一阶段几乎所有的社会文化事业都或多或少地受到了"文革"冲击，出现了停滞甚至倒退的情况，版本学研究亦不能幸免。在除"四旧"的声浪中，许多珍贵的古籍版本被付之一炬，版本学研究也陷入低潮。值得一提的是，历史考古领域还留住了版本学的一丝生气，如70年代初期，考古工作者先后在山东临沂银雀山、湖北江陵和云梦睡虎地、甘肃武威旱滩坡及长沙马王堆等地发掘出了一批先秦及秦汉时期的竹简帛书，如银雀山西汉竹简本《孙子兵法》和《孙膑兵法》，甘肃武威汉代医简，长沙马王堆帛书《老子》甲、乙本，《战国纵横家书》和《治法》等，这些考古发现为研究汉代简策制度和帛本提供了实物依据。另外，南京师范学院中文系1976年编成《红楼梦版本论丛》，是这一时期研究单书版本源流的专题汇编。与大陆版本学的冷清形成对比的是，这一时期台湾省的版本学研究取得了一定的成绩，如柳存仁著有《明清中国通俗小说版本研究》（台湾中山图书公司1972年版）、骆建人完成了《文中子著述版本考》（台北商专1974年版）、唐明敏1975年撰成《李白及其诗之版本》、昌彼得1977年出版了《版本目录学论丛》。1971年，台北文海出版社还出版了大陆版本学家潘承弼、顾廷龙的《明代版本图录初编》。

3. 第三阶段（1978 至今）

1978年之后，尤其是改革开放以来，中国历史的车轮驶入了快车道，中国古籍版本学也由此进入了一个快速发展时期。这一时期在版本学专著、版本目录、书影、研究论文等方面取得了丰硕的研究成果。

（1）版本学专著

根笔者不完全统计，这一时期出版的版本学专著有近百部。其中最为引人注目的是出现了一批以"学""论"为名的版本学论著，如洪北江的《古书版本学》（台北洪氏出版社1982年版）、屈万里、昌彼得的《图书版本学要略》（台北中国文化大学出版部1986年版）、施廷镛的《中国古籍版本概要》（天津古籍出版社1987年版）、严佐之的《古籍版本学概论》（华东师范大学出版社1989年版）、戴南海的《版本学概论》（巴蜀书社1989年版）、李致忠的《古书版本学概论》（书目文献出版社1990年版）、陈宏天《古籍版本概要》（辽宁教育出版社1991年版）、程千帆等《校雠广义·版本篇》（齐鲁社1991年版）、曹之《中国古籍版本学》（武汉大学1992年版，2007年有修订版）、姚伯岳的《版本学》（北京大学出版社 1993 年版，2004 年有修订版《中国图书版本学》）、李致忠《古代版印通论》（紫禁城出版社 2000 年版）、吉文辉《中医古籍版本学》（上海科学技术出版社 2000 年版）、骆伟《简明古籍整理学与版本学》（澳门图书馆暨信息管理协会 2004 年版）、黄永年《古籍版本学》（江苏教育出版社 2009 年版）等。这批"论著"跟以往任何时代的版本学研究都有所不同，除了对传统的古籍制作方式的演变源流、古籍版本鉴定规律及版本演变源流进行研究外，还开始了对数千年来古籍版本学的发展进行历史总结，虽然这种总结还是片段的，不成系统的，有时甚至是混乱和矛盾的，但毕竟开始了对学科的自我审视；另外，这一时期的学者开始有意识地构建版本学的学科体系，如曹之先生《中国古籍版本学》在版本学基础理论方面，对什么是版本和古籍版本学、版本学与其他相关学科的关系、版本学的研究内容、版本学研究方法等作了深入探讨。这些都是版本学独立、成熟的标志。至此我们可以说，中国古籍版本学已经摆脱了目录学、校勘学的羁绊，完全可以自立于学术之林。

这一时期还有专论版本鉴定方法的专著，如魏隐儒、王金雨的《古籍版本鉴定丛谈》（印刷工业出版社 1984 年版），李清志的《古书版本鉴定研究》（台北文史哲出版社 1986 年版），黄燕生、林岩《版本古籍鉴赏与收藏》（吉林科学技术出版社 1996 年版），魏隐儒的《古籍版本鉴赏》（燕山出版社 1997 年版），李致忠的《古书版本鉴定》（文物出版社 1997 年版），陈正宏《古籍印本鉴定概说》（上海辞书出版社 2005 年版），陈先行《明清稿抄校本鉴定》（上海古籍出版社 2009 年版），以专著的形式对古籍版本的鉴定方法进行了全面系统的总结。

有考订一书版本源流的专著，如魏绍昌《〈红楼梦〉版本小考》（中国社会科学出版社 1982 年版）、蒋星煜《明刊本〈西厢记〉研究》（中国戏剧出版社 1982 年版）、刘辉《〈金瓶梅〉成书与版本研究》（辽宁人民出版社 1986 年版）、朴现圭等《〈广韵〉版本考》（台北学海出版社 1986 年版）、高正《〈荀子〉版本源流考》（中国社会科学出版社 1992 年版）、郭惠美《〈芥子园画传〉及其版本研究》（台北 1994 年版）、傅刚《〈文选〉版本研究》（北京大学出版社 2000 版）、张玉春《〈史记〉版本研究》（商务印书馆 2001 年版）、金英淑《〈琵琶记〉版本流变研究》（中华书局 2003 年版）、刘世德《〈红楼梦〉版本探微》（华东师范大学出版社 2003 年版）、张国风《〈太平广记〉版本考述》（中华书局 2004 年版）、范志新

《〈文选〉版本论稿》（江西人民出版社2003年版）和《〈文选〉版本撷英》（贵州人民出版社2004年版）、俞樟华等《〈史记〉版本及三家注研究》（华文出版社2005年版）、潘美月《〈红楼梦〉版本研究》（花木兰文化出版社2009年版）、刘世德《〈三国演义〉作者与版本考论》（中华书局2010年版）、中川谕《〈三国演义〉版本研究》（上海古籍出版社2010年版）、尚丽新《〈乐府诗集〉版本研究》（中国社会科学出版社2012年版）等。

有考订某一作者或某一类著述版本源流的专著，如上海师范大学图书馆1979年编《马列主义经典作家著作集的版本和主要检索工具介绍》、万曼《唐集叙录》（中华书局1980年版）、唐弢等《鲁迅著作版本丛谈》（书目文献出版社1983年版）、刘尚荣《苏轼著作版本论丛》（巴蜀书社1988年版）、李致忠《宋版书叙录》（1994年版）、施金炎《毛泽东著作版本述录与考订》（海南国际新闻出版中心1995年版）、蒋建农等《毛泽东著作版本编年纪事》（湖南人民出版社2003年版）、金宏宇《中国现代长篇小说名著版本校评》（人民文学出版社2004年版）、欧阳健《古代小说版本简论》（山西人民出版社2005年版）、付建舟《清末民初小说版本经眼录》（上海远东出版社2010年版），其中有为数不少的新书版本研究的专著，突破了传统的古籍版本研究的范围。

有专论写本源流的专著，如马今洪《简帛：发现与研究》（上海书店出版社2002年版）、钱存训《书于竹帛：中国古代的文字记录》（上海书店出版社2004年版）。

有研究雕版印刷起源的专著，如赵万里《中国版刻的发展过程：谈谈印本书籍发展简史》（湖南省图书馆1978年编）、洪荣华《雕版印刷源流》（印刷工业出版社1990年版）、曹之《中国印刷术的起源》（武汉大学出版社1994年版）、潘吉星《中国、韩国与欧洲早期印刷术的比较》（科学出版社1997年版）、宿白《唐宋时期的雕版印刷》（文物出版社1999年版）、钱存训《中国古代书籍纸墨及印刷术》（北京图书馆出版社2002年版）。其中《中国印刷术的起源》以大印刷史观作为指导思想，全方位、多学科地论证了"唐初说"，纠正了前人许多似是而非的观点。

有研究历代、各地刻书源流的专著，如瞿冕良《版刻质疑》（齐鲁书社1987年版）、李致忠《历代刻书考述》（巴蜀书社1989年版）、江澄波等《江苏刻书》（江苏人民出版社1993年版）、卢贤中《古代刻书与古籍版本》（安徽大学出版社1995年版）、张志强《江苏图书印刷史》（江苏人民出版社1995年版）、谢水顺《福建历代刻书》（福建人民出版社1997年版）、周心慧《中国古代版刻版画史论集》（学苑出版社1998年版）、瞿冕良《中国古籍版刻辞典》（齐鲁书社1999年版）、叶树声等《明清江南私人刻书史略》（安徽大学出版社2000年版）、杜信孚《全明分省分县刻书考》（北京线装书局2001年版）、北京图书馆编《闽蜀浙粤刻书丛考》（北京图书馆出版社2003年版）、方维保等《徽州古刻书：刀走龙蛇文脉长》（辽宁人民出版社2004年版）、徐学林《徽州刻书》（安徽人民出版社2005年版）、刘维芳《金陵刻经印刷技艺》（南京出版社2012年版）等。

有研究活字印刷源流的专著，如史金波等《中国活字印刷术的发明和早期传播：西夏和回鹘活字印刷术研究》（社会科学文献出版社2000年版）、潘吉星《中国金属活字印刷技术史》（辽宁科学技术出版社2001年版）、牛达生《西夏活字印刷研究》（宁夏人民出版社2004年版）、邹毅《证验千年活版印刷术》（中国社会科学出版社2010年）等。

另外，还有普及版本学知识的专著，如李致忠《古籍版本知识500问》（北京图书馆出版社2001年版）、宋庆森《书海珠尘：漫话老版本书刊》（新华出版社2001年版）；有专门研究期刊版本的专著，如聂家昱等《期刊版本研究》（中国科学技术出版社2003年版）；有名家版本学论集，如《张元济傅增湘论书尺牍》（商务印书馆1983年版）、阳海清主编《版本学研究论文选集》（书目文献出版社1995版）、王绍曾《目录版本校勘学论集》（上海古籍出版社2005年版）、王雨《王子霖古籍版本学文集》（上海古籍出版社2006年版）、崔建英《崔建英版本目录学文集》（凤凰出版社2012年版）。

这一时期还出现了版本学丛书，如任继愈主编的《中国版本文化丛书》（江苏古籍出版社2002年版）。该丛书以奚椿年先生的《中国书源流》为开篇，从《宋本》《元本》《明本》到黄裳的《清刻本》及姜德明的《新文学版本》，是中国版本大致按时代纵向发展的一条线索，大致勾勒出了中国历代版本的代表性文化风貌；从《稿本》《批校本》《坊刻本》《家刻本》《活字本》《插图本》到《佛经版本》《少数民族古籍版本》，则是一个版本专题的系列，展示了我国版本横断面的文化风采。

由以上所举可以看出，这一时期的版本学专著与前代相比不可同日而语，不仅数量很多，而且在版本学研究的各个领域全面开花结果，取得了不俗的成绩。

（2）版本目录、索引、专题汇编、书影

这一时期的版本目录有台湾省"国立中央图书馆"1980年编《老列庄三子图书版本展览目录》、杜信孚《明代版刻综录》（广陵古籍刻印社1983年版）、《中国地方志联合目录》（中华书局1985年版，以《中国地方志综录》为蓝本）、杨绳信《中国版刻综录》（陕西人民出版社1987年版）、中国古籍善本书目编辑委员会编《中国古籍善本书目》（分经、史、子、集、丛五部，由上海古籍出版社自1989年起分期出版）、《中国科学院图书馆藏中文古籍善本书目》（科学出版社1994年版）、周国伟编《鲁迅著译版本研究编目》（上海文艺出版社1996年版）、《湖南省古籍善本书目》（岳麓书社1998年版）、施廷镛编著李雄飞校订的《古籍珍稀版本知见录》（北京图书馆出版社2005年版）、张泽贤《书之五叶：民国版本知见录》（上海远东出版社2005年版）等。

版本索引有山东大学图书馆编《影印善本古籍及古籍善本书影书名索引》（1979年）、王菊花编《黄庭坚著作版本及其诗文研究资料索引》（江西大学图书馆期刊部1985年）、王肇文《古籍宋元刊工姓名索引》（上海古籍出版社1990年版）、罗伟国《古籍版本题记索引》（上海书店1991年版）、李国庆《明代刊工姓名索引》（上海古籍出版社1998年版）等。

版本资料的专题汇编有中国民间文艺研究会湖北分会1980年编的《〈双合莲〉各种版本汇编》和《〈钟九闹漕〉各种版本汇编》、方光品编《福建版本资料汇编》（福建师范大学出版社1979年版）、朱一玄编《古典小说版本资料选编》（山西人民出版社1986年版）等。这些版本资料的专题汇编为版本研究者提供了较好的条件。

版本书影有上海图书馆编《善本书影》（上海古籍出版社1978年版）、黄裳《清代版刻一隅》（齐鲁书社1992年版）、吴希贤《所见中国古代小说戏曲版本图录》（中国全国图书馆文献缩微中心1995年版）、黄永年等《清代版本图录》（浙江人民出版社1997年版）、广陵古籍刻印社1998年出版《重整内阁大库残本书影》、林申清《宋元书刻牌记图录》（北京图书馆出版社1999年版）等。北京图书馆编《盋山书影》《嘉业堂善本书影》《涉园所见宋版书影》《铁琴铜剑楼书影》（北京图书馆出版社2003年版）、张泽贤《民国书影过眼录》（上海远东出版社2004年版）、《民国书影过眼录续集》（上海远东出版社2006年版）。这一时期的书影已经完全不受宋元善本的限制，明、清刻本甚至民国时期的图书都已有了书影。

（3）版本学论文

据笔者编制的《中国古籍版本学论文索引》不完全统计，自1978年至2005年，国内各种学术期刊上共发表版本学论文约在2300篇左右。经过"文革"的一段时期的沉寂后，从1978年始，版本学论文发表数量逐年上升，至20世纪80年代中后期达到峰顶，并一直维持到90年代初期。这是由于改革开放伊始，人们经过思想上的拨乱反正，开始以饱满的热情投身于学术研究中。进入90年代后，受市场经济大潮的影响，版本学研究开始降温，版本学论文数量明显回落，至90年代末期降至谷底。但在进入21世纪后，版本学论文数量又开始回升。这表明，经过一段起伏波动之后，版本学研究正在进入一个相对理性和成熟的时期。

通过对这2300篇左右的论文主题分布进行分析，笔者发现，版本学发表论文最多的领域是对单书版本源流的考订，约占41%；其次是对古籍版本鉴定方法的研究，约占9%，两者加起来占到了50%，这也从一个侧面说明，中国古籍版本学确实是一门致用之学，研究版本鉴定规律和考订版本源流是其两大核心内容，也是它自立于学术之林的基石。余下的领域由高到低依次为，研究历代刻书源流的，约占9%；研究写本源流的，约占8%；研究版本学基础理论的（很大一部分是基本概念的介绍，研究层次不高），约占6%；研究古籍版本形制与类别的，约占5%；专门研究活字本、插图本、拓本、石印本等版本源流的，合在一起约占5%；研究古籍版本作伪与辨伪的，约占4%；研究雕版印刷起源的，约占3%。从以上所举数字可以看出，对刻本源流的研究占据了各类型版本源流研究的主导地位，对历代写本、抄本源流的研究也具有重要地位，而对其他活字本、插图本、拓本等的研究则相对要少得多。这说明刻本和写本作为古籍版本的主要类型，一直以来是人们研究的主要兴趣所在。另外，古籍版本学史及版本学基础理论已经引起人们的关注。

三 近百年来中国古籍版本学研究进展

以上所举，是笔者对历代版本学的发展状况、成就及地位所作的粗线条勾勒，而要探寻20世纪以来中国古籍版本学的研究进展，则必须对这些研究成果进行具体的文本内容分析。

需说明的是，中国古籍版本学包括四大研究内容：一是对古籍版本源流的考订，有广狭二义之分。广义的版本源流是指对古籍制作方式的演变源流的研究，包括对写本、刻本、活字本、插图本、拓本等源流的研究。狭义的版本源流是指对单书（含丛书）版本演变源流的考订，主要是考其版本数量、版本系统并判定其优劣。二是对古籍版本鉴定规律的研究，主要是从内容和形式两个方面来鉴定版本。三是古籍版本学基础理论的研究。四是古籍版本学史的研究。依笔者看来，前面两大研究内容是传统古籍版本学的核心内容。近百年来，中国古籍版本学在版本鉴定和版本源流考订方面虽也有所发展，但表现出来的更多的是继承性；而对古籍版本学基础理论和古籍版本学史的研究，则是传统古籍版本学所没有的，它使得古籍版本学有了现代学科的特征。中国古籍版本学在这两方面的研究表现出来的更多的是开拓性和创新性。因此，本文探讨中国古籍版本学近百年来的研究进展，也主要是从古籍版本学基础理论和古籍版本学史两方面来进行的。

（一）中国古籍版本学基础理论研究进展

中国古籍版本学长期以来有实无名，寄身于校勘、目录学的名下，除了它本身是一门实践性极强的学问之外，另一个根本原因就是版本学理论建设长期受到学界的漠视。似乎版本之"术"只是雕虫小技，登不得大雅之堂，充其量只是图书鉴赏家和书贾的事情，而版本鉴定只能"观风望气"，可意会不可言传，由此产生种种曲解。20世纪初期虽然有了《书林清话》这样一部版本学专著，但它主要还是版本史料的罗列，缺乏理论色彩。相比之下，钱基博《版本通义·余记第四》，专记治版本之心得，已有版本学理论的萌芽。直至1979年，吴则虞在《四川图书馆》第1期发表《版本通论》，对"版本之名义及其研究对象""版本学之功用及与其他学术之关联""版本学研究之方法"进行了详细阐述，标志着中国古籍版本学基础理论研究的真正开始。此后有李致忠《论古书版本学》、郭松年《古籍版本与版本学》、卢中岳《版本学研究漫议》、邵胜定《版本学有广狭二义论：从版本学的对象说起》、严佐之《版本学没有广狭二义论》、刘尚恒《古籍版本学的功用》、郭松年《古籍版本学与其他相关学科的关系》、姚伯岳《"版本"考辨》等一批论文出现，对版本定义、版本学的功用、研究对象、研究内容、研究方法、与相关学科的关系等进行了研究。到后期，在此基础上又有一批版本学基础理论研究综述的文章出现，如王国强《关于中国古籍版本学基本理论研究现状述评》，周铁强《近年来古籍版本学理论研究述评》，石洪运《版本学基础理论研究述评》，曹之、司马朝军《二十世纪版本学研究综述》、李明杰《二十世纪中国古籍版本学史研究综述》等。20世纪中国古籍版本学基础理论研究主要围绕以下五方面展开。

1. "版本"的概念

"版本"概念的形成经历了一个历史的过程。最早"版"与"本"是各有其义的。"版"用作图书，最早指的是木牍。而"本"用作图书最早见于西汉刘向《别录》："一人读书，校其上下，得谬误，为校；一人持本，一人读书，若冤家相对。"① 对这个"本"字，后代学者最有争议。一是以叶德辉、张舜徽为代表，将此"本"理解为卷轴装的帛书。张舜徽的理由是：

> 许多卷轴积存在书架上，轴头都是露在外面的。这轴头，便是所谓"本"。《说文》："木下曰本"。"本"的原义和"根"相同。清末叶德辉《书林清话》卷一说："今人称书之下边曰书根，乃知本者因根而计数之词"，这话是对的。因根计数，起于卷轴。就卷子中的木轴而言，可以称根，也可称本。那末，"版"的名称原于简牍；"本"的名称原于缣帛是确无疑义的了。后世因合二者而连称"版本"，为时也已很早。自从有了雕版印刷术以后，人们习惯于用版本二字作为印本的代称。②

二是以余嘉锡为代表，将"本"理解为用作校勘的"底本"（简策书）。余嘉锡在《余嘉锡论学杂著·书册制度考》中这样解释：

> 寻《风俗通》之意，"一人持本"者，持竹简所书改易刊定之本；"一人读书"者，读传写上素之书也。以油素之书写自竹简，则竹简

---

① 应劭撰、王利器校注《风俗通义校注》，中华书局，1981，第495页。
② 张舜徽：《中国校雠学分论（上）——版本》，《华中师院学报》1979年第3期。

之书为原本，故呼曰"本"。其后简策之制度既废，写书者借人之书传录，则呼所借者为"本"。①

此二派之争，尚有余绪。这是在"版本"辞源理解上的分歧。如果按照张舜徽先生的理解，西汉刘向时尚没有出现底本的概念，"本"仅仅是代指帛书而已；而按照余嘉锡先生的解释，则西汉时已经有版本学意义上的底本观念了。关于这一问题，读者可参看《论善本观的形成》。

在对现代"版本"概念的理解上，学者们在表述上也有分歧。一种观点认为版本仅指刻本和写本，如施廷镛称："所谓版本，实写本与刻本的合称。"② 另一种观点将版本理解为图书各种实物形式的总称，如顾廷龙认为："版本的含义实为一种书的各种不同的本子。古今中外的图书，普遍存在这种现象，并不仅仅限于宋、元古籍。"③ 曹之认为："宋代所谓'版本'单指刻本，并不包括写本在内。元明以后，随着雕版印刷的发展和图书制作方式的复杂化，'版本'二字的含义逐渐扩大，成为一书各种本子的总称。也就是说，除了刻本之外，还包括写本、活字本、套印本、插图本、石印本，等等。"④ 姚伯岳也认为："版本就是一部图书的各种实物形态。"⑤ 此外还有一种折中的"广狭二义说"，如严佐之认为："古籍版本有广狭二义。狭义的古籍版本专指雕版印本，广义的古籍版本泛指包括写本、印本在内的，用各种方法制作而成的古代图书的各种本子。"⑥ 有学者认为，张舜徽在《中国校雠学分论（上）——版本》一文中把"版本"解释为"印本"，这显然是误解了张先生的意思，张的原意是说两宋时期的版本指的是印本，而并非张本人将版本理解为印本。

应该说，"刻本和写本说"抓住了版本的主流，但没有将活字本、拓本、套印本、插图本、石印本等包容进去，显然不妥。"广狭二义"说反映了版本概念演变的历史。"版本"一词虽最早见于宋代，但最初确实不是一书各种本子的总称，仅指刻本而言，不包括写本在内。有朱熹《谢上

---

① 余嘉锡：《余嘉锡论学杂著·书册制度考》，中华书局，1963，第542页。
② 施廷镛：《中国古籍版本概要》，天津古籍出版社，1987，第2页。
③ 顾廷龙：《版本学与图书馆》，《四川图书馆》1978年第11期。
④ 曹之：《中国古籍版本学》，武汉大学出版社，2007，第9页。
⑤ 姚伯岳：《版本学》，北京大学出版社，1993，第6页。
⑥ 严佐之：《古籍版本学概论》，华东师范大学出版社，1989，第1页。

蔡语录后序》为证:"熹初得友人括苍吴任写本一篇,后得吴中版本一篇。"① 但"广狭二义说"却未能反映版本概念的现实。由于刻本书的极盛,"版本"一词的频繁使用,它的外延渐而扩大,将写本、拓本、活字本等其他版本形式也囊括进去了,成了一书各种本子的总称。因此,将"版本"理解一书各种实物形式的总称,是最接近版本概念的本质的。

2. "版本学"的概念

对什么是版本学,历代版本学家可谓众说纷纭,莫衷一是。据不完全统计,关于版本学的定义多达数十种。较具代表性的有以下几种观点:

一是"旧刻旧钞说"。叶德辉认为:"私家之藏,自宋尤袤遂初堂、明毛晋汲古阁、及康雍乾嘉以来各藏书家,断断于宋元本旧钞,是为板本之学。"②

二是"版本鉴别说"。《辞海》认为:"研究版本的特征和差异,鉴别其真伪和优劣,是为版本学。"③

三是"源流说"。如谢国桢认为:"说明书籍刊刻和抄写流传下来的源流,叫做版本学。"④ 周连宽称:"研究各种版本的起源及其发展全过程,是谓之版本学。"⑤ 无独有偶,施廷镛也认为:"研究各种版本的起源及其发展全过程,是谓之版本学。"⑥

四是"文献价值说"。严佐之认为:"鉴定版本时代也好,考订版本源流也好,其最终目的还在于比较、确定版本内容的优劣,在于研究版本'在反映原书内容的特殊作用上'。从这一意义上讲,版本学乃是以研究版本文献价值为主的一门科学。"⑦

五是"图书揭示服务说"。李致忠认为:"中国古书版本学是以中国古代图书为对象,以版本鉴定为核心,以考订为主要方法,凭借多学科知识、借助校勘学、利用目录学完成全面揭示图书任务;并忠实地为中国古

---

① 朱熹:《晦庵集》卷七五,台湾商务印书馆影印清文渊阁《四库全书》本,1986。
② 叶德辉:《书林清话》卷一《板本之名称》,中华书局,1957,第26页。
③ 辞海编辑委员会:《辞海》,上海辞书出版社,1980,第1475页。
④ 谢国桢:《明清时代版本目录学概述》,《齐鲁学刊》1981年第3期。
⑤ 周连宽:《论古典目录学、校雠学、版本学三者的关系》,《广东图书馆学刊》1984年第4期。
⑥ 施廷镛:《中国古籍版本概要》,天津古籍出版社,1987,第10页。
⑦ 严佐之:《古籍版本学概论》,华东师范大学出版社,1989,第7页。

代社会各学科研究服务的辅助性科学。"①

六是"物质形态说"。程千帆认为："版本学所研究的内容无不与书的物质形态有关，因此可以概括地说，版本学是研究书的物质形态的科学，是校雠学的起点。"②

七是"规律说"。顾廷龙认为："依我看来，版本的含义实为一种书的各种不同的本子，古今中外的图书，普遍存在这种现象，并不仅仅限于宋、元古籍……有了许多不同的本子，就出现了文字、印刷、装帧等等方面的许多差异。研究这些差异并从错综复杂的现象中找出其规律，这就形成了版本之学。"③郭松年称："古籍版本学是从古籍的版本源流和相互关系中，研究古籍版本的异同优劣，鉴定古籍版本的真伪，评定古籍版本的功用价值，并从中总结工作的规律性和方法的一门科学。"④曹之认为："古籍版本学是研究古籍版本源流以及古籍版本鉴定规律的一门学科。"⑤

上述诸说，反映了历代学者对版本学本质认识的多元性，也可看出人们对版本学的认识经历了一个由浅入深、由表及里的过程。"旧刻旧钞说"是清代版本学家的观点，尚停留在文物鉴赏的层面，此"佞宋"风气之余绪；"版本鉴别说"仅局限于鉴定版本的具体方法，视野似过于狭隘，忽视了对版本源流关系的考察；"源流说"反映的只是版本学研究的部分内容，有以偏赅全之嫌；"文献价值说""图书揭示服务说"谈的是版本学的功用，而非版本学的定义；"物质形态说"揭示的是版本学的研究对象，没有深入版本学的内在本质。科学研究的任务在于揭示特定事物内部矛盾运动的规律，版本学亦当如此。版本学区别于其他学科的内在矛盾，是人们利用版本与版本在流传过程中形成的错综复杂的源流关系及版本差异之间的矛盾。因而笔者以为，曹之先生提出的"版本源流及版本鉴定规律说"比较可取。版本源流又有广狭二义之分，广义的版本源流是指图书制作方式的演变源流，如写本源流、刻本源流等；狭义的版本源流是指单种图书版本的演变源流，即同书异本的版本系统。版本鉴定不仅包括对出版年、出版地、出版者等版本事项的判断，还应包括对版本优劣的比较、真

---

① 李致忠：《古书版本学概论》，北京图书馆出版社，1990，第8页。
② 程千帆、徐有富：《校雠广义·版本编》，齐鲁书社，1991，第9页。
③ 顾廷龙：《版本学与图书馆》，《四川图书馆》1978年第11期。
④ 郭松年：《古籍版本与版本学》，《吉林省图书馆学会刊》1980年第4期。
⑤ 曹之：《中国古籍版本学》，武汉大学出版社，2007，第9页。

伪的辨别等。

3. 版本学的研究对象

研究对象是版本学的基本理论问题之一，对于它的认识，人们也存在不同的看法。举其要者，主要有以下三种观点。

一是"图书说"。如李致忠认为："中国古书版本学的研究对象是中国古代图书。"[1] 戴南海亦认为："版本学的研究对象是包括一切形式在内的各种古籍图书。"[2]

二是"文献说"。如邵胜定认为："版本学和它的兄弟学科一样，研究对象是一切需要整理和利用的文献资料。盖其学虽名版本，但它的对象应包括一切历史文献资料。"[3]

三是"版本说"。姚伯岳持相同看法："版本学的研究对象是版本，这本应当是毫无疑义的。"[4] 曹之、司马朝军亦认为："古籍版本学的研究对象是写本、刻本、拓本、活字本、套印本、插图本等一切形式的图书版本。其中，写本和刻本是其重点研究对象。"[5]

很显然，"图书说"混淆了图书与版本这两个不同的概念。实际上，图书的外延要比版本宽泛得多，有许多内容并不属于版本学的研究范畴，版本只是图书诸多外延的一个方面。"文献说"更是将版本的范围扩大到一切文献，而文献的外延比图书还要大，更不能把二者混为一谈，否则将混淆版本学与文献学其他分支学科的关系。"版本说"以具体形式的图书版本为研究对象，亦有待完善之处。这是因为，图书的版本形式总是在发展变化中，它在不同的历史时期有不同的表现形态，而未来的图书版本形式对于我们来说还是未知的。以不确定的图书版本形式作为学科的研究对象，亦有不妥。研究对象应属于对一门学科进行界定的基本理论范畴，包含了该学科可能发生的一切矛盾因素，因而应该是具体的抽象物。故笔者认为，版本学的研究对象是同书异本之间可能存在的一切形式差异及文本内容关系的总和。它具体表现为一定的版本形式差异，但其实质是同种图书不同版本的文本内容之间的关系。这样来规范研究对象，既避免了片面

---

[1] 李致忠：《论古书版本学》，《吉林省图书馆学会会刊》1979年第1期。
[2] 戴南海：《版本学概论》，巴蜀书社，1989，第8页。
[3] 邵胜定：《版本学有广狭二义论》，《图书馆杂志》1985年第4期。
[4] 姚伯岳：《版本学》，北京大学出版社，1993，第6页。
[5] 曹之、司马朝军：《二十世纪版本学研究综述》，《图书与情报》1999年第3期。

地将版本学研究定位在只注重版本形式的"观风望气"的层面，又给未来可能出现的图书版本形式预留了发展空间，保持了学科发展的稳定性和连续性。

4. 版本学的研究内容

传统中国古籍版本学是以研究版本鉴定规律和考订版本源流为核心内容的，因此有学者对版本学研究内容的认识也局限于此，如《辞海》修订本认为，版本学的研究内容是"研究版本的特征和差异，鉴别其真伪和优劣。"[1] 谢国桢认为版本学应"说明书籍刊刻和抄写流传下来的源流。"[2] 此处所说的源流，指的是古籍制作方式的演变源流，仅指广义的版本源流，显然忽视了对单书版本源流的研究。以上结合起来实际上是对传统古籍版本学研究内容的归纳。随着学科的发展，人们对版本学研究内容的认识也在进一步深化，逐渐突破了传统的两大核心领域。如郭松年认为，版本学的研究内容"一是继承总结发展古籍版本学的基本理论，二是研究古籍版本发展变化的源流，三是研究不同刻本、校勘本内容的异同优劣，四是审定鉴别旧刻、旧抄古籍的版本和总结提高鉴定古籍版本的科学方法，五是研究古籍版本学的发展历史。"[3] 卢中岳在《版本学研究漫议》一文中也提出，版本学研究的内容大致包括版本学的一般理论、图书版本的内容与形式的研究、图书版本发展过程的研究、版本学史四个大的方面。[4]

曹之《中国古籍版本学》将古籍版本学的研究内容归纳为五个方面：第一，古籍版本学基础理论，其中包括古籍版本学的研究对象及其研究内容，古籍版本学与相关学科的关系，研究古籍版本学的意义和方法等。第二，古籍版本学的发展历史，其中包括古籍版本学的发展阶段、各阶段的理论和实践、代表人物等；古籍制作方式的演变源流，其中包括写本源流、刻本源流、雕版印刷术的起源等。第三，单种（含丛书）图书版本的演变源流，其中包括版本数量、版本系统、版本优劣等。第四，古籍版本鉴定的规律，其中包括内容和形式两个方面。[5] 此种归纳比较全面、系统、

---

[1] 辞海编辑委员会：《辞海》，上海辞书出版社，1980，第1475页。
[2] 谢国桢：《明清时代版本目录学概述》，《齐鲁学刊》1981年第3期。
[3] 郭松年：《古籍版本与版本学》，《吉林省图书馆学会会刊》1980年第4期。
[4] 卢中岳：《版本学研究漫议》，《贵图学刊》1982年第2期。
[5] 曹之：《中国古籍版本学》，武汉大学出版社，2007，第9–10页。

科学地构建了中国古籍版本学体系，已为学界广泛接受。

这里需要说明的是，有人将古籍制作方式的演变源流与图书版本的演变源流混为一谈，认为研究图书版本的演变源流其实就包括了对古籍制作方式演变源流的研究，这显然是混淆了广义版本源流和狭义版本源流的区分。古籍制作方式的演变源流属广义版本源流，指的是写本源流、雕版印刷的起源、刻本源流、活字本源流、拓印本源流、插图本源流、石印本源流等；而单书版本源流属狭义的版本源流，指的是一本书在历史流传过程中所形成的错综复杂的版本系统。搞古籍版本鉴定必须研究古籍制作方式演变源流，不了解古籍制作方式演变源流，就不能搞好古籍版本鉴定。这就好比鉴定一件产品，如果不了解产品制作的工艺流程，就无法鉴定产品。

5. 版本学的研究方法

20世纪版本学研究方法也经历了一个由经验主义向理性主义的发展过程。

版本学研究历来具有很强的形式主义倾向。钱基博《版本通义》一书结尾处说："於戏！版本之学，其始以精校雠，其蔽流为古董。"[①] 这是对版本学历史的概括，一针见血。版本学研究的形式主义倾向表现在古书版本鉴定上，过于强调版本的形式特征，如行款、字体、印章、牌记、避讳、刻工、纸墨、装订等，由此片面强调经验的作用，讲究师徒私授，主张"观风望气""鼻嗅手摸"，以至于把版本研究引上了一条玄而莫测的道路。这种经验主义的研究方法，也是版本学长期作茧自缚、不能自立于学术之林的一个原因。对此，很多有识之士认识到了问题的严重性，开始有意识地构建版本学研究方法体系，如吴则虞在《版本通论》[②]中最早提出，版本学研究方法有二：一是历史之研究，主张从版本源流和学术发展历史的角度来鉴定版本；二是实物之研究，也即版本形式的研究。这实际上是从内容和形式两方面对版本鉴定方法作了总结。卢中岳在《版本学研究漫议》一文中，根据所研究问题的内容、性质以及研究所担负的具体任务，率先提出了历史研究法、比较研究法和实验研究法；曹之在《中国古籍版本学》一书中也提出了文献考证法、比较

---

① 钱基博：《版本通义》，古籍出版社，1957，第103页。
② 吴则虞：《版本通论》，《四川图书馆》1979年第1期。

研究法、实验研究法、计量研究法。这说明当代版本学家已经开始着手构建自己的方法论体系了。

笔者以为,在版本鉴定和版本源流的研究上,对传统的依靠版本外在形式的方法不能一概斥之为"玄乎其玄",因为这些确系前人多年积累的行之有效的实践经验,我们应尽可能地继承它,在应用中加以验证并使之不断完善;另一方面,对于后学者而言,更应该从学术发展的源流,充分发挥文字校勘以及史料考证成果的作用,参之以历代书目,从古籍制作方式的发展源流进行考证,然后再参考刻版风格、印刷方法等外在形式反映出来的一般规律,进行综合的分析研究,这才是版本研究的正途。

以上是就版本鉴别和版本源流的研究而言。实际上,在古籍版本学基础理论和版本学史的研究上,同样应有科学的方法,而这方面往往为一般学者所忽视。比如在版本学基础理论建设方面,应更多地吸取其他学科的理论营养,借鉴其他学科的方法,在理论构建的层次性、系统性、科学性方面还应加强;在版本学史的研究中,应该遵循学科发展变化的一般规律,不应从故纸堆的只字片语中就匆忙得出结论,而应该运用历史唯物主义的方法,将版本学放到整个社会学术环境下进行综合考察。

6. 版本学与其他学科的关系

由于历史的原因,人们在此问题上的认识也颇多歧义。其实,在最初的文献整理工作中,版本与校勘、目录诸学分界并不明显,而是合而为一的。中国古籍版本学与校勘、目录、辨伪、辑佚诸学一起,都是从文献整理工作中发展起来的,同属于古典文献学的范畴,彼此之间结成了亲密的关系。在文献整理工作中,历代学者由于在不同时期的侧重点各有不同,往往以偏赅全,以其各自的工作重心来命名整个文献整理工作,造成了古典文献学长期以来有实无名的状况,也给界定上述诸学科的关系带来了混乱。据刘向《别录》所载,"雠校,一人读书,校其上下,得谬误,为校。一人持本,一人读书,若怨家相对,故曰雠也。"[①] 很显然,这里"雠校"的本义其实就是我们今天所称的校勘。而事实上,刘向等人的整理典籍工作还包括版本的选择、文献的分类、叙录的撰写等,只是因校勘在其工作

---

① 应劭撰、王利器校注《风俗通义校注》,中华书局,1981,第495页。

中占据了较大的比重,后人为了称呼上的方便,便以校雠学来命名整个文献学的研究内容了。这其实是个历史的误会,但既已约定俗成,也就一直沿用至今。如程千帆、徐有富所著《校雠广义》分版本篇、校勘篇、目录篇、典藏篇,以"校雠广义"之名取"古典文献学"之实,其实也是为了尊重历史起见。但如果今天仍有人主张以校勘学来包举版本学,则真是对版本学的历史和现状均视而不见了。

在近代,版本学还曾被视为目录学的一个分支,有"版本目录学"之称谓,崔建英说:"版本学和目录学是同源而同时诞生的,后世曾版本学、目录学分称,不过是有所侧重,如史志目录,过去只标目,不问何本;研究版本的,往往着重对一部书版本的考证、分析。但自《遂初堂书目》而后,凡反映具体收藏的目录,很少有避开版本的……因此版本学与目录学就又合流,汇为版本目录学。正式这样叫起来,好像始于近代。"①

对于版本学与校勘、目录学的关系,张舜徽有很清晰的划分,他在《广校雠略》中说:

> 近世学者于审定书籍,约分三途:奉正史艺文、经籍志及私家簿录数部,号为目录之学;强记宋、元行格,斷斷于刻印早晚,号为版本之学;罗致副本,汲汲于考订文字异同,号为校勘之学。然揆之古初,实不然也。盖三者俱校雠之事,必相辅为用,其效始著。否则析之愈精,逃之愈巧,亦无贵乎斯役矣。②

笔者以为,上述认识反映了版本学与其相关学科关系的复杂性。它们本是同根同源,在最初的文献整理工作中,彼此之间的分化和独立并不明显,往往是你中有我,我中有你。中国古籍版本学区别于其他学科的特质,是对版本源流的考订和对版本鉴定规律的研究。这是其他任何学科都不可能替代的。校勘学重在校正古书在抄写、翻刻等流传过程中产生的字句、篇章的错误,力求存真复原,为阅读和研究提供接近原稿的本子。故校勘一书,必广罗异本,从中择一善本作为底本。然何书为善?需对各本进行鉴定,对其版本源流进行一番梳理,才好择善而从,

---

① 崔建英:《对版本目录学的探讨和展望》,《津图学刊》1984年第4期。
② 张舜徽:《广校雠略》,华中师范大学出版社,2004,第7页。

这就需要用到版本学的知识。反之，通过内容的校勘，也可为版本鉴定提供一种有效途径。目录学重在部次群籍，揭示文献信息。版本项是目录著录的一项重要内容，目录不涉及版本则难以反映图书的全面情况。目录学要完成指示读书门径的任务，更离不开版本项的揭示。同样，版本学在考证版本源流和鉴定版本时，各种古籍书目是必不可少的工具，版本学成果的揭示离不开目录这个载体，否则无所依附。古籍作伪包括作伪书和作伪本，版本学与辨伪学因古籍版本作伪而产生关联。古籍版本作伪多因书贾射利，在版本上做手脚，或以新充旧、或以俗充雅、或以残充全、或以劣充善，不一而足。所谓版本辨伪就是运用文献考证等辨伪方法，通过考察书名、著者、卷数、序跋、牌记、避讳、纸张、藏印及古籍内容等，来辨别版本的真伪，是版本学和辨伪学的重要交叉内容。辨伪学为版本学提供了独特的考证方法，版本学则为辨伪学提供了丰富的研究素材。辑佚学是研究辑佚活动基本规律，总结辑佚整体活动过程、原则、方法及相关问题的一门学科。[①] 它与版本学的关系是，辑佚作为一项古籍文献的研究整理活动，往往是各种文献学知识的综合运用过程，其中就涉及了版本的鉴定和善本的选择问题。版本学与文字、音韵、目录、辨伪、考据诸学一起，成为辑佚者必不可少的知识基础。反之，辑佚成果则为版本学提供了"辑佚本"这种新的版本类型，丰富了版本学的研究内容。中国古籍版本学与校勘学、目录学、辨伪学、辑佚学等相关学科同为古典文献学的一分支，它们之间是相互渗透、互为利用、各自独立、共同发展的关系，主张以其中任何一门学科包举其他学科的做法都是不符合历史事实的。

(二) 中国古籍版本学史研究进展

鉴于中国古代学术活动多从文献整理这一基本过程出发的事实，可以说，中国古籍版本学实已融入中国传统学术之中，在中国学术史上理应有一席之地。早在20世纪30年代，同为古典文献学一支的校勘学和目录学，已有了自己的学术史专著。时至今日，古籍版本学史研究却仍处于拓荒阶段。这固然与古籍版本学实践性极强的学科特点大有关系，但研究者主观的漠视、理论意识的匮乏与此也不无关联。正如阳海清先

---

① 曹书杰：《中国古籍辑佚学论稿》，东北师范大学出版社，1998，第20页。

生所言："中国之版本学既源远流长，但关于版本学史的研究似尚处于拓荒阶段，有待深入耕耘和开发。以唯物辩证法和历史唯物主义的观点，对浩如烟海的版本学资料去进行挖掘和整理，编写出一部观点鲜明、脉络清晰、史料翔实的中国版本学史，是摆在版本学界的严峻课题。"① 20世纪中国古籍版本学史的研究是开拓性的，它主要在以下四个方面展开。

1. 关于中国古籍版本学形成时期的争论

对中国古籍版本学形成时期的判断是中国古籍版本学史理应首先解决的问题，否则后面的研究工作便成了无本之木、无源之水，很难深入。但偏偏在对这一关键问题的认识上，历代版本学家的分歧最大、争论最多。远者认为先秦就有了版本学，近者认为版本学才刚刚着手建立，之间又有"西汉说""宋代说""清代说"等。在已有的为数不多的研究成果中，或语焉不详，或论据不足，颇有缺憾。对版本学形成时期的判断已成了制约中国古籍版本学史研究的一个"瓶颈"。兹择其要，举历代学者观点如下。

一是先秦说，如曹之认为："早在先秦随着同书异本的大量出现就产生了版本学。汉代刘德、刘向等人的版本学是在先秦版本学研究的基础上发展起来的。"②

二是西汉说，如钱基博说："版本之学，所从来旧矣！盖远起自西汉，大用在雠校。"③ 顾廷龙说："版本之学，始于何时？观于商周彝器，秦诏莽量，往往有同文异范的，如《虢叔钟》、《史颂敦》之类，此可谓版本的权舆。直至西汉扬雄、刘向用不同本子的书笺，大事校雠……刘向为校雠学之创始者，实亦为版本学之创始者。"④ 卢中岳说："我国的版本学是随着古书版本问题而产生发展起来的一门学问。一般认为，其发端于西汉刘向刘歆父子校书时。"⑤ 魏隐儒、王金雨说："版本学的历史，已有近两千年了……开始时，版本学是作为目录学的一个组成部分，并和目录学同时产生的……是在西汉成帝刘骜河平三年（公元前26年）刘向受诏校典

---

① 阳海清：《版本学研究论文选集·前言》，书目文献出版社，1994。
② 曹之：《版本学探源》，《晋图学刊》1989年第3期。
③ 钱基博：《版本通义·叙目》，古典出版社，1957。
④ 顾廷龙：《版本学与图书馆》，《四川图书馆》1978年第11期。
⑤ 卢中岳：《版本学研究漫议》，《贵图学刊》1982年第2期。

中秘群书开始的。"① 郭松年说："从版本学发展的历史来看，在西汉刘向、刘歆父子总校群书时，已经是广搜异本，雠正一书，讲求版本之学了……所以说汉刘向不仅是校雠学的创始人，实际也是版本学的创始人。"② 来新夏说："从刘向大规模校书，开创目录学的时候，就把广搜异本作为一道重要的程序，也可以说，版本学和目录学是同源而同时诞生的。"③

三是宋代说，如叶德辉说："古人私家藏书，必自撰目录。今世所传，宋晁公武《郡斋读书志》、陈振孙《直斋书录解题》是也……诸家所藏，多者三万卷，少者一二万卷，无所谓异本重本也。自镂板兴，于是兼言板本。其例创于宋尤袤《遂初堂书目》。目中所录，一书多至数本。有成都石经本、秘阁本、旧监本……同时岳珂刻九经三传，其沿革例所称，有监本、唐石刻本、晋天福铜版本、京师大字本……合二十三本。知辨别板本，宋末士大夫已开其风。"④ 他认为版本学是在宋代目录学中产生的。张舜徽称："像这一类的直称印本为版本，在两宋时已盛行了。他们所称版本，乃对写本而言，是专指雕版印成的书。和'版本'的原意虽不相符，但是约定俗成，也就相沿不改。并且由原来单纯的书本名称，一变而为学术界的专用名词了。于是出现了'版本学'的专门研究，成为校雠学的内容之一。"⑤ 李致忠认为："自宋代尤袤编制《遂初堂书目》起，始在一书之下著录多种不同的版本……版本学就这样慢慢地形成了。"但同时又说，"早在雕板印书大兴之前，人们就是非常讲求传本的。其意义与后来的讲求版本没有什么本质上的区别，亦不过是区分优劣，校订异同。不过那时的书籍还是靠手写传抄而流布，尚不是靠雕板印刷来流传，所以不好直接称为版本学。但就实际意义而言，和后世确切概念的版本学，在内容上并没有实质的不同。因此，确切含义的版本学固然是起自大量的雕板印书之后，但就其内在的真义讲，则是早自西汉就已经起源了。"⑥ 刘国珺认为，宋代"可称为古籍版本学的确立期"，"（宋代）版本

---

① 魏隐儒、王金雨：《古籍版本鉴定丛谈》，印刷工业出版社，1984，第2页。
② 郭松年：《古籍版本与版本学》，《吉林省图书馆学会会刊》1980年第4期。
③ 来新夏：《古典目录学浅说》，中华书局，2003，第201页。
④ 叶德辉：《书林清话》卷一《古今藏书家纪板本》，中华书局，1957，第4-5页。
⑤ 张舜徽：《中国校雠学分论——版本》，《华中师院学报》1979年第3期。
⑥ 李致忠：《古书版本学概论》，北京图书馆出版社，1990，第1-3页。

目录使版本学由原来寄身于目录学的地位，逐渐取得与之互相利用而表现自身的资格。"①

四是清代说，如汪辟疆认为，宋代尤袤《遂初堂书目》因"一书兼载版本，则又开后世版本学之先河。"但同时又认为，清乾、嘉时期的黄丕烈"是版本学的真实建立者"②。胡道静认为："乾隆修《四库全书》时，版本学还是在形成的端倪时期……何义门（焯）利用善本进行校勘的工作与钱遵王（曾）鉴定一些名贵的版本，就是这个端倪时期的代表。"又称，"也许可以说，黄荛圃是版本学的真实的建立者，因为他是 O 型的功能者，能够掌握全能版本价值的开创人……他对版本学全面研究所倾注的努力，开拓了版本学综合细致工作的途径，使得这门学问兴旺发达起来。"③ 吴枫认为："'书目'（《天禄琳琅书目》）以版本时代分类，将宋版、元版、明版、影宋版、抄本，各从其类，分别叙列并对刊刻时代、地点、收藏家姓名和印章题记，详加考证。从此，各藏书家关于宋元旧刊和名人手抄，展开了广泛的研究讨论，逐渐形成古籍版本学。"④ 戴南海认为："考订版本源流，是版本趋于成熟的一个标志。从此（黄丕烈）以后，版本研究有了丰富而充实的内容，开始独立成为一门专门之学。"⑤ 周铁强认为："《读书敏求记》、《天禄琳琅书目》的出现及黄丕烈对古籍版本的考订，标志着古籍版本学的初步形成。"可见，"清代说"也并非完全一致，分别有起自黄丕烈、《读书敏求记》、《天禄琳琅书目》三说。

五是当代说，如严佐之认为："在我国，版本研究虽然有着悠久的历史（有说'版本研究应以刘向父子对这些简策图书的搜集整理时为始'），但其独立成为一门专学的时间却不久（有说'版本学在清代确已自成为清代学术领域中与目录、校勘等等并存的一门专学了'），而作为以辩证唯物主义、历史唯物主义为指导的科学版本学才刚刚着手建立。"⑥

综观上述版本学起源诸说，之所以存在如此大的分歧，关键在于没有

---

① 刘国珺：《关于我国古籍版本学史阶段划分的思考》，《古籍整理研究学刊》1991年增刊。
② 曹之、司马朝军：《二十世纪版本学研究综述》，《图书与情报》1999年第3期。
③ 胡道静：《从黄荛翁到张菊老——150年来版本学的纵深进程》，《古籍整理研究学刊》1987年第4期。
④ 吴枫：《中国古典文献学》，齐鲁书社，1982，第181页。
⑤ 戴南海：《版本学概论》，巴蜀书社，1989，第10页。
⑥ 严佐之：《古籍版本学概论》，华东师范大学出版社，1989，第5页。

提出一个大家一致接受和认可的理论标准。研究者局限于自身的视野，选取的切入点迥然各异。笔者以为，"先秦说"从历史过程出发，穷本溯源，从先秦的同书异本现象出发来探讨版本学的起源，符合事物发生发展的一般规律。但版本学的起源和版本学的形成是不是同一概念，是否有了同书异本现象就有了版本学，这两个问题实有值得商榷之处。"西汉说"以刘氏父子校理图书为滥觞，只是验证了版本学萌芽于校雠学的事实。"宋代说"以尤袤《遂初堂书目》的出现作为版本学形成的标志，只是从版本学的表述形式出发，而忽视了版本学研究的本质内容（鉴定版本和考订版本源流），其立论依据尚不足以令人信服。"清代说"则从研究内容出发，以版本研究的细化及版本源流的考订标榜版本学，叠映出清代版本学达到的高度，其讨论的版本学实已进入繁荣期，而非形成期。"当代说"指的是"以辩证唯物主义、历史唯物主义为指导的科学"，过于突出意识形态，而忽视了版本学本身的历史。关于这一问题，可参看《中国古籍版本学形成时期再辨》。

2. 关于中国古籍版本学历史分期的讨论

历史分期是学术史研究的一个重要课题，钱基博、叶德辉、顾廷龙等版本学家多持三段论观点，把版本学史大致分为萌芽期（西汉）、初步兴盛期（由宋至明）、鼎盛时期（清代）三个阶段；曹之《中国古籍版本学》专辟一章，将版本学史分为产生期（先秦两汉）、发展期（魏晋至宋金元）、兴盛期（明清）、当代版本学。姚伯岳则把版本学史分为萌芽期（先秦至五代）、初步兴盛期（宋至明）、繁荣期（清）、现代版本学的独立与发展期，此二者可谓四段论的代表；刘国珺则主张将版本学史分为孕育阶段（周秦）、萌芽阶段（西汉至唐宋五代）、确立阶段（宋、金、元）、兴盛阶段（明清）、总结研究阶段（民国初至当代），此又可谓五段论的滥觞。历代学者对版本学史分期的不同，反映了他们对版本学发展的过程持有不同的看法，但对西汉、宋代、清代等几个关键时期的认识则保持了难得的一致。

3. 关于某一阶段中国古籍版本学的研究

断代的版本学史研究主要集中在宋、明、清及近现代，如曹之《宋代版本学述略》[①]叙述了宋代版本学家在治学、藏书、刻书过程中取得的版

---

① 曹之：《宋代版本学述略》，《青海图书馆》1990年第4期。

本学成就，并对宋代版本学发展内因进行了探讨。王皓《宋代版本学成就管窥》①从版本研究范围的扩展、鉴定方法的初创、研究专著的发端以及版本研究对相关学科发展的促进等方面对宋代版本学的成就进行了总结。李明杰《宋代版本学研究》（齐鲁书社2006年版）从同书异本现象的产生、版本观念的形成、"广勘异本，择善而从"的学术传统等三方面，历史地考察了古籍版本学的萌芽和发展过程，结合版本学形成的社会基础、版本学研究对象及核心研究内容的确立、善本观及版本研究方法、版本学研究成果的具体形式等四个学科形成的标准，提出了版本学确立于宋代的观点。刘国珺《明代版本学的主导思想及其影响》②认为，主导思想是研究明代版本学的关键，明人对宋元版的高度崇尚并由此而引起的大力研究，是统领明代版本学的主导思想。谢国桢《明清时代版本目录学概述》③则对明清版刻的种类和源流进行了梳析，并从史料的收集出发，从书目、类书、丛书、方志、野史笔记等的使用上对明清版本目录学方法作了较为详细的论述。刘国珺《清乾、嘉、道间版本学的突出成就》④将清乾、嘉、道间版本学的成就归结为版本目录学思想的确立及其体制的完善、版本鉴定理论的初步建立与版本鉴定方法的日臻完善、对历代版本的求实评论及对各类版本价值的深入论述三个方面。胡道静《从黄荛翁到张菊老——150年来版本学的纵深进程》⑤从继承和发展的高度，详述了从黄丕烈到张元济这150年来版本学的纵深发展，并着重介绍了张元济的版本学成就。

此外，朱太岩的《建国四十年来版本学成果述要》⑥，石洪运等的《建国以来古籍版本学研究综述》⑦及《版本学基础理论研究述评》⑧，王国强的《关于中国古籍版本学基本理论研究现状述评》⑨，周铁强的《近年来古

---

① 阳海清：《版本学研究论文选集》，书目文献出版社，1994，第364页。
② 刘国珺：《明代版本学的主导思想及其影响》，《古籍整理研究学刊》1990年增刊。
③ 谢国桢：《明清时代版本目录学概述》，《齐鲁学刊》1981年第3期。
④ 刘国珺：《清乾、嘉、道间版本学的突出成就》，《南开学报（哲社版）》1993年第2期。
⑤ 胡道静：《从黄荛翁到张菊老——150年来版本学的纵深进程》，《古籍整理研究学刊》1987年第4期。
⑥ 朱太岩：《建国四十年来版本学成果述要》，《古籍整理研究学刊》1989年第5期。
⑦ 阳海清：《版本学研究论文选集》，书目文献出版社，1994，第389页。
⑧ 石洪运：《版本学基础理论研究述评》，《黑龙江图书馆》1991年第3期。
⑨ 王国强：《关于中国古籍版本学基本理论研究现状述评》，《河南图书馆学刊》1993年第1期。

籍版本学理论研究述评》①，曹之、司马朝军的《二十世纪版本学研究综述》②，李明杰《二十世纪中国古籍版本学史研究综述》③等，开始对近现代版本学进行全方位的总结。

4. 关于版本学家及其流派

对版本学家的研究主要集中在入清以后的黄丕烈、叶德辉等知名版本学家身上，对其他版本学家的研究则很少。洪亮吉在《北江诗话》中将黄丕烈列入赏鉴家之列（有贬低之意），被后人（包括张舜徽、王大隆、余嘉锡等名家）广泛沿用，对正确评价黄丕烈在版本学史上的地位造成了不良影响。为此，王绍曾发表了《如何正确评价黄丕烈在版本学上的贡献》④，通过史料的发掘，发现黄氏最大的贡献在于把目录、版本、校勘紧密结合在一起，特别是把版本与校勘紧密地结合起来，充分发挥版本在校勘中的作用。据此，他认为黄丕烈不仅是一位校勘学家，更是清代版本学的奠基人。严佐之《黄丕烈版本学思想辨析》⑤把其版本学思想归结为"佞宋""读未见书"和"书籍贵有源流"三方面，并对历史上对黄氏"佞宋"思想的误解进行了澄清。王晖《黄丕烈鉴定版本方法刍议》⑥对黄氏《士礼居藏书题跋记》中鉴定版本的方法进行了总结，指出其鉴定方法并不是孤立、简单地使用，而是将诸种方法融会贯通，从各个角度对版本进行综合、全面的考察。刘国珺《谈叶德辉的版本学》⑦则对著名版本学家叶德辉的版本学成就作了总结。其他比较有特色的论文还有曹之的《鲁迅与古籍版本学》⑧、杨殿珣的《略论王重民同志对于版本学的研究》⑨等。对于版本学的流派，顾廷龙《版本学与图书馆》⑩认为，版本学发展到宋代才逐步形成了流派：岳珂校刊《九经三传沿革例》（按：《九经三传沿革例》实为元人岳浚校刊，此误。）是"校雠家之言版本的"；尤袤编《遂初堂书目》是"藏书家之言版本的"；入清以后，"卢文弨、钱大昕、

---

① 周铁强：《近年来古籍版本学理论研究述评》，《上海高校图书情报学刊》1995年第1期。
② 曹之、司马朝军：《二十世纪版本学研究综述》，《图书与情报》1999年第3期。
③ 李明杰：《二十世纪中国古籍版本学史研究综述》，《古籍整理研究学刊》2003年第2期。
④ 王绍曾：《目录版本校勘学论集》，上海古籍出版社，2005，第584-607页。
⑤ 严佐之：《黄丕烈版本学思想辨析》，《图书馆杂志》1985年第1-2期。
⑥ 王晖：《黄丕烈鉴定版本方法刍议》，《古籍整理研究学刊》1990年增刊。
⑦ 刘国珺：《谈叶德辉的版本学》，《津图学刊》1984年第2期。
⑧ 曹之：《鲁迅与古籍版本学》，《中国图书学报》1995年第1期。
⑨ 杨殿珣：《略论王重民同志对于版本学的研究》，《图书馆学通讯》1982年第3期。
⑩ 顾廷龙：《版本学与图书馆》，《四川图书馆》1978年第11期。

段玉裁、阮元、顾千里等是为校雠而研究版本的"，是为一派。"鲍廷博、吴骞、陈鳣、黄丕烈等是为搜集版本而从事校勘的"，是为一派；邵懿辰、莫友芝等从事知见传本之研究，一目之下，详列众本，这是又一派。李致忠《古书版本学的起源与演变》[①] 从版本学脱胎于校勘学，并借目录学表现出来的史实出发，认为版本学最早是和目录学融合在一起的，即版本目录学派，它发端于刘向父子的《别录》和《七略》，而定型于宋代晁公武的《郡斋读书志》。明清以后，版本学的核心，即古书版本的鉴定"开始从目录学家那里向藏书家和书贾方向游离"。卢中岳《版本学研究漫议》[②] 则认为，现今版本学有两个流派，是在近代发展起来的。一派侧重于从图书内容的角度来研究版本，重在考证版本源流，研究一书或群书的版本异同，为文史学界的版本学；一派侧重于从图书形式上来研究版本，重在鉴别什么时代的版本，为图书馆学界的版本学。可见，在版本学流派的认识上，先贤们的认识尚存在较大分歧。

综上所述，20世纪中国古籍版本学史研究虽取得了一定的成绩，但也存在明显的不足。如版本之学由来已久，然源自何时，成于何期，迄今尚无定论；对版本学的历史分期，学者们也是各执一词；写本时期的版本学史研究几乎还是空白；对历代版本学家善本观的认识、对版本鉴定的经验和方法的总结还不够全面；版本学家选取面比较窄，对其版本学思想的挖掘急需加强；忽视了从学术史发展的大环境来考察版本学的发展；至于对版本学在与其他学科共同发展过程中的相互关系，以及版本学在整个中国古代学术中的历史地位的探讨等，仍显薄弱；版本学史料的发现和整理还远远不够。这些都需要在今后的研究工作中大力加强。

四　中国古籍版本学研究展望

中国古籍版本学是一门古老而又年轻的学科。说它古老，自先秦就有了萌芽；说它年轻，到当代才基本建立了自己完整的学科体系。但可以预见的是，未来古籍版本学的发展必将与时俱进，焕发出新的活力。笔者以

[①] 阳海清：《版本学研究论文选集》，书目文献出版社，1994，第139页。
[②] 卢中岳：《版本学研究漫议》，《贵图学刊》1982年第2期。

为，未来古籍版本学的发展仍将在版本学基础理论研究、古籍版本学史、版本源流的考订（含广狭二义）和版本鉴定四大领域内展开。

在基础理论研究方面，版本学将进一步厘清版本、版本学概念的实质，并赋予它新的时代内涵，使之能适应新出现的版本形式；随着时代的变迁，未来善本观也将不断得到充实，并被赋予新的内容；随着版本学的独立发展，版本学的学科地位将得到进一步提升；在学科体系建设方面，版本学研究将进一步融入中国出版文化的大范畴中去。从古籍版本文化的角度来研究版本学，将成为一个崭新的视角。

在古籍版本学史方面，近期已出现一个小的研究高潮。相信未来随着更多研究者的加入、研究力量的增强，在版本学的起源及形成时期问题上学界将达成共识，从而为版本学的深入研究打下坚实的基础；对写本时期的版本学史研究、对历代版本学家善本观的研究、对版本学流派的研究也将进一步引起人们的关注；未来版本学史的研究，将更多地从学术史发展的大环境来考察版本学与中国传统学术的关系、版本学在中国整个学术史中的地位，这将成为版本学史研究的下一个亮点。

在考订版本源流方面，对于古籍制作方式的演变源流，已有的研究者大多将目光聚焦在刻本源流上，而对历史上曾经在很长一段时期内占主导地位的写本源流的研究还存在很多空白点；在活字本、插图本、套印本、拓本、石印本源流研究方面亦需加强；在雕版印刷起源问题上，前人虽然做了很好的研究工作，但与国际上对此专题研究的热度相比仍显薄弱，与我国作为印刷术的发源地的地位还很不相称，应力求在研究方法上有新的突破；在历代刻书源流方面，已有的成果通代的研究居多，而断代的少，全国性的多，地方性的少；在单书版本源流的考订方面，版本研究的范围将进一步扩大，不仅明、清版本，民国及新中国成立初期的版本也将是未来研究的重要对象，这也是版本学史与时俱进的体现。

在版本鉴定方法上，将进一步向以内容鉴定法为主的方向发展。因为对于大多数研究者而言，并不是人人都有机会大量接触宋元旧本，"观风望气"式的版本鉴定经验便无法形成和积累。因此，未来版本的鉴定，将更多地从古籍制作方式的发展变化源流，从学术发展的源流来进行考证，并参之以历代书目、校勘及史料考证的成果来鉴定版本。

另外，信息技术的发展也将为古籍版本学的发展提供一个新的契机。出于保护古籍、普及版本知识和弘扬我国出版文化的目的，中国古籍版本数据库的建设应提上议事日程。运用计算机多媒体技术，将中国古籍中的善本实现数字化，不仅可以大容量地永久保存古籍版本资源，还可以提供快速的图文检索，让读者在网上就可以很方便地欣赏到宋元旧本的书影，还能实现文献内容的全文检索和知识发现。这将不仅为研究者在鉴定版本和考订版本源流时提供可资参考的依据，更重要的是，它使得大量深藏密室人未识的图书版本得以进入寻常百姓的家庭，为古籍版本知识的普及提供了极大便利，是一项功德无量的重大举措，也是未来古籍版本学必须关注的一个新领域。

下编

古籍版本文化保护

构建中华古籍版本文化层级
保护体系的设想

我国向以典籍丰富著称于世。据不完全统计，仅保存在全国图书馆系统的古籍就有2750万册，加之文物部门和寺院等单位的收藏，古籍总数超过3000万册，其中可列入善本的超过250万册。这还不包括大量无以计数的流散在民间和海外的古籍。卷帙浩繁的中华古籍是中华文明绵延数千年、一脉相承的历史见证，其中的善本更是异彩纷呈，堪称国之瑰宝，极具历史文献价值和学术研究价值。围绕着古籍文献的保护与利用，前人做了大量工作，也取得了一定成效，但总体情况却远不能令人满意：现存各类古籍版本的数量摸底不清；古籍老化、破损情况加剧；古籍修复手段落后，保护和修复人才匮乏；传统古籍装帧和修复工艺面临失传；大量珍贵版本流落海外，回归无望；现有善本"重藏轻用"，保管制度门槛重重，社会舆论批评强烈。

为此，《国家"十一五"时期文化发展规划纲要》特别提出要实施"中华古籍保护计划"，以加强古籍保护和抢救工作。2007年3月，国务院办公厅下发《关于进一步加强古籍保护工作的意见》（以下简称《意见》），提出古籍保护的主要任务和基本目标。5月，"中国国家古籍保护中心"在国家图书馆正式挂牌成立，以贯彻《意见》所作各项工作部署：对全国古籍收藏和保护状况进行全面普查，建立中华古籍联合目录和古籍数字资源库；实现古籍分级保护，建立《国家珍贵古籍名录》；完成一批古籍书库的标准化建设，命名"全国古籍重点保护单位"；加强古籍修复工作，培养一批具有较高水平的古籍保护专业人员等。中华古籍保护正面临着一次前所未有的机遇。

站在这样一个历史当口，每个图书馆学人都应该思考这样两个问题：前人于古籍保护不可谓不尽力，为什么结果却不如人意？《意见》所作各项部署不可谓不全面，但在工作思路方面是否还能有所创新，以期做得更好？笔者不揣浅陋，拟从古籍价值属性分析入手，提出构建中华古籍层级保护体系的设想，以期对古籍保护工作有所裨益。

一　古籍保护的历史回顾

我国古籍保护有着悠久的历史。在纸质书籍形成后到唐代以前，随着使用过程中书籍破损的出现及虫霉鼠啮造成的书籍破损增加、书籍修复需要的产生，古籍保护及修复技术就已经出现，并逐渐发展成为一门相对独立的技术，如北魏贾思勰《齐民要术》中就曾提到文献保护修复的技术。这一时期的书籍和字画在形制上没有太大区别，因此书籍与字画的修复也就不分轻重。唐代以后，印刷型书籍开始出现，书籍和字画在形制上逐渐分离，形成各自独立的特点，古籍修复也从字画装裱技术中分离出来。比较而言，古代的古籍保护主要以单纯的技术修复为主，而今人在古籍方面则有更多的措施和手段。回顾新中国成立以来我国古籍保护的历史，前人做了大量开创性工作，归结起来大致包括以下五个方面。

（一）构建全国古籍保存体系，修复了一批珍贵古籍

随着近代图书馆的诞生，大量皇家藏书、名人藏书入藏各地图书馆，一批志士仁人和图书馆、博物馆领域等具有真知灼见的专家学者为保护珍贵古籍作出了卓有成效的努力和贡献。新中国成立以后，党和政府一方面制定了一系列保护古籍的法规制度，对古籍进行集中调拨，统一保存；另一方面组织人力，投入资金，开展对重要古籍的收集工作，征集保护了大量民间古籍善本，使散落民间的珍贵古籍入藏图书馆、博物馆、高校、科研院所等，初步建立了古籍保护工作体系。据初步估算，目前全国古籍数量多达数千万册，分藏于公共图书馆、高校图书馆、专业图书馆、博物馆、寺庙及民间。为妥善收藏珍贵古籍，在各级财政的大力支持下，各有关古籍收藏单位陆续建立了一批条件较好的古籍书库，古籍保管条件得到改善。新中国建国六十年来，全国各大古籍收藏馆，如国家图书馆、上海图书馆、北京大学图书馆、天津图书馆、浙江省图书馆、南京图书馆、辽宁省图书馆、山东省图书馆、云南省图书馆等，都配备有专门的古籍书库，保护的设施设备也都很齐全。同时古籍修复力量也得到加强，对破损

的古旧图书都有日常的维修保护。

新中国成立后，中央财政就投入资金，实施了《赵城金藏》、《敦煌遗书》、《永乐大典》、西夏文献等一系列大型古籍修复项目，使得一批珍贵古籍善本得到有效保护。其中《赵城金藏》是建国以来最大规模、花费时间长、影响比较深远的原生性古籍保护工程。修复工艺包括蒸、揭、托、裁方、上褙、轧光、裁齐、装天地杆等多道工序，极大限度地恢复了《赵城金藏》的本来面目。其他如国家图书馆敦煌遗书的专库建设、专柜配备以及破损经卷的修复工程；《永乐大典》的修复工程；原清代内阁大库所藏赋役全书的修复工程；清华大学图书馆所藏清内府铜活字印本《古今图书集成》的修复工程等，都是新中国建国以来古籍保护的实例工程。

经过几十年的发展，我国已具备了比较成熟、规范的古籍修复技术，上百万册濒危古籍得到修复。以国家图书馆为例，于1981年成立了图书保护组，是国内第一个专门从事古籍保护的研究机构。该机构成立以来，在古籍保护方面取得了丰硕的研究成果。包括：低温冷冻杀虫技术，可在摄氏零下20度下，将图书冷冻五天时间，杀死各种不同虫态的图书害虫；水浸泡图书常压低温干燥技术，可使图书干燥后不霉变、不粘连、变形小；发明了纸浆补书机，解决了古籍修复中旧纸短缺和修复速度慢的问题。另外，该机构还对馆藏图书、报刊的纸张进行了耐久性调查，对国家图书馆古籍善本纸张的酸性进行了调查等。

(二) 编制了一批古籍馆藏目录、善本书目及联合目录

1956年8月28日，《人民日报》发表题为《向科学进军中的图书馆工作》社论，指出图书馆在向科学进军中的任务有两个："一项是为科学研究工作提供图书资料，也就是为科学研究服务；一项是通过书刊的借阅，普及文化科学知识，培养科学的后备力量。两者不可偏废。《社论》还提出了几点必要措施：一是为使图书馆具备应有的藏书，应及时清理和调配现有藏书；二是要编制图书目录和索引，使藏书得到充分利用；三是要改进书刊的借阅制度和方法，方便读者利用；四是针对我国图书馆数量不足、质量不高的现状，提出稳固现有各馆的同时积极建设新馆，积累图书资料；五是要求文化部门对图书馆事业进行全面规划，加强协调各地图书馆间的联系。为了贯彻社论精神，也是为了摸清家底，便于管理和利用各类古籍，全国各图书馆开始着手编制了一批古籍馆藏目录、联合目录及善

本书目，内部编纂和公开出版兼而有之，有的还多次补编或续编，如20世纪50、60年代编有《北京地方文献联合目录》（初编）、《中国古农书联合目录》、《中医图书联合目录》、《中国丛书综录》、《上海图书馆善本书目》、《四川省图书馆馆藏古籍目录》、《北京师范大学图书馆中文古籍书目》、《复旦大学图书馆古籍简目初稿》、《杭州大学图书馆善本书目》、《山西省图书馆线装书书本目录初稿》（后又有《续编》和《三编》）等，还编有古籍专业学术性较强的《中国版刻图录》。这是我国古籍目录编制的第一个高潮。

这里要特别提到的是《中国丛书综录》和《中国版刻图录》。《中国丛书综录》由上海图书馆承担编撰工作，在北京图书馆、中科院图书馆、各高等院校图书馆、各省市图书馆以及各相关专业图书馆的全力配合下，仅用一年多一点的时间编成了，于1959年新中国成立十周年前由中华书局上海编辑所出版。《中国丛书综录》收录各类丛书达2797种，并将子目拆分、科学类归，同时编制了功用完备的索引，使知丛书者可查子目，知子目者可查丛书，并在每部丛书后都标明藏馆，使利用者足不出户，即可知某丛书的分布状况，以便就近检用。所以此书目至今还是很多学者的案头之物。后来虽有人对此书不断增补，并以《中国丛书广录》名义出版行世，但终不能替代《中国丛书综录》的地位与影响。

《中国版刻图录》的创意始于1957年，1958年确定计划，并着手选目、摄制。1960年2月编辑完成，由文物出版社用珂罗版、宣纸印制300部。该书选辑中国雕版印刷术发明以后历代版印书籍中有代表性的作品，凡500种。然后再在这些入选的书中摄制代表性的版页，作为制版的底片，凡662幅。该书各图版先按其所镌刻的时代前后类归，以便展示各个不同时代的版刻风格。同一时代的图版再按地区类分，以便反映同一时代不同地域的版刻特点。雕版印制图书的图版之后，又单独安排了各种活字印本及历代版画的图版，以与雕版印制图书图版相平行，形成三位一体的结构，使书的内容既有联系，又泾渭分明。整部书前单有一册是所选之书的叙录，用以著录各该书的书名、作者及版刻时地，并注明版框高、宽尺寸及每半叶的行款字数，以及边栏、界行、书口状态。而重点则是对每一书的版刻进行考订，以及印制精粗的品评。书前有北京图书馆署名的《中国版刻图录序》，对中国历代印刷出版史进行了纵向梳理。该图录的编制，对于版本研究者来说，是一部非常实用的工具书。

"文革"结束以后,我国古籍编目工作在20世纪八九十年代迎来了第二次高潮,编制的古籍目录有《北京图书馆古籍善本书目》《南京大学图书馆馆藏古籍善本图书目录》《北京图书馆馆藏普通线装书名目录》《甘肃省图书馆馆藏善本书目》《武汉大学图书馆善本书目》《中国人民大学图书馆古籍善本书目》《山西省图书馆普通线装书目录》《山西文献总目提要》《北京大学图书馆藏古籍善本书目》《四川大学图书馆古籍善本书目》《湖南省古籍善本书目》《中国历史博物馆古籍善本书目》等。这一时期还编制了几部很有影响的大型联合目录,如《中国地方志综录》《中国地方志联合目录》《中国古籍善本书目》《全国中医图书联合目录》《中国家谱综合总目》。其中《中国地方志联合目录》是在《中国地方志综录》的基础上,在全国190多家图书馆、博物馆、文史馆、档案馆范围内广加增补,将各省通志、府志、州志、县志、厅志、司志、卫志、关镇志、道志、路志、乡土志、里镇志、岛屿志都纳入了搜罗视野,收书达8264种。该目录从20世纪30年代始,由几代人用半个世纪的时间完成了现存中国地方志书的梳理,是新中国成立以来图书馆古籍整理的一大成果。《中国古籍善本书目》是经过近三年的著录,782家图书馆、博物馆、档案馆、文史馆、大中学校图书馆等,报来著录卡片十几万张,经过筛选,录入全国善本书目者,共有款目56787条。这是新中国建国以来编辑的最大型的善本古籍综合目录,也是最大的善本古籍联合目录。它的有效编制,是对全国现存古籍善本的一次大规模的梳理。它不但使我们摸清了善本书的现存基本家底,也为学者利用各地善本书提供了极大的方便。

　　进入21世纪后,现已编纂出版有《浙江图书馆古籍善本书目》《浙江家谱总目提要》《清华大学图书馆藏善本书目》《北京师范大学图书馆古籍善本书目》《山东大学图书馆古籍善本书目》《天津图书馆古籍善本书目》《山西省图书馆古籍善本书目》等。大型联合目录有《中国古籍总目》。该目录以古代至民国初人撰著并经写抄、刻印、排印、影印之历代汉文古籍为基本著录范围,部分成书或传抄刻印于民国时期,内容关涉中国古代学术文化,采用传统著述方式,并具有古典装帧形式者。《中国古籍总目》于1992年在北京举行的第三次全国古籍整理出版规划会议上被列为国家古籍整理出版重点项目,史部和丛书部已于2009年6月完成出版。2010年,《中国古籍总目》的编纂工作正式启动,但凡产生于1912年以前,并以稿本、抄本、印本、拓本等形式存世者,诸如简帛典籍、敦煌遗书、宋、辽、西夏、金、元、明、清时期版印、抄写的古籍、古旧地图、碑帖拓片、少数民族文字古籍，以及西学传入后产生的新学书籍等，均在《中国古籍总目》的收录范围之内。但收录主体，是1912年以前成书的汉文古籍。该目录是在全国古籍普查的基础上，依省区、机构、类型、文种等多个分卷进行编纂。这可以视作全国古籍编目整理的第三个高潮。

（三）制成了一批古籍文献缩微品

为抢救图书馆所藏珍稀古籍文献，1985年1月经文化部批准，正式成立了"全国图书馆文献缩微复制中心"。该中心具体规划和组织了全国公共图书馆所藏1949年以前出版的古旧文献的拍摄抢救工作。这些文献包括报纸、期刊、古籍善本、旧平装书、普通古籍及具有重要史料价值的其他文献典籍。该中心拥有多种平台摄机、便携式拍摄机与平片摄机47台，与之配套的各种机器设备352台。直接参与这项工作的省级公共图书馆和少数藏量丰富的市级图书馆计37个。

根据区域分布，中心先后为北京图书馆（现国家图书馆）、上海图书馆、南京图书馆、辽宁省图书馆、山东省图书馆、山西省图书馆、广东中山图书馆、四川省图书馆、甘肃省图书馆、天津图书馆、苏州市图书馆等21个成员馆配备了缩微设备，为数十家图书馆配备了上百台缩微阅读器，并无偿提供数千卷缩微品，协助他们建立了缩微资料阅览室。在具体运作过程中，采取"统一计划、相互补缺"的办法，由拍摄馆负责本馆及邻近省（区）馆的文献缩微工作。从1986年正式开始，历时十年，损毁最为严重的旧报纸现已完成抢救任务，期刊与古籍善本也已近尾声。截至1995年底，通过缩微复制手段而得以抢救的各种珍贵文献已达37000余种，3600余万拍。其中报纸3206种、1216万多拍，期刊11630种、1307万多拍，古籍善本23000余种、1106万余拍。这一前所未有的事业，不仅得到国内各界的热情称许，也受国外同行的普遍赞誉。

通过缩微复制这种再生性的保护措施，不仅有效地保护了濒危的古旧典籍，而且大大提高了馆藏文献的质量和读者利用率，对各图书馆的文献资源建设也起到了良好的作用。例如，北京图书馆有293种旧报纸补缺，共补到5.4万天计43万余版。上海图书馆列入抢救计划的旧中文报纸507种，需补缺的275种，通过协作拍摄，在18个单位共补到1.8万余天近70

万版的文献。其中《新闻报》从1893年2月至1897年12月仅存217天补缺1600天;《神州日报》从创刊的1907年至1909年仅存31天,补缺610天;其他如珍贵的《新闻报》《民呼日报》《民权报》等经过补配居然完整无缺了。缩微中心的统计表明,在拍摄抢救过程中,各馆共派出数百人次,到上百个文献收藏单位补缺,有1180种报纸共补到36.9万余天计224.4万余版。期刊有上千种得到不同程度的补充,多达1.7万余期①。这种统一规划、统一协调、大规模进行补缺的做法,实现了被抢救文献最大限度完整保存的要求,在文献协调、馆际合作方面起到了重大作用,对保护和保存祖国文化遗产,作出了不可低估的贡献。

缩微中心在国家图书馆的领导下,在各级政府和社会各界的关心支持下,在全国公共图书馆的重视和配合下,为抢救祖国珍贵遗产、弘扬民族文化做了大量的工作,文献抢救工作成绩斐然。为了实施文献抢救工作,自成立至今,缩微中心在全国公共图书馆建立了22个缩微拍摄点,为几十个图书馆添置了上百台缩微设备,无偿提供数千种缩微品,采取多种形式培训专业技术人员2000余人次,培养了一批文献整理编辑人员和缩微技术骨干,使我国公共图书馆应用缩微技术的整体水平有了很大提高,缩小了与发达国家图书馆的差距。截至2009年底,缩微中心共抢救各类珍稀濒危文献典籍和报刊110392种,其中古籍善本31871种,报纸2771种,期刊15230种,民国时期图书60520种。

1996年文化部原图书馆司召开了全国图书馆文献缩微工作会议,讨论通过了《1997-2010年全国公共图书馆文献缩微规划》。根据该规划,全国公共图书馆将有计划、循序渐进地开展革命文献、地方志、民国时期图书、普通古籍、少数民族古旧文献、外文古旧文献、传世稀少的金石善拓、古旧地图、1949年以后报刊等文献的调研、缩微工作。自1997年起,缩微中心开始对地方志和革命文献进行调研并制定、实施缩微计划,目前抢救工作已基本结束,民国时期图书的调查工作基本结束,正处于拍摄抢救阶段。与此同时,普通古籍的抢救工作也已列入调研计划之内。缩微中心在大规模进行文献缩微的同时,经原国家出版局批准,对确具较重要史料价值的古籍进行了影印,迄今为止已影印古籍200余种,受到史学界和海外学者的好评。

---

① 潘寅生:《中国古籍整理与保护概述》,《图书馆工作与研究》1998年第5期。

随着数字技术和计算机互联网络的飞速发展，文献抢救工作也面临着新的机遇和压力。面对缩微技术和数字技术在文献抢救工作中表现出的不同优势，缩微中心也在积极探索缩微技术和数字技术之间的相互转换和利用，并进行了尝试，为各公共图书馆文献抢救工作中新技术的应用提供了有益的经验。现经过几年的发展，在缩微品的数字化加工方面技术和标准均已经趋于稳定，已经具备一定的加工能力。

（四）整理出版了一大批古籍文献

古籍整理出版是对古籍资源进行合理开发利用的重要举措。为了对古籍整理出版工作进行全面安排和统一部署，国务院于1958年成立了古籍整理出版规划小组，先后制订了《整理和出版古籍十年规划（1962－1972）》《古籍整理出版九年规划（1982－1990）》《古籍整理出版十年规划（1991－2000）》。

1983年9月，全国高等院校古籍整理研究工作委员会成立，负责组织协调高校古籍整理的科研和人才培养工作。此后，全国部分省市及农业部、卫生部和国家民委陆续组建古籍整理规划机构，各省市地方古籍出版社陆续成立，部分高校也相继建立了一批古籍整理研究机构，全国古籍整理出版工作在组织规划、人才培养和出版等方面都得到了进一步的加强，出现了前所未有的繁荣局面。据《古籍图书目录》（1949－1991）的不完全统计，1982至1991年，全国共整理出版古籍图书近4300种，是此前32年古籍图书出版总量的1.9倍。粗略统计，截至2002年，新中国整理出版的古籍图书总计已逾1万种[①]，是现存传世古籍总量的近1/10。

《古籍整理出版九年规划（1982－1990）》实施以后，国家每年都拨出专项经费用以支持古籍整理出版，再加上古籍整理出版规划的宏观调控作用，使得古籍出版的计划性、规范化和古籍整理图书的学术性有了很大的提高。大批重要古籍、重大项目得以整理出版，众多出土文献得以及时汇集问世。例如，继《二十四史》和《清史稿》《资治通鉴》《续资治通鉴》之后，《清实录》、历代纪事本末、历代会要会典、《历代史料笔记丛刊》等的整理出版，为新中国的古代史研究奠定了坚实的相对完备的基础。又

[①]《新中国古籍整理出版的回顾与成绩》，《中华读书报》2003年9月10日。

如，《诗经》《楚辞》《先秦汉魏晋南北朝诗》《全上古三代秦汉三国六朝文》《两汉全书》《全唐诗》《全唐文》《全唐五代诗》《全唐五代词》《全宋诗》《全宋词》《全宋文》《全辽文》《金文最》《全金元词》《元诗选》《全元文》《全元戏曲》《全明诗》《全明词》《全明文》《六十种曲》《全清词》《清文海》等断代诗词文曲总集的编纂或出版，表明自先秦至清的历代文学作品均可大致搜罗完备，不但可以把某一代的文学作品汇集于一书，从而窥见一代的文化风貌，而且也便于全面研究。再如，《中华大藏经》（汉文部分，任继愈主编），全106册，囊括4100余种23000卷佛教经典，堪称古籍整理的大制作；《甲骨文合集》（郭沫若主编），是殷墟发现甲骨以来真正集海内外收集之大成的合集，标志着我国上古史和古文字学研究走在了世界前列；《十三经注疏》（全新整理本）表明目前对中华文化的基本资料库"十三经"的整理与研究已远远超过了清代阮刻旧本；《大中华文库》（汉英对照）是我国历史上首次系统全面地向世界推出的中国古籍整理和翻译的巨大文化工程，也是弘扬中华民族优秀传统文化的基础工程。至于抢救性质的重大项目，如《永乐大典》《俄藏敦煌文献》《法藏敦煌西域文献》等书的搜集和出版，属于总结一代文献性质的新编总集或资料汇编，如《敦煌文献合集》《中华律令集成》《中国兵书集成》《古本小说集成》《吐鲁番出土文书》《清人别集总目》等，这些也都是古籍整理史上前无古人的新成果。

  除了人们原先关注较多的传统概念中的文史古籍外，科技类古籍和少数民族古籍的整理出版得到高度重视。中医古籍和农学方面都有重大整理出版成果。少数民族古籍的整理出版体现着国家的民族政策，在国家民委的统一规划下，已整理出版少数民族古籍3000余种，其中《格萨尔王传》《布洛陀经诗译注》《福乐智慧》等，民族特色浓厚，版本珍贵，富有学术价值和现实意义。

  2002年起，文化部、财政部共同实施了中华再造善本工程。工程从保存在国内图书馆、博物馆等单位兼具文献价值和版本价值的古籍善本中，精选唐宋元时期的珍贵版本，采用现代和传统相结合的出版印刷技术仿真影印，使稀有、珍贵的古籍善本"化身千百"，实现了"继绝存真，传本扬学"的目的。截至目前，一期工程已出书758种、8990册。这套图书由中央财政出资，已配送给全国100所高等院校，最近文化部、财政部又决定给国家图书馆和省级图书馆各颁赠一套。中华再造善本工程的实施，为新时期加强古籍保护工作树立了一个成功范例，为全面系统地开展古籍保护工作打下了良好的工作基础。

（五）研制了一批书目型、全文型的古籍数据库

20世纪80年代初，"台湾中央图书馆"即着手为本馆所藏善本编制机读目录，并于1998年建成"台湾地区善本古籍联合目录"。"台湾中央研究院"则陆续建成"瀚典全文检索系统""傅斯年图书馆珍藏图籍书目资料库"等多个古籍数据库。台湾"故宫博物院"也建有"故宫博物院图书文献数据库""家族谱牒文献数据库""善本古籍资料库"等。香港中文大学中国文化研究所自1988年起，逐步建成"汉达古籍资料库"。香港迪志文化出版有限公司与北京书同文数字化技术有限公司、上海人民出版社合作，联合研制了电子版《文渊阁四库全书》。大陆地区于20世纪90年代初，由东北师大古籍所率先运用计算机进行古籍目录检索。随后南京、辽宁、浙江、山东、山西、大连等一批省市公共图书馆分别建立了古籍书目数据库。上海图书馆建成了收录款目近13万条的古籍书目数据库，将馆藏善本古籍的全文数据以图像形式录入光盘。国家图书馆在古籍书目数据库的建设方面作了更深入的探索，编写了《汉语文古籍机读目录格式使用手册》，并参与制定了《CALIS古籍联机合作编目规则》，建成了"普通古籍书目数据库""善本书目数据库"等。全文数据库较著名的有北京大学研发的"中国基本古籍库"及北京国学时代文化传播有限公司研制的"国学宝典"。"中国基本古籍库"从10余万种古籍中精选历代典籍1万余种，每种均提供一个通行版本的全文内容和1-2个重要版本的影像信息。当前，古籍数字化浪潮正呈方兴未艾之势。

二 中华古籍版本文化层级保护体系

通过对历史的回顾，我们看到，1949年以来中国在古籍版本保护领域取得了很大的成绩，尤其是在古籍保护的国家层面的宏观组织、制度建设、原生性保护、协作开发等方面做了很多基础性和探索性的工作，为满足学术研究和社会文化需要作出了重要贡献。但我们同时也要看到，由于先前缺乏统一规划，古籍保护工作思路不连贯，有的工作做得还不够细

致，古籍保护的目的性不明确，与"保护为主、抢救第一、合理利用、加强管理"的既定方针有一定偏差，特别是与当前读者对古籍善本利用的要求之间还有相当的距离。这意味着我们在处理古籍保护与开发利用的关系上有失当之处。依笔者看来，其根本原因在于我们没有认识到古籍的不同价值属性对古籍保护工作有着完全不同的要求，导致实际工作缺乏层次性，没有针对古籍不同的价值属性采取相应的保护措施，相关理论研究滞后。

前文已经论述，古籍版本之值得我们去珍视和保护，是因为它身上同时具有三种不同的价值属性，即历史文物性、学术资料性及艺术代表性。但遗憾的是，至今在某些图书馆人的意识里，对古籍究竟算不算文物尚存疑虑。在这种意识的支配下，古籍保护工作出现了相应的失误：一是忽视了古籍普查工作。全国文物普查已于1956、1981年进行了两次，第三次也于2007年开始。而全国古籍普查时至今日才着手部署实施。好在亡羊补牢，犹未为晚。二是除国宝级的孤本特藏以外，一般古籍的保存环境远没有达到文物保护的要求，甚至等同于一般图书的保存。刘家真教授最近对全国126家古籍收藏单位提交的《全国古籍重点保护单位申报书》进行统计，发现只有5.56%的单位采取了防紫外线措施（紫光能降低纸张的机械强度，严重影响纸张的寿命），只有16.67%的单位配置了空气净化装置（受空气污染的影响，我国空气pH值已普遍呈弱酸性，易使纸张酸化脆裂），只有61.11%的古籍书库具有湿度、温度记录。[①] 至于因保存不善而导致古籍损毁的更是不乏其例。三是误将古籍作为剔旧的对象。我国图书馆剔旧工作尚存在不少问题，如图书馆界出现过一次性把"文革"资料处理掉的，也有把多年系列整套的报纸合订本剔除作为废纸处理的。北京一家著名的图书馆曾经把众多的民国书刊一次性处理掉，引得上百位旧书摊贩趋之若鹜。[②]更有甚者，一些图书馆把残破的线装书也作为废品处理掉，在这些所谓的废品中，就不乏古籍善本。图书馆等古籍收藏单位的文物保护意识亟待加强。

图书本来是用来阅读和研究的，不能得到读者利用的古籍，其学术性从何体现？而在以往的古籍保护中，一个屡为时人诟病的做法就是，以保

---

① 刘家真：《中国古籍保护的问题分析与战略研究》，《中国图书馆学报》2008年第4期。
② 赵长海：《什么是图书馆精神》，《情报资料工作》2006年第6期。

护古籍善本的文物价值为借口，限制其发挥作为图书资料的使用价值。通过制定种种规章制度，限制读者阅览、复制、抄录古籍善本，人为地给读者利用古籍设置障碍，客观上造成了图书馆界与学术界之间的不和谐。前一段时间在媒体上闹得沸沸扬扬的所谓"苏图事件"就是这种不和谐的典型例证。透过这件事的表象，可以看到图书馆古籍保护工作步入了一个认识误区，即把"藏"与"用"当做永远不可调和的矛盾，两者只能取其一，不自觉地将古籍的文物性与学术性对立起来。如果不改变目前这种单一的非此即彼的工作思路，类似的混乱状况还将持续下去。

古籍庄重典雅、手法多样的艺术表现形式，仍是当今书业装帧设计取之不竭的艺术源泉，是中华民族优秀出版文化的重要组成部分。对古籍艺术性进行保护，是传承和发扬这种文化的必然要求。但相对于文物属性和学术属性，人们往往将古籍的艺术属性置于一个相对次要的位置。表现在保护手段上，只限于摄制图录、影印出版这种看得见的方式，而忽略了其作为艺术性所特有的非物质文化遗产属性。具体来讲，在传统的古籍版刻工艺、装帧形式、修复技法、鉴赏方法等这些无形的文化遗产的传承方面，我们存在太多的缺失。据估算，全国待修复的古籍有 1000 余万册，而专业修复人才不足 100 人，以每人每天 1 册的修复速度计算，尚需持续工作 800 年。①

从以上分析我们可以看出，以往的古籍保护思路相对单一，以至于在"藏"与"用"的矛盾面前无所适从。图书馆等古籍收藏单位意识到了古籍实体保护的重要性，并以此作为限制向社会开放使用的正当理由，而在古籍实体保护的实际工作中，却又表现出书库条件与保护能力的严重不足。从《全国古籍重点保护单位申报书》所反映的情况来看，很多收藏单位连古籍保存的基本条件都不具备，更无力按《文物法》的规定对善本实施文物级的保护。想以"藏"斥"用"，却落得"藏"、"用"俱失。这就难免给社会公众留下一个责任与能力错位的形象。造成这种状况的根源在于，我们对古籍保护工作的复杂性、艰巨性认识不足，没有认识到古籍的不同价值属性对古籍保护工作有着完全不同的要求，导致实际工作缺乏层次性，没有针对古籍不同的价值属性采取相应的保护措施，在古籍不同价

---

① 保婷婷：《中国纸张保护：100 人持续工作 800 年》，《科学时报》2006 年 6 月 9 日 A04 版。

值属性的取舍之间，或顾此失彼，或纠缠不清，保护措施没能做到有的放矢。为此，笔者建议从古籍版本的三种不同价值属性出发，按层次、分级别地构建中华古籍版本文化层级保护体系（见图23），有针对性、有差别地来实施古籍版本保护。

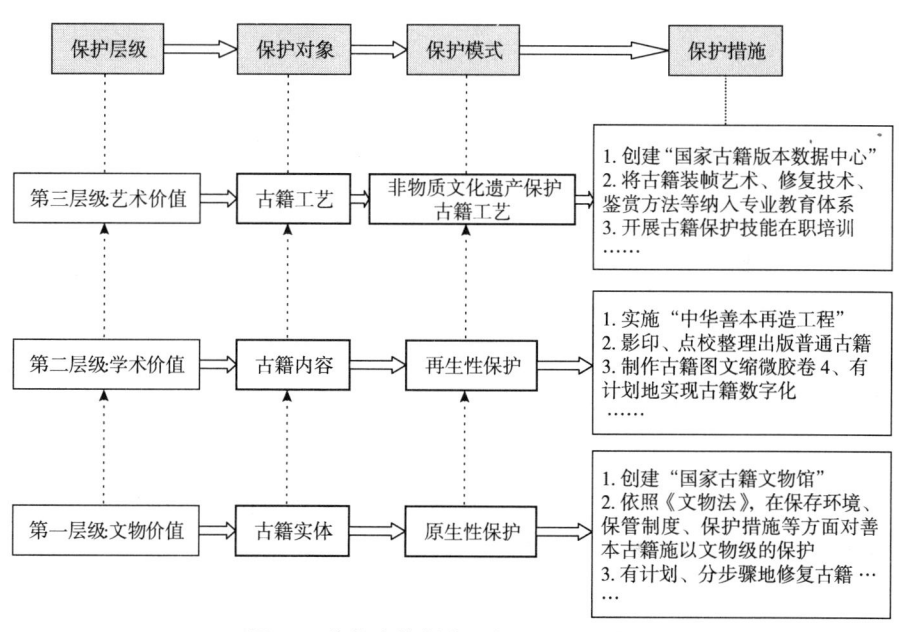

```
保护层级  ⇒  保护对象  ⇒  保护模式  ⇒  保护措施
```

第三层级：艺术价值 → 古籍工艺 → 非物质文化遗产保护古籍工艺 → 1. 创建"国家古籍版本数据中心" 2. 将古籍装帧艺术、修复技术、鉴赏方法等纳入专业教育体系 3. 开展古籍保护技能在职培训……

第二层级：学术价值 → 古籍内容 → 再生性保护 → 1. 实施"中华善本再造工程" 2. 影印、点校整理出版普通古籍 3. 制作古籍图文缩微胶卷4、有计划地实现古籍数字化……

第一层级：文物价值 → 古籍实体 → 原生性保护 → 1. 创建"国家古籍文物馆" 2. 依照《文物法》，在保存环境、保管制度、保护措施等方面对善本古籍施以文物级的保护 3. 有计划、分步骤地修复古籍……

图 23　中华古籍版本文化层级保护体系

（一）第一层级：古籍版本实体的原生性保护

依据物质第一性原理，古籍的一切价值属性都是由其实体延伸出来的，其文物属性更是直接附载于古籍实体上。而古籍实体具有不可再生性，一旦损毁就无可挽回。保护了古籍实体，也就保护了古籍的文物价值。因此，我们将古籍实体的保护置于基础性的第一层级。《意见》强调"保护为主、抢救第一、合理利用、加强管理"的保护方针，其实质也是重在古籍实体的原生性保护，对此我们始终要有清醒的认识。

依照《中华人民共和国文物保护法》的规定，"历史上各时代重要的文献资料以及具有历史、艺术、科学价值的手稿和图书资料等"属于文物保护的范畴。既是文物，就该当文物保护起来，否则谈什么"有法必依"。而大多数古籍收藏部门仍将善本古籍的保护条件混同于一般图书的保存条件，文物意识淡薄，在书库的温控、祛湿、防光、驱虫、空气净化及灾害应急措施等方面，远未达到文物保护的要求。从《全国古籍重点保护单位申报书》反映的情况来看，一些单位连基本的空调、窗帘及杀虫设施都不具备，如北京某古籍收藏单位，古籍藏量100万册，善本10万册，除了防盗报警与手工灭火器外，所有保护古籍的必要设施一应俱无。[①]这种状况已绝非经济能力不足可以解释。鉴于此，政府应从对历史负责的高度，出台古籍保护问责机制，对那些因漠视古籍保护而导致古籍损坏的行为，追究其领导责任；另一方面，必须改变目前善本古籍因"图书"、"文物"双重身份而导致责任不明的尴尬局面，明确将善本定位在文物保护的层面。

当前，文物一直是备受人们关注的热点，而古籍保护相对要冷清得多。如果能建立起一套随时间推移而动态变化的善本评价指标体系（"善本"是一个相对概念，不同时期其含义也不尽同。今天的普通古籍，可能就是明天的善本），并在湿度、温度、光照、空气净化等各方面严格遵照国家相关标准的规定，对古籍施以文物待遇，古籍实体就能得到有效保护。但考虑到全国各地经济水平不一，古籍保存条件参差不齐，各地图书馆既不可能也无必要都建立这样一套体系。而依照我国文物保护法第四条规定："中华人民共和国境内地下、内水和领海中遗存的一切文物，属于国家所有。"国家依法对其权属范围内的文物进行统一调配是可行的，因此笔者建议，针对文物价值较高的善本（通常指乾隆六十年以前的版本），可以考虑设立"国家古籍文物馆"，将全国范围内250万册左右的善本集中纳入其保存范围；或采用总馆—分馆模式，按国家—地域分区设立"古籍文物保存中心"，将善本古籍集中保存。在人员编制和经费保障上独立，在保存条件、管理制度、修复标准等方面，严格依照文物保护法的要求，实施与文物同等级别的保护。普通古籍仍作图书保存于图书馆，但书库必须达到《图书馆古籍特藏书库基本要求》所规定的条件，且必须保证随时间推移而新纳入善本范围的古籍进入古籍文物馆的渠道畅通。唯有严格依法保护古籍，才能根本改变全国古籍保护不力的状况。

（二）第二层级：古籍版本内容的再生性保护

古籍收藏与利用之间的矛盾是我国图书馆界长期存在的难题，也是社

---

① 刘家真：《中国古籍保护的问题分析与战略研究》，《中国图书馆学报》2008年第4期。

会舆论反映强烈的问题。由于我国目前尚无《图书馆法》，对古籍的收藏和利用没有明确的规定。图书馆界虽各行其是，但普遍的做法是以名目繁多的规章制度或高昂的底本费用去限制读者阅读、抄录或复制古籍。这种简单的管理方式似乎较有利于古籍的保存，可一旦古籍成为束之高阁、遮灰蒙尘的柜中物时，也便失去了图书传递知识的本来功能，更遑论学术价值？何况古籍实体保存得再好，总还是有物理生命极限的。笔者提议创建国家古籍文物馆，绝不是要回到封闭保存的老路上去，而是要将对古籍文物价值的保护与对学术价值的保护剥离开来（古籍的文物价值与学术价值是不可剥离的），使两者互不抵触和相互干扰。这就要求我们针对古籍文献内容施以不同于古籍实体的保护——再生性保护。

依著作权法规定，只有作者才享有古籍著作的人格权与财产权，无论古籍收藏单位还是读者都不拥有古籍的著作权。因公共图书馆属国家所有，保存于此的古籍，也就具有了国家文化财产的自然属性。图书馆只是代表国家行使古籍的财产权和保护权，而不是独占其著作权与编辑出版权。即便是《文物保护法》，也只是规定"复制、拍摄、拓印馆藏文物，不得对馆藏文物造成伤害"，并没有规定不能复制古籍。只要在不损害古籍原本的前提下，复制古籍丝毫不会减少其文物价值。这是因为，无论是影印出版、点校出版还是数字化出版，古籍的实体形态仍完好地保存于收藏单位。相反，在有了复本之后，对原本的使用必然减少，这反而更有利于古籍原本的保护。因此，对古籍文物属性的原生性保护，与对其学术属性的再生性保护并不矛盾，藏与用的矛盾也并非不可调和。

笔者以为，古籍"藏"与"用"的矛盾因牵涉各方错综复杂的利益关系，其根本解决还有赖于法律的权威和制度的理性。具体的法律规范和制度设计应体现以下思想：第一，古籍实体保护是内容再生性保护的基础，而绝非拒绝提供内容服务的理由；第二，构建古籍保藏单位（含个人）、专业出版社及读者之间的利益平衡机制，达到以部分出版收益来反哺古籍保护的目的，形成古籍保护与整理出版的良性循环，最终建成理想的古籍出版模式；第三，建立随时间推移而动态变化的善本评价体系，以确保普通古籍适时进入善本古籍的渠道畅通；第四，以出版规划的形式确保每一本入藏国家古籍文物馆的善本都必须要有自己复制出版的时间表，而无论其预期时间有多长都必须严格执行。作为古籍保护的权威机构，国家古籍保护中心应在其中履行组织、协调及宏观调控的职能。

（三）第三层级：古籍版本工艺的非物质文化遗产保护

传统观念中的古籍保护只限于有形的古籍实体，这实在是个大大的误区。如古籍的版刻工艺、装帧艺术、修复技法、鉴赏方法等无形的文化遗产，同样是我国古代灿烂的出版文化的组成部分，一样值得我们去珍视。但随着文化生态的剧变和商业经济的冲击，这些根植于民间的传统技艺正濒临消亡。从此种意义上讲，古籍的非物质文化遗产保护面临的形势更为严峻。《意见》提出从2007年开始，用3到5年时间在全国范围内组织开展古籍普查登记工作，对登记的古籍进行详细清点和编目整理，并依据有关标准进行定级，建立《国家珍贵古籍名录》。这一举措必将为古籍的非物质文化遗产保护打下坚实的基础。但笔者以为，我们还可在此基础上把工作做得再细致一些，以深化古籍的非物质文化遗产保护。

第一，就古籍版刻、印刷、装帧、修复技艺的当今生存状况，在全国范围内开展一次摸底普查，做好相关资料的存档保护工作，并组织有关单位申报国家级和联合国非物质文化遗产。传统的古籍生产工艺在少数古籍出版单位得到了很好的保护和继承，如扬州广陵古籍刻印社保存了全套古籍雕版印刷工艺流程。该流程从写样、雕版，到刷印、装订，共有20多道工序。该社在整理出版古籍版片的实践中，还摸索出一整套古籍版片修复、补刻、整旧如新的工艺。对于这些工艺，应组织拍摄纪录片以作档案保存。同时应组织相关单位申报国家级非物质文化遗产。值得欣慰的是，到目前为止，扬州广陵古籍刻印社的雕版印刷技艺、荣宝斋的木版水印技艺、南京市金陵刻经处的金陵刻经印刷技艺、四川德格印经院的藏族雕版技艺已成功入选第一批国家级非物质文化遗产；国家图书馆的古籍修复技艺、浙江瑞安的木活字印刷技术成功入选第二批国家级非物质文化遗产。但这还不够，我们还要积极申报联合国非物质文化遗产，扩大其在世界范围内的影响。

第二，创建"国家古籍版本数据中心"。以往的古籍数字化都是以图书内容为视角，且主要集中在《四库全书》《二十五史》等少数大型丛书上，虽有的书目或全文数据库有部分版本信息，但专门从版本角度来建设古籍数据库的绝无仅有。笔者建议，以此次古籍普查为基础，由国家古籍保护中心出面组织创建"国家古籍版本数据中心"，有计划、分步骤地建设"宋代版本数据库""元代版本数据库""明代版本数据库""清代版本数据库"。该系列数据库以保存历代古籍版本的封面、牌记、卷端、版式、藏印、题跋等的影像资料为己任，而不独以提供全文检索为目标。宋、元版本数量有限，可以考虑悉数收入；明清二代版本数量众多，可以考虑按写本、刻本、活字本、拓本等版本类型，选取有代表性的样本建库。这实际上是数字化的古籍版本档案馆和博物馆。它的建成对于传播和弘扬古代出版文化意义深远。

第三，将古籍装帧、古籍修复、古籍鉴赏等纳入专业教育体系。受多方因素影响，与古籍相关的专业课程在高等院校中受到相当排斥。一方面是古籍保护人才，尤其是古籍修复人才的异常紧缺，另一方面却是专业教育的缺失和滞后。对于这种非正常现象，笔者建议有关部门将古籍装帧、古籍修复、古籍鉴赏等纳入图书馆学、古典文献学、编辑出版学等专业教育体系。2008年2月19日，由国家古籍保护中心、国家图书馆古籍馆和北京大学中文系古典文献专业联合开设的"古籍鉴定与保护"课程在北京大学正式开课[1]，这是一种很好的尝试。另外，对于以技能教育为主的古籍修复专业，可以考虑在高、中等职业院校开设相关职业教育。为缓解人才不足的燃眉之急，还可以采取在职培训的方式，如国家古籍保护中心和南京图书馆分别举办过多期古籍修复和古籍保护在职人员培训班。

以上构建中华古籍版本文化层级保护体系的理论模型从古籍的三种基本价值属性——文物性、学术性、艺术性出发，明确了古籍保护的具体对象——古籍实体、古籍内容、古籍工艺，并针对不同的对象和属性，有区别地提出了原生性保护、再生性保护和非物质文化遗产保护的三种模式和具体措施，为从根本上解决古籍收藏与利用的矛盾创新了思路，对古籍版本保护及其文化保护具有一定的理论指导价值。

---

[1] 中国国家古籍保护中心：《中华古籍保护计划简报》第11期，2008年2月26日。

中外古籍善本保存与利用制度比较研究

古籍善本的收藏与利用是图书馆工作中的固有矛盾。图书馆因保护古籍而限制读者利用古籍的做法，长期以来受到社会舆论的诟病。外界人士的不解和业内人士的坚守，形成了两种对比鲜明的态度。本着尊重科学的原则，笔者拟从法律规范、管理规章和技术标准三个层面对国内古籍保存与利用的现状进行调研，并在此基础上与国外相关制度进行横向比较。必须说明的是，在调研国内图书馆古籍管理规章时，选取的对象是国务院2008年颁布的51家全国古籍重点保护单位中的44家图书馆，包括国家图书馆、26家省市公共图书馆、12家高校图书馆和5家专业图书馆。其他5家博物馆和2家档案馆因较少面向社会开发利用，因而不计在内。在进行横向比较时，我们主要参考了于良芝教授《国外图书馆古籍保管与利用制度研究》[①]一文。本次调研的国内数据来源于网上资料浏览、专家邮件咨询、联合参考咨询、网上表单咨询、网上论坛咨询、电子期刊、电子图书和电子报纸，大部分数据直接来自相应机构的官方网站。限于条件，此次调研的绝大部分数据来自网络，因而数据渠道的多样性不足，因为有的数据可能只以纸质载体的形式存在，或只在内部网公布。

一 古籍善本保存与利用的法律规范

（一）全国性法律法规

《中华人民共和国文物保护法》规定："历史上各时代重要的文献资料

---

① 于良芝：《国外图书馆古籍保管与利用制度研究》，《大学图书馆学报》2005年第6期。

以及具有历史、艺术、科学价值的手稿和图书资料等"① 均属于文物,这就从法律意义上将古籍纳入了文物保护的范畴。该法对文物的等级、所有权、收藏单位职责、文物的获取、展览、交换、借用、调拨、损毁、出境、出租、赠与、出售等进行了规定。这些都可以作为古籍工作的法律依据。但由于在实践中对文物的理解存在歧义,各级图书馆的具体保护措施存在较大差异。为此,2005 年《国务院关于加强文化遗产保护的通知》(国发〔2005〕42 号) 要求抓紧制定和起草与文物保护法相配套的部门规章和地方性法规。

2007 年,国务院办公厅发布了《关于进一步加强古籍保护工作的意见》②,对全国古籍保护工作作了整体部署。目前,《全国古籍保护工作条例》也正在紧锣密鼓地研讨制定中。2008 年 11 月 18 日,文化部正式启动《公共图书馆法》立法工作。由文化部起草《公共图书馆法》条文,并委托国家图书馆和中国图书馆学会完成图书馆立法的相关支撑性研究。《公共图书馆法》的起草和颁布必将对古籍善本的保存与利用工作产生深远影响。

(二) 部门法规

涉及古籍保存与利用的部门法规主要有二:一是 1982 年文化部颁布的《省(自治区、市)图书馆工作条例》,二是 2002 年教育部颁布的《普通高等学校图书馆规程(修订)》。《省(自治区、市)图书馆工作条例》第八条规定:"善本、孤本以及不宜外借的书刊资料,只限馆内阅览,必要时,经批准可向国内读者提供复制件。"③ 这一条款与文物保护法第三十八条中关于"未经批准,任何单位或者个人不得调取馆藏文物。文物收藏单位的法定代表人对馆藏文物的安全负责"的规定相呼应。因此,国内许多图书馆限制古籍善本使用的做法是有法理依据的。当然,从读者的角度出发,这些规定是否有待改进尚需探讨。

《普通高等学校图书馆规程(修订)》中没有专门针对古籍善本的条

---

① 《中华人民共和国文物保护法》,http://www.ccnt.gov.cn/xxfb/zcfg/flfg/200504/t20050406_10596.html。
② 国务院办公厅:《关于进一步加强古籍保护工作的意见》,《人民日报》2007 年 3 月 2 日 008 版。
③ 《省(自治区、市)图书馆工作条例》,http://www.jxwh.gov.cn/news.asp?id=1050。

款，但有的条款可作为古籍善本利用的依据。如第三条规定："高等学校图书馆应最大限度地满足读者的需要，为学校的教学和科学研究提供切实有效的文献信息保障。"第二十一条规定："有条件的高等学校图书馆应尽可能向社会读者和社区读者开放。面向社会的文献信息和技术咨询服务，可根据材料和劳动的消耗或服务成果的实际效益收取适当费用。"① 这为高校图书馆有偿提供古籍善本的利用提供了依据。

（三）地方法规

据笔者调查，目前只有14个省、自治区、直辖市制定颁布了公共图书馆条例或公共图书馆管理办法，分别是：安徽、江西、青海、四川、湖北、江苏、浙江、内蒙古、北京、吉林、广西、河南、山东、上海。其中吉林、广西、河南、山东、上海市的公共图书馆管理办法没有涉及古籍善本的保存与利用。另外，陕西、山西两省的公共图书馆条例草案虽已制定，但仍在征求意见中。因此，目前只有安徽、江西、青海、四川、湖北、江苏、浙江、内蒙古和北京这9个省市区的公共图书馆条例或管理办法对古籍善本的保存与利用作了规定。但这些规定涉及古籍保存与利用的内容不尽相同，大致可分为以下三类。

一是允许外借，但须经主管部门批准。如《青海省州、地、市、县图书馆暂行工作条例》第九条规定："县馆应加强书刊（特别是善本、珍本及古旧书刊）的保存和修补工作。严格书库管理制度。"第十条规定："善本、孤本书外借，须经上级主管部门批准。"②

二是限于馆内借阅。如《安徽省市、县图书馆工作暂行条例》第七条规定："善本、孤本、工具书及不宜外借的书刊，须经一定手续，只限于馆内借阅。"③《江西省市、县（区）图书馆工作试行条例》第十三条规定："善本、孤本以及不宜外借的书刊资料，只限馆内阅览或提供复制件。"④《四川省市、地、州图书馆工作条例试行草案》第九条规定："特藏书库应包括珍、善本、内部资料及有选择地保存本图书，特藏书应有限

---

① 《普通高等学校图书馆规程（修订）》，http://www.edu.cn/20020610/3058180.shtml。
② 倪波：《图书馆规章制度便览》，江苏省图书馆学会，1982，第38—39页。
③ 倪波：《图书馆规章制度便览》，江苏省图书馆学会，1982，第46页。
④ 倪波：《图书馆规章制度便览》，江苏省图书馆学会，1982，第16页。

制地在馆内阅览。"①

三是本着保护的原则限制使用，但对于是否允许复制和外借无明确规定。如《浙江省公共图书馆管理办法》第二十一条规定："除国家规定禁止公开传播的文献资料外，公共图书馆不得另立标准，封存文献资料；但对珍本、善本以及不宜外借的文献资料，应当采取保护措施，限制使用。"②《湖北省公共图书馆条例》第十五条规定："公共图书馆应当建立健全书库管理制度，做好文献资料的保存和防护工作，对所收藏的古籍善本等珍贵文献应当按照国家有关规定，妥善保护与管理。"③《江苏省公共图书馆管理办法》第二十一条规定："除国家规定禁止公开传播的文献信息资源外，公共图书馆不得另立标准，随意封存馆藏文献信息资源。对馆藏珍本、善本等具有文物价值的资料，可以按照有关法律、法规和规章的规定使用。"④《内蒙古自治区公共图书馆管理条例》第十七条规定："除国家规定禁止公开传播的文献资料外，不准任意封存，但对珍本、善本以及不宜外借的文献资料，可本着保护文献资料的原则限制使用。"⑤《北京市图书馆条例》第二十五条规定："除国家规定禁止公开传播的文献信息资料外，图书馆不得另立标准，任意封存馆藏文献信息资料。对于善本、珍本和不宜外借的馆藏文献信息资料，可以本着保护的原则限制使用。"⑥

综上所述，我国与古籍善本相关的法律规范已成体系，但条款内容主要以强调保护和管理为主，在开发利用方面比较薄弱。作为贯彻文物保护法和《国务院关于加强文化遗产保护的通知》精神的地方性法规，只是笼统地主张在法律规范容许的框架下有限制地使用古籍，其实际可操作性有待加强。

于良芝教授的调查发现，国外没有哪个国家为图书馆古籍工作制定专门的法令，这一点与国内情况是相似的。古籍作为一种融文物价值、学术价值、美学价值与市场价值于一体的特殊文化遗产，它在收集、整理、保

---

① 倪波：《图书馆规章制度便览》，江苏省图书馆学会，1982，第22页。
② 《浙江省公共图书馆管理办法》，http：//www.hzwh.gov.cn/files/20090317/6ac96dd1-3a39-4b8c-bb43-339b6e34f65e.shtml。
③ 《湖北省公共图书馆条例》，http：//www.hbwh.gov.cn/Article/HTML/1262.shtm。
④ 《江苏省公共图书馆管理办法》，http：//www.0523tx.com/Article11/fg/200610/605.html。
⑤ 《内蒙古自治区公共图书馆管理条例》，http：//www.elc.gov.cn/bsfw/html/1404.html。
⑥ 《北京市图书馆条例》，http：//www.bjys.gov.cn/export/sites/ys/fs3/b/c/h/1184902584968.html。

存与利用的过程中，经常会因这些价值而与各种法律发生关联，那么在这些相关法律中都可以找到执法的依据。如古籍被盗可参照刑法和民法处理，古籍复制受版权法和数据保护法的制约，手稿的流传受文物保护法和出口许可法的制约。因此，国外的古籍保存与利用是在一个相当复杂的社会整体的法律框架下运作的。①

二 古籍善本保存与利用的规章制度

笔者以国务院颁布的第一批全国古籍重点保护单位中的44家图书馆为调查对象，调查了它们关于古籍善本保存与利用方面的具体规定。我们将这些规章制度与于良芝教授所做的调查结果（该调查是以英国、美国、加拿大、法国、德国、澳大利亚、新西兰、埃及、瑞士等国家的41所图书馆为研究对象的）进行了横向比较，结果如下。

（一）准入制度

1. 用户类型限制

被调查的44家图书馆中，有5家图书馆（占总数的11.36%）对古籍善本的各类用户作了不同程度的限制（如表4所示）。

表4 国内5家图书馆对用户类型的限制

国家图书馆	北京大学图书馆	北京师大图书馆	复旦大学图书馆	南京大学图书馆
古籍善本的读者为硕士研究生以上学历或具备中级以上职称者	古籍一般仅供本校有关专业的教师和研究生读者阅览	一般古籍阅览的服务对象为本校教师、研究生，但善本收藏不向研究生开放阅览	古籍服务对象为本校教师、研究生（含留学生）及本科四年级学生	古籍特藏主要接待本校研究生和教师

与于良芝教授的调查结果比较，国外图书馆一般规定未满18岁的用户不被准入，有的图书馆规定本科在读学生通常不被准入，但无一所图书馆拒绝外来用户（本机构或本辖区之外的用户）使用其古籍善本资源。而国

---

① 《中华人民共和国文化行业标准：古籍定级标准：WH/T 20-2006》，http://www.nlc.gov.cn/service/others/gujibhw/download/gjbhjh-xgbz-01.pdf。

内图书馆，特别是高校图书馆非常强调为本机构读者服务，具有较强的排他性。

2. 利用目的限制

即图书馆要求外来用户提供其研究项目说明，只有那些确定因研究需要而有必要使用本馆古籍特藏的用户才会被准入。在于良芝教授所做的调查中，大约有12%的国外图书馆有此规定。而在笔者所调查的44家图书馆中，只有南京图书馆和江苏省常熟图书馆有此规定，占总比例的4.55%。如南京图书馆规定，古籍善本仅对有特殊研究任务的读者提供在馆阅览。须凭本人有效证件，填写索书单，提出申请，并经部门主任批准。

3. 身份验证限制

即图书馆要求用户经过严格的身份验证，在出具足以证明其身份和永久居住地址的材料并签名保证遵守善本书使用规章后，方可进入古籍特藏部。国外很多图书馆要求外来用户同时出具介绍信（Letter of introduction），绝大多数图书馆都是在用户初次使用善本特藏部时履行上述程序，对满足条件的用户发给善本特藏使用证，大多数特藏使用证的有效期限为半年到两年，在有效期内用户只需出示使用证并填写使用记录即可进入。[①]笔者所做调查中，有11家图书馆（25%）对读者有身份验证要求。其中7家除要求读者出示有效证件（读者证、身份证等）外，还需开具单位正规介绍信，另有4家高校馆对校外用户特别强调此项要求。

4. 领导审批

笔者所做调查中，有8家图书馆（18.18%）规定，查阅古籍善本须经领导审批，并且根据善本的级别等次，有的须经部门领导审批，有的须经主管领导审批，有的须经馆长审批。有的无论善本等级，一律须经馆长审批。西方国家图书馆没有诸如此类的规定，但在于良芝教授的调查中提到了"穷尽查询"，即要求用户能够证明在访问本馆之前，已经查询过其他图书馆，但其需求未得到满足。于教授的调研显示有3所图书馆有此规定，占总数的7.32%。笔者的调查中，只有南京大学图书馆有类似"穷尽查询"的规定：参加本校科研项目的科研人员，须由项目带头人提出书面申请，写明项目名称、索借书名、是否没有其他可替代文献，由图书馆领

---

① 于良芝：《国外图书馆古籍保管与利用制度研究》，《大学图书馆学报》2005年第6期。

导批准后，方可阅览。

（二）阅览规章

对于读者在阅览古籍过程中须注意的事项，几乎所有图书馆都对下面第一至第六项内容进行了规定。

第一，阅览空间和借阅方式。善本古籍闭架管理，且只限古籍阅览室内阅览，一般不外借。读者要阅览古籍时，须先自行查阅古籍目录，认真填写索书单后交由图书馆工作人员提书。读者接到古籍，请先核查，如发现有缺页、撕页、污损等情况，须及时向工作人员说明，核查后在阅览登记簿上签名即可阅览。阅览过程中，一般只限翻阅本人所借阅之图书，不得翻阅其他读者所借图书。阅览中途离开，需将所阅古籍暂交阅览室工作人员。阅毕交工作人员核查无误后方可离室。

第二，物品携带的规定。古籍阅览室内一般只允许携带铅笔、纸类文具。手机等通信器材可以带入但音量要调至最低或设为静音。不允许将非古籍阅览室的书刊带入室内，自带包袋应存放寄包处，不允许将食物、水杯、茶具等带入。

第三，文具的使用。阅览善本时，一般只允许使用铅笔做笔记，不得使用墨水笔、圆珠笔、毛笔、钢笔、自来水笔。

第四，图书保护。阅览古籍时，读者应在指定座位就座，并戴上手套，切勿用手直接触摸古籍。应将古籍放在专用托书架上阅览，勿将手臂、腕、身体或任何对象压置于古籍文献上。阅览古籍时切勿勾画、批注、圈点、涂改、折页、污损、剪切、撕页、指抓、刮搓、液粘、舔捻书页，切勿急速翻页。严禁窃书。对古籍善本造成损害的，按《中华人民共和国文物保护法》的相关条款处理。

第五，善本替代品。图书馆有替代品存在时，一般不提供善本古籍原件。如：已有影印本、新印本、缩微胶卷、电子版读物的古籍，一般不再提供原本阅览；有平装本、复印本、重印本时，一般不提供原刻本；通过阅览新版古籍能够解决问题的，一般不提供线装本；通过阅览普通版线装书能够解决问题的，一般不提供珍善本。

第六，复制规定。有的图书馆规定善本古籍一律不许复制。但多数图书馆规定，对于某些级别或等次的善本古籍，读者确有需要的，须提出申请，并说明复制的用途，经图书馆领导批准可以复制。复制方式一般不允许静电复印、影印和全文抄写，但可以缩微、拍照，有些可以扫描。复制数量一般不得超过全书的1/3，或一次复印不得超过10页，且只提供一次复制机会。复制只能由图书馆工作人员亲自操作，不得直接交于读者操作。国外图书馆在复制数量方面，有近1/4的图书馆出于保护古籍的目的，在版权法的限额之外，规定了本馆的一次性复制数量限制。[①]

在上述基础上，有的图书馆作了更为详细的规定，补充了第七至第十项内容。

第七，一次性借阅量限制。有5所图书馆（占11.36%）规定了一次性借阅量。而在于良芝教授的调查中，有20%的国外图书馆规定了一次性借阅量。

第八，摄像头的使用。只有1所图书馆（占2.27%）——中国科学院国家科学图书馆明确表示古籍阅览室装有视频录像监视设备，而在于良芝教授的调查中，有3所国外图书馆（占7.32%）明确说明善本特藏阅览室装有摄像头。

第九，拒绝阅览的规定。有6所图书馆（占13.64%）明确规定了拒绝读者阅览古籍的情况。而在于良芝教授的调查中，国外图书馆没有诸如此类的规定。

第十，古籍善本使用目的相关授权的规定。有2所图书馆（占4.55%）对此有明确的规定。如苏州市图书馆规定，复印资料仅供个人学术研究参考，不得作营利之用；山西省图书馆规定，读者如欲公开出版馆藏文献，必须报馆长同意，并签订有关协议。而于良芝教授的调查显示，国外图书馆对善本特藏使用授权分为两类：一类是将古籍用于个人研究。几乎所有的图书馆都规定，此类利用无需正式申请使用许可，只需遵循使用规章，在必要的时候注明古籍提供馆。第二类是用于商业目的，所有图书馆都要求用户首先确认所用资料的版权状况，并据需要向版权人提出使用申请。很多图书馆依据资料的所有权，还要求用户向图书馆提出书面申请，在获得图书馆授予使用许可后才可使用。在于良芝教授的调查中，有18所图书馆明确要求第二类用户向图书馆申请使用许可，其中4所还给出了使用费列表，3所图书馆（包括美国国会图书馆）明确规定用户无需向图书馆申请，其他图书馆的网上资料未作明确规定。

---

① 于良芝：《国外图书馆古籍保管与利用制度研究》，《大学图书馆学报》2005年第6期。

（三）收费情况

国内被调查的图书馆中，有12所（27.27%）对古籍善本的阅览或复制费用作了规定。一般阅览古籍要根据版本情况收取文献保护费，不同图书馆收费略有不同。如山东省图书馆规定，阅览普通古籍每册1元，善本是每册2元，一次性收费，读完为止。有的图书馆只对外部用户收取文献保护费。而复制古籍要根据版本情况收取底本费或叫版本费，有的也叫资料费，另外还需收取工本费或复制费。如辽宁省图书馆规定，古籍拍照费用根据版本珍贵程度10元起每拍。清华大学图书馆规定古籍复制需按规定收取版本费和复制费，收费标准如下：宋元本、孤本：28－40元/页（须馆领导特批）；善本古籍：8－15元/页；普通古籍：2－4元/页；影印古籍：0.50元/页。湖北省图书馆规定复印清乾隆年间刻本、抄本每页收费8－10元；明代版本10－20元。于良芝教授所调查的几乎所有国外图书馆，其善本特藏的阅览是不收取任何费用的，但复制是有偿的。

（四）用户支持

笔者所调查的国内图书馆的用户支持一般有四种形式：①预约服务。如复旦大学图书馆规定善本古籍的读者务请提前一个工作日预约，上海图书馆为古籍阅览室读者保留预约座位。②提供多种检索工具。如上海图书馆检索古籍提供卡片目录、电子目录及书本目录。③为用户代管已提取的资料。如上海图书馆规定读者当天未能看完的古籍可以向工作人员提出保留申请，但保留期限一般不超过3天；苏州图书馆规定若当天不能阅览完毕，古籍阅览室将为读者保留三天，逾期才归库；东北师范大学图书馆规定，读者如需留用普通线装图书，一般为其保留一周。④提供专门的参考咨询。

于良芝教授所做的调查显示，国外图书馆在用户支持方面做得更细致和更人性化一些。除了上述服务外，有的图书馆还提供善本的保护性使用工具，如书托（book rest）、软性书镇（book snakes）、手套（gloves）、脱酸书签等；有的提供个人物品寄存工具，如带锁衣柜、一次性塑料袋等；有的提供远程复制和传递服务。

三 古籍保存与利用技术标准

我国近年来出台了不少古籍技术标准，与古籍善本的保存与利用密切相关。

（一）国家推荐性标准

第一，古籍修复技术规范与质量要求（GB/T 21712 - 2008）：规定了古籍修复基本术语及其定义、常见各式装帧书籍修复技术规范及其质量要求。

第二，古籍著录规则（GB/T 3792.7 - 2008）：规定了古籍著录项目及其顺序、著录用标识符、著录用文字、著录信息源及著录醒目细则等。

第三，缩微摄影技术在33mm卷片上拍摄古籍的规定（GB/T 7518 - 2005）：规定了在35mm卷片上拍摄古籍的方法和质量要求，它适用于永久性保存的线装、蝴蝶装、包背装、经折装等装帧形式的古籍以及现代装帧形式古籍影印本的缩微拍摄。

第四，缩微摄影技术在16mm卷片上拍摄古籍的规定（GB/T 7517 - 2004）：规定了在16mm卷片上拍摄古籍的方法和质量要求，适用范围同GB/T 7518 - 2005。

（二）行业标准

为实施"中华古籍特藏保护计划"，文化部颁布了如下几项行业标准。

第一，古籍定级标准（WH/T 20 - 2006）：规定了古籍基本术语和定义以及古籍的级别和等次。其中明确了古籍善本的定义："善本是具有比较重要历史、学术和艺术价值的书本。大致包括写印年代较早的，传世较少的，以及精校、精抄、精刻、精印的书本等"[①]。该标准将具有珍贵价值的善本划分为一、二、三级，各级之下又划分等次。这一标准的颁布对确定古籍传本的级别进而对古籍进行科学保护与合理利用有着积极意义。

第二，古籍普查规范（WH/T 21 - 2006）：规定了古籍普查内容、普

---

① 《中华人民共和国文化行业标准：古籍定级标准：WH/T 20 - 2006》，http://www.nlc.gov.cn/service/others/gujibhw/download/gjbhjh - xgbz - 01.pdf。

查人员条件和工作要求。

第三，古籍特藏破损定级标准（WH/T 22 - 2006）：对破损古籍进行分类并合理定级，为制定修复保护计划提供准确数据，对科学保护古籍、集中力量抢救、修复濒危古籍具有重要意义。

第四，图书馆古籍特藏书库基本要求（WH/T 24 - 2006）：规定了图书馆古籍特藏书库的温湿度要求、空气净化要求、光照和防紫外线要求，以及书库的建筑、消防、安防等与文献保护和安全相关的基本条件。这一标准的颁布对保护中华文化遗产发挥着重要的作用。

从以上所举可以看出，我国加大了古籍保护工作的力度，古籍保护工作正逐步走向规范化和标准化，从而为将来古籍的合理开发利用奠定了坚实的基础。但我们也要看到，以上与古籍相关的8项标准，有4项虽是国家标准，但都是推荐性标准。另外4项标准是文化部的行业标准，也都是推荐性的。与强制性标准相比，它们的监督力度和执行力度明显不够。

而英美等国家关于古籍善本的保管与利用方面的标准主要是以行业标准或行业规范的形式出现的。例如，英国注册图书馆员和信息专业人员协会下的善本与特藏小组制定了善本书及手稿的处置政策、图书馆书籍及手稿的失窃：图书馆员及书商行为规范的建议、善本书著录指南等。美国图书馆协会下的学院及研究图书馆协会制定了美国图书馆协会与美国档案协会关于获取原始研究资料的联合声明，善本书、手稿及特藏馆员行为道德标准，借用和出借展览用特藏资料的指南，善本书、手稿及其他特藏安全指南，图书馆失窃指南，普通馆藏资料转为特藏时的鉴定指南等[①]，这些行业标准和规范具有较强的可操作性。

四 结论

比较本文与于良芝教授的调查结果，我们得出以下结论。

第一，我国与多数国家一样都没有专门针对古籍保存与利用的专门法律，但两者在调整古籍保存与利用的社会关系时所依据的规范显然不同。我国以文物保护法及国务院发布的若干文件为主纲，在此基础上实施相关

---

① 于良芝：《国外图书馆古籍保管与利用制度研究》，《大学图书馆学报》2005年第6期。

的部门规章和地方法规,具有较浓厚的行政色彩。国外则主要依靠图书馆行业组织制定的古籍工作规范,其内容涵盖古籍收集、处理(分编)、日常保管、失窃危机处理、展览、出售等众多方面,职业色彩浓厚,可操作性强。依靠行政法规来保存和利用古籍,虽有一定的权威性,但显然不够科学和灵活。例如,《中华人民共和国文物保护法》规定:"文物收藏单位的法定代表人对馆藏文物的安全负责。"① 《省(自治区、市)图书馆工作条例》规定:"善本、孤本以及不宜外借的书刊资料,只限馆内阅览,必要时,经批准可向国内读者提供复制件。"② 这两条规定赋予馆领导极大的审批权,公民能否借阅和复制古籍全凭领导一人决定。这就是为什么我国有的公民虽然在经济上有能力有偿使用古籍善本,却会因属于"外部用户"而无法获取相关古籍的法律根源。因此,我国古籍善本的保存与利用应转移到以职业规范为主要调整手段的轨道上来。这也是目前缓解我国古籍藏用矛盾的根本途径。健全并强化我国古籍保护与利用的职业规范,应充分发挥图书馆行业协会的指导作用,加强行业间图书馆员的业务联系与交流,促进行业各项工作标准化、规范化与职业化。

第二,我国古籍保管与利用制度受文物法确立的"保护为主、抢救第一、合理利用、加强管理"的方针的影响,偏重古籍善本的保存与管理,而较忽视古籍资源的开发和利用,制度的刚性有余而灵活性不足。而国外图书馆强调以利用为主导来平衡古籍保管与利用之间的需要,主张平衡版权者、所有者(图书馆)及利用者之间的权益,同时又能严格古籍保护制度。例如,对于处在版权保护期的图书,图书馆通常会在版权法允许的范围内最大限度地保障利用;对于捐赠的图书或手稿,图书馆通常会说服捐赠者提出尽可能少的使用限制,而一旦捐赠者解除限制,图书馆会争取在第一时间提供利用;对于为出版或商业目的而提出使用申请的用户,图书馆的收费标准一般不至于让用户望而却步。这样的制度对于我国图书馆的古籍工作无疑是具有借鉴价值的。国外同行对古籍保管与利用、书与人、所有权与利用权、用户监控(Surveillance)与用户支持等矛盾的协调思路,特别值得我们思考和学习。

第三,从图书馆规章制度的比较来看,国内外差别倒不是很大。但有

---

① 《中华人民共和国文物保护法》,http://www.ccnt.gov.cn/xxfb/zcfg/flfg/200504/t20050406_10596.html。
② 《省(自治区、市)图书馆工作条例》,http://www.jxwh.gov.cn/news.asp?id=1050。

两点差别值得重视，一是国外图书馆界在古籍善本保存与利用的关键问题上举措一致，而我国各级图书馆的规章制度则显得有些各自为政。例如，于良芝教授的调查显示，国外图书馆无一所拒绝外来用户使用其善本特藏，无一所图书馆对善本特藏阅览服务收取费用。而我国图书馆在收费问题上，有的图书馆不论馆内馆外用户均收取文献保护费，而有的图书馆只对外部用户收取文献保护费，且文献保护费的收取各馆的标准也有很大出入。同样情况下的古籍善本，有的图书馆规定可以阅览，而有的图书馆拒绝阅览。我国图书馆给外界各自为政的整体印象，极大地影响了业界声誉，加深了读者对古籍善本工作的误解和对图书馆的不信任感。二是国外图书馆比国内图书馆更重视细节和人性化服务。作为对烦琐的身份验证程序、严格的使用规章、费时的闭架借阅方式、受监控的阅览空间等古籍利用制度的弥补，国外图书馆强调在细节上给予用户尽可能的照顾，例如提供必要的设施、提前预约、远程服务等。这方面值得国内图书馆学习和借鉴。

中文古籍善本动态定量评价体系的构建

中国数千年不绝之文化流传，实赖古籍多矣。无论写本、雕版印刷还是活字印刷，皆粲然可观，承载着丰富的历史文化信息，我们借此得以还原古人生活之概貌和数千年文明流变之脉络，因而对古籍价值进行评估很有必要，并由此形成了善本观。所谓善本观，是指在版本鉴别和选择过程中，于人们头脑中形成的关于图书版本的学术价值、历史价值和审美价值的一种综合价值取向。

善本观是人们评判古籍价值的标准，在不同的历史时期，其含义是有区别的。比如，西汉时期河间献王刘德，以重金从民间征求"善书"。他看重的书"皆古文先秦旧书，《周官》、《尚书》、《礼》、《礼记》、《孟子》、《老子》之属，皆经传说记，七十子之徒所论。"[1] 这显然与当时崇儒复古的风气有关。魏晋以来，佛教与玄学相结合，佛经的翻译和整理盛行，但因译出多门，派别纷杂，学说改易，因而这一时期的善本观讲求原书正本。南北朝时期，书籍及其版本因纸张的普及应用而数量大增，但同时也因传抄频繁，眼讹手误不可避免，误本迭出，因而精校本格外受到人们的重视。如北齐颜之推在《颜氏家训》中大量列举了"俗本"、"误本"的异文情况，提出了著名的"观天下书未遍，不得妄下雌黄"[2] 的观点。隋唐以来，写本极为发达，藏书日富，人们在继承崇尚前朝旧本的传统之外，更加关注版本外在形式的美观。宋人的善本观与前代相比，已趋全面成熟，其总体特征是对内容完整无误的追求，具体表现为崇古本、旧本、写本，尊官本，嗜金石拓本，求足本、完本。但宋人的善本观不是一成不变的，在具体的文献环境下，在写本与刻本、官本与私本、真本与异本、

---

[1] 班固：《汉书》卷五三《河间献王刘德传》，中华书局，1962，第2410页。
[2] 颜之推撰、王利器集解《颜氏家训集解》，上海古籍出版社，1980，第219页。

内容与形式的比较取舍中，又会因各自的特性而有所变通。明人的善本观受学风空疏的影响，出现了重形式而轻内容的倾向。清代是古籍整理总结性阶段，版本学成就最高，因而兼顾版本的内容与形式。清人代表性的善本观，如张之洞在《輶轩语·语学·读书宜求善本》中提出："善本之义有三：一、足本（无阙卷、未删削）；二、精本（一精校、一精注）；三、旧本（一旧刻、一旧钞）。"[①] 他从教育的角度重新排列了善本的诸要素，将当代校本和刻本提到了重要的位置。这不仅是因为当代书籍便于购求，更是对清代学者整理古籍取得的成就的肯定。

通过对历代善本观的考察，我们发现，历代善本的评价大致是从版本的形成年代、内容与形式这三个方面入手的。因此，20世纪70年代至90年代，我国在编纂《中国古籍善本书目》时，有关专家提出了"三性"、"九条"的善本评价标准。"三性"即历史文物性、学术资料性和艺术代表性。"九条"分别是：

第一，元代及元代以前刻印、抄写的图书（包括残本和零页）；

第二，明代刻、抄写的图书（包括具有特殊价值的残本与零页），但版印模糊、流传尚多者不收；

第三，清代乾隆及乾隆以前流传较少的印本、抄本；

第四，太平天国及历代农民革命政权所印行的图书；

第五，辛亥革命前，在学术研究上有独到见解、或有学派特点、或集众说较有系统的稿本，以及流传很少的刻本、抄本；

第六，辛亥革命前，反映某一时期、某一领域或某一事件资料方面的稿本以及流传很少的刻本、抄本；

第七，辛亥革命以前的名人学者批校、题跋或辑录前人批校而有参考价值的印本、抄本；

第八，在印刷上能反映我国古代印刷技术发展、代表一定时期技术水平的各种活字印本、套印本或有较精版画的刻本；

第九，明代的印谱，清代的集古印谱、名家篆刻印谱的钤印本（有特色或有亲笔题记的）。

这是一个系统周详的善本评价标准，应该说把握了善本的本质。

[①] 张之洞：《輶轩语》，载安徽师范大学图书馆编《中国古代图书学文选》，1985，第134页。

但也存在一定的问题，因为这个评价体系是静态的、定性的。比如历史文物性，为了便于操作，图书馆等古籍实际保存部门通常是将乾隆六十年（1795年）以前的本子划分为善本的范畴。但随着时间的推移，几十年过去了，这个时间点没有相应地后移，一些有可能成为新善本的普通古籍就失去了相应的保护。学术资料性和艺术代表性更是仁者见仁、智者见智，界限过于模糊，在实际操作中常因人而异，不便把握。为此，本文尝试用模糊数学的方法为古籍善本的评价建立一个动态量化模型。

一　古籍善本历史文物价值的评价

历史文物性是古籍最重要的属性，但本文所给定的历史文物性的评价不是将古籍与玉器、陶瓷等文物进行价值的区隔，而是在古籍的范围内，对不同古籍的历史文物价值利用一定的评定方法来给予区隔，即给出古籍间的文物价值差异度。在古籍的历史文物价值差异度区隔中，古籍的产生年代是一个最重要的指标，而古籍在历史过程中被利用的状况作为其存在价值也被加以考虑。简而言之，古籍的历史文物价值是年代价值和存在价值的综合体现。而年代价值随着古籍跨越的时间长短不同而不同。因此，在本文中，年代价值只能以数学公式的形式来进行动态表达，而且存在价值也能以存在时间的区间异同来以数学形式表达。

（一）古籍年代价值的函数表达

若想用函数表达古籍的年代价值，我们不妨 x 为时间长度的变量，而 y 则为古籍年代价值函数。根据常识我们知道，历史跨度越长，则其历史价值一般来说也应越大；同时，就古籍的历史价值而言，即使是在同样的历史跨度里，其较古老者价值的跃升将不会快于较近者与较古老者间的价值跃升。比如，宋代到唐代的古籍其价值跃升将大于东汉到西汉的古籍的价值跃升。因此，综上所述，换言之，我们可以设定在 $x \in (0, +\infty)$ 区间内，y 是一单调递增函数，而 y 对于 x 的一阶导数大于0，其二阶导数则小于0。

因此，我们不妨设：

$$\frac{dy}{dx} = \frac{1}{x} \tag{1}$$

将式（1）两边同乘以 dx，则

$$dy = \frac{1}{x}dx \tag{2}$$

将式（2）两边同时积分，则

$$\int dy = \int \frac{1}{x}dx$$

即得

$$y = \ln x + c \tag{3}$$

如果将 1911 年的古籍的时间跨度设置为基准 1，且其年代价值也设为基准 1，将 $x=1$ 和 $y=1$ 代入式（3），则可解出

$$c = 1$$

故

$$y = \ln x + 1 \tag{4}$$

同时，设一古籍的出版年为 t，则

$$x = 1912 - t \tag{5}$$

这里将古籍的出版年以公元纪年来表示，如出版年为公元 234 年，则 $t=234$；出版年为公元元年，则 $t=0$；出版年为公元前 25 年，则 $t=-25$。将式（4）和式（5）合并，即可得出古籍的年代价值表达式为

$$y = \ln(1912 - t) + 1 \tag{6}$$

其中 t 为古籍出版年，y 为古籍年代价值。

（二）古籍的存在与使用价值的表示

古籍的历史文物价值，也应与其在历史进程中的存在和被利用状况有关。为反映这一思想，同时也为了简化处理，我们将中国的历史时期从夏代（约公元前 21 世纪）到清末（1911 年）这一约 4000 年的区间以每 100 年为一间隔来划分为 40 个子区间，并设定每一区间某一古籍的存在与使用价值均为 1，则可获得 2 个 40 维的向量 i 和 u。

其中，i（existence）表示古籍在相应历史区间的存在与否，则 i 可以表示为向量（i_1，i_2，i_3……i_{40}），而 i_n 即表示为在第 n 个区间该古籍存在与否，并且 i_n 的值只能为 1（存在）或 0（不存在）。举例说明，如果某一古籍只在 i_{20} 和 i_{21} 两个时期存在，则在 i 向量中，除了 i_{20}、i_{21} 两个分量为 1 外，其余各分量均表示为 0。而对于各区间所对应的具体时间，我们可以逆向推出，如 i_{40} 对应的历史区间为公元 1911 年到 1812 年，则 i_{39} 对应的历史区间为公元 1811 年到 1712 年。如此上溯，就可以将从 i_{38} 到 i_1 对应的历史区间的公元纪年区间全部表示出来。

u（utility）表示该古籍在相应区间的存在与使用价值，它可以表示为向量（u_1，u_2，u_3……u_{40}），在这里为简化处理起见，设置 $u_n = 1$。

同时，为了方便归一化处理，某一古籍的历史存在与使用价值 v 可表示为：

$$v = \frac{1}{40} i \times u = \frac{1}{40} \sum_{n=1}^{40} i_n u_n \tag{7}$$

（三）古籍历史文物价值的综合表达

综合两者，则我们可以将一古籍的历史文物价值 h（history）最终表示为：

$$h = w_1 y + w_2 v \tag{8}$$

其中 w_1 和 w_2 为相应值的权重。这里我们将历史年代价值的权重设为 0.7，将存在与使用价值的权重设为 0.3，则式（8）可表示为：

$$h = 0.7y + 0.3v = 0.7 \times [\ln(1912 - t) + 1] + \frac{0.3}{40} \times \left(\sum_{n=1}^{40} i_n u_n \right) \tag{9}$$

式（9）中，t 为古籍的制作（如竹简）、誊写（如写本）、刻画（如甲骨）或制版（如雕版印刷本）等的时间，h 为古籍的历史价值。

二 古籍善本学术资料价值的评价

如前所述，学术资料价值的判断实际上是一个仁者见仁的问题。同一古籍在不同领域的人甚至同一领域中持不同观点的人看来，其价值大相径庭。比如，某一本中医古籍在对中华传统医药根本不感兴趣的人看来可能一钱不值，而在中医专业人士或爱好者心目中则是价值连城。因此，学术资料价值只能通过一定的客观指标来予以界定。但需要指出的是，这些客观指标也不能在完全意义上具有客观描述性，只是相对的。比如，他引率可以作为表达古籍学术资料价值的客观指标之一，但古籍的他引率由于受到该古籍的流传范围大小、受众多寡、该领域的学术传统等诸因素的影响，而不能平等地表达不同领域的古籍的学术价值。以中华武术类古籍为例，由于武术的传承多是以家族、门派等方式进行，多依赖言传身教而不靠著书立说来传承，即便是有著书立说者，其受众也是寥若晨星，更遑论被演绎、被引证，因此它的他引率就不容乐观，其真实的学术资料价值就不是他引率这样的客观指标所能反映的。为了平衡这种差异，在学术资料价值的评定中，就不得不调节指标。

学术资料价值是一个主观观念主导的价值表达，但在一个价值评定表达方案中，只能以客观量化的标准来予以揭示，同时对不同领域的古籍，为了避免古籍价值的被低估或误判，在此评价体系中引入同类古籍的种类因素，来平衡因受众多寡、覆盖范围大小、传承传统的差异等因素带来的价值误估。因此，我们试以用如下框架（见表5）来近似揭示古籍的学术资料价值。

表5 古籍学术资料价值评定框架

评价指标	权重	分值	备注
原创比率	0.2	$\dfrac{o}{b}$	o为原创文字数，b为该古籍文字总数
他引率	0.3	$\dfrac{c}{b}$	从简处理，只是单就古籍中被他书引用部分的比例进行衡量。c为被引用的文字数，b为该古籍文字总数
引他率	0.1	$\dfrac{b-o}{b}$	o为原创文字数，b为该古籍文字总数
批注	0.05	$\dfrac{p}{b}$	p为批注文字数，b为该古籍文字总数
校勘	0.05	0-4	未校勘，分值为0；使用了对校法，加1；使用了本校法，加1；使用了他校法，加1；使用了理校法，加1
序跋	0.1	$\dfrac{a}{b}$	a为该古籍的序跋文字数，b为古籍文字总数。但为操作容易记，不妨设无序跋者为0，有序跋者为0.5，序跋多者为1
同类古籍种数	0.2	$\dfrac{1}{n}$	n为与该古籍同类的古籍或相仿者总数（包括该古籍）。由于同类古籍种数不便统计，还可以另一种方法来计量：即现存同类古籍最早者为1，否则为0

在表 5 中，笔者将古籍的学术资料价值简化为原创比率、他引率、引他率、批注、校勘、序跋和同类古籍种数。

（一）学术资料价值的指标说明

原创比率是强调该古籍内容的原创性，从这一指标上可以将儒家"六经"和对"六经"进行注疏的古籍作出适度区隔，因为学术资料的价值更体现在它的创新上。在表 5 中，以 $\frac{o}{b}$ 的比值来描述古籍的原创价值，其中 o 为原创文字数，b 为该古籍文字总数。

他引率是其他古籍对某一古籍内容的引证比例，主要用以表达某一古籍内容的权威性，即其学术分量。在表 5 中，以 $\frac{c}{b}$ 来表达他引率，其中 c 为被引用的文字数，b 为该古籍文字总数。

引他率是为了表达类书等古籍的学术价值而设置的指标，同时也是对这种辑录资料的工具书的学术价值的认可。毕竟古籍的散佚是漫长历史年代中书籍命运的常态，而类书的存在，使我们能窥见或反溯其被证引或被辑录的古籍的原貌，在留存学术资料上有其重要价值。

在表 5 中，以 $\frac{b-o}{b}$ 来表达引他率，其中 o 为原创文字数，b 为该古籍文字总数。

批注、校勘和序跋也被引入该评价体系，以表达古籍的学术价值。但对这三个指标都实行了简化处理。就批注和序跋而言，它固然对学术资料的价值在重要性或权威性上能有所区隔，但对具体的批注和序跋的分量或重要性，并没进行更细致的表达，而只是就文字数量的简单关系进行了描述。笔者并不是想忽略这种差异性，而是认为在重要性或权威性上不能回避其主观因素，因此采用了最易量化也最易操作的做法。而在对校勘的认定方面，更是以校勘方法的采用数量来简化处理，如未校勘，则其值为 0，而采用方法的数量之和即其原始分值。

在表 5 中，以 $\frac{p}{b}$ 来表达批注的分值，其中 p 为批注文字数，b 为该古籍文字总数；以 $\frac{a}{b}$ 来表达序跋的分值，其中 a 为该古籍的序跋文字数，b 为该古籍文字总数；而校勘则以 0-4 这 5 个分值来予以区隔。

同类古籍种数这个指标其实是为了防止因学科或领域繁荣度的不同而导致有的古籍在他引率、引他律等指标上的缺失，以至于有的古籍的学术资料价值被低估。如武术、园艺类古籍相较于史书而言，数量少之又少，则在他引率、引他律等方面的分值几乎为 0，而引入同类古籍种数这个指标，可以有所纠正。

在表 5 中，这一分值采用的是同类古籍数量的倒数值，即 $\frac{1}{n}$，而 n 为与该古籍同类的古籍总数（包括该古籍）。即，如果同类书籍只有 1 种，则其原始分值为 1；如果同类书籍有 10 种，则其原始分值为 0.1。

（二）学术资料价值指标间的关系

在学术资料价值的诸指标中，并不是不加区分地给予相同的权重，而各指标间也不都是孤立的表达。就现在的学术期刊而言，某一期刊的学术价值往往可以用影响因子、总被引频次、他引率、即年指标、基金论文比等多项指标予以揭示，而在古籍的学术资料价值评价框架中，有的指标缺乏可操作性，故未能采用。由于他引率承载了诸多的考量因素，因此其权重被设置为最高。而原创比率和同类古籍种数在本框架中亦被给予了等量的考虑，且其权重之和还高过他引率，实质上是在向原创者和孤证者倾斜，因为原创比率和同类古籍种数指标存在着正相关关系的可能性较大，孤证者其原创比例必然高，同类众多者，其引证必多。

除前文所指出的指标间的关系外，他引率其实揭示了某一古籍的权威性或重要性，而引他律除了表达了某一古籍内容的重要性外，也间接指出了其他古籍内容的权威性。而批注、序跋对某一古籍的学术价值与他引率存在着正相关关系的可能性较大。校勘与同类古籍种数指标最少在他校法上存在着正相关的较大可能性，也能间接地体现学术资料价值的重要性，因此与他引率、批注、序跋等存在内在关系。

（三）学术资料价值的综合表达

综合本节所述，若设学术资料价值为 A（Academy），则

$$A = 0.2 \times \frac{o}{b} + 0.3 \times \frac{c}{b} + 0.1 \times \frac{b-o}{b} + 0.05 \times \frac{p}{b} + v_c + 0.1 \times \frac{a}{b} + 0.2 \times \frac{1}{n}$$

(10)

其中，o 为原创文字数，b 为该古籍文字总数，p 为批注文字数，a 为该古籍的序跋文字数，v_c 为校勘指标值，n 为与该古籍同类的古籍总数（包括该古籍）。

三 古籍善本艺术价值的评价

古籍善本的艺术价值也不易客观描述，但相对学术资料价值的判定而言更易达成共识。艺术价值可以用古籍的书体、插图、套色、纸张、装帧、藏印、行款、牌记等客观指标予以揭示。毕竟古籍不是书画，在艺术价值的描述角度上还是易于量化，或誊写或雕版或活字者，是工匠而非书法大家，其价值可依一定标准来量度。其插图、套色、纸张、装帧等亦然。这有助于区别于书画作品的随行就市，描述起来也就客观得多。藏印则不仅代表了历代收藏者对一古籍价值的认同，而且也具有客观的艺术价值。而行款则与古籍的观瞻辨识密不可分，一般而言，疏朗的行款更美观易辨。牌记则与现代书籍的版权记录项相当，揭示了古籍丰富的出版信息。尽管如此，仍有不易厘清之处，如简册装、卷轴装、旋风装、经折装、蝴蝶装、包背装和线装等装帧形式，就不能说它们孰优孰劣，只是在各个不同的历史阶段采用了适应于相应材质的形式而已。因此，在善本艺术价值的判定上，我们对相关指标作相对简化的处理，表 6 给出的评价指标如下。

表 6 古籍艺术性评定指标

指 标	权 重	分 值	备 注
装帧	0.1	0-1	每一装帧形式的基准为 0.5，较精美者为 0.7，极精美者为 1
书体	0.1	0-1	书体清晰者为 0.5，书体工整者为 0.7，书体精美者为 1
完整程度	0.1	0-1	依完整度给出 0-1 的分值
纸张（包括简策）	0.1	0-1	基准值为 0.5，精美者为 1
插图	0.1	0-1	无为 0，有为 0.5，精美者为 1
套色	0.1	0-1	无为 0，有为 0.5，精美者为 1

续表

指　标	权　重	分　值	备　注
藏印	0.1	0－1	无为0，有为0.5，超过10枚者为1
行款	0.05	0－1	疏朗美观可辨者为1，一般者为0.5，否则为0
牌记	0.05	0－1	无为0，有为1
简册/写本/雕版/活字	0.1	0－1	基准值为0.5，精美者为1
原创性	0.1	0－1	以上各指标（书体和完整程度除外）属现存古籍中最早者，有一项即加0.2，以累加和为最终结果

应该说，艺术性评定的指标的分值给定还是主观因素起较大作用，这一点是无须回避的。虽然指标易于确定，但分值的给定还是有太多弹性，这是因为艺术的认定还是无法回避主观的评判，这里只是给出笔者的理解，不妥之处还可商榷。

四　古籍善本价值评价的综合表达

综上所述，某一古籍价值由历史文物价值、学术资料价值和艺术代表性价值三者给定。如果设 $v_{古籍}$ 为古籍的价值，历史文物价值为 v_1［即为式（9）中的 h］，学术资料价值为 v_2［即为式（10）中的 A］，艺术价值为 v_3，则我们可以给出其价值表达式：

$$v_{古籍} = \sum_{i=1}^{3} a_i v_i \qquad (11)$$

其中，$\sum_{i=1}^{3} a_i = 1$

从上式可知，a_i 为权重，之所以不给出具体值，还是希望保留一点弹性，以便根据各自的情况自行设置。不过，笔者倾向于将 a_1 设为0.6，a_2 设为0.3，而 a_3 设为0.1。须指出的是，在本文中，除了年代价值没有做归一化处理外，其他计算都作了归一化的处理，也是笔者想突出古籍价值的年代因素的缘故，并不是忽略。

五 古籍善本综合价值评价案例

我们可用两个案例来尝试进行古籍善本综合价值的评定。取以下两种古籍，版本信息描述如下：

古籍一：

东坡乐府二卷 （宋）苏轼撰 元延祐七年（1320）叶辰南阜书堂刻本

国家图书馆藏，被收入《第一批国家珍贵古籍名录》

制作方式：雕版印刷　　　　年代：元延祐七年（1320年）

装帧：极精美　　　　　　　书体：楷书，工整、清晰，精美

完整程度：完整　　　　　　纸张：匡高18.8厘米，广12.4厘米，精美

行款：半页十行，行十八字，白口，左右双边

序跋：卷首有藏书家黄丕烈跋

插图：无　　套色：无

藏书印：竹坞、辛夷馆印、玉兰堂、梅溪精舍、古吴王氏、乾学、徐健庵、季沧苇藏书、振宜之印、沧苇、歙鲍氏知不足斋藏书、鲍以文藏书记、顾广圻印、顾涧蘋藏书、思适斋、老尧、曾藏汪阆源家等藏印。

被赵万里先生称为今日所见东坡词最古刻本，也是传世东坡词最重要的刻本。

古籍二：

山带阁注楚辞六卷、卷首一卷，附楚辞余论二卷、楚辞说韵一卷 （楚）屈平撰 （清）蒋骥注 雍正五年（1727年）蒋氏山带阁刻本

制作方式：雕版印刷　　　　年代：雍正五年（1727年）

装帧：线装，一般　　　　　书体：楷体，清晰、工整，精美度一般

完整程度：完整　　　　　　纸张：纸面干净，无污损，较为精美

插图：卷首有地图 5 幅，较精美

套色：无　艺术原创性：无

藏书印：4　　　　行款：半页 10 行，行 21 字

天头：约 4 厘米　地脚：约 1.3 厘米

批注：无　　　　　校勘：无

序文：2 篇，皆为蒋骥作，约 1400 字

全书字数：约 151200 字

卷首有牌记，上有"武进蒋涑畹注三闾楚辞 山带阁藏板"字样

卷首有屈原列传、屈原外传、楚世家节略等屈原生平资料，约 5000 字

卷首有"采摭书目"10 页。

我们可以根据以上信息来进行相关计量，其结果如表 7 所示。

表 7　古籍价值计算实例

事项	分值《东坡乐府》	分值《山带阁注楚辞》	备注
年代价值	$\ln(1912-1320)+1$	$\ln(1912-1727)+1$	
使用价值	$\frac{6}{40}$	$\frac{2}{40}$	
序跋	0.5	0.5	
同类古籍数（简易算法）	1	0	
装帧	1	0.5	若两书在同一事项中均未得分者不列，且所列分值是原始分值，并不计加权
书体	1	0.7	
完整度	1	1	
纸张	1	0.5	
插图	0	0.5	
藏印	1	0.5	
简册/写本/雕版/活字	1	0.5	
行款	1	0.5	
牌记	0	1	
最终加权分值	3.2681	2.6861	最终加权分值

根据本文提出的古籍善本评价体系进行评估，则该版本的《东坡乐府》价值为 3.2681，该版本的《山带阁注楚辞》价值为 2.6861，《东

坡乐府》价值较《山带阁注楚辞》为大，也符合我们的认知常识。当然，文中所述的评估点、每一评估点的分值量化细则和每一评估点的参数都不是可最终固定下来的，还可进行调整和商榷。本文只是试图提出一个评估框架，并不想也不可能完全给出每一种古籍价值的细则框架。作为一种探索，本文只是提出了一条思路，而不是企图给定一个武断的公式。

非物质文化遗产视角下的中国古籍版本文化保护

历尽劫波、千年不圮的中华古籍蕴藏着伟大而又持久的文化魅力。除去它承载的中华民族所特有的思想智慧及知识内容不说，单是历史遗存下来的各种古籍版本就足以令世人叹为观止。依版本生成方式分，有写本、拓本、刻本、活字本、石印本等；依版刻年代分，有宋本、元本、明本、清本等；依版刻地区分，有蜀本、建本、浙本、麻沙本等；依版刻主体分，有官刻（如公使库本、监本、阁本、局本等）、家刻、坊刻、书院刻、寺观刻等；依版画技艺分，有套印、饾版、拱花等；依装帧形式分，有卷轴装、龙鳞装、经折装、蝴蝶装、包背装、线装等。名目繁多、异彩纷呈的各类古籍版本是历史悠久、绚丽多姿的中国古代出版文化遗存的"活化石"。无论是"肥瘦有则，佳者绝有欧柳笔法，纸质莹洁，墨色青纯"（明张应文《清秘藏》）的宋版书，还是"赵体字秀逸，柔软之姿，具有刚劲之气，甚觉可爱"（毛春翔《古书版本常谈》）的元版黑口书，无论是雕镂精美、校雠精审的明代徽版书，还是纸洁如玉、墨凝如漆的清代精刻本，无不代表着一个时期、一个地域的工艺和人文，成为一个时代抹之不去的文化标记和文明印痕。①

围绕古籍版本保护，前人已做了大量工作。笔者在前文《构建中华古籍版本文化层级保护体系的设想》中将之归结为五个方面：一是初步建立了古籍保存体系，修复了一批重要古籍；二是制作了一批缩微型的古籍文献；三是编制了一批古籍馆藏目录和善本书目；四是点校、影印、编纂、翻译出版了一批古籍文献；五是研制了一批书目型或全文型的古籍数据库。从以上所举，我们发现以往古籍保护的思路主要还是围绕古籍实体展开的。古籍保护以版本实体为重心，符合"保护为主、抢救第一、合理利

---

① 秋禾：《一种风雅曰版本》，《深圳商报》2003年6月7日C05版。

用、加强管理"① 的既定方针，不仅是必要的，也是必需的。但我们不能因此而忽视了古籍版本文化非物质性的一面，像古籍的版刻工艺、装帧艺术、修复技法、鉴赏方法等无形的文化遗产，同样是古代出版文化的优秀组成部分，一样值得我们去珍视。受相对狭隘的传承方式的影响，特别是受目前文化生态急剧变化和商品经济发展的冲击，这些根植于民间的传统技艺正濒临消亡。因而从这个意义上讲，古籍版本非物质文化遗产的抢救和保护要比古籍实体保护面临的形势更为严峻。

一 古籍版本的非物质文化遗产属性

自1950年日本首次提出"无形文化财"至今已60余年，目前世界范围内就"非物质文化遗产"（Intangible Cultural Heritage）的概念已达成了共识。2003年，联合国教科文组织第32届大会通过的《保护非物质文化遗产公约》将"非物质文化遗产"定义为"被各群体、团体、有时为个人所视为其文化遗产的各种实践、表演、表现形式、知识体系和技能及其有关的工具、实物、工艺品和文化场所"，同时将非物质文化遗产划分为五大类：口头传统和表述；表演艺术；社会风俗、礼仪、节庆；有关自然界和宇宙的知识和实践；传统的手工艺技能。2005年，国务院办公厅在其印发的《关于加强我国非物质文化遗产保护工作的意见·附件1》中对"非物质文化遗产"作了更加中国化和通俗化的表述："非物质文化遗产指各族人民世代相承的、与群众生活密切相关的各种传统文化表现形式（如民俗活动、表演艺术、传统知识和技能，以及与之相关的器具、实物、手工制品等）和文化空间。"② 依照上述表述，中国古籍版本完全符合非物质文化遗产的定义，具备了非物质文化遗产的所有特性。

（一）非物质性

古籍版本不仅是用来阅读的工具，同时也是聚合古代出版文化与审美

---

① 《国务院办公厅：关于进一步加强古籍保护工作的意见》，《人民日报》2007年3月2日008版。
② 《国务院办公厅：关于加强我国非物质文化遗产保护工作的意见》，http://www.gov.cn/zwgk/2005-08/15/content_ 21681. htm。

情趣于一体的艺术作品。历史遗存的诸多写本、拓本，有的本身就是不可多得的书法艺术珍品。而刻本的版式、行款、字体、墨色、用纸、装帧，以及套印、饾版、拱花技法等，则共同构成了古代版刻富有艺术表现力的文化形式。古籍版本在流传过程中留下的名人藏印、批记，成为一个时代的文化印记和历史诠释。至于藏书家在古籍版本鉴赏过程中积累和形成的各类版本的鉴别方法（无论是"观风望气"的经验摸索，还是科学理性的方法总结）和审美情趣，亦都具有非物质的特性。

（二）活态性

所谓"活"，即它本质上是有灵魂的。这个灵魂，是指创生并传承古籍版本文化的主体，在历代古籍整理、出版和传播活动中凝聚而成的文化心理和传承下来的职业精神。比如，历代出版家在古籍版本整理过程中所遵循的"广罗异本"、"精勤校勘"、"择善而从"的优良传统，就集中体现了古籍版本学"求真、求实、求美"的精神内涵。这种精神气质一旦形成，必将作为"获得性遗传"因素，引领古籍版本从业人员的理想和精神追求。

（三）民族性

古籍版本文化是中华民族文化的一部分，具有鲜明的民族特色。作为书写工具和刻记符号的毛笔和汉字（包括多种字体），其本身就是中华民族所特有的文化标记。中国古代典籍经历了金石、简策、缣帛、纸张等载体材料的演变，形成了卷、册、篇、帙、函等多种图书形态，创造了与之相适应的卷轴装、龙鳞装、经折装、蝴蝶装、包背装、线装等多种装帧形式。这些都是东方审美哲学在中国古代图书文化中的表现，体现了鲜明的中华民族特色。

（四）传承性

古籍版本文化是一种世代相传的文化现象，具有被人们以集体、群体或个体方式逐代享用、继承和发展的性质。比如，古籍版刻技艺和古籍修复技术就是以人的传授为基本方式，长期以来以父子相袭、师徒授受为主要传承路径，表现为在时间上的纵向流动，并在其发展过程中呈现出相对的稳定性。古代刻工多以家族式经营为特点,古籍修复和鉴别也多采用师傅带徒弟的方式,这些都是古籍版本文化传承性的表现。

(五)发展性

古籍版本文化的发展并不是一成不变的,而是一个不断发展和创新的过程。这从版本材料、版刻工艺、装帧形式等方面的发展变化都可以体现出来。以版本工艺为例,从最初的写本到刻本的出现,从雕版印刷到活字印刷的发明,从一般套印到饾版、拱花技艺的应用,无不体现了古籍版本文化自我发展的内在活力。

二 中国古籍版本非物质文化遗产保护的途径和措施

国际上通行的非物质文化遗产保护主要有两大途径:一是"传承",二是"记忆"。古籍版本非物质文化遗产的保护也不例外。

(一)古籍版本非物质文化遗产的传承性保护

"人"是非物质文化传承的核心和中介,因而传承性保护应主要从传承人的培育和管理入手。所谓"传承性保护",即通过为传承古籍版本的雕版工艺、修复技术、鉴赏方法等培养接班人的方式,实现对古籍版本非物质文化遗产的"活保护"。这是古籍版本非物质文化遗产保护的根本途径,也是古籍版本非物质文化遗产得以存活与流传的根本途径。但同时这也是最为艰难的一种保护方式,因为它受到诸多主客观因素、内外部条件的制约。

1. 将古籍版本非物质文化遗产纳入现代高等教育体系,大力发展职业教育

古籍版本非物质文化遗产的传承一直沿用口传心授、言传身教的师傅带徒弟的方式。尽管这种模式对手工技艺的传承曾起过非常重要的作用,但其狭隘性也是显而易见的。由于学生规模有限、教学保守,且各种技艺不易见诸文字而传之于后世,因此核心技艺面临失传的极大风险。而要打破这种传承模式,最好的方式就是将它纳入现代高等教育体系,大力发展职业教育，不断提升办学层次。

案例1：凌永康，南京古籍修复师。1978年入扬州广陵古籍刻印社从事古籍修复工作，曾与他人合作研制了古籍修复必需的糨糊中药成分。几十年的钻研，使他掌握了一些不为人知的古籍修复秘诀，被誉为世界级的古籍修复师。他在与《南京晨报》的记者交流时表示，自己所掌握的秘诀是全江苏人的财富，不会轻易泄露给外人，但又害怕这笔珍贵的财富在自己手上失传。他向记者抱怨："唱戏的现在有博士点、硕士点，但是修古书的却连本科教学点都没有。"情急之下，他想过在高校找个中文系的优秀毕业生，把自己所有的手艺全部传授给他。但考虑到一系列现实因素，凌永康又有很多顾虑。因为南京江宁方山乡是全国有名的裱画乡，会裱画的人学修复古籍很快。他当时准备在那里雇几个临时工，但是考虑到文物安全，又不得不打消这个念头。①

这个案例典型地反映了当前一些国宝级古籍修复师衣钵没有传人的尴尬境遇。虽然在20世纪50年代末至60年代初，文化部曾组织相关人员专赴北京图书馆和中国书店学习古籍修复，80年代文化部也曾委托国家图书馆、上海图书馆、浙江图书馆等古籍大馆，举办过为期一年的古籍修复培训班，但从长远来看，这种非常设的教育机制对于古籍修复人才的培养是不利的。据估算，全国待修复的古籍有1000余万册，而专业修复人员却不足100人。这一方面是因为人才培养机制不健全，另一方面也是人才严重流失的结果。在国内，古籍修复人员通常被视为"匠人"，学历偏低，待遇不高，不是人们求职的热门选择。受此影响，与古籍相关的专业课程在高等院校中受到相当排斥。庆幸的是，这种严峻形势已引起了国家相关部门的注意。2003年8月，教育部办公厅、文化部办公厅联合下发了《关于开展培养古籍修复人才试点工作的通知》。在政府部门的介入和引导下，陆续有一些学校开设了古籍修复与鉴定专业，有的开设了相关课程，这使局面渐有所改观。笔者对相关情况作了调查，制成表8。

---

① 张伟：《全国不到100人：世界级古籍修复师南京寻传人》，《南京晨报》2005年4月7日。

表8 国内古籍修复与鉴定专业（课程）设置简况

学　　校	专业（课程）	办学层次
吉林艺术学院美术学院	古画修复与装裱专业（可修复古籍）	2002年开设，4年制本科
南京市莫愁中等专业学校	古籍修复专业	2004年开设3年制中专 2005年升级为5年制高职
金陵科技学院	古籍修复专业	2004年开设3年制大专 2008年升级为4年制本科
武汉大学图书馆	《古籍鉴赏》通识课	2005年开设全校通识课
北京大学中文系	古典文献专业（含古籍鉴定与修复课程）	2007年后开设相关课程 4年制本科
首都联合职工大学国家图书馆分校	古籍鉴定与修复专业	2008年开设2年制成人大专
太原理工大学美术学院	文物鉴定与修复专业（含古籍鉴定与修复课程）	开设年不详，3年制专科

从表8反映的情况来看，开设古籍修复与鉴定专业的院校数量还是偏少，而且办学层次相对较低。实际上，古籍修复与鉴定不仅是一项职业技能，也是一门专深的学问。它不仅需要掌握中国书籍装帧史、目录学、版本学等方面的专门知识，还需要具备一定的生物学、化学、物理学基础，能对纸张、糨糊等进行生化分析，并能设计和创新古籍修复方法，仅具备大专以下的知识储备显然是不够的。在国外，古籍修复通常被视为一种艺术，从事珍贵古籍修复的人员一般具有硕士、博士学历。以英国伦敦大学艺术学院、皇家艺术学院为例，它们都设有古籍与文物修复专业，隶属于美术系。学生本科毕业后只是取得一个"准入资格"，而要想正式从业，须先去图书馆做一段时间的"学徒"，即跟着一个工作团队，但没有独立从事古籍修复的资格。只有当积累了一定工作经验后，再回学院攻读研究生，直到取得研究生文凭，才算有了从业资格。

我国国情不同，古籍修复的任务也格外紧迫，专业人才的培养模式不能搞一刀切，应考虑建立金字塔式的多层次教育体系，以技能应用型人才培养为主、科研主导性人才培养为辅，大力发展职业教育，同时不断提升办学层次。在目前人才紧缺而专业教育又跟不上形势的情况下，古籍修复职业准入门槛应适当降低，不能非本科生不用。但这只是目前的权宜之计,从长远来看,古籍版本文化的传承和保护还是有赖于建立高层次的现代专业教育体系。在目前大多数高校尚不具备开设相关专业的条件下,可以考虑在图书馆学、古典文献学、编辑出版等专业开设古籍修复、古籍鉴赏、古籍装帧等相关课程。为缓解人才不足的燃眉之急,也可采取在职人员集中培训的方式。

2. 认定古籍版本非物质文化遗产代表性传承人,寻求适当的商业开发模式

古籍版本非物质文化与其他非物质文化遗产一样,在民间蕴藏着许多不为人知的艺人和绝技。如果不及时加以保护,一旦人去技亡,便无可挽回。因此,非物质文化遗产保护的一项重要内容就是对传承人的保护,而保护的前提就是对传承人进行有效的认定。在相关条件成熟的前提下,可引入企业投资,借鉴商业开发模式,以促其推广和传播。

案例2:长期困扰着古籍修复业的一个难题就是找不到适用的纸。按照"修旧如旧"的要求,古籍修复用纸必须要用古纸,因为现代机器造出来的纸,纸质脆硬且呈酸性,根本不合要求。今年73岁的浙江省奉化市萧王庙街道棠云村袁恒通老先生,利用上好的苦竹、桑树皮、棉麻等原料,再辅之以野生猕猴桃藤、冷饭包藤、豆腐渣树叶等配方,用古老的手工方式造出了适合古籍修复的"棠云纸"。一时间,国家图书馆、上海图书馆、南京图书馆等全国各地的专家先后来考察,都不约而同地选用了"棠云纸"。美国普林斯顿大学东亚图书馆馆刊主编罗南熙到袁恒通家参观后大为惊讶,他万万没想到在浙江宁波还能看到如此原生态的作坊。但时光流转,世事变迁。如今,整个棠云村就袁恒通一个人还在和古法造纸打交道,他成了最后的一名守望者。[①]

以袁恒通老先生为代表的民间艺人,掌握并承载着非物质文化遗产的专门知识和精湛技艺,他们既是非物质文化遗产的活宝库,也是非物质文化遗产代代相传的代表性人物。但由于相关保护和开发措施不到位,他们所代表的非物质文化遗产已是岌岌可危。

首先,传承人的认定存在一定难度。古籍版本文化属于传统技艺类,

---

① 吴晓鹏等:《袁恒通:传承"国纸"第一人》,《浙江日报》2008年8月5日。

而一项传统技艺可能在同一地域同时被多个人不同程度地掌握着，在认定过程中可能引发争议。因此，由文化部公布的"国家级非物质文化遗产项目代表性传承人名单"，强调其代表性，而非唯一性。2007年6月，文化部公布了第一批226名国家级非物质文化遗产项目代表性传承人，其中包括北京荣宝斋木版水印技艺的传承人崇德福，扬州广陵古籍刻印社雕版印刷技艺的传承人陈义时，四川德格印经院藏族雕版印刷技艺传承人彭措泽仁。目前，我国传承人的认定采取的是申报制，即由各级地方政府组织申报，再由文化主管部门进行审查来确定传承人资格。申报制相对简便易行，但其弊端也不少，如最后被认定的人数远少于申报的人数，必然造成一些亟待保护的传承人等不到政府的确认，从而使其所代表的非物质文化湮没无闻；各地政府在组织申报的过程中的一些急功近利的做法，也有悖于保护传承人的初衷。因此，有学者建议，文化遗产申报制应该改为普查备案制，建立科学的数据资料信息反馈系统，及时开展对马上要消亡的文化的抢救性保护。[①]

其次，商业开发过程中存在法律上的障碍。非物质文化遗产的保护最终要依赖于传承人的传习活动，而适度的商业开发是重要的途径之一。以袁恒通老先生的古法造纸术为例，如果能有企业投资介入，采用商业运作模式，一定能有很好的市场前景。但由于非物质文化遗产本身存在的主体的不易确定性、传统性、地域性特点，现代知识产权法律制度并不能对非物质文化遗产做出全面保护。袁老先生的古法造纸术属于传统手工艺，可能就难以突破专利法规定的"新颖性、创造性"等实质条件的限制。此类成果可能更宜采用商业秘密的方式加以保护。像其他的古籍雕版工艺、修复技术、装帧形式、鉴赏方法等，也都面临这样的问题。据悉，我国《非物质文化遗产保护法》正处于起草阶段且已被列入立法程序，但从已出台的部分地方法规来看，对非物质文化遗产传承人的权利规定还显得很模糊。在知识产权界，非物质文化遗产通常被归入传统知识领域，但对其保护概念国际上有多种理解。有人按知识产权来理解，认为主要是排除第三方未经授权的使用。有人则将这种保护看做是一种防止传统知识被不当使用的工具，以避免给使用该传统知识的社会生活领域带来负面影响。关于给予何种法律保护，是否以知识产权为基础，以及如果是知识产权保护，

[①] 张牧涵：《申报制有利于传承保护？是保护，还是毁灭》，《市场报》2007年6月13日。

什么是合适的保护理念及方式等方面尚存在严重的分歧。[①] 为此，必须加快非物质文化遗产保护的立法研究，保障传承人享有应有的财产权和精神权，为古籍版本非物质文化遗产的传播扫清法律障碍。

3. 实施古籍保护质量认证管理，建立古籍保护资格准入制度

古籍保护是有很严格的质量要求的。以古籍修复为例，仅凭良好的愿望是远远不够的。在修复条件不具备的情况下贸然对古籍进行修复，不仅不能保护古籍，反而会加剧它的损毁。因而古籍修复遵从的是"不遇良工，宁存故物"的理念。而作为良工，至少应具备三个基本条件：一是具备精湛的修复技艺，能将各种破损类型的古籍"整旧如旧"或"整旧如新"；二是具备一定的版本知识，能根据每部书的版本价值，选择最佳修复方式；三是具备较强的责任心，惜纸爱字，决不随意毁掉原书上的任何一点信息。但现实中有个别单位随意安排非专业人员修复古籍，或临时聘用一般字画装裱人员修复古籍，或起用低技术等级人员修复破损严重的古籍，均影响了古籍的寿命。

古籍保护从业人员的职业状况如何，也是关系到古籍保护长远发展的一个关键问题。当前我国古籍保护人才极度匮乏的原因绝不单单是教育的问题，还有更深层次的社会问题。以古籍修复为例，这是一个完全靠手工的特殊行业，要求从业人员几十年如一日做着重复的工作，单调寂寞不说，还要求极其耐心细致。如果没有鼓励性的政策支持，很少有本科学历以上的高素质人才愿意从事这项工作。即便是从职业院校毕业的中专生和大专生，工作后改行的也占了很大比例。留下来的少部分人学历低，与普通图书馆员相比，在职务晋升和职称评定上均处于劣势，导致工资待遇低，如广东地区古籍修复人员的月收入在1000至2000元左右，北京地区800至1200元左右，南京地区最少的在600元左右。[②] 以这样的职业状况去维持古籍保护事业的可持续发展，前景实在不容乐观，推行古籍保护资质认证的管理制度势在必行。

为此，在"中华古籍特藏保护计划"框架内，由国家图书馆和全国8家大型图书馆联合制定了《图书馆古籍修复人员任职资格》，规定了图书馆古籍修复人员从事各文物级次和破损级次的古籍修复工作的任职资格条

---

① Carlos Correa：《传统知识与知识产权——与传统知识保护有关的问题与意见》，文希凯译，http://yyknowhow.com/html/2006/0526/2386.html。

② 邱晓刚：《读者来信》，《中国图书馆学报》2008年第5期。

件和认证准入方式,以及图书馆古籍修复人员培训、考核和管理方法。该执行标准与2004年劳动和社会保障部、文化部制定的国家职业标准《图书资料业务人员·文献修复师》相配合,并依据《古籍定级标准》、《古籍特藏破损程度定级标准》和《古籍修复技术规范与质量要求》等,对古籍修复人员的任职资格和考核指标进行规范。这样做一方面有利于提高古籍修复的质量,另一方面也有利于改善古籍修复人员的待遇,提高其社会地位。

(二) 古籍版本非物质文化遗产的记忆性保护

如前所述,数量众多的各类古籍版本实物本身就蕴涵了丰富的版本文化信息,是中国古籍版本文化遗存的"活化石",其本身就是一种实物记忆。只不过这种记忆是自然的、被动的。我们所谓的"记忆性保护",是指通过文字、影像等主动记录方式,将无形文化遗产转换为有形存在并长久保存,由此形成古籍版本非物质文化遗产记忆档案。这些档案虽不是无形文化本身,但它们记录着一个时期版本文化的形态与状况,能够提供给人们一种文化认知的物质媒介与查考渠道,因而具有重要的文化价值与学术价值。

1. 开展全国性的古籍版本非物质文化遗产普查

由于现存各类古籍版本数量摸底不清,国务院办公厅下发的《关于进一步加强古籍保护工作的意见》提出要对全国古籍收藏和保护状况进行全面普查;而对于古籍版本非物质文化遗产的真实状况,我们同样不甚了了,因而也有进行全国普查的必要,以摸清古籍版本非物质文化遗产的类型、数量、分布情况及存在问题。

案例3:浙江省瑞安市平阳坑镇东源村的木活字印刷术源于元朝初年,主要用于印制宗谱,已传承20代,计800多年的历史,是已知的我国唯一保留下来且仍在使用的木活字印刷技艺。其工艺流程有采访(开丁)、誊清(理稿)、检字、排版、校对、印刷、打圈、划支、填字、分谱、折谱、草订(打孔、下纸捻)、切谱(裁边)、装线、封面、装订等16道工序。而印刷的关键环节——检字的诀窍,就在一首祖传的158字口诀中,囊括了汉字的绝大部分部首。东源人自古就有做谱的传统,制作族谱的人被称为谱师,他们把自己编辑族谱并使用木活字印刷的一整套工艺叫做"梓辑"。但现如今,在东源掌握木活字印刷的人没几个,会雕会印能做全套的也不过十几个人,分散在温州市各县区做家谱。而这些木活字传人,大多数已经五六十岁。年轻人对技术含量很高的"梓辑",显然缺乏兴趣。①

庆幸的是,瑞安市政府对木活字印刷术早有保护意识,于2004年划拨了60万元专款建立了东源木活字印刷展示馆,成立了中国木活字印刷文化村,并从民间收集了两套印刷模具,聘请专业谱师现场演示木活字印刷术,并成功申请了国家级非物质文化遗产。像这类正濒临失传和消亡的原生态、本真性的古籍版本非物质文化在民间还有多少?图书档案部门有义务深入当地民间村头,通过拉网式的普查,抢救性地发掘和收集相关文化资源,通过文字、照片、录音、摄像等主动保护方式将这些无形的文化遗产转化为有形存在,并及时建立档案,使之系统、完整、有序地记录古籍版本非物质文化的真实面貌。有条件的还可以建设博物馆或展示中心,开展古籍版本非物质文化遗产珍贵实物的征集、登记和建档工作。通过全国性的普查,我们有必要建立古籍版本非物质文化遗产的项目清单和名录数据库,对各项文化遗产的地域分布、传承人状况、技艺流程、工艺特征等进行详细描述。这样做的意义不仅在于为"申遗"奠定基础,更在于,即便将来这种技艺失传了,我们在必要时仍可通过某种方式将这种历史记忆激活,使其传承下去。

2. 推进古籍版本资源的数字化建设,使其成为"世界记忆工程"的一部分

"世界记忆工程"是由联合国教科文组织于1992年发起的,旨在通过使用最佳技术手段保护具有世界、地区和国家意义的文献遗产,促使这些文献遗产能够为国家间的广大公众所利用,并在全世界范围提高人们对本国文献遗产重要性的认识。它是世界文化遗产项目的延伸,主要关注的是《世界遗产名录》中未涉及的文献遗产,如手稿、图书馆和档案馆保存的任何介质的珍贵文献以及口述记录等。我国目前已经有四种文献遗产入选《世界记忆名录》,分别是中国传统音乐录音档案、清朝内阁秘本档、清代金榜档案和纳西东巴古籍文献。笔者以为,"世界记忆工程"对于古籍版

---

① 魏孔明:《开幕式上变幻莫测的活字印刷术让浙南的一个小山村尝到了后奥运时代的甜头,那里保留着国内惟一的木活字印刷技艺》,《都市快报》2008年8月27日。

本文化的保护同样也是一次历史机遇。

当前古籍数字化潮流方兴未艾，但对现有古籍数字化项目进行审视，我们会发现其中存在一个误区，即绝大多数古籍数字化项目都是以文本内容为视角，且选题主要集中在《四库全书》《四部丛刊》《二十五史》等少数大型丛书上，而专门从版本的角度建设古籍数据库的绝无仅有（虽然有的书目或全文数据库含有部分版本信息）。为此，曾有学者提出古籍数字化应分三个层次建立古文献资料库：一是"版本库"，二是"专题库"，三是"普及库"[①]。其中"专题库"主要是为专业研究提供古籍资料，"普及库"主要为一般读者提供最基本的古籍读本，而"版本库"则专门为保护古籍版本资源而建。此可谓真知灼见。受此启发，笔者建议国家古籍保护中心组织创建"中国古籍版本数据中心"，有计划、分步骤地建设中国历代古籍版本数据库。该系列数据库以保存历代古籍版本信息为己任，全方位地展现古籍的装帧式样、书名页、卷端、牌记、版式、印章、题跋等版本信息来源的三维影像资料。由于宋、元版本数量有限（含少量唐写本），可以考虑悉数收入；明清二代版本数量众多，可以考虑按写本、刻本、活字本、拓本等版本类型，选取有代表性的样本建库。这实际上就是中国古代出版影像档案，是数字化的古籍版本档案馆和博物馆。它建成的意义不仅在于申请入选"世界记忆工程"，更在于系统地保存中国古代出版工艺和弘扬民族出版文化。

3. 积极申报国家级非物质文化遗产及联合国人类非物质文化遗产项目

非物质文化遗产的保护是一项长远而艰巨的任务，时代紧迫感很强，单纯依靠民间自发行为恐难以维系，必须发挥政府的主导性作用。为此，文化部于 2006 年 12 月施行了《国家级非物质文化遗产保护与管理暂行办法》，规定由国务院文化行政部门负责组织、协调和监督全国范围内国家级非物质文化遗产的保护工作，并对国家级非物质文化遗产项目保护给予必要的经费资助。2008 年 6 月施行的《国家级非物质文化遗产项目代表性传承人认定与管理暂行办法》，对项目代表性传承人应符合的条件和履行的义务作了规定，提出了对传习活动确有困难的代表性传承人给予必要的支持，包括：资助传承人的授徒传艺或教育培训活动；提供必要的传习活动场所；资助有关技艺资料的整理、出版；提供展示、宣传及其他有利于

[①] 楼宇烈：《汉文化资料库不同层次的实用要求》，《古籍整理出版情况简报》2003 年第 8 期。

项目传承的帮助。对无经济收入来源、生活确有困难的国家级非物质文化遗产项目代表性传承人，所在地文化行政部门应积极创造条件，并鼓励社会组织和个人进行资助，保障其基本生活需求，为他们开展传习活动解除后顾之忧。这种政府主导机制将对非物质文化遗产保护起决定性的导向作用。因此，古籍版本非物质文化遗产的保护要可持续发展下去，非常有必要申请加入国家级非物质文化遗产名录，以争取政府支持。

案例4：扬州广陵古籍刻印社是全国唯一保存下来的运用雕版工艺印刷传统线装书籍的专业出版社，收集有明清古籍版片30余万片，保存着国内唯一的全套古籍雕版印刷工艺流程，包括从写样上板、雕刻到刷印、装订等共20多道工序。该社在整理出版古籍版片的过程中，逐步创造和总结出一整套对古籍版片修理、补刻、整旧如新的工艺流程。为申请国家级非物质文化遗产，该社做了大量的资料收集、整理、建档工作，建成了中国首座雕版印刷博物馆，并在网站上开设了"申遗专栏"。在当地政府的有力支持下，2006年该社的雕版印刷技艺被正式列入国家级非物质文化遗产保护名录。

申报国家级非物质文化遗产是一项复杂的系统工程。首先要制定切实可行的十年保护计划，并提出具体的保护措施：通过搜集、记录、分类、编目等方式，为申报项目建立完整的档案；用文字、录音、录像、数字化等多媒体手段，对保护对象进行真实、全面、系统的记录，征集有关实物资料并妥善保存；通过社会教育（如2007年广陵古籍刻印社挂牌成立"雕版印刷技艺传习所"）和学校教育等途径，使之后继有人；利用展示、观摩、培训、研讨等形式，借助大众传媒向社会公众宣传该项文化遗产；保护传承人对其世代相传的文化表现形式和文化空间所享有的权益。申报过程中尤其要重视档案的收集和整理，因为须提交的材料中包括申请报告、项目申报书、保护计划、其他有助于说明申报项目的必要材料等，而这些材料的完备都必须建立在丰富的档案材料的基础之上。截至目前，扬州广陵古籍刻印社的雕版印刷技艺、荣宝斋的木版水印技艺、南京市金陵刻经处的金陵刻经印刷技艺、四川德格印经院的藏族雕版技艺已成功入选第一批国家级非物质文化遗产；国家图书馆的古籍修复技艺、浙江瑞安的木活字印刷术成功入选第二批国家级非物质文化遗产。但这还远远不够，在条件成熟时，我们还应组织一些有代表性的古籍版本文化遗产去申报联合国人类非物质文化遗产项目，以扩大其在世界范围内的影响。这要求我们一方面要切实履行各项非物质文化遗产保护措施，另外在文本和视听文件的制作、归档与保存、项目清单和国家名录数据库的建设等方面要更具国际规范性。

  非物质文化遗产的保护与传承已成为一项全民文化活动，对于中国古籍版本文化的保护不啻一剂新的推进剂。它让我们不再把目光仅仅局限于古籍实体，而是更多地关注古籍实体以外的文化存在，启发了古籍版本文化保护的新思路。但鉴于以往非物质文化遗产保护中存在的重"申遗"轻保护的意识，以及一味跟风炒作的商业化误区，我们在古籍版本非物质文化遗产保护过程中必须保持清醒的头脑，做到有所为有所不为，正确处理好以下几大关系：第一，古籍实体保护与非物质文化遗产保护的关系；第二，古籍版本非物质文化遗产保护与商业开发的关系；第三，古籍版本非物质文化遗产的实际保护工作与"申遗"的关系；第四，国内古籍版本非物质文化遗产保护活动与申报联合国人类非物质文化遗产项目的关系。总之，一切保护活动都必须以长久保存和传承该项文化遗产为最终目的。古籍版本非物质文化遗产的保护是一项长期的系统工程，面临的困难和需要解决的问题很多，愿本文能起到抛砖引玉的作用。

中文古籍数字化进展及协作机制初探

按照前文"中华古籍版本文化层级保护体系"的构想，古籍版本文化的保护由三个层级构成：第一层级是针对古籍版本实体的原生性保护，主要从控制古籍的保存环境（比如空气湿度、酸碱度的控制，防火、防虫等）和修复古籍入手；第二层级是针对古籍版本内容的再生性保护，包括制作古籍缩微胶片、建立古籍全文（影像）数据库等。第三层级是针对古籍版本制作工艺的非物质文化遗产保护。在这个体系中，第二层级是从古籍版本的实际利用出发的，它对于解决困扰人们已久的古籍藏与用的矛盾至关重要，因此，作为再生性保护重要手段之一的古籍数字化备受人们关注。

一 中文古籍数字化发展概述

中文古籍数字化的实践最初是从计算机编制单书索引开始的。1975年，德国汉堡大学的吴用彤编制了英文版《诗经》索引，开启了计算机编制古籍索引的实践；1978年美国人P. J. Ivanhoe运用计算机编制了《朱熹大学章句索引》等经书索引[1]；1983年，彭昆仑运用电子计算机分析统计了《红楼梦》中的时间进程和人物年龄问题；1984年，深圳大学建成了《红楼梦》多功能检索系统，这是国内较早的古籍数字化成果。[2]随后，国内外很多其他科研单位也纷纷利用计算机建立索引或全文检索系统。但这些系统大多是出于科研目的的试验性成果，而且，一般只在机构内部试用，没有进行大规模推广与市场化运作。1984年，台湾"中央研究院"着手研制"瀚典全文检

---

[1] 毛建军：《古籍索引的电子化实践》，《中国索引》2006年第4期。
[2] 耿元骊：《三十年来中国古籍数字化研究综述（1979－2009）》，http://www.guoxue.com/wk/000652.htm。

索系统"①,这是我国古籍全文数字化大规模实践的开始。在古籍书目数据库建设方面,台湾地区也走在了前列。1981年起,台湾"中央图书馆"即着手编制古籍机读目录,1984年编目工作过渡到全面自动化阶段。②

20世纪80年代以后,中国台湾地区、大陆、香港及欧洲、美国、日本、韩国等国家和地区均已开始中文古籍的数字化进程。参与古籍数字化的主体既有各类图书馆,如中国国家图书馆、台湾"中央图书馆"、南京图书馆、美国国会图书馆、大英图书馆、日本国立国会图书馆等图书馆;也有高等院校与科研院所,如中国社会科学院、东北师范大学、河南大学、四川大学、北京大学、台湾"中央研究院"、台湾元智大学、香港中文大学、日本东京大学东洋文化研究所等;还有为数不少的数字出版企业,如北京书同文数字化技术有限公司、爱如生数字化技术研究中心、北京国学时代文化传播股份有限公司等。这些数字出版企业虽然起步较晚,但取得了重要成果。

台湾元智大学罗凤珠教授在总结台湾地区古籍数字化发展进程时,将其归纳为五个阶段③:一是处理中文文字资料时期;二是单机版古籍全文资料库的研发;三是网络版古籍全文资料库的研发;四是多功能、多媒体、多元化的文献数据库;五是以3D动画技术呈现立体文献资料。实际上,这几个阶段的划分也基本符合中国大陆、香港与国外中文古籍数字化实践的发展路线。第一个阶段是古籍数字化必须突破的技术瓶颈期(实际上,直到现在,字库问题仍是困扰古籍数字化的重要问题)。目前的古籍数字化成果,多数处于第二、三阶段。其他几个阶段也有相应的成果,但总的来说仍处于试验或小范围内试用阶段。

二 中文古籍数字化成果的调查分析

笔者通过文献调查与网络检索等途径,对目前国内外中文古籍数字化成果作了较为详尽的调查统计。调查对象包括图书馆(公共图书馆、高校图书馆、科研院所图书馆等)、高等院校与科研院所等学术机构(包括民

---

① 杨虎:《港台地区古籍数字化资源述略》,《电子出版》2003年第8期。
② 毛建军:《中文古籍书目数据库的调查与分析》,《图书馆论坛》2007年第5期。
③ 罗凤珠:《台湾地区中国古籍文献资料数位化的过程与未来的发展方向》,http://www.360doc.com/content/09/0423/09/66222_3234683.shtml。

间学术团体与个人）、数字出版企业（包括部分.com域名网站）；调查内容包括：数据类型（书目、全文、影像、多媒体）、载体与媒介（单机版、网络版等）、分类方法、系统功能、是否收费（或IP限制）、字符集（GB2312、BIG5、Unicode等）、字体（简体中文、繁体中文）等；并对数字化成果进行了归类整理、制成表格。

（一）图书馆古籍数字化成果

根据调查结果，笔者将国内外各类型图书馆所建中文古籍数据库的情况，按建设单位、成果名称、数据类型、字符集、是否收费（或IP限制）制成表9。

表9 图书馆及其古籍数字化成果

建设单位	成果名称	书目型	全文型	影像型	字符集	是否收费（或IP限制）
中国国家图书馆	中国古籍善本书目导航	*			UTF-8	否
	碑帖菁华	*		*	GB2312	否
	数字方志	*			GB2312	否
	敦煌在线			*	GB2312	否
	西夏碎金	*		*	GB2312	否
	甲骨世界	*		*	GB2312	否
	前尘旧影	*		*	GB2312	否
	中国古代典籍	*	*		GB2312	否
中国科学院图书馆	古籍管理与检索系统	*			GB2312	否
首都图书馆	明清北京城垣资源库		*	*	GB2312	IP限制
	古籍插图库			*	GB2312	IP限制
北京大学图书馆	数字图书馆古文献资源库	*			GBK	否
清华大学图书馆	馆藏古籍目录	*			Unicode	否
	科技典籍目录库	*			GB2312	否
	科技典籍全文库		*		GB2312	否
	科技人物资料库		*		GB2312	否
	科技史图像动画库			*	GB2312	否

续表

建设单位	成果名称	数据类型 书目型	数据类型 全文型	数据类型 影像型	字符集	是否收费（或IP限制）
北京师范大学图书馆	线装方志书目数据库	*			UTF-8	否
	50年来整理出版清代诗文集书目	*			UTF-8	否
	全元文篇名作者索引	*			UTF-8	否
北京语言大学图书馆	古典文学数据库		*		GB2312	否
	古籍书目数据	*			GBK	否
北京大学图书馆、北京师范大学图书馆、南京大学图书馆、四川大学图书馆、香港中文大学图书馆、吉林大学图书馆及华东师范大学图书馆	学苑汲古——高校古文献资料库	*		*	GBK	需登录
首都医科大学图书馆	中医古籍电子全文数据库		*	*	不详	否
中国农业大学图书馆	农书古籍全文数据库		*	*	GB2312	否
中国人民大学图书馆	普通线装古籍书目数据库	*			GB2312	否
北京市东城区图书馆	科举辑萃		*	*	UTF-8	否
北京中医药大学图书馆	道藏医药文献数据库	*			GB2312	否
	中医古籍数据库检索	*			GB2312	IP限制
天津图书馆	古籍善本图录	*		*	UTF-8	否
	天津地方史志丛书		*		UTF-8	否
	天津民俗方志		*		GB2312	否
	缩微文献影像数据库			*	UTF-8	否
南开大学图书馆	中华典籍与传统文化网	*			GB2312	否
天津大学图书馆	天津大学图书馆特藏目录汇编	*			GB2312	需登录验证

301

续表

建设单位	成果名称	数据类型 书目型	数据类型 全文型	数据类型 影像型	字符集	是否收费（或IP限制）
天津师范大学图书馆	馆藏古籍目录查询	*			GB2312	否
山西省图书馆	山西家谱书目数据库	*			GB2312	IP限制
	谱牒资料库		*		GB2312	否
	古籍善本数据库	*			GB2312	否
	馆藏地方志书目提要	*			GB2312	否
	山西地方志	*	*		GB2312	IP限制
山西大学图书馆	地方志馆藏目录	*			GB2312	否
	山西历代家谱知见录	*			GB2312	否
山西师范大学图书馆	山西师范大学古籍查询	*			GB2312	否
内蒙古自治区图书馆	古籍文献书目数据库	*			不详	否
内蒙古师范大学图书馆	馆藏古籍书目数据库	*			不详	否
吉林大学图书馆	古籍音韵学书目库	*			GB2312	否
	古籍精品图片库			*	GB2312	否
	东北地方志目次库	*			GB2312	否
	古籍在线阅读		*		GB2312	否
吉林省图书馆	古籍缩微制品目录	*			UTF-8	否
	馆藏精品	*			UTF-8	否
东北师范大学图书馆	特藏文献数据库	*		*	GB2312	否
	东北地方志数据库	*			GB2312	否
哈尔滨师范大学图书馆	馆藏古籍方志数据库	*			GB2312	IP限制
沈阳师范大学图书馆	沈阳师范大学图书馆古籍查询系统	*			UTF-8	IP限制
辽宁省图书馆	馆藏古籍书目数据库	*			GB2312	否
辽宁大学图书馆	古籍书目检索系统	*			GB2312	否

续表

建设单位	成果名称	数据类型 书目型	数据类型 全文型	数据类型 影像型	字符集	是否收费（或IP限制）
大连市图书馆	明清小说全文库		*		UTF-8	否
	古籍线装书目录	*			UTF-8	否
	善本书目库	*			UTF-8	否
上海图书馆	古籍书目数据库	*			GB2312	否
	宋元善本全文数据库		*		GB2312	否
	家谱数据库	*		*	不详	否
	馆藏上海地方文献中文图书目录	*			GB2312	否
上海中医药大学图书馆	古籍善本书目提要数据库	*			GB2312	否
	中医善本书目信息检索	*			GB2312	否
	中医线装书目库	*			GB2312	否
复旦大学图书馆	古籍题记索引	*			GB2312	否
	近五十年古籍整理书目	*			GB2312	
	明人传记辞典	*			GB2312	
	明人文集书目	*			GB2312	
	清人碑传索引	*			GB2312	
	清人文集书目	*			GB2312	
	四库系列图书综合索引	*			GB2312	
	元人文集书目	*			GB2312	
华东师范大学图书馆	中国年谱数据库		*	*	GB2312	IP限制
南京大学图书馆	南京大学图书馆馆藏书目查询系统	*			GB2312	否
南京图书馆	中国传统体育图片数据库			*	GB2312	否
	馆藏精品			*	GB2312	否
	古籍书目数据库	*			GB2312	否
	古籍文献精品欣赏			*	GB2312	否
	馆藏稀见江苏方志全文数据库		*		GB2312	IP限制

续表

建设单位	成果名称	书目型	全文型	影像型	字符集	是否收费（或 IP 限制）
金陵图书馆	中国古本小说目录	*			UTF-8	否
	四库全书目录	*			UTF-8	否
	续修四库全书目录	*			UTF-8	否
	年谱丛刊目录	*			UTF-8	否
	中国佛寺志丛刊目录	*			UTF-8	否
	丛书集成目录	*			UTF-8	否
	古籍普查联合目录	*			UTF-8	否
	馆藏碑刻拓片目录	*			UTF-8	否
	民国丛书总目	*			UTF-8	否
昆山市图书馆	昆山历代地方志		*		UTF-8	否
苏州图书馆	古籍善本目录	*			GB2312	否
	古籍善本书录		*	*	不详	否
	苏州地方文献联合目录	*			GB2312	否
	古籍总书目录	*			UTF-8	否
常熟图书馆	古籍地方志		*	*	GB2312	否
吴江图书馆	吴江古代地方志数据库		*		GB2312	否
常州图书馆	馆藏古典文献目录查询		*	*	GB2312	否
	晋陵先贤			*	GB2312	否
	毗陵科第考			*	GB2312	否
	天宁寺志			*	GB2312	否
	咸淳毗陵志全文检索		*		GB2312	否
扬州大学图书馆	古籍书目数据库	*		*	GB2312	否
	精选古籍数据库	*			GB2312	否
苏州大学图书馆	清代图像人物研究资料数据库			*	GB2312	否
	中医药古籍文献数据库		*	*	GB2312	否
	中国汉代画像石砖数据库			*	GB2312	否
江苏大学图书馆	馆藏古籍文献目录	*			GB2312	否

续表

建设单位	成果名称	书目型	全文型	影像型	字符集	是否收费（或 IP 限制）
淮阴师范学院图书馆	线装古籍目录	*			GB2312	否
浙江省图书馆	浙江省图书馆家谱数据库	*			GB2312	否
	家谱全文数据库		*		GB2312	否
	中国历代名人图像数据库			*	GB2312	否
	地方志联合目录	*			GB2312	否
宁波图书馆	古籍善本书目	*			UTF-8	否
宁波大学图书馆	古籍善本数据库	*			GB2312	否
	古籍信息目录数据库	*			GB2312	否
	古籍书目数据库	*			GB2312	否
嘉兴图书馆	古籍书目查询系统	*			GB2312	否
	馆藏家谱	*			UTF-8	否
绍兴图书馆	绍兴方志		*	*	GB2312	否
	地方碑帖	*			GB2312	否
	家谱数据库	*			GB2312	否
	馆藏善本数据库	*			GB2312	否
绍兴文理学院图书馆	古籍目录检索系统	*			UTF-8	否
湖州图书馆	湖州家谱提要数据库	*			GB2312	否
浙江大学图书馆	普通古籍数据库	*			GBK	否
	善本古籍数据库	*		*	GBK	否
山东省图书馆	古籍书目库	*			GB2312	否
	山东省地方志联合目录库	*			GB2312	否
	山东省家谱联合目录	*			GB2312	否
济南市图书馆	古籍地方文献		*	*	GB2312	否
	金石拓片		*	*	GB2312	否
	趵突泉志			*	GB2312	否
	济南地方文献			*	GB2312	否

305

续表

建设单位	成果名称	书目型	全文型	影像型	字符集	是否收费（或IP限制）
山东大学图书馆	古籍书目查询系统	*			UTF-8	否
河北师范大学图书馆	河北师范大学图书馆古籍图书查询	*			UTF-8	否
唐山图书馆	古籍地方文献		*		GB2312	否
河南省图书馆	中原文化数据库		*		GBK	否
郑州大学图书馆	河南文献数据库：珍稀图书	*		*	GB2312	否
安徽省图书馆	古籍善本目录查询系统	*			GB2312	否
	安徽地方志资源库	*			GB2312	否
	安徽家谱数据库	*			GB2312	否
	馆藏古籍书目查询系统	*			GB2312	否
安徽大学图书馆	馆藏古籍题录数据库	*			GB2312	否
	古籍电子书籍		*		GB2312	IP限制
福州图书馆	族谱目录	*			不详	否
泉州市图书馆	馆藏谱牒	*			GBK	否
福建省图书馆	福建地方志	*			Unicode	否
	福建家谱联合目录	*			Unicode	否
	福建家谱提要	*			Unicode	否
	馆藏资源查询	*		*	Unicode	否
江西省图书馆	地方志查询	*			B_2312-80	否
九江市图书馆	古籍善本书目	*			UTF-8	否
江西师范大学图书馆	线装古籍书目数据库	*			GB2312	否
湖北省图书馆	地方文献数据库	*			GB2312	否
	古籍书影			*	GB2312	否
武汉大学图书馆	善本书目录	*			GB2312	否
	史部书名目录				GB2312	否
	丛书目录	*			GB2312	否
	地方志	*			GB2312	否
	小方壶斋舆地丛钞总目	*			GB2312	否

续表

建设单位	成果名称	书目型	全文型	影像型	字符集	是否收费（或 IP 限制）
武汉市图书馆	馆藏古籍善本数据库	*			GBK	否
	馆藏家谱检索	*			GB2312	否
中南民族大学图书馆	线装古籍书目录	*			GB2312	否
中南财经政法大学图书馆	古籍目录	*			GB2312	否
湖南省图书馆	古旧文献数据库	*			GB2312	否
	湖南地方志提要总目	*			GB2312	否
广东省立中山图书馆	古籍（缩微）资料库	*			GB2312	否
	古籍善本库	*			GB2312	否
	金石字画库	*			GB2312	否
	缩微文献全文数据库	*		*	GB2312	否
	线装古籍库	*			GB2312	否
	影印古籍库	*			GB2312	否
湛江图书馆	地方文献全文数据库		*		GB2312	否
华南师范大学图书馆	新版古籍丛书书目数据库	*			GB2312	否
厦门市图书馆	厦门志		*		GB2312	否
中山大学图书馆	新影印古籍和新方志	*			GB2312	否
重庆市图书馆	古籍地方志目录	*			GBK	否
四川省图书馆	馆藏地方文献查询	*			GB2312	否
	馆藏古籍查询	*			GB2312	否
	馆藏家谱族谱查询	*			GB2312	否
成都市图书馆	古籍善本目录	*			GB2312	否
广西师范大学图书馆	馆藏广西旧地方志		*		GB2312	否
	馆藏古籍善本		*		GB2312	否
广西桂林图书馆	馆藏精品：古籍善本、名人手稿			*	GB2312	否
广西壮族自治区图书馆	古籍文献检索系统	*			CN-GB	否
	广西地方志		*		GB	否
	太平天国专题库		*		GB	IP 限制

307

续表

建设单位	成果名称	书目型	全文型	影像型	字符集	是否收费（或IP限制）
贵州省图书馆	贵州省古籍联合目录	*			GB2312	否
	贵州地方志全文数据库		*		GB2312	否
贵州师范大学图书馆	贵州省地方志全文库（旧志）		*		GB2312	否
云南省图书馆	馆藏经典			*	GB2312	否
云南大学图书馆	善本书目	*			不详	否
陕西省图书馆	古籍珍品在线			*	GB2312	否
西安交通大学图书馆	古籍特藏目录	*			不详	否
西北大学图书馆	馆藏古籍书目数据库	*			不详	否
西北师范大学图书馆	馆藏南阳拓片图录			*	GB2312	否
兰州大学图书馆	敦煌遗书库	*		*	不详	否
	胡猛立抄读国学经典			*	GB2312	否
宁夏大学图书馆	古籍善本目录	*			GB2312	否
台湾"中央图书馆"	古籍影像检索系统	*		*	Big5	否
	明人文集资料库		*	*	Big5	否
	中文古籍书目资料库	*			Big5	否
	台湾地区家谱联合目录	*			Big5	否
	金石拓片资料库	*		*	Big5	否
	二十五史全文检索系统		*		Big5	否
	台湾地区善本古籍联合目录	*			Big5	否
台湾大学图书馆	台湾大学特藏数据库	*			UTF-8	部分有IP限制
	台湾大学图书馆日文善本与线装书	*			UTF-8	否
	台湾大学图书馆西文善本珍籍	*			UTF-8	否
	中文善本与线装书微缩清单	*			UTF-8	否

续表

建设单位	成果名称	数据类型 书目型	数据类型 全文型	数据类型 影像型	字符集	是否收费（或IP限制）
台湾成功大学图书馆	甲骨文全文影像数据库			*	BIG5	否
香港中文大学图书馆	汉达文库		*	*	Big5	是
	郭店楚简资料库		*		Big5	否
	嘉禾吏民田家数据库		*		Big5	否
	图书馆馆藏目录检索系统	*			UTF-8	否
	中国古籍库	*		*	UTF-8	否
香港大学图书馆	日本见藏中国丛书目录	*			UTF-8	否
香港大学冯平山图书馆	馆藏善本书录	*			不详	否
日本国立国会图书馆	馆藏数据目录藏书检索	*			EUC-JP	否
日本东京大学综合图书馆	汉籍目录数据库	*			Shift_JIS	否
日本京都大学图书馆	日本所藏中文古籍数据库	*		*	UTF-8	否
	东方学图书馆藏书目录		*	*	UTF-8	否
	中国清代民国公私文书	*			UTF-8	否
日本广岛大学图书馆	广岛大学斯波文库汉籍目录	*		*	Shift_JIS	否
日本和歌山大学图书馆	纪州藩文库目录	*		*	不详	否
日本龙谷大学图书馆	和汉古典籍分类目录	*			EUC	否
	大谷文书目录画像检索系统	*		*	不详	否
日本大东文化大学图书馆	大东文化大学图书馆古典籍目录索引	*			UTF-8	否

续表

建设单位	成果名称	数据类型 书目型	数据类型 全文型	数据类型 影像型	字符集	是否收费（或IP限制）
韩国首尔大学（原汉城大学）图书馆	奎章阁档案馆汉文古籍库	*			不详	否
大英图书馆、牛津大学、剑桥大学等六所大学及研究所	UK Union Catalogue of Chinese Books	*			GB2312	否
大英图书馆、中国国家图书馆等	国际敦煌项目（IDP）	*		*	UTF-8	否
剑桥大学图书馆	Cong shu in Cambridge Libraries	*			Big5	否
荷兰莱顿大学图书馆	Chinabase (boeken en artike-len), Leiden University libraries	*			UTF-8	否
美国国会图书馆	Library of Congress On-line Catalog	*			UTF-8	否
美国犹他州家谱图书馆	Family History Library Catalog	*			UTF-8	否
威斯康星大学麦迪逊分校东亚图书馆	University of Wisconsin-Madison-East Asian collection	*		*	ISO-8859-1	否
哈佛大学燕京图书馆	HOLLIS Catalog	*			ISO-8859-1	否
哈佛大学燕京图书馆	线装古籍计算机检索系统	*			ISO-8859-1	否
哈佛大学燕京图书馆	明清中国妇女著作数字化项目		*	*	ISO-8859-1	否
普林斯顿大学东亚图书馆	East Asian Library and the Gest Collection	*			UTF-8	否
澳洲国立图书馆	澳大利亚全国中日韩文书目网络	*			ISO-8859-1	否
澳洲墨尔本大学图书馆	TheUniversity of Melbourne CJK Catalogue	*			ISO-8859-1	否

注："*"表示该数据库有相应数据类型，下同。

从表9可以看出，图书馆的古籍数字化成果很好地体现了其公益性：在其建设的所有245种古籍类数据库中，231种（占94.3%）都是免费向社会提供使用，只有14种（约占5.7%）数据库限制在图书馆局域网范围内使用（采用IP验证）。从数据类型来看，图书馆开发的古籍数据库以书目型为最多，部分提供全文和影像数据。这表明，图书馆系统的古籍数字化水平还比较低，仍停留在揭示馆藏的层面。但不可否认，图书馆在古籍数字化领域的潜力非常巨大。从选题来看，公共图书馆非常注重根据自己馆藏的地方特色来开发本土文化资源，特别是地方文献（方志及家谱等）的数字化得到了高度重视。

（二）学术机构古籍数字化成果

根据调查结果并结合学术机构（含民间学术团体与隶属于学术机构的个人）中文古籍数字化成果的特点，笔者将其按建设单位、成果名称、数据类型、备注（资源内容及数量、是否为免费资源、字符集、系统功能等）等项，制成表10。

表10 学术机构（含民间学术团体与个人）古籍数字化成果

建设单位	成果名称	书目型	全文型	影像型	多媒体	备注
德国汉堡大学	诗经索引		*			由吴用彤编制的英文文本索引
德国海德堡大学	中国研究数字典藏计划		*	*		2001年推出，将网上汉学资源下载于该校主机，进行永久保存
〔美〕P. J. Ivanhoe 等	戴震原善索引		*			字、词索引
	戴震孟子字义疏证索引		*			
	王阳明大学索引		*			
	王阳明传习录索引		*			
	朱熹大学章句索引		*			
	朱熹中庸章句索引		*			
挪威奥斯陆大学	先秦诸子百家全文检索系统		*			全文检索

续表

建设单位	成果名称	数据类型 书目型	数据类型 全文型	数据类型 影像型	数据类型 多媒体	备注
日本东京大学	汉籍善本全文影像资料库		*	*		免费；收入善本3829部，全文影像
	所藏古籍线装书	*		*		免费；GB2312；桥本秀美制作
	大正新修大藏经		*			底本为1924年《大正新修大藏经》
江苏省镇江市科委	红楼梦电脑处理系统		*			彭昆仑先生负责
深圳大学	红楼梦多功能检索系统		*			分语言、文学等30个专题，200多个项目的专书检索系统
山东社科院语文所	论语逐词索引		*			逐词索引
	论衡逐词索引		*			
台湾"中央研究院"	汉籍电子文献系统		*			史书，经书与子书，宗教文献，医药文献，文学与文集，政书，类书与史料汇编等六大类；免费
	傅斯年图书馆善本古籍检索系统	*	*	*		含善本古籍检索、人名权威检索和书目资料库（限馆内使用）
	傅斯年图书馆珍藏图籍全文影像库			*		24554幅原文影像（需授权使用）
	傅斯年图书馆藏台湾公私藏古文书复印件影像数据库			*		
	考古资料数位典藏资料库		*	*		收录与考古工作相关的各式照片、图表、记录等80981件；免费
	内阁大库档案资料库			*		230359幅明清档案全文影像
	内阁大库档案疾病医疗相关资料库		*			120条，人名、事由、关键词、官衔检索
	汉墓资料库			*		含汉墓、铜镜/玺印、汉画资料库
	黄帝内经检索数据库		*			

续表

建设单位	成果名称	数据类型 书目型	数据类型 全文型	数据类型 影像型	数据类型 多媒体	备注
台湾"中央研究院"	文物图像研究室数据库检索系统	*	*	*		免费
	生命医疗史研究室数据库检索		*			免费
	拓片与古文书数字典藏计划	*		*		
	中研院史语所藏徽州契约文书复印件目录	*				免费；整合性跨数据库检索功能
	不朽的殿堂——汉代的墓葬与文化				*	3D技术模拟
	宋元明清数据库				*	
	搜文解字——语文知识网络				*	
	中国大陆各省地方志书目查询系统	*				免费
	傅斯年图书馆藏印记数据库系统	*				分类浏览、字段检索
	"中央研究院"民族学研究所古文契书全文影像资料库			*		
台湾"中央研究院"、"国史馆"台湾文献馆	台湾总督府及所属机构公文类纂目录查询系统	*		*		介绍台湾文献"国史馆"台湾文献馆所藏台湾总督府及专卖局公文类纂，提供查询系统，并依铁道、高雄港等11个主题进行导览与图像展示
台湾"中研院"资讯所	二十五史检索系统		*			年号查询、人名索引、官职索引、地名索引、名词索引、统计分析
台湾中医诊断学会	中国医药古籍文献全文检索系统		*			x－x－Big5；免费

313

续表

建设单位	成果名称	数据类型 书目型	数据类型 全文型	数据类型 影像型	数据类型 多媒体	备 注
中国农业科学院农业信息研究所	农业古籍数据库	*				下分"农书"、"史书"、"地方志"、"类书"四个子库。古农书是"农业古籍数据库"的主题和核心部分
中国社会科学院	寒山子诗索引		*			由姚兆炜完成
	论语逐字索引		*			单字索引
	古籍善本目录数据库	*				书名、著者检索，浏览检索
	徽州契约文书数据库	*				
	古籍家谱目录数据库	*				题名、著者、版本项检索；简体字或繁体字查询
	论语数据库		*			由文学研究所栾贵明、田奕等完成；单字、人名、地名、援引、专有名词、补遗、衍文等数种索引形式
	全汉字系统		*			
	全唐诗检索系统		*			
	诸子集成数据库		*			
	全上古三代秦汉三国六朝文		*			
	全唐诗		*			
	全唐诗速检系统		*			可以查全唐诗中字、诗句、标题、注言、异文和异作者，以及查《全唐诗》中的册数、页码、行数
	全唐文		*			
	十三经		*			
	先秦魏晋南北朝诗		*			
	诸子集成数据库检索系统		*			
	馆藏方志目录数据库	*				
	馆藏金石拓版数据库			*		
	侯外庐先生捐赠古籍目录数据库	*				
	谢国桢先生捐赠古籍目录数据库	*				

续表

建设单位	成果名称	书目型	全文型	影像型	多媒体	备注
中国中医科学院	中医古籍文献主体数据库		*			
	中医药古文献知识库		*			柳长华教授主持
	海外古籍书目数据库	*				
	全国中医药珍善本古籍档案管理系统	*				系统著录了书名、卷数、附录、成书年代、作者、朝代、别名、籍贯、版刻年代、出版者、提要、书籍特征、书品状况、缺损情况、修复状况、藏书地等详细数据
	中医药珍善本古籍多媒体数据库			*	*	对古籍中病、证、方、药进行了准确标注
中国中医药学会、湖南电子音像出版社、宏宇科技开发有限公司	中华医典		*			重新录入，这使它能对单个字符进行操作，从而完成任意关键字、词、句的检索
陕西师范大学	辞书电脑处理系统		*			在编撰《十三经辞典》和《十三经词语索引》的基础上展开
	十三经词语索引		*			包括《十三经单字索引》、《十三经句子索引》、《十三经专有名词索引》等
	二十五史全文检索系统		*			袁林
南京大学、河南大学、苏州大学联合研制	计算机甲骨文信息处理系统		*			采用义形四位等长码输入甲骨文，与激光照排系统连接

315

续表

建设单位	成果名称	书目型	全文型	影像型	多媒体	备注
台湾师范大学中文系	红楼梦、水浒传全文检索系统		*			陈郁夫教授主持
	明儒学案全文检索数据库		*			
	十三经全文检索资料库		*			
	宋儒学案全文检索数据库		*			
东北师范大学古籍整理研究所	贞观政要综合检索系统		*			单字索引、专词索引
香港中文大学中国文化研究所中国古籍研究中心（汉达文库）	甲骨文全文数据库		*			整理校勘约100万字甲骨卜辞
	金文全文数据库		*			来自中国社科院所编《殷周金文集成释文》
	竹简帛书出土文献数据库		*			重新标点校勘各重要竹简、帛书文献
	先秦两汉一切传世文献数据库		*			取旧刻善本未改者，重新标点校勘
	魏晋南北朝一切传世文献数据库		*			取旧刻善本未改者，重新标点校勘
	中国传统类书数据库		*			六千万字，将类书引文与传世文献对比
	古文献数据库现行计划之拓展与完善		*			传世类书数据第二期与竹简帛书新出土数据
	先秦两汉引录经籍研究计划		*			全面检索先秦两汉文献引录十三经文例
	先秦两汉互见文献研究计划		*			全面搜集先秦两汉所有典籍互见文献
陕西中医研究院	中医十三经通检		*			药性相克相辅索引
哈尔滨师范大学	史记全文检索系统		*			

续表

建设单位	成果名称	书目型	全文型	影像型	多媒体	备注
湘潭大学	宋词别集索引三种		*			采用 SYBJ 软件编制逐字索引、句子索引、人名索引、地名索引、专题索引
四川大学古籍所	全宋文		*			用 IDX 系统，按笔画、拼音、四角号码对著作、书名进行自动索引
	现存宋人著述总录		*			
	中国地方志宋代人物资料索引		*			
	朱熹集		*			
	儒藏经典		*			
	宋会要辑稿		*			
广西大学	古今图书集成索引续编检索系统		*			分类检索、标题检索、布尔检索、图谱检索及全文检索；具有古今地名之对照、特殊字及考证数据之查询等功能；全部共1.44亿字
南开大学组合数学研究中心（与天津永川公司合作）	二十五史全文阅读检索系统		*			按目录分类浏览，关键词全文检索
兰州大学	敦煌学数据库		*			
	老乞大朴通事索引		*			
	朱子语类辑略虚词引得		*			
陕西省考古研究所（与西安大东国际数据有限公司合作）	金文字库及金文资料全文检索系统		*			
江苏省中医研究院	伤寒论、金匮要略等医书		*			
南京三江学院、香港中文大学	史记地图集		*	*		抽取《史记》中每张地图有关文字，改写为简洁易读的说明，配置在地图旁边

续表

建设单位	成果名称	书目型	全文型	影像型	多媒体	备注
浙江大学等16所中国高校、印度科学院等16所印度科研机构、卡耐基—梅隆大学等4所美国科研机构	大学数字图书馆国际合作计划（CADAL）	*	*	*		一期已完成155910册中文古籍数字化工作
南京师范大学	全唐五代宋词索引		*			作者索引、词牌索引、词牌正名索引、首句索引、字频表；按作者、词牌、词牌正名和首句的汉语拼音编制索引目录
	全金元词索引		*			
	全宋词索引		*			
	全唐宋金元词文库及赏析		*			免费；词目检索、全文检索、词序检索、组合检索、字频检索等多种检索方式
复旦大学中国历史地理研究中心	中国历史地理信息系统				*	以时间、地点、人物为三轴的立体资料库
华东师范大学中国文字研究与应用中心	古文字电子资料库系列		*			包括金文、石刻古文字、古玺文、古陶文、古币文、甲骨文、传世字书等7种资料库
	古文字资源库		*			包括商周金文、战国楚文等检索系统
	金文语料库		*			
	商周金文数字化处理系统		*			
	说文解字全文检索系统		*			光盘版
	说文全文检索系统		*			
	战国楚文字数字化处理系统		*			多功能的战国楚系汉字及其所传载的出土文献的数字化处理系统
上海中医学院	针灸大成检索系统		*			
天津中医学院	黄帝内经全文检索系统		*			

续表

建设单位	成果名称	书目型	全文型	影像型	多媒体	备注
宁波广播电视大学	道教典籍		*			免费
河北大学	续资治通鉴长编全文检索系统		*			
河南大学	宋人笔记检索系统		*			机构内部试用
	南宋主要历史文献		*			
郑州大学	全唐诗库		*			免费
安阳市人民政府	殷商文化网				*	甲骨字库、精美甲骨、拓片大集等专题;免费
武汉大学	湖北省地方志全文检索系统		*			陈光祚主持;全文检索并具有法定数检索、人名地名聚类和后控制词表等功能
	简帛网	*			*	需注册,权限不同、功能不同
北京大学中文系	全宋诗分析系统		*			李铎主持设计
	全唐五代宋词检索系统		*			
	全唐诗全文检索系统		*			免费
首都师范大学电子文献研究所	中国古代文学史电子史料库		*			多途径检索和浏览
	中华大典		*			
北京师范大学	中国年历日历谱微机检索数据库		*			
北京故宫博物院	古籍目录检索	*		*		目录有书影;版本介绍详细;简、繁体
山东大学	简帛研究网		*	*		免费
中山大学	高适诗集索引		*			逐字索引
稻香老农	全唐诗宋全词在线检索器		*			免费;按作者名字、作品题目/词牌名、作品内容等途径检索
劳思光	儒学词典		*			免费;Big5字符集;在线检索阅读

319

续表

建设单位	成果名称	书目型	全文型	影像型	多媒体	备注
李晓光、李波	史记索引		*			单字索引、人名索引、地名索引、援引著作索引、专有名词索引、补遗索引、衍文索引
灵石岛团队	灵石岛		*			免费；站内全文检索、诗歌站点联合检索、全球诗歌检索
Shuku.Net	亦凡公益图书馆	*	*			免费；全文浏览、检索
台湾汉学研究中心	明人文集联合目录及篇目索引资料库	*				全文、书名、作者、馆藏地项目的检索
	善本丛刊影像先导系统			*		
台湾清华大学	兵马俑				*	
台湾"国立故宫博物院"	故宫寒泉检索系统		*			陈郁夫教授主持；不能浏览全文，但支持复合查询
	大清国史人物列传及史馆档文件传包传稿目录索引数据库	*				免费；TT search 检索系统
	故宫博物院善本古籍数据库	*		*		
	"国立故宫博物院"藏佛经附图索引	*				
	海外遗珍—非院藏文物图片查询	*				
	清代档案人名权威数据查询	*				
	清代宫中档及军机处文件折件目录索引	*				
	清代文献档册目录资料库	*				
	清宫奏折档台湾史料	*				
	一史馆藏活计档文件作名索引	*				
	一史馆藏清代满汉文朱批奏折汇编目录	*				

续表

建设单位	成果名称	数据类型 书目型	数据类型 全文型	数据类型 影像型	数据类型 多媒体	备 注
台湾"国立故宫博物院"	大清国史人物列传及史馆档传包传稿全文影像数据库		*	*		访问限制；TT search 检索系统
	家族谱牒文献数据库			*		
	近代中外条约及附图数据库			*		
	清代宫中档及军机处文件折件全文影像资料库			*		
	善本古籍全文影像资料库			*		
	境揽故宫			*		
	龙在故宫				*	
	清明上河图				*	
台湾"国立故宫博物院"、东吴大学	数字古今图书集成		*	*		陈郁夫教授主持；共1亿7千余万字，万余幅图片；采用故宫博物院所藏清雍正四年（1728年）的铜字活版为底本
台湾东吴大学	诸子集成检索		*			
中华佛典宝库	中华佛典宝库		*	*		每卷以 GBK 繁体形式在部类首页提供压缩形式下载。
中华佛典协会	中华电子佛典线上藏经阁		*			全文检索
台湾"教育部"	国语辞典				*	
台湾高雄市立医院苏贯中	黄帝内经索引		*			专题检索
台湾元智大学	网路展书读				*	罗凤珠主持；以古典文学资料为特色，含多个独立的全文检索系统诗经，可关键字、诗句、人物、地名、模糊诗句、全文检索等

321

续表

建设单位	成果名称	书目型	全文型	影像型	多媒体	备注
台湾"中央大学"数学系	中国诗词文学选读		*			中国文学选集及佛教经典全文资料
台湾大学	玄奘西域行数位博物馆		*			玄奘丝路之旅、西域文物艺术、玄奘传等资料
	士昏礼				*	以3D动画呈现《礼记》繁复的士昏礼礼俗
	佛学数位图书馆暨博物馆	*	*			含中文、藏文、梵文、巴利文佛典,有书目数据189226条,全文13193种
台北大学中文系	经学之家		*			免费;繁体
京都大学人文科学研究所	石刻拓本资料电子档		*			
	西域行记电子档		*			
日本庆应义塾大学附属研究所	斯道文库	*				
日本阪本龙门文库	阪本龙门文库善本书目索引	*				免费;EUC-JP字符集;包括日本与中国的善本古籍
日本大阪大学文学部	怀德堂文库图书目录汉籍之部	*	*	*		免费;shift_jis字符集;分类检索、笔画检索功能
日本富山大学人文学部	山海经郭璞注电子档		*			
日本广岛大学	全梁诗检索		*			底本:《先秦汉魏晋南北朝诗》
	苏洵、苏轼诗检索系统		*			底本为孔凡礼点校《苏轼诗集》(中华书局)、《全宋诗》(北京大学出版社)
日本东洋文库	所藏汉籍数据库检索系统	*				布尔逻辑检索
日本汉字文献情报处理研究会	东洋学古典电子文献检索系统		*			可按经、史、子、集、释分类检索

续表

建设单位	成果名称	书目型	全文型	影像型	多媒体	备注
日本早稻田大学	道藏电子档		*			
	楚简——Database for Internet		*			包括楚帛书、天星观楚简、信阳楚简、郭店楚简、望山楚简等
日本道教学会道气社	电子版汉籍文库		*			道教文献为主
俄罗斯东方研究院	Digitization of the Dunhuang Collection	*	*	*		包含石窟艺术的数据库及相关的手稿与学术文本
越南汉喃研究院、法国远东学院	越南汉喃文献目录数据库系统	*				四部分类；近5000多种汉喃文献的目录；免费
美国北卡罗来纳大学	古藤堡计划	*	*	*		免费；可下载，也可在线阅读；繁体
美国新语丝中国文化学会	新语丝	*	*	*		免费

从表10可以看出，学术机构在古籍数字化方面有以下特点：一是参与的机构和个人数量比较多，多以专书、总集或丛书为数字化对象；二是注重满足教学和科研的实际需要，选题多集中在古典文学和历史研究领域，非常具有针对性和实用性；三是系统功能参差不齐，早期开发的系统一般只有简单的字词索引功能，而后期的古籍数字化系统功能比较强大，不断向多功能、多媒体、多元化数据库以及多元数据整合、知识增值利用的方向迈进。它们或依托强大检索功能而具有较强辅助研究功能，或利用3D等技术以多媒体呈现。例如：台湾大学研制的以3D技术模拟呈现的"士昏礼"系统，台湾"中央研究院"的"不朽的殿堂——汉代的墓葬与文化"，复旦大学中国历史地理研究中心研制的以时间、地点、人物为三轴的立体资料库"中国历史地理信息系统"、台湾元智大学罗凤珠教授开发建设的多媒体古典文学学习与研究平台"网路展书读"等。

（三）数字出版企业（网站）古籍数字化成果

除了图书馆、学术机构外，数字出版企业（包括部分.COM域名的网站）也是从事古籍数字化的中坚力量之一。笔者对国内外从事中文古籍数字化的企业作了较详细的调查，并按企业名称、成果名称、数据类型、备注（是否免费资源、内容及数量、分类方法、字符集、载体等）等项目，制成表11。

表11　数字出版企业（网站）及其古籍数字化成果

建设单位	成果名称	书目型	全文型	影像型	多媒体	备　注
北京书同文数字化技术有限公司（下称"书同文"）	历代石刻史料汇编		*	*		15000篇，1150万字
	十通		*	*		3000万字
	四部丛刊		*	*		504种，9000万字
	康熙字典		*	*		收47035字
	大清五部会典		*	*		康熙、雍正、乾隆、嘉庆、光绪五朝会典全文
	大清历朝实录		*	*		4441卷
北京国学时代文化传播股份有限公司（下称"国学公司"）	国学宝典		*			经、史、子、集、通俗小说、史料笔记分类；4000余种，10亿字；有网络版、金典版、单机版、手机版等版本
	国学备览		*	*		81种，2000余幅
	书法备览			*		39种，100余幅
	绘画备览			*		33种，300余幅影像
	兵学备览		*			28种
	蒙学备览		*			75种
	唐诗备览		*			50000余首
	宋词备览		*			词20430首，词论420篇
	元曲备览		*			100部元曲，10万字元曲史
	篆刻备览		*	*		论著59种，400余幅印款
	小说备览		*			100种
	宋会要辑稿		*			U盘版
	中国历代基本典籍库·隋唐五代卷		*	*		近1亿字，2000幅图片

续表

建设单位	成果名称	书目型	全文型	影像型	多媒体	备 注
北京国学时代文化传播股份有限公司（下称"国学公司"）	古代小说典		*	*		年代分类，1.5亿字
	国学备要		*			280种经典
	通鉴全编		*			4种
	清稗类钞		*			13500余条
	全唐文		*	*		20025篇
	文献目录典		*	*		目录之目录
	中国古代文学史		*	*		600多种，数千幅插图
	中国古代戏剧专辑		*			体裁分类
	崔东壁遗书		*	*		少量插图
	飞鸿堂印谱			*		3500方印章
	三国演义电子史料库		*	*		全文及上千万字的相关文献资料
	中国历代笔记		*			U盘版，1.5亿字
	全上古三代秦汉三国六朝文		*			741卷
	古代文论典		*			200多种
	香艳丛书		*	*		335种
	国学精品图库			*		1000余幅
	彩图版二十六史		*	*		免费
	地理文献典			*		
	古籍电子定本工程		*	*		免费
	国学电子馆				*	笔记本版
	近现代日记全文检索数据库		*			U盘版
	六十种曲		*			
	十三经注疏		*			

续表

建设单位	成果名称	书目型	全文型	影像型	多媒体	备 注
北京时代瀚堂科技有限公司	小学工具库		*	*		Unicode 标准七万汉字超大字符集；有原书影像
	类书集成库		*			约 3 亿字，Unicode 标准七万汉字超大字符集
	出土文献库		*	*		Unicode 标准七万汉字超大字符集，图文对照
	中医药文献库		*	*		
	史部集成库		*	*		
	古曲戏曲库		*	*		
	敦煌文献库		*	*		
	经部集成库		*			Unicode 标准七万汉字之超大字符集
	子部集成库		*			
	佛教典籍库		*			
	道教典籍库		*			
	专题文献库		*			
北京爱如生数字化技术研究中心（下称"爱如生"）	中国基本古籍库		*	*		1 万余种，8 亿字，1200 万幅影像；北京大学刘俊文教授总策划
	国学要籍系列		*	*		1 千种，原版影像
	断代史料系列		*	*		1 千种，原版影像
	通俗大观系列		*	*		2 千种，原版影像
	诸子集成系列		*	*		2300 种，原版影像
	别集丛编系列		*	*		1 万种，原版影像
	地方文献系列		*	*		1 万种，原版影像
	中国方志库		*	*		1 万种，20 亿字
	中国谱牒库		*	*		1 万种，20 亿字
	中国金石库		*	*		3 亿字
	明清档案库		*	*		30 万件，10 亿字
	中国类书库		*	*		800 部，5 亿字
	中国辞书库		*	*		1 千种，3 亿字
	中国经典库		*	*		20 亿字
	中国史学库		*	*		5 亿字

续表

建设单位	成果名称	书目型	全文型	影像型	多媒体	备注
北京爱如生数字化技术研究中心（下称"爱如生"）	中国俗文库		*	*		1万种，10亿字
	历代别集库		*	*		1万种，20亿字
	敦煌遗书库		*	*		3万件5千万字
	敦煌遗珍			*		3千件，逐页对照原版影像
	搢绅全书		*	*		近百种，逐页对照原版影像
	永乐大典		*	*		813卷，逐页对照原版影像
	道教全书		*	*		2000种，逐页对照原版影像
	历代碑志		*	*		1000种，逐页对照原版影像
	全清经解		*	*		2000种，逐页对照原版影像
	禅籍汇纂		*	*		500种，逐页对照原版影像
	明清实录		*			27种7356卷
	千人年谱		*	*		1200种，逐页对照原版影像
	清帝朱批奏折		*	*		10万件，逐页对照原版影像
	明代日用类书		*	*		30余部，逐页对照原版影像
	古今图书集成		*	*		6000余种，逐页对照原版影像
	新编笔记小说大观		*	*		2000种，逐页对照原版影像
	增订二十五史补编		*	*		500种，逐页对照原版影像
	佚书合编		*	*		2000余种，原版影像
	增订四部备要		*	*		413种，原版影像
	增订丛书集成初编		*	*		100部丛书4100种典籍，原版影像
	全四库		*	*		9000种，逐页对照原版影像
	丛书总汇		*	*		3000余部丛书6万余种典籍，逐页对照原版影像
	古版画			*		1万副
	古籍提要便览		*			5万种古籍提要
	古籍版本速查	*				5万种古籍版本
	历代人物传略		*			5万个历史人物
	爱如生拇指数据库		*			有500个产品，可量身定做

327

续表

建设单位	成果名称	数据类型 书目型	数据类型 全文型	数据类型 影像型	数据类型 多媒体	备注
数字方舟信息技术有限公司	古籍图书库		*			288 种
北京天安亿友公司	二十五史		*			
	资治通鉴		*			
北极星书库	中华古籍库		*			1268 部
超星集团	古籍电子图书		*			包括古今图书集成、清实录、二十五史、资治通鉴、中国古典名著大系等
北京正普科技发展有限公司	中国古典文学精品书库				*	
长沙市宏宇科技开发有限公司	中华医典光盘版		*			首次将中华医学全面系统、分门别类地加以编辑整理，重新录入
天津永川软件技术有限公司	二十五史全文阅读检索系统		*			
灵珂精艺电子技术有限公司	全唐诗		*			
济南汇文科技开发中心	四库全书		*			
山东省出版社	二十五史（节选）		*			
武汉大学出版社	四库全书			*		
商务印书馆国际有限公司	百衲本二十四史电子版光盘		*			底本：张元济主编《百衲本二十四史》
青苹果数据中心有限公司	二十五史全文检索版光盘		*			
	全宋词		*			
	全唐诗全文检索版光盘		*			
	全元曲		*			
	资治通鉴		*			

续表

建设单位	成果名称	书目型	全文型	影像型	多媒体	备注
人民邮电出版社	二十五史多媒体全文检索阅读系统				*	
中国广播电视出版社	十三经新索引		*			
湖南电子音像出版社、岳麓书社、湖南华大集团	四库全书		*			
中国广澳开发集团	百衲本二十四史光盘版		*			
Netor网同纪念	中华古籍		*			免费
	宗教典籍		*			免费
百度公司	百度国学	*	*			免费
中医e百	国学经典		*			免费
	中医古籍		*			免费
	中医古籍简介数据库	*				免费
北京世代源互联网信息服务有限公司	家谱网	*	*	*		免费；可查询全国各地图书馆的馆藏历史家谱信息
台湾大人物知识管理集团	古今图书集成标点版		*	*		加注标点符号为其一大特色，繁体
	历代书法碑帖集成		*	*		
台湾飞资得信息有限公司	古今图书集成		*	*		底本为上海中华书局版（1934年）
香港文化传信集团	汉文史资料库		*			繁体，部分免费
香港迪志文化出版有限公司（与北京书同文和上海人民出版社合作）	文渊阁四库全书		*	*		3462种，原文图像对照
日本凯希媒体公司	九部经解		*	*		繁体
	历代赋汇		*	*		繁体
	历代会要		*	*		繁体
	佩文韵府——韵府拾遗		*			繁体
	清代史料笔记丛刊		*			繁体

续表

建设单位	成果名称	书目型	全文型	影像型	多媒体	备注
日本凯希媒体公司	全上古三代秦汉三国六朝文		*			繁体
	全宋词、全元曲		*			繁体
	全唐诗		*			繁体
	宋代三大类书		*			繁体
	宋会要辑稿		*			繁体
	唐代四大类书		*			繁体
	唐宋史料笔记丛刊		*			繁体
	唐文、唐文拾遗		*			繁体
	先秦汉魏晋南北朝诗、文选		*			繁体
	永乐大典		*	*		繁体
	元明史料笔记丛刊		*			繁体
	正统道藏		*	*		繁体

表11的调查结果显示，数字出版企业开发的古籍数字化产品以大型的综合数据库（如中国基本古籍库、国学宝典）和丛书数据库（如《四库全书》《四部丛刊》《二十五史》等）为特色，比较成系统，功能强大，基本没有书目型数据库。除了能进行多途径的全文检索外，一般都配备有各种知识辅助工具，极大地改善了古籍研究条件，同时也为专业研究人员带来了研究思路和方法的革新。作为古籍数字化的一支新兴力量，参与古籍数字化的数字出版企业数量虽然不多，但取得的成绩却令人刮目相看。这与数字出版企业灵活的市场运作模式有很大关系。它们或依托图书馆的古籍善本资源，或吸纳文史专业研究人员参与研发，或与高校学术机构联合成立电子文献研究所，通过大规模、成系统地将常用基本古籍数字化，很大程度上满足了专业研究人员的需要。但需要指出的是，它们开发的数字化产品，选题重复情况比较严重，一味追求资源的规模和总量，有地方特色和专业特色的数据库不是很多，彼此之间缺少协作。

三 基于调查结果的数据分析

（一）古籍数字化主体构成及成果数量比例

本次调查发现，国内外共有271家单位（含隶属于某机构的个人）参与古籍数字化建设（因条件所限，该数据可能与实际情况存在一定偏差）。其中，以图书馆数量最多，有124家；学术机构其次，有111家；数字出版企业数量最少，有36家。表12列出了各类型建设单位的数量（单位：家；按地区分）、主体比例（该类型建设单位数量/各类型古籍数字化单位总数）、成果数量（包括各种书目数据库、全文数据库等；单位：种；按地区分）、成果比例（该类型建设单位成果数量/现有古籍数字化成果总数量）、平均成果数量（该类型建设主体的成果数量/该类型建设单位的数量）。

表12 中文古籍数字化主体构成及成果数量比例

单位：项,%

	建设单位数量		主体比例	成果数量		成果比例	平均成果数量
图书馆	124	大陆 96 港台 6 国外 22	46	245	大陆 203 港台 19 国外 23	43	2
学术机构	111	大陆 52 港台 18 国外 41	41	188	大陆 87 港台 70 国外 31	32	1.7
数字出版企业	36	大陆 31 港台 4 国外 1	13	147	大陆 125 港台 5 国外 17	25	4
总计	271	大陆 179 港台 28 国外 64	100	580	大陆 415 港台 94 国外 71	100	2.1

表12的数据显示，中文古籍数字化成果最多的依次是图书馆、学术机构和数字出版企业，但效率最高的却是数字出版企业。数字出版企业在古

籍数字化方面虽然起步较晚，数量不多（36家），但在古籍数字化领域，尤其是大型古籍全文数据库的开发方面具有举足轻重的地位。表现在：（1）只占13%的数字出版企业却开发了25%的成果，平均成果数量最多；（2）其产品很多是大型综合数据库。许多数据库的字数都在1亿以上，如国学公司的"中国历代基本典籍库·隋唐五代卷"（近1亿字）、爱如生的"中国基本古籍库"（8亿字）和"中国经典库"（20亿字）等；（3）很多产品在社会上具有广泛影响。例如，香港迪志文化出版有限公司与书同文、上海人民出版社合作开发的《文渊阁四库全书》被认为在古籍数字化的道路上具有里程碑意义[①]；爱如生与北大中文系合作开发的"中国基本古籍库"在各大高校图书馆也得到了广泛的认可和应用。另外，数字出版企业的产品基本是以赢利为目的，但也有一些成果（10种左右，约占6.8%）免费向社会公众提供使用，如百度公司的"百度国学"、国学公司的"彩图版二十六史""古籍电子定本工程"等。这些企业的免费古籍电子产品，为在全社会普及传统文化知识、形成良好的阅读氛围起到了一定的积极意义；同时，也彰显了企业的社会责任感与传播文化的使命感。

（二）国家与地区分布

目前从事古籍数字化建设的271家单位中，中国大陆地区有179家，占66%；中国港台地区有28家，占10%；日本、美国、英国等国共有64家，占24%。表13列出了中文古籍数字化单位在各个国家和地区的详细分布情况。

表13 中文古籍数字化单位国家/地区分布

地区（国家）	北京	台湾	江苏	浙江	上海	陕西	天津	湖北	山东	湖南	广东
数 量	42	21	17	10	10	9	8	8	7	7	7
地区（国家）	香港	福建	四川	吉林	河南	黑龙江	广西	山西	辽宁	江西	河北
数 量	7	6	5	5	5	4	4	3	3	3	3
地区（国家）	云南	内蒙古	贵州	甘肃	安徽	重庆	沈阳	宁夏	日本	印度	美国
数 量	2	2	2	2	2	1	1	1	19	16	13
地区（国家）	英国	澳大利亚	德国	俄罗斯	法国	韩国	荷兰	挪威	越南		
数 量	6	2	2	1	1	1	1	1	1		

---

① 刘伟红：《中文古籍数字化的现状与意义》，《图书与情报》2009年第4期。

从表 13 可以看出，中国大陆古籍数字化单位分布很不平衡，多集中在经济和科教较为发达的地区。北京、江苏、浙江、上海等地区经济发达，企业、高校与科研院所较多，图书馆事业相对发达，具有进行古籍数字化的经济、技术与资源优势。结合以上各表的数据，大陆地区古籍数字化的单位数量与成果数量，以图书馆为最多。港台地区较早开始了古籍数字化工作，从事该工作的机构也较多，主要为高等院校、科研院所等学术机构。国外的古籍数字化单位也以学术机构为主，日英美等国的图书馆（主要为国家图书馆、高校的东亚图书馆）收藏中国古籍较多，也积极从事古籍数字化工作。其中，日本从事中文古籍数字化的机构最多，这与该国的汉学与中国学研究传统是密切相关的。值得指出的是，印度有 16 家古籍数字化单位，主要是因为其在"大学数字图书馆国际合作计划（CADAL）"中与中美两国有着良好的合作，并不足以说明其在古籍数字化领域有超越英美等国的表现。

（三）数据类型

根据数据类型（书目、全文、影像、多媒体）的不同，现有古籍数字化成果可分为以下类别：A、纯书目型数据库；B、纯文本全文数据库；C、纯影像数据库；D、书目与文本结合型数据库；E、书目与影像结合型数据库；F、文本与影像结合型数据库；G、书目、文本、影像综合型数据库；H、多媒体数据库。现将目前主要古籍数字化成果按以上类型分类，制成表 14。

表 14 古籍数字化成果数据类型统计

单位：项，%

	A 型 数量	A 型 百分比	B 型 数量	B 型 百分比	C 型 数量	C 型 百分比	D 型 数量	D 型 百分比	E 型 数量	E 型 百分比	F 型 数量	F 型 百分比	G 型 数量	G 型 百分比	H 型 数量	H 型 百分比	总计 数量	总计 百分比
图书馆	153	63	28	11	23	9	2	1	23	9	16	7	—	—	—	—	245	100
学术机构	27	14	114	61	13	7	2	1	7	4	8	4	7	4	10	5	188	100
数字出版企业	1	1	64	43	5	3	1	1	—	—	72	49	1	1	3	2	147	100
合计	181	31	206	36	41	7	5	1	30	5	96	17	8	1	13	2	580	100

从表 14 可以看出，图书馆的古籍数字化成果中，纯书目型数据库最多（占 63%），几乎没有进行书目、全文、影像综合型数据库与多媒体数据库

的建设；学术机构主要从事纯文本全文数据库的建设（占61%），也全面涉足其他类型数据库的建设；数字出版企业的数据库产品最多的是文本与影像结合型数据库（占49%）（即图文结合数据库），纯文本全文数据库也较多（占43%），较少涉及书目类数据库的建设。从总体上讲，现有古籍数字化成果中，纯文本全文数据库的种类最多（占36%，主要是学术机构开发的），紧随其后的是纯书目型数据库（占31%，主要是图书馆建设的），文本与影像结合型数据库（即图文结合数据库，主要是企业开发的）占17%，书目与文本结合型数据库最少，也出现了一些多媒体数据库（13种，主要是学术机构研发的）。可以看出，当前古籍数字化成果主要为传统意义上的数据库类型，而综合应用文字、图像、音频、动画等数据类型的多媒体数据库具有很大的发展潜力。

（四）载体与媒介类型

古籍数字化成果的存储与传播媒介是和技术同步发展的。早期的古籍数据库一般是以单机版形式存在的，以光盘或计算机硬盘为存储媒介；随着互联网技术的发展，开始通过网络在局域网或更大范围内传播，很多图书馆建立了自己的古籍目录查询系统；而随着移动硬盘和移动通信等技术的发展，很多数字出版企业的产品也出现了一些新的载体类型，例如国学公司研制了一些U盘版、笔记本版、手机版的产品，载体类型更趋多样化。总的来说，图书馆的古籍数字化成果以网络传输为主，而学术机构与数字出版企业的古籍数字化成果则以光盘版等单机形式居多。

（五）分类方法与系统功能

在分类方面，不同系统采用的分类方法不同。现将目前古籍数据库所采用的主要分类方法归纳如下。（1）四部分类法（经、史、子、集；甲、乙、丙、丁；或在经史子集类目基础上增加丛书类等）。如吉林大学图书馆的"古籍在线阅读"、武汉市图书馆的"馆藏古籍善本数据库"、百度公司的"百度国学"、国学公司的"国学宝典"等。（2）八分法：例如，清华大学图书馆的"馆藏古籍目录"检索系统将古籍分为甲（总类）、乙（哲学）、丙（自然科学）、丁（应用科学）、戊（社会科学）、己（历史地理）、庚（文学）、辛（艺术）八类。（3）按时间（朝代）分类：例如，国学公司的"古代小说典""中国历代笔记"等。(4)按体裁分类：如国学公司的"中国古代戏剧专辑"光盘数据库。(5)中国图书馆图书分类法：例如，超星集团的"古籍电子图书"、江西省图书馆的"地方志查询"等。(6)中国科学院图书馆图书分类法：例如，北京语言大学图书馆的"古籍书目数据"、山西省图书馆的"馆藏地方志书目提要"等。(7)其他分类法：LCC，如美国国会图书馆的"Online Catalog"；NDLC，如日本国立国会图书馆馆藏古籍OPAC检索系统等。

从系统功能来看，目前古籍数字化系统已趋成熟的功能有：(1)书目、全文及影像浏览：按类别、书名、作者等分类浏览。(2)书目检索：按书名、作者、主题等单一字段基本检索或多字段组合的复合检索；布尔逻辑检索（专家检索）；二次检索（进阶检索）。(3)全文检索：任意关键词或关键词组配的全文检索。目前应用较多的功能有：(1)对数据库内容的操作处理：放缩、高清查看、翻转、点缀、设置、标注、书签、打印、下载、版式设定、字体转换、分类收藏、版本速查、编辑等（在商业数据库中较多）。(2)增设常用工具：配备联机古汉语字典、人名词典、书名词典、帝王纪年等常用数据库工具和生僻字输入工具，古今纪年换算、干支公元换算、简繁字异体字对照表等辅助检索与学习工具。(3)智能检索：全文逐字注解，动态关联人名、书名、帝王年号等，实现关联查询、语义模糊检索。(4)统计功能：字词统计等。目前已实现但不太普遍的功能包括：(1)时空检索：利用GIS技术，在时间和空间的层次上进行文献资源数据的检索，北京大学图书馆"古文献资料库"的拓片检索有此功能。(2)智能化分析：例如，国学公司的"三国演义电子史料库"具有文本比对、图文对照、同词脱文分析、文本差异分析、相似程度分析、小说历史对照等智能化功能；国家图书馆的"中国古籍善本书目导航"系统可对人物（刻书家、藏书家等）、人物相关性、动作（刻、跋等）、时间（朝代）等进行数据分析，并将分析结果以可视化的形式展现。(3)多媒体元素综合：增加背景音乐、动画、彩色插图等多媒体形式，融声、乐、图、画等现代元素于一体。

（六）字库与字体

字库是应用于计算机、网络及相关电子产品上的中外文字体及其相关字符的电子文字字体集合。目前出现的字库有GB、GBK等。不同字库所收录的文字数量不同，对古籍数字化具有重要影响。以图书馆古籍数字化成果为例：在 245 种古籍数据库中，采用 GB2312 的最多（148 种，占 61%）；采用 Unicode 的有 52 种，占 22%；采用 Big5 和 GBK 的有 21 种，占 9%；其他的采用 EUC、ISO－8859－1 等字符集。图书馆的古籍数据库较多地采用 GB2312 字库，这与数据库多为简体中文有关，但由于 GB2312 仅收录 6763 个常见汉字，很多古籍中的繁体字及冷僻字不能显示，这在一定程度上造成了古籍信息内容的失真与错误。Big5 和 GBK 则多为港台地区所采用。较少采用 Unicode 字符集不仅限制了古籍数据库的建设（受限于冷僻汉字的显示问题），同时，也在一定程度上限制了古籍数字化跨平台与跨地区的资源共建共享。

在是否采用繁体字方面，不同单位、不同系统的做法也不一样。总的来说，大陆地区的古籍书目类数据库较多地采用简体字，也有一些单位采用繁体字，例如，复旦大学图书馆"明人文集书目""清人文集书目"及武汉大学图书馆的"馆藏古籍善本数据库"等；港台与国外的古籍数字化成果则较多地采用繁体中文。

四　中文古籍数字化理论探索

（一）古籍数字化概念

1995 年，上海博物馆的祝敬国在《古籍语料库字体与结构研究》[①] 一文中首先使用了"古籍电子化"这一术语。1997 年，刘炜《上海图书馆古籍数字化的初步尝试》[②] 一文提出了"古籍数字化"这一概念。此后，其他学者也纷纷撰文提出了类似的概念。总的来说，"古籍数字化""古籍电子化"这两个概念起初基本上是交替使用的，这主要是由 20 世纪 90 年代对"数字化""电子化"这两个概念的混用造成的。

21 世纪初，学术界才有了明确的古籍数字化（电子化）定义。2000 年李运富在《谈古籍电子版的保真原则和整理原则》一文中首次界定了"古籍电子化"的概念："所谓古籍电子化，是指利用现代信息技术，将历

---

① 祝敬国：《古籍语料库字体与结构研究》，《文物保护与考古科学》1995 年第 1 期。
② 刘炜：《上海图书馆古籍数字化的初步尝试》，《图书馆杂志》1997 年第 4 期。

来以抄写本、刻铸本、雕版、活字版、套版及铅字印刷等方式所呈现的古代文献，转化为电子媒体的形式。"① 此概念仅着眼于古籍文本的技术转化角度，缺少对古籍数字化功能和目标的界定。彭江岸补充认为："古籍数字化就是利用数字技术将古籍的有关信息转换成数字信息，存贮在计算机上，从而达到使用和保护古籍目的。"② 类似的定义还有，如孙安认为："古籍数字化就是利用现代信息技术将古籍转化为电子媒体的形式，通过光盘、网络等介质予以保存和传播。"③ 童顺荣将古籍数字化概括为"古籍数字化是利用现代信息技术将古籍转化为数字化形式进入存储和利用。"④ 以上可看做古籍数字化概念发展的第一个阶段，可概括为"古籍存储介质转换"说。

将对古籍数字化的认识仅仅限于存储介质的转换，而忽略计算机对古籍内容强大的加工处理功能，显然是不可取的。因此有学者进一步认为，在实现媒介转换的同时，还应深入揭示古籍的内容资源。例如，张雪梅认为："古籍数字化就是采用计算机技术，对古籍文献进行加工、处理，制成古籍文献书目数据库和古籍全文数据库，用以揭示古籍文献中所蕴涵的极其丰富的信息资源，从而达到使用和保护古籍的目的。"⑤ 刘琳、吴洪泽在《古籍整理学》一书中对古籍数字化作了动态描述："所谓古籍数字化，就是将古代典籍中以文字符号记录的信息输入计算机，从而实现整理、存储、传输、检索等手段的计算机化。"⑥ 毛建军在分析综合上述观点的基础上指出："古籍数字化就是从利用和保护古籍的目的出发，采用计算机技术，将常见的语言文字或图形符号转化为能被计算机识别的数字符号，从而制成古籍电子索引、古籍书目数据库和古籍全文数据库，用以揭示古籍文献信息资源的一项系统工作。"⑦ 潘德利认为，古籍数字化是"采用计算机技术对古籍文献进行加工、处理，制成古籍文献书目数据库和古籍全文数据库，用以揭示古籍文献中所蕴涵的极其丰富的信息资源，为古籍的开

---

① 李运富：《谈古籍电子版的保真原则和整理原则》，《古籍整理研究学刊》2000 年第 1 期。
② 彭江岸：《论古籍的数字化》，《河南图书馆学刊》2000 年第 2 期。
③ 孙安：《中文古籍数字化资源概览》，《科技资讯》2009 年第 16 期。
④ 童顺荣：《古籍数字化相关问题的开放思考》，《兰台世界》2009 年第 9 期。
⑤ 张雪梅：《古籍数字化与文献信息资源共享》，《天津工业大学学报》2002 年第 3 期。
⑥ 刘琳、吴洪泽：《古籍整理学》，四川大学出版社，2003，第 368 页。
⑦ 毛建军：《古籍数字化理论与实践》，航空工业出版社，2009，第 162 页。

发利用奠定良好的基础。"① 王刚把古籍数字化概括为"古籍文献制作成数字成品的过程，是利用现代计算机信息技术，将常见的语言文字或图形符号转化为能被计算机识别的数字符号，从而制成古籍文献书目数据库和古籍全文数据库，用以揭示古籍文献中所蕴涵的极其丰富的信息资源，通过光盘、网络等介质保存和传播，为古籍的开发利用奠定良好的基础，从而达到保护和利用古籍的目的。"② 以上可以看做古籍数字化概念发展的第二个阶段，或可概括为"古籍内容资源开发"说。

随着古籍数字化实践的深入，人们又进一步认识了古籍数字化的本质。1999年，史睿在《论中国古籍的数字化与人文学术研究》一文中指出："古籍数字化的理论问题比技术问题更为重要，因为一旦理论发生了偏差，技术越高明，则解决方案越是难以成功。"③ 2002年，他明确指出，古籍数字化属于古籍整理和学术研究（或称校雠学）的范畴。并强调，就本质而言，学术研究的应用要求在于知识发现。2005年，李明杰在《中文古籍数字化基本理论问题刍议》一文中延续了史睿的观点，并作了进一步阐述："从本质上讲，古籍数字化不是一个单纯的技术问题，而是一个文化问题和学术问题。古籍数字化是以保存与普及传统文化为基本目的的，以知识发现的功能服务学术研究为最高目标的，在对传统纸质古籍进行校勘整理的基础上，利用计算机技术将其转换成可读、可检索及实现了语义关联和知识重组的数字化信息的过程。"④ 这一观点，实际上是把古籍数字化看做传统古籍整理在新技术条件下的合理延伸。此可视做古籍数字化概念发展的第三阶段，或可称为"古籍整理与学术研究"说。

（二）古籍数字化基本理论构建

相对于方兴未艾的古籍数字化实践热潮，古籍数字化理论研究显得稍稍有些滞后。古籍数字化基本理论研究大致是从以下几方面展开的。

1. 古籍数字化的性质

正确认识古籍数字化的性质，有助于深刻理解古籍数字化的内涵。史睿

---

① 潘德利：《中国古籍数字化进程和展望》，《图书情报工作》2002年第7期。
② 王刚：《古籍数字化研究文献的统计分析》，《中国索引》2009年第3期。
③ 史睿：《论中国古籍的数字化与人文学术研究》，《北京图书馆馆刊》1999年第2期。
④ 李明杰：《中文古籍数字化基本理论问题刍议》，《图书馆论坛》2005年第5期。

是最早关注古籍数字化基本理论问题的学者之一。早在2002年，他在《数字化条件下古籍整理的基本问题（论纲）》一文中首次阐明古籍数字化的性质："古籍数字化属于古籍整理和学术研究（或称校雠学）的范畴。"① 2005年，李明杰在此基础上对古籍数字化性质的认识又有所升华："古籍数字化不是一个单纯的技术问题，但也不同于一般的学术研究，而是属于古籍整理的范畴，是传统校雠学在现代技术条件下的合理延伸。"② 2006年，毛建军也基本沿袭了上述观点："古籍数字化是对古籍或古籍内容的再现和加工，属于古籍整理的范畴，是古籍整理的一部分。古籍数字化是二十一世纪古籍整理的主流，代表着未来古籍整理的发展方向。古籍数字化属于古籍整理和学术研究（或称校雠学）的范畴。"③ 应该说，在对古籍数字化性质的认识方面，学界基本达成了共识。

2. 古籍数字化基本特征

2002年，李国新在《中国古籍资源数字化的进展与任务》一文中也强调，数字化古籍必须对古籍原典作出具有计算机浏览、检索、利用特点的深度开发。他认为，"古籍数字化"应具备四个基本特征：即实现文本字符的数字化、具有基于超链接设计的浏览阅读环境、具有强大的检索功能、具有研究支持功能。④ 2006年，牛惠萍在《对我国古籍数字化相关问题的研究》⑤ 一文中重申了李国新的观点。2007年，徐清在《古籍数字化资源的深度开发》⑥ 中将古籍数字化资源的深度开发目标定位于提供基于超文本的立体阅读环境、建立强大的智能化检索系统、提供科学准确的统计数据和信息，实际上仍未能逾越李国新提出的四个特征。

3. 古籍数字化原则

2002年，史睿最早提出了古籍数字化必须遵循的四个原则：①古籍数字化属于古籍整理和学术研究的范畴；②必须遵循古籍整理的基本原则，懂得学术研究的基本思维过程；③遵循以应用为指针的原则；④必须建立

---

① 史睿：《数字化条件下古籍整理的基本问题（论纲）》，http://www.nlc.gov.cn/service/wjls/pdf/08/08_07_a5b17.pdf。
② 李明杰：《中文古籍数字化基本理论问题刍议》，《图书馆论坛》2005年第5期。
③ 毛建军：《古籍数字化概念的形成过程探析》，《科技情报开发与经济》2006第22期。
④ 李国新：《中国古籍资源数字化的进展与任务》，《大学图书馆学报》2002年第1期。
⑤ 牛惠萍：《对我国古籍数字化相关问题的研究》，《当代图书馆》2006年第1期。
⑥ 徐清：《古籍数字化资源的深度开发》，《图书情报工作》2007年第3期。

在深入标引和严格规范控制的基础上[①]。这四个原则的提出，对于古籍数字化具有方向性的指导意义。2006年，郑章飞认为，作为保护和弘扬中华文化遗产的一项工作，古籍文献数字化应遵循以下五个原则[②]：①保真原则。即数字化古籍产品应该具有"文物存储性"，具有重现作为历史文物的古籍原貌的功能，具体表现是数字化古籍产品应该形成数字图形版。②整理原则。即数字化古籍产品应该具有"资料应用性"，具有超文本浏览阅读、全文检索、研究支持等功能，具体表现是数字化古籍产品应该形成数字文本版。③标准化原则。标准化是古籍数字化的基础，直接影响古籍数字资源的制作质量和咨询服务的效果。标准化的主要内容有数据格式标准化和标引语言标准化。④网络化原则。网络化是古籍数字化的发展趋势，这主要是基于信息资源共享的考虑。一方面，可以发挥网络传输迅捷、异地使用的特点，供全民共享，使其资源社会效益最大化；另一方面，也可为古籍数字化选题提供快捷的参考信息，避免选题过于集中和重复。⑤整体规划、合作共享原则。古籍数字化应向整体规划、合作共享的方向发展，以保证古籍文献资源的广泛传播。以上两个原则体系，可以互为补充。

4. 古籍数字化的理论体系

毛建军在分析当前古籍数字化实践及研究的现状后指出，随着古籍数字化资源的丰富和开发经验的积累以及古籍数字化理论的成熟，古籍数字化必将为传统的古典文献学开拓新的研究领域、带来新的发展契机。他依据于鸣镝先生提出的"大文献学"理论，构建了古籍数字化的理论体系[③]：①数字化古籍生产学：研究古籍数字化编辑及其规律的科学；②数字化古籍流通学：研究数字化古籍出版、发行、典藏及其规律的科学；③数字化古籍整序学：研究数字化古籍索引、导航和链接原理及方法的科学；④数字化古籍利用学：研究如何有效利用数字化古籍的科学。2009年他主编的《古籍数字化的理论与实践》一书由航空工业出版社出版，标志着古籍数字化的理论建构已具雏形。

---

① 史睿：《数字化条件下古籍整理的基本问题（论纲）》，http://www.nlc.gov.cn/service/wjls/pdf/08/08_07_a5b17.pdf。
② 郑章飞：《从书院文化数据库建设看古籍文献数字化》，《图书馆》2006年第6期。
③ 毛建军：《关于古籍数字化理论建构的思考》，《高校理论动态》2006年第4期。

五　中文古籍数字化技术研究

（一）发展阶段的划分

中文古籍数字化技术的发展，是与古籍数字化过程及古籍书目库的建设、发展阶段相对应的。它大体可以分为以下三个阶段。

1. 探索阶段（20世纪70年代到90年代中期）

这一阶段的技术特征是利用计算机技术探索建立书目数据库和专题索引库，因此研究重点主要集中于计算机索引技术、汉字字符集的设计，特别是如何利用计算机辅助索引的编制来对专书进行检索、统计等，如80年代武汉大学陈光祚进行的地方志检索系统的研究。[①] 1987年6月，哈尔滨师范大学李波等建成《史记全文检索系统》，北京师范大学建成了中国年历日历谱微机检索数据库等。同时，不少研究者针对古籍录入过程中遇到的庞大的汉字字符集问题，认为汉字字符集是古籍数字化的一个基础性的工作，是关系到数字化能否成功实现的关键，因此提出建立符合中国古籍特点的中文平台。[②]

2. 产品输出阶段（20世纪90年代中期到2000年左右）

这一阶段，汉字字符集的进一步统一、文字录入、图像识别以及版面还原等技术成为研究与探索的主要内容。古籍数字化虽然都需要借助于计算机信息技术将纸质文献转换为数字化的多媒体信息，但在古籍具体数字化过程中，依据需求和目标等的不同，具体的录入方式也存在差异，包括手工录入的方式、以图像形式保存古籍文献的方式、图文结合建立数据库的方式等。吴民《论古籍数字化建设》分别介绍了这三种录入方式的优点和不足，并指出，图文结合建库的方式不仅能有效综合其他两种方式的优势，同时也最大限度地克服了其他两种方式之不足。[③]随着古籍数字化工作的深入开展，图文结合建库的方式因其优势得到了越来越多的应用和发

[①] 刘宁：《汉字全文检索系统的分析、设计——从湖北省地方志全文检索系统的研制谈系统功能及设计方法》，《现代图书情报技术》1988年第2期。

[②] 师文：《海峡两岸中国古籍整理研究现代化技术研讨会在京举行》，《语文建设》1993年第12期。

[③] 吴民：《论古籍数字化建设》，《高校图书馆工作》2009年第4期。

展。北京书同文公司在研制《文渊阁四库全书》电子版时，与清华大学合作完善了OCR技术，并开发出与之配套的校对软件。这一尝试意味着利用OCR技术扫描录入将成为一种重要的古籍录入方式。但OCR技术扫描录入的局限为速度不够快，处理大幅面的古籍比较麻烦，因此有学者指出，数码相机拍摄可以克服这些局限。[①]随着数码拍摄技术的成熟及与之配套的校对软件的完善，可以预见，图文结合建库这种方式有望成为古籍数字化的主导方式，也将是古籍全文数据库建设的方向。

3. 功能提升阶段（2002年至今）

以基于互联网的古籍数字化产品和大型全文数据库的出现为标志，全文检索、可视检索、知识库等技术得到了快速发展；同时针对古籍的统一字符集的问题，研究者也作了进一步探索。在全文检索与基于Web检索方面，2005年研制成功的《中国基本古籍库》总计500张光盘、20亿字数、2000万页图像，收录了先秦到民国时期的典籍1万余种，提供一个通行版本的全文信息和1－2个重要版本的图像信息，利用ASE检索系统，可以进行分类检索、条目检索、全文检索和高级检索，都可以在两秒内完成，方便快速，具有良好的阅读编辑功能。关于字库技术，2002出版的《西夏文字数字化方法及其应用》系统介绍了非汉字古籍数字化的方法，讨论了西夏字库的建立和编码及版面识别等问题。[②] 2006年刘博在《大规模古籍数字化之汉字编码选择》一文中，分析了ISO/IEC10646和Unicode对古籍数字化的重要意义，探讨了以Unicode为汉字编码的古籍数字化的跨平台展现。[③]徐健、肖卓针对古籍数字化工作中大量繁难汉字录入和显示困难的问题，从计算机汉字输入与显示的基本原理入手，从五个方面提出了具体解决方案，较好地解决了古籍繁难文字处理的难题。[④]而黄飞龙提出针对Windows最新的操作系统，利用其Unicode平台进行蒙古文古籍版本库的构建，该数据库系统除了基本功能（添加、修改、检索、统计、关联推荐）之外，还将提供容错检索、拉丁文转写自动生成、传统蒙古文排版、多种蒙古文的录入解决方案、版本统计等等。这是中国第一个基于Unicode

---

[①] 王桂平：《我国古籍数字化的现状及展望》，《图书情报知识》2000年第4期。
[②] 马希荣、王行愚：《西夏文字数字化方法及其应用》，甘肃文化出版社，2002，第240页。
[③] 刘博：《大规模古籍数字化之汉字编码选择》，《科技情报开发与经济》2006年第5期。
[④] 徐健、肖卓：《古籍数字化中的汉字录入与显示》，《图书与情报》2006年第6期。

编码的少数民族语言文字建立的数据库。①

(二) 研究热点分析

1. 古籍书目数据库

古籍书目数据库建设是我国最早探索的古籍开发研究领域。早在 1988 年，东北师大古籍研究所就开始了这方面的尝试。1991 年，刘乾先对利用计算机整理及检索古籍的经验进行了总结，对该项工作的起因、准备和具体运作流程作了介绍，描述了计算机处理和检索古籍数据的功能和优越性②，这在当时的中国内地是具有开创意义的。1992 年，李致忠在《略谈建立中国古籍书目数据库》一文中，首次提出了建设中国古籍书目数据库的整体构想，对古籍书目数据库建设的基础性问题进行了分析，提出要制定统一的录入工作单。③该文的发表，对中国古籍书目库的建设指明了科学和规范化的方向。由于当时在中国内地建立古籍书目数据库尚属空白，很多技术和经验尚未积累，急需借鉴其他国家和地区的先进经验，因此张治江④、姜振儒⑤等对国外古籍目数据库建设的情况作了介绍。1995 年，李致忠先生结合几年来的思考又撰写了《再论建立中国古籍书目数据库》，对统一建库的认识更进一步，提出了"统一建库认识、统一建库规范、统一古籍机读格式、统一建库软件、统一字库"等意见。⑥ 1993 年，北京大学图书馆设立了古籍合作编目工作站并实现了跨域通信。1995 年，工作站正式运行，其时共有北大图书馆、中科院图书馆、辽宁省图书馆、湖北省图书馆、复旦大学图书馆等单位加入，以工作单形式向 RLG – CHRB 提交中国内地的古籍善本书目数据。杨光辉在总结这一跨国合作项目的经验时指出，中国完全有能力建设自己的古籍书目数据库，并提出以这五大图书馆为核心，依托通信网进行

---

① 黄飞龙、札·义兰:《基于 Unicode 的中国蒙古文古籍版本数据库的构建》,《内蒙古民族大学学报》2009 年第 3 期。
② 刘乾先、王彩云:《文献书目微机处理研究报告：利用计算机整理及检索现存古籍书》,《古籍整理研究学刊》1991 年第 2 期。
③ 李致忠:《略谈建立中国古籍书目数据库》,《国家图书馆学刊》1992 年第 1 期。
④ 张治江:《日本古籍综合目录数据库及其特点》,《图书馆学研究》1992 年第 6 期。
⑤ 雪嶋宏一:《英国古籍书目数据库——ISTC》,姜振儒译,《河北科技图苑》1993 年第 3 期。
⑥ 李致忠:《再论建立中国古籍书目数据库》,《国家图书馆学刊》1995 年第 3 期。

全国小范围的合作编目。① 该项目的启动和运作，第一次在中国内地范围内引入了古籍机读格式，并在古籍数目数据库的全面建设、规范制定、协调统一等方面积累了不可多得的经验。与此同时，依托国家图书馆建设古籍书目数据库也引起了许多有识之士的关注。刘刚指出，应该把古籍数据库的建设跟当时国家图书馆的新书书目数据库以及普通图书的回溯数据库的建设连接起来，不能断层，并针对古籍书目描述中的分类和主题标引问题、机读格式问题，以及字库问题进行了探索，并首次提出以 ISO10646 字符集来解决古籍字库的问题。②

针对古籍书目库的规范化建设，秦淑贞认为："规范化的古籍书目数据库，是指在各种编目软件支持下，在格式、内容、标引依据以及字体等方面都按国家标准做出的一致的古籍书目数据库。要达到古籍书目数据库规范化必须做到六个统一。即：统一的机读目录格式；统一的著录规则；统一的分类法；统一的主题标引依据；统一的字库；古籍和普通图书统一建库。"③ 在《古籍书目数据库的标准与评价研究》④ 一文中，毛建军肯定秦淑贞"六个统一"观点，同时对其作了进一步的阐释。他认为：统一标准的机读目录格式是建设和使用古籍书目数据库的必要前提，出台适应古籍特征的《古籍机读目录格式》是十分必要的，并援引姚秀敏的观点，认为《古籍机读目录格式》的制定应以 CNMARC 为蓝本，结合《古籍著录规则》，研究出一种标准的古籍机读目录格式；在统一著录规则方面，1996 年由中国文献编目小组编撰的《中国文献编目规则》融合了各类型文献著录规则，确定了不同名称的参照关系，并通过标目法对文献题名和责任者名称予以规范控制，从而形成了适合我国汉语言文字特点，又与世界书目控制原则相吻合的一套完整、系统的编目规则；在古籍分类标准问题上，他引用刘劼的观点——一个行之有效的分类法对古籍书目数据库的建设至关重要⑤，认为图书馆界多数学者倾向于《中图法》和《四部法》相结合，采用《中图法》第三版和

---

① 杨光辉：《关于中国参与 RLG – CHRB 工作的调查报告——兼谈中国古籍书目数据库的建设》，《上海高校图书情报学刊》1996 年第 2 期。
② 刘刚：《浅谈古籍书目数据库建设的若干问题》，《国家图书馆学刊》1996 年第 1 期。
③ 秦淑贞：《论古籍书目数据库规范化》，《中国图书馆学报》1997 年第 1 期。
④ 毛建军：《古籍书目数据库的标准与评价研究》，《图书馆理论与实践》2009 年第 6 期。
⑤ 刘劼：《古籍书目数据库建设刍议》，《图书馆理论与实践》1998 年第 4 期。

《中国古籍总目分类表》作为古籍分类规范化的标准；关于主题标引标准，他认为我国各级图书馆的编目主要是建立在《中图法》和《汉语主题词表》的基础上的，因此在机读数据库中使用《中国分类主题词表》不会打乱原有的图书编目体系；在统一字库的问题上，他肯定了目前国内学术界在字符集的采用上的主流看法，即：坚定不移地采用国际标准ISO/IEC10646/Unicode 字符集。

随着古籍书目数据库建设活动的不断深入，特别是国家图书馆、北京大学图书馆全面开展古籍数字化和古籍书目库的建设，古籍联合目录的建设也被提上了日程。李致忠针对古籍联合目录编制所面临的古籍界定范围、目录编法、目录性质、品种定义、版本目录的款目、机读格式、成员馆、分类主题标引工具、著录规范、中心数据库的建立和维护、数据的使用等一系列问题提出了自己的看法[1]，为中国步入古籍联合目录的新阶段起到了引领作用。从 2000 年开始，CALIS 就启动了古籍书目联合数据库的筹建工作，在充分调研和前期准备的基础上，2003 年 12 月联合目录正式启动。CALIS 以北大、清华、武大、南大、复旦等 10 所高校图书馆为试点单位，编制了专门的客户端软件和书影扫描软件，制订了专门的古籍联合目录记录编制规范和提交规范，使得多年的期望成为现实。到目前为止，其成员馆扩大到 44 家，收录的古籍书目数据超过 3.1 万条，并提供书影对象链接。

2. 古籍元数据

国内古籍元数据研究始于 1997 年上海图书馆启动的第一个数字化项目——善本古籍的数字化。在上海图书馆的数字图书馆项目实施中，元数据方案的选择是其中的一个关键所在。上海图书馆的数字图书馆方案中，元数据方案以 Dublin Core 为核心元数据集，多种对应于不同资源类型的元数据方法并存，并以 RDF 为基础的资源描述体系将它们封装在一起。[2] 北京大学数字图书馆自 1999 年研发以来，在元数据研究方面成果显著，有《中文元数据标准框架及其应用》《古籍描述元数据著录规范》等研究成果。《中文元数据标准框架及其应用》针对具有中国特色和在我国广泛应用的数字对象分别建立了相应的数字规范，包括格式定义、语义定义、开

---

[1] 李致忠：《关于古籍联合目录数据库的构建》，《中国图书馆学报》2000 年第 5 期。
[2] 刘炜、赵亮：《上海图书馆数字图书馆元数据方案》，http://www.chinalibs.net。

放标记规范、内容编码体系、扩展规则以及各种专门元数据与基本元数据的标准转换关系和转换模板，编制了各个专门元数据的应用指南、元数据定义信息、应用协议和转换工具的等级机制。《古籍描述元数据著录规范》解决了古籍著录的对象范围、古籍的著录级别、古籍的基本著录单位，以及著录对象之间不同关系等有关元数据标准确立的基本性问题。[①]同时，针对北大图书馆收藏的近3万种、6万多份金石拓片，特别是其中缪荃孙艺风堂、张仁蠡柳风堂的全部藏拓进行开发利用，北大图书馆对拓片的元数据进行了设计和开发。[②] 2003年，姚伯岳等人对北京大学图书馆的古籍元数据研究进行了总结，明确了古籍著录的对象范围、古籍的著录级别、古籍的基本著录单位，以及著录对象之间不同关系等有关元数据标准确立的基本性问题，并介绍了北京大学数字图书馆古籍元数据标准的结构、内容、实施方案。[③]此外还有施艳蕊对藏文古文献的元数据研究，[④]丁侃对中医古籍的元数据研究。[⑤]山川尝试用XML和XML Schema语言来描述古籍元数据，并提出了一种基于本体论著录古籍元数据的方案。[⑥]

3. FRBR研究

FRBR是IFLA提出的一种革命性的编目理念模型，它的全称是Functional Requirements for Bibliographic Records。1997年，在哥本哈根召开的IFLA编目委员会上，FRBR研究小组正式提出这些基本理念，包括四个方面：①书目记录所涵盖的文献范围，包括资料、媒体、格式及信息记录模式；②书目记录所面向的各种使用者，包括读者、图书馆员、出版商等；③书目记录适应图书馆馆内与馆外各种环境的使用需要；④FRBR所采用的实体关系（E—R）模型。[⑦] FRBR提出了三组编目实体：①知识；②对知识作品或艺术创作、出版、制作、收藏等负责的个人或团体；③作品的

---

① 肖珑、陈凌等：《中文元数据标准框架及其应用》，《大学图书馆学报》2001年第5期。
② 胡海帆、汤燕等：《北京大学古籍数字图书馆拓片元数据标准的设计及其结构》，《图书馆杂志》2001年第8期。
③ 姚伯岳、张丽娟等：《古籍元数据标准的设计及其系统实现》，《大学图书馆学报》2003年第1期。
④ 施艳蕊、单广荣：《藏文古籍书籍类数字图书馆元数据标准的设计研究》，《甘肃科技》2009年第11期。
⑤ 丁侃：《基于知识元信息技术的中医古籍元数据研究》，中国中医科学院，2006年硕士学位论文。
⑥ 山川、罗晨光：《XML著录古籍元数据初探》，《图书馆工作与研究》2007年第6期。
⑦ 刘孝文：《国内FRBR研究综述》，《图书馆理论与实践》2009年第2期。

主题特征。其中第一组实体"知识"又划分为四个层次：作品（work）、作品表达方式（expression）、作品表现方式（manifestation）、作品单件（item），从而涵括了从抽象到具体的认知过程或文献知识的实现过程。四个层次的编目实体在各自的层面之间又呈现出既错综复杂又可以梳理使之有序化的各种关系。而著录四层结构，建立"核心记录"，充分揭示四层结构中各自所存在的实体之间各种关联以及与记录实体相关的个人或团体、学科主题等，就把庞大的文献集合勾画成一个包容各种载体、充分揭示各种关系、面向所有用户的一个结构化的体系，从而为使用者提供查找（Find）、识别（Identify）、选择（Select）、获取（Obtain）的有效途径。这就是FRBR的根本性任务。

严格地说，FRBR的出现是古籍书目描述的一次革命，但其思想关系到古籍数字化建设的整个方面，对于全文库、书目库、知识库等均有相应的影响，故一些有识之士已经开始这方面的研究。其中，鲍国强在古籍书目元素设计、古地图书目元素设计以及可视化检索上面利用FRBR的原理进行的探索值得肯定。在《文献编目新理念对古籍数字化的影响》[1] 一文中，作者在分析归纳文献编目中FRBR、复本编目、文献关联、全面规范和工具保障等新理念的基础上，具体说明了古籍数字化系统工程中书目、载体、图文、知识、关联和工具六个方面的主要内容，并从书目揭示、信息规范、知识链接和工具保障四个层面重点阐述了这些新的编目原则和理论对古籍数字化各方面工作的重大影响。而在《FRBR基本模式在古旧地图编目及数字化信息检索中的应用》[2] 中，作者针对FRBR提出的书目实体的三组四维实体的概念，分析了中国古地图的文献特点，并做了对应性的比较，提出了著作、品种、版本、复本的概念，对于古旧地图的类型、古旧地图在书目层次的元素组成、古旧地图在规范数据制作要求等都作了相应的说明，并描述了古旧地图实体之间所存在的基本关系，以及这些关系与MARC之间的映射关系。鲍国强提出，FRBR关系模式的作用就是建立一种古旧地图和其他古旧地图的连接，古旧地图诸对象、属性之间的连接，进一步帮助用户更好地在所描述的书目数据库和数字

---

[1] 鲍国强：《文献编目新理念对古籍数字化的影响》，http://www.nlc.gov.cn/hxjy/2008/0701/article_48.htm。
[2] 鲍国强：《FRBR基本模式在古旧地图编目及数字化信息检索中的应用》，http://www.nlc.gov.cn/service/wjls/pdf/16/16_01_a5b18.pdf。

化信息库中"航行"。为了起到这种导航作用,他认为可起用 GIS 检索模式,拓展书目检索点,健全信息规范关联。这种探索利用 FRBR 所建立的古籍关系关联机制,对于把古籍书目库、版本库、知识库、全文库进行关联,通过本体的 Web 发布和检索,并利用 GIS 检索模式,把可视化检索和关联检索联合起来,将使 FRBR 在古籍的数字化过程起到很重要的作用。

4. 古籍全文检索与本体论

随着古籍数字化的逐步深入,一些基于知识发现的技术应用到古籍全文库中。利用本体论的思想来建构知识库、进行语义识别和检索成为当前古籍数字化研究的热点之一。例如,杨继红在调研了中医古籍信息资源组织方式的基础上,系统分析了知识的组织体系及表示方法,阐述了叙词表、本体的基础理论和研究进展,在柳长华教授提出的基于"知识元"的中医古籍计算机知识表示方法建设的中医古籍知识库的工作基础上,充分利用中医传统知识保护课题组有关中医传统知识分类的研究成果,借鉴本体论的思想,采用自上而下的方法编制了适合知识库建设的中医古籍分类表和古籍概念关系体系,作为分类主题一体化中医古籍叙词表的基础。[①] 谷建军也就中医古籍的本体设计方面做了有益的探索。他根据中医古籍数据库的实际情况,参考国内外领域本体的建设方法,在知识推理层面提出了基于叙词表的适合中医古籍数据库应用的中医古籍文献领域本体建设方法。[②] 李晓菲等以彝文典籍为例,在已有的彝文古籍分类的基础上,探讨了如何利用领域本体的理论和方法构建少数民族古籍本体,从而实现民族古籍的知识管理和知识创新的目的。[③] 曹玲等以农业古籍本体构建为例,从数据选择、构建方法、总体设计几个方面探讨领域本体构建流程,并采用 Jena 实现了对该本体的可视化浏览以及基于自然语言的语义检索。[④] 肖怀志等选取较有代表性的史书《三国志》为例,通过历

[①] 杨继红:《基于本体的中医古籍叙词表构建方法研究》,中国中医科学院,2005 年博士学位论文。

[②] 谷建军:《基于叙词表的中医古籍文献领域本体建模方法研究》,中国中医科学院,2003 年博士学位论文。

[③] 李晓菲、郁奇:《基于分类的民族古籍本体构建与知识创新——以彝族典籍为例》,《大连民族学院学报》2008 年第 5 期。

[④] 曹玲、何琳:《农业古籍本体构建及应用》,《广西师范大学学报(自然科学版)》2007 年第 2 期。

史年代本体建立的语义关联来聚集相关历史年代知识元,达到聚集同一或相关史实的目的,为古籍数字化知识发现功能的实现提供了一条全新的思路。[1] 这些研究以某个专题为突破口,以本体的建设为机制来探索语义检索,对于寻找新的技术手段实现古籍的知识发掘,无疑具有开启新思维的作用。

5. 古籍数据库整合研究

随着古籍数字化技术的发展以及人们对古籍利用层次的要求的提高,有研究者开始就古籍数据库的整合设计进行探索。如程佳羽认为,首先要以 DC 元数据为基础,书目著录检索系统要充分保证多层次的数据集成体系,并结合主题标引进行全文解析,在充分利用书目数据库的基础上,利用可扩展的灵活存储机制和多种发布形式把全文库和书目数据库整合起来进行全方位的统一设计。数据库的整合包括内容的整合与功能的整合。对于不同类型的古籍,即便处于同一个系统内,也需要不同的处理办法,譬如舆图、金石拓片和刻本,就需要根据其不同的性质,设计与之相适应的元数据描述、管理和发布方式;若把这些不同类型的古籍分别设计在彼此不相关的单个数据库内,则人为地割裂了其可能存在的联系。因此,需要在一个同一的标准之下,对不同类型的古籍单独定义,使其保持相对的独立,又保证其应有的关联性,也就是要做到内容的整合。[2]这对于整合现有古籍数字资源无疑具有重要意义。

六　中文古籍数字化协作机制

如前文调查显示,我国古籍数字化呈现出三大主体(即以图书馆为主体的文献保藏部门、学术机构和数字出版企业)三足鼎立的局面。主体身份的多重性,带来的必然是古籍数字化价值取向的多元化。作为事业单位的图书馆,其从事古籍数字化活动更多是出于保存民族文化的职责,追求的是社会效益;作为科研单位的学术机构,其从事古籍数字化研究和实践,更多的是出于科研和教学的实际需要,追求的是学术价值;而作为商

---

[1] 肖怀志、李明杰:《基于本体的历史年代知识元在古籍数字化中的应用——以〈三国志〉历史年代知识元的抽取、存储和表示为例》,《图书情报知识》2005 年第 5 期。

[2] 程佳羽:《古籍全文数据库的理想实现模式》,《图书馆建设》2006 年第 3 期。

业单位的数字技术企业，追逐的当然是商业利润的最大化和产业规模的扩张，即所谓的经济效益。为避免资源浪费和重复开发，在公益性保护、学术性研究和商业性开发之间保持应有的平衡，必须在国家层面进行统一管理和协调。

通过对上述三类古籍数字化主体的分析，我们又发现它们之间存在很强的互补性。对于公益性的图书馆而言，丰富的古籍馆藏是其优势。据不完全统计，全国图书馆系统保存的古籍有2750万册，其中可列为善本的超过250万册。足以弥补传统古籍出版中存在的版本低劣重复的缺憾。图书馆拥有的古籍鉴定与整理的资深专家，亦堪称宝贵的人力资源；学术研究机构在古籍资源的甄别选择、选题策划、内容整理、系统功能的规划等方面是无可替代的；数字企业则在数字出版技术、资金的运作和投入、电子商务营销等方面具有不可替代的优势。而且，图书馆和科研机构可以成为古籍数字化产品最大的用户群。它们通过合作与融合，完全可以达到资源共享、优势互补、互惠共赢的目的。因此，笔者建议成立一个全国性的跨行业的协调机构，它既要跨行业，又要有一定权威性，可以仿照1958年成立的"国务院古籍整理出版规划小组"，成立"古籍文献数字化规划小组"，由它来统一组织和协调全国范围内的古籍文献数字化工作。

古籍数字化主要由版本资源、内容专家、技术专家三大要素构成，分别由图书馆、学术机构、数字企业代表。由于古籍数字化仍属古籍整理和学术研究的范畴[①]，因此在整个数字化过程中，内容专家应处于主导地位，应由他们提出选题并进行科学论证，对古籍数字化对象进行版本鉴别和文本校勘，对系统目标和功能进行整体规划，而技术专家只是服务于内容专家，使这些目标和功能顺利实现。而"古籍文献数字化规划小组"处于整个古籍数字化协作机制的核心地位（如图24所示）。由它统一领导，对全国古籍数字化工作进行整体规划，具体包括以下工作。

第一，制定古籍数字化中长期规划。古籍数字化是一项保护和弘扬中华文化遗产的工作，具有强烈的公益性色彩，不能完全走市场化的道路，进行合理的规划是必要的。这样做既可以避免选题重复开发，也有

---

① 李明杰：《中文古籍数字化基本理论问题刍议》，《图书馆论坛》2005年第5期。

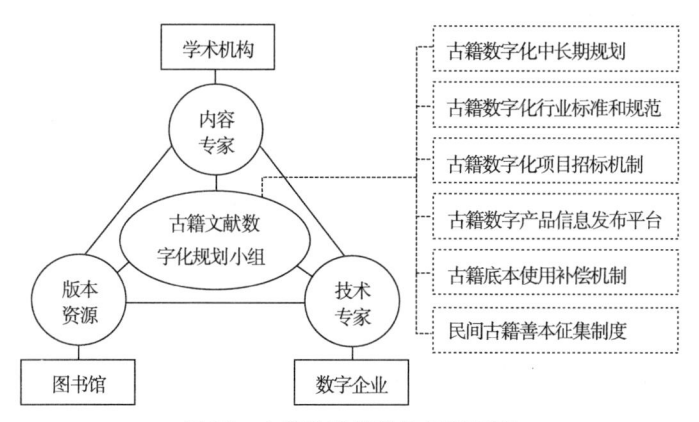

图24 古籍数字化协作机制示意

利于古籍保护。在传统古籍整理出版领域，古籍整理出版规划小组先后制订了《整理和出版古籍十年规划（1962-1972）》《古籍整理出版九年规划（1982-1990）》《古籍整理出版十年规划（1991-2000）》，对古籍整理出版工作进行全面安排和统一部署。古籍文献数字化规划小组可以借鉴此类做法，组织古籍专家对古籍进行定级和筛选，制定阶段性的古籍数字化规划，优先将文物价值、学术价值和艺术价值高的善本数字化，并有计划按步骤地推进该规划的实施。建议在古籍文献数字化规划小组下设立学术委员会，委员由一些学术机构知名的古籍整理专家担任。由他们负责制定古籍数字化中长期规划，提出各阶段古籍数字化的目标、措施，制订选题计划并遴选古籍版本，就系统的目的和功能提出建设性方案。

第二，制定和推广古籍数字化行业标准和规范。当前古籍数字化领域存在的一个突出问题就是数据格式繁多的问题。这种"各自为政"局面，不利于古籍数字化的发展及古籍数字资源的共享，一些新开发的系统不得不考虑与其他文档格式兼容的问题。但从长远来看，建立并规范古籍数字化的元数据标准是必由之路。从2002年开始，由科技部委托国家科技图书文献中心协调，中国科学院文献情报中心、中国科学技术信息研究所、国家图书馆、CALIS管理中心等21家单位联合进行了数字图书馆的相关标准规范研究，其中直接与古籍有关的包括：《舆图描述元数据著录规则》《舆图描述元数据规范》《拓片描述元数据著录规则》《拓片描述元数据规范》《家谱描述元数据著录规则》《家谱描述元数据规范》《古籍描述元数据著录规则》《古籍描述元数据规范》《地方志描述元数据著录规则》《地方志描述元数据规范》等。此外，还制订了不同类型数字资源的加工标准和规范，如对古籍、拓片、舆图、字画、手稿、文牍、契约以及甲骨、金石、竹简、陶器等实物的三维造型等。如果成立了古籍文献数字化规划小组，组织协调工作就可固定由它来做，包括这些标准和规范的推广教育工作等。

第三，建立古籍数字化项目招标机制。在制定了古籍数字化整体规划后，应向社会公开选题方案，通过招标的方式向全社会征集有资质、技术力量强、开发经验丰富的数字技术企业来承担该系统的设计开发。通过公平、公开、公正的有序竞争，使得各种资源得到最优配置，保证古籍数字化的质量。

第四，建立古籍数字化产品信息发布平台。由于缺乏相应的沟通、交流渠道，古籍数字化领域存在比较严重的重复开发问题。为提高古籍数字化效率，减少不必要的资源浪费，有必要建立国内外中文古籍数字化产品的信息通报机制。由权威部门发布信息，不仅可以让各方共享产品信息，也可以对产品进行宣传和推广。

第五，建立古籍底本使用补偿机制。古籍作为超过版权法保护期限的特殊文献，其数字化复制不存在版权问题。但即使这样，相关障碍依然存在。2005年发生的所谓"苏图事件"给了我们一个警示：古籍的保藏与利用仍是困扰当前图书馆界的一个普遍问题。图书馆对古籍虽然没有版权，但拥有保管权，并为保管古籍付出了一定的经费和代价。图书馆常常借口保护古籍善本，或出台制度限制底本的使用，或收取高额的底本费。因此，笔者建议，可以在古籍数字出版的收益中提取一定比例，作为提供古籍底本单位的经济补偿，并使之成为一项制度确立下来。这样，既可以保障古籍善本征集渠道的畅通，又照顾到图书馆保护古籍文献的付出，符合文献资源公平共享的原则。

第六，建立民间古籍善本的征集制度。除了各类图书馆、档案馆等官方文献收藏部门外，有相当一部分古籍流落到民间私人收藏者手中。如何对广泛存在于海内外私人藏书者手里的孤本、善本进行征集和数字化？这就需要对私人收藏者的利益有所考虑，就需要协调国家、机构与个人的利益关系，建立相应的补偿机制。国家应该从制度着手，建立由底本使用而取得合理补偿的制度，并确定合理的缴纳报酬的比例，避免由于底本垄断而阻碍古籍数字化进程。由于在古籍数字化的利益分配过程中，部分古籍文献所有者无法得到合理的补偿，因而不愿意把自己掌握的资源与他人分享，这种情况在珍本、善本古籍文献上表现得尤为突出，严重阻碍了古籍文献数字化的进程。补偿制度的建立在很大程度上可以消除部分人的顾虑，有利于择优选择版本，提高数字化古籍的质量。

数字化背景下中国古籍出版模式的重构

这是一个充满变革的时代。自20世纪90年代以来，由以计算机存储技术和网络通信技术为代表的新兴媒介的勃兴引发的数字化浪潮，强势地冲刷着社会文明的每一个角落，潜移默化地影响着人们的行为方式和思维习惯，改变着现有的社会结构。传统出版业赖以生存和发展的社会土壤、文化环境和传播手段也随之发生了重大变化，原有出版模式受到严重冲击。古籍出版业虽说有其行业特殊性，也未能幸免于外。如何应对数字化浪潮带来的挑战，是每一个古籍出版人必须面对的现实问题。

一 传统古籍出版模式受到的挑战

毋庸讳言，传统的古籍出版模式是内向收敛的：就出版者而言，主要以全国数十家专业古籍出版社为主体；就读者对象而言，主要面向文史专业研究者和爱好者；就发行渠道而言，主要依赖于订货会集中订货、征订单发货和书店营销网络。受专业性强、受众面小、生产和销售周期较长等先天性因素的制约，古籍出版在竞争激烈的图书市场原本就处于相对弱势的地位；在新一轮的数字出版的冲击下，其承受的竞争压力进一步加大。

第一，出版主体的企业化使得专业古籍出版社不仅要面对综合性出版社、大学出版社和其他行业出版社对古籍出版市场的"蚕食"，还要应对一大批以数字出版技术为核心竞争力的技术提供商的大举"入侵"。按照传统的行业划分，一些原本并非出版行业的数字技术提供商已经名正言顺地进军了古籍出版领域，并取得了不俗的业绩。由前文《中文古籍数字化进展及协作机制初探》的调查可知，各类新兴古籍数字出版企业只有36家，占13%，但它们凭借掌握的数字出版技术，借助现代企业管理手段和市场运作模式，很快就在古籍出版市场立稳了脚跟。它们或依托图书馆的古籍善本资源，或吸纳文史专业研究人员参与研发，或与高校科研机构联合成立电子文献研究所，通过大规模、成系统地将常用基本古籍数字化，很大程度上满足了专业研究人员的需要。它们研发的产品占领了图书馆及科研院所等大宗用户的很大市场份额。借助于与图书馆、专业研究人员的合作，从古籍出版资源的供给到数字化出版，再到网络发行给团体用户或个体用户使用，技术提供商完全可以绕开古籍出版社完成整个古籍出版活动。未来专业古籍出版社如不能积极应对，将有潜在的被边缘化的危险。

第二，出于保存古籍的目的，公益性的图书馆也加入了古籍出版的行列。诚然，图书馆的主要职责是保护古籍，但其保护手段却有原生性和再生性之分。所谓再生性保护，即以缩微、扫描、影印等方式，对古籍内容进行复制传播，其实质与古籍出版并无二致。随着图书馆工作重心的转移，古籍的再生性保护得到了国家的高度重视。2002年正式立项、由国家图书馆承接的"中华再造善本工程"，计划运用现代技术手段，大规模、成系统地复制分藏于国家图书馆和各省、自治区、直辖市图书馆及高校、科研系统图书馆，乃至博物馆的珍贵古籍善本。这其实就是一个大规模的系统出版工程。2007年，该工程一期已完成《唐宋编》和《金元编》共计758种1394函8990册善本古籍的出版工作；工程二期于2008年9月完成了古籍选目556种，计划用3年时间基本完成明清卷的出版工作。

除传统出版领域外，图书馆古籍数字化工作在古籍数字化领域亦呈方兴未艾之势。在前文《中文古籍数字化进展及协作机制初探》的调查中，图书馆参与古籍数字化的数量最多，有124家，占46％。如上海图书馆于1996年启动了"宋元善本全文数据库"的建设，计划将馆藏古籍善本全部数字化，并分期实现上网服务；香港中文大学图书馆开发的"汉达文库"提供近1亿字的古籍全文和18000幅影像资料；相对而言，内地图书馆大多刚完成馆藏古籍书目数据的建库工作，全文数据库的开发还限于较小规模，但发展前景无可限量。一些学术机构也参与到古籍数字出版中来，如香港理工大学开发了"中文古籍网上出版平台"，目的在于让更多的稀有古籍得以通过互联网供给图书馆、学校、机构、公司以及个人读者随时随地使用。① 台湾"中央研究院"历史语言所研发的"汉籍电子文献资料

---

① 楚文：《古籍出版有了网上平台》，《中国新闻出版报》2007年11月15日004版。

库"提供总计3.74亿字的古籍全文资料。尽管这类公益性的古籍数字化产品不以赢利为目的，但在一定程度上抵消了读者对古籍图书的需求，改变了传统古籍图书市场的结构，其影响绝不可小觑。

第三，数字化古籍适应了国民网络阅读的趋向，提供了辅助学术研究的工具，极具市场竞争力。据中国出版科学研究所2008年发布的"第五次全国国民阅读调查"数据显示，2007年我国互联网阅读率为44.9%，比2005年的27.8%攀升了17.1个百分点；知道或听说过电子图书的读者人群占被调查者总体的47.4%。[①] 随着网络的普及，人们的阅读方式发生了重大变化，数字化古籍正好适应了这一变化。而且，数字化古籍提供的不只是一本书、一个数据库，更是一件学术工具、一个研究平台。它不仅提供诸多与内容相关的知识工具，如联机古汉语字典、年号与公元纪年对照表、历代官阶序列表、家族世系表、姻亲关系表、地名沿革表、人名字号表等；也能提供古籍字数、字频、词频的统计信息，行文风格特点的概率统计，参考数据的汇聚；还能提供不同版本比勘校对的接口、异体字的汇聚显示、读音的自动标注和朗读、在线标点断句等功能。这些工具、信息和功能，不仅极大地改善了研究条件，而且带来了研究思路、研究方法的革新。一旦专业研究者形成了这种工具依赖心理，将给传统古籍出版模式带来颠覆性的影响。

第四，古籍的数字出版借助于网络，在发行方式上有了质的飞跃，赢得了更广阔的市场。古籍的传统发行方式主要依赖于订货会订货、征订单发货、书店发行等所谓的主渠道，在图书市场变化加剧的今天，面临着资金短缺、发行门店减少、退货率居高不下、回款率低等困境。相对于传统古籍发行模式，数字古籍的网络发行则有低成本、零库存、高时效的优势。网络版的电子古籍不需要实体书库，只需在用户终端建立镜像站点，成本低廉，同时也为读者与出版商、读者与读者之间的信息交互创造了条件。更重要的是，数字古籍更易于内容的组织管理，便于提供个性化的内容产品。既可以提供大型海量的综合性资料库，也可方便快捷地组织提供各类专题、专辑资料；既可以针对高校图书馆、研究所等团体用户开发网络版产品，也可为个体用户提供光盘版、手机版和U盘版等多种形式的产品。

---

① 中国出版科学研究所：《从传统走向现代的国人阅读——第五次全国国民阅读调查综述》，《光明日报》2008年8月26日12版。

二 中国古籍出版模式的重构思路

虽然世界传媒的发展历史已经证明，任何一种新媒介的出现都不可能将旧有媒介完全挤出历史舞台，每一种新媒介的诞生都是对已有媒介的补充，但面对数字出版的兴起，古籍出版社如不能正确应对，伴随着新的竞争者和替代产品的出现、读者的流失和市场的萎缩，其市场主体地位将难以维系。面对挑战，古籍出版社考虑更多的不应是如何消极回避，而应是如何借助新兴技术力量重构古籍出版模式，实现传统出版与数字出版的融合。

（一）出版主体：三股力量的合作与融合

这里所谓的融合，是指由技术变革引发的产业边界的重新界定。[1] 对古籍出版业来讲，首先就是出版主体结构的调整。专业古籍出版社一枝独秀的局面势将被打破，公益性图书馆与营利性的技术提供商已然成长为古籍出版界不可忽视的两股力量。由出版主体身份的多重性，带来的必然是古籍出版价值取向的多元性。作为事业单位的图书馆，它从事古籍出版活动更多的是出于保存民族文化的职责，追求的是社会效益；技术提供商追逐的是商业利润的最大化和产业规模的扩张，即所谓的经济效益；古籍出版社恰好经历过事业单位和企业单位的双重身份，天然地成为两者之间的沟通者和协作者。它们三者的合作与融合，也正契合了我们一贯倡导的"社会效益与经济效益统一"的出版理念。

出版社与图书馆、技术提供商之间的合作与融合是有现实基础的。古籍出版社毕竟有多年的从业经验，在编辑力量、选题策划、出版规范、文化品牌等方面积累了雄厚的实力；图书馆在古籍出版资源方面具有无与伦比的优势。据不完全统计，全国图书馆系统保存的古籍有2750万册，其中可列为善本的超过250万册，足以弥补传统古籍出版中存在的版本低劣重复的缺憾。图书馆拥有的古籍鉴定与整理的资深专家，亦堪称宝贵的出版人力资源；技术提供商则在数字出版技术、资金的运作和投入、电子商务

---

[1] 郁明华、陈抗：《国外产业融合理论研究的新进展》，《现代管理科学》2006年第2期。

营销等方面具有不可替代的优势。它们通过合作与融合,完全可以达到资源共享、优势互补、互惠共赢的目的。2003年9月"新中国古籍整理出版成就展"期间,来自全国的30多家古籍出版社和50多家图书馆联手举办了"出版界与图书馆界古籍协作会议",就出版合作问题进行了广泛的研讨,体现了古籍整理出版和收藏界前所未有的合作精神。[①] 业界已有不少合作成功的案例,如电子版《文渊阁四库全书》,是由香港迪志文化出版有限公司投资,在上海人民出版社、国家图书馆等合作伙伴的支持下,由北京书同文数字技术有限公司研制完成的;《中国古籍基本库》是由北京大学提出创意和规划,北京爱如生数字化技术研究中心制作,最后由黄山书社出版发行。

古籍出版产业的融合必然带来古籍出版各要素的重新组合和出版收益的再分配(见图25)。以出版流程为主线,选题策划阶段是合作的起点,也是关键阶段,因为只有经三方博弈后就出版选题达成一致,才有合作的基础。选题确定后,就是筹措和组织出版资源。资金主要来源于出版社和数字技术企业的投资,因为图书馆的公益性决定了它不能进行商业投资(但它也需要获得出版收益来弥补在古籍保护等方面的投入),而古籍出版的底本主要是由图书馆提供的精选善本,经内容专家校勘整理后出版。须强调的是,古籍的数字出版绝不是简单地复制古籍,而应属古籍整理和学术研究的范畴[②],因而在具体出版过程时,应以选题所在领域的内容专家(负责版本的考订和选择、文字的校勘和注释、出版物体例和功能的设计

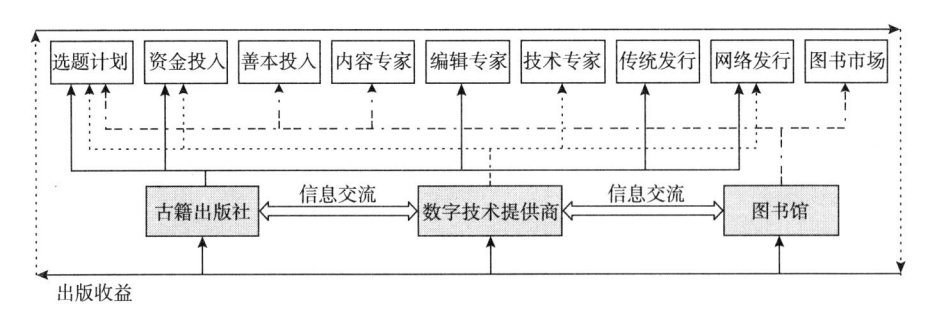

图25 数字化背景下三大古籍出版主体的合作与融合

---

① 张志清:《图书馆与出版社古籍工作协作会议在北京召开》,《古籍整理出版情况简报》2003年第9-10期。
② 李明杰:《中文古籍数字化基本理论问题刍议》,《图书馆论坛》2005年第5期。

等）为主导，而不是以编辑或技术专家为主导。内容专家、编辑专家和技术专家的关系就如同建筑设计师、工程监理与建筑工人的关系。在发行方式上，传统渠道与网络渠道并行不悖，以满足不同类型读者的需求。

（二）出版流程：向跨媒介辐射状流程转变

传统古籍出版是以纸介质图书为核心，按编辑、印刷、发行的流程来操作的。这种单一介质的线状流程是与传统出版方式相适应的。但在数字时代，出版方式发生了重大变化，从以纸质图书为核心转向以内容管理为核心，整个出版业呈现融入更大范围的内容产业的趋势。所谓内容产业，欧盟"Info2000 计划"把它定义为"制造、开发、包装和销售信息产品及其服务的产业"，其范围包括各种媒介上所传播的印刷品内容（报纸、书籍、杂志等）、音像电子出版物内容（联机数据库、音像制品电子游戏等）、影视传播内容（电视、录像、广播和影院）等。古籍出版业要适应这种转型，意味着必须要突破单一的纸介质形式，古籍出版单位也将向内容提供商转变，而传统的读者或受众，将逐渐演变为内容消费者。伴随着这种转变，传统古籍出版流程也将向跨媒介的辐射状出版流程转变（见图26）。

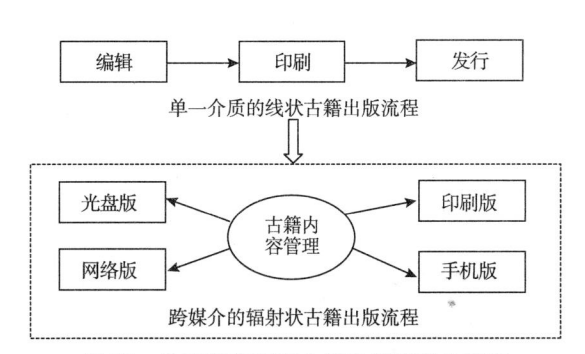

图26 数字化背景下古籍出版流程的转变

古籍数字化出版流程的核心是内容管理，具体包括古籍内容的生产、组织和提供等，主要由相关的关键技术来实现，具体包括：基于自然语言的内容信息标引和识别技术、知识搜索引擎技术、数据挖掘技术、数据库技术，以及开放的数字内容编辑平台、数字内容前置审查平台和可再生数字资源多次开发平台等技术。只有当古籍出版单位采用了以数字内容为核心的管理系统以后，传统的编、印、发环节才将被改变，这就是所谓的

"流程再造"①。

(三) 出版产品：工具与内容的统一

传统古籍出版有两大功能和目标：一是为人文学术研究服务；二是传播中国优秀传统文化。数字化背景下，古籍出版的基本功能没变，但功能实现的途径和出版理念却发生了很大变化。未来的古籍出版物，将不再是单纯意义上的图书，而是现代工具与传统内容完美结合的统一体。针对文史专业研究人员、教学人员和一般读者的不同需求，这个工具与内容的统一体可以为之提供相应的研究平台、教学平台和文化休闲平台。

数字古籍将亿万汉字所表征的信息，贯穿在数码的经络里，使得字字可查、句句可检成为现实；数字古籍中还可以嵌入相关的知识工具、信息计量工具，为读者提供即时服务；通过对古籍文本内容的深入揭示和语义关联，可从大量隐含的、以前不知道的、潜在有用的信息中提取有价值的知识，实现知识创新的目的。因而它不再是原来单纯意义上的图书，而是一个集文本内容、知识工具、研究手段于一体的研究平台。数字古籍还可嵌入远程教育网络，通过远程访问和自助式学习，为广大师生提供文史专业教学平台。借助平面图像、三维动画、立体声响、虚拟现实等各种多媒体技术手段，数字古籍能从感官上带给人们全方位的精神体验，为人们搭建一个文化休闲平台。所有这一切，都是古籍出版产品设计理念在数字化背景下的创新。

---

① 张立：《数字内容管理与出版流程再造》，《出版参考》2007年Z1期。

参考文献

曹书杰：《中国古籍辑佚学论稿》，东北师范大学出版社，1998。

曹之：《版本学探源》，《晋图学刊》1989年第3期。

曹之：《鲁迅与古籍版本学》，《中国图书馆学报》1995年第1期。

曹之、司马朝军：《二十世纪版本学研究综述》，《图书与情报》1999年第3期。

曹之：《宋代版本学述略》，《青海图书馆》1990年第4期。

曹之：《中国古籍版本学》，武汉大学出版社，2007。

晁公武：《郡斋读书志》，上海古籍出版社，1990。

陈振孙：《直斋书录解题》，上海古籍出版社，1987。

程千帆、徐有富：《校雠广义·版本编》，齐鲁书社，1991。

崔建英：《对版本目录学的探讨和展望》，《津图学刊》1984年第4期。

戴南海：《版本学概论》，巴蜀书社，1989。

邓之诚：《骨董琐记》，中国书店，1991。

杜泽逊：《文献学概要》，中华书局，2001。

傅增湘：《藏园群书经眼录》，中华书局，1983。

顾廷龙：《版本学与图书馆》，《四川图书馆》1978年第11期。

顾炎武：《日知录》，上海古籍出版社，2006。

郭松年：《古籍版本与版本学》，《吉林省图书馆学会会刊》1980年第4期。

洪迈：《容斋随笔》，上海古籍出版社，1978。

胡道静：《从黄荛翁到张菊老——150年来版本学的纵深进展》，《古籍整理研究学刊》1987年第4期。

黄丕烈：《士礼居藏书题跋记》，潘祖荫，书目文献出版社，1989。

黄儒炳：《续南雍志》，台北伟文图书出版社影印本，1976。

黄佐：《南雍志》，台北伟文图书出版社影印本，1976。

来新夏：《古典目录学浅说》，中华书局，2003。

李焘：《续资治通鉴长编》，中华书局，1985。

李国新：《中国古籍数字化资源的进展与任务》，《大学图书馆学报》2002年第1期。

李明杰：《二十世纪中国古籍版本学史研究综述》，《古籍整理研究学刊》2003年第2期。

李明杰：《中文古籍数字化基本理论问题刍议》，《图书馆论坛》2005年第5期。

李希泌、张华：《中国古代藏书与近代图书馆史料》，中华书局，1982。

李心传：《建炎以来朝野杂记》，江苏广陵古籍刻印社，1981。

李致忠：《古代版印通论》，紫禁城出版社，2000。

李致忠：《古书版本学概论》，北京图书馆出版社，1990。

李致忠：《历代刻书考述》，巴蜀书社，1990。

李致忠：《论古书版本学》，《吉林省图书馆学会会刊》1979年第1期。

李致忠：《宋版书叙录》，书目文献出版社，1994。

李致忠：《元代的刻书机构》，《北京出版史志》第八辑，北京出版社，1996。

刘国珺：《关于我国古籍版本学史阶段划分的思考》，《古籍整理研究学刊》1991年增刊。

刘国珺：《明代版本学的主导思想及其影响》，《古籍整理研究学刊》1990年增刊。

刘国珺：《清乾、嘉、道间版本学的突出成就》，《南开学报（哲社版）》1993年第2期。

刘国珺：《谈叶德辉的版本学》，《津图学刊》1984年第2期。

刘家真：《中国古籍保护的问题分析与战略研究》，《中国图书馆学报》2008年第4期。

刘象愚：《文化观念的演化》，《学术界》2006年第3期。

柳诒徵：《南监史谈》，载柳曾符、柳定生《柳诒徵史学论文集》，上海古籍出版社，1991。

楼宇烈：《汉文化资料库不同层次的实用要求》，《古籍整理出版情况简报》2003年第8期。

卢中岳：《版本学研究漫议》，《贵图学刊》1982年第2期。

毛春翔：《古书版本常谈》，上海人民出版社，1977。

毛晋：《汲古阁书跋》，上海古籍出版社，2005。

莫友芝：《藏园订补郘亭知见传本书目》，傅增湘订补，中华书局，1993。

倪其心：《校勘学大纲》，北京大学出版社，2004。

潘景郑：《著砚楼书跋》，古典文学出版社，1957。

潘寅生：《中国古籍整理与保护概述》，《图书馆工作与研究》1998年第5期。

钱基博：《版本通义》，古籍出版社，1957。

钱谦益：《绛云楼书目》，中华书局，1985。

《钦定国子监则例》，台北文海出版社影印本，1989。

《钦定国子监志》，台湾商务印书馆影印（清）文渊阁《四库全书》本。

任继愈：《中国藏书楼》，辽宁人民出版社，2001。

邵胜定：《版本学有广狭二义论》，《图书馆杂志》1985年第4期。

施廷镛：《中国古籍版本概要》，天津古籍出版社，1987。

石洪运：《版本学基础理论研究述评》，《黑龙江图书馆》1991年第3期。

史念海：《三辅黄图校注》，三秦出版社，1995。

释僧祐：《出三藏记集》，中华书局，1995。

王国强：《关于中国古籍版本学基本理论研究现状述评》，《河南图书馆学刊》1993年第1期。

王国维：《观堂集林》，河北教育出版社，2001。

王国维：《简牍检署考校注》，胡平生等注，上海古籍出版社，2004。

王国维：《闽蜀浙粤刻书丛考》，北京图书馆出版社，2003。

王国维：《五代两宋监本考》，载乔衍琯等《图书印刷发展史论文集》，台北文史哲出版社，1982。

王晖：《黄丕烈鉴定版本方法刍议》，《古籍整理研究学刊》1990年增刊。

王溥：《五代会要》，中华书局，1998。

王绍曾：《目录版本校勘学论集》，上海古籍出版社，2005。

王应麟：《玉海》，江苏古籍出版社，1987。

王重民：《中国善本书提要》，上海古籍出版社，1983。

尾崎康：《以正史为中心的宋元版本研究》，北京大学出版社，1993。

魏隐儒、王金雨：《古籍版本鉴定丛谈》，印刷工业出版社，1984。

吴枫：《中国古典文献学》，齐鲁书社，1982。

吴则虞：《版本通论》，《四川图书馆》1979年第1期。

谢国桢：《明清时代版本目录学概述》，《齐鲁学刊》1981年第3期。

徐良雄：《中国藏书文化研究》，宁波出版社，2003。

徐松：《宋会要辑稿》，中华书局，1997。

徐雁、王燕均：《中国历史藏书论著读本》，四川大学出版社，1990。

严佐之：《古籍版本学概论》，华东师范大学出版社，1989。

严佐之：《黄丕烈版本学思想辨析》，《图书馆杂志》1985年第1-2期。

颜之推撰、王利器集解《颜氏家训集解》，上海古籍出版社，1980。

阳海清：《版本学研究论文选集》，书目文献出版社，1994。

杨殿珣：《略论王重民同志对于版本学的研究》，《图书馆学通讯》1982年第3期。

姚伯岳：《版本学》，北京大学出版社，1993。

叶昌炽：《藏书纪事诗附补正》，上海古籍出版社，1989。

叶德辉：《书林清话》，中华书局，1957。

于良芝：《国外图书馆古籍保管与利用制度研究》，《大学图书馆学报》2005年第6期。

余嘉锡：《余嘉锡论学杂著》，中华书局，1963。

俞樾：《古书疑义举例五种》，中华书局，1956。

张金吾：《爱日精庐藏书志》，文史哲出版社，1982。

张舜徽：《广校雠略》，华中师范大学出版社，2004。

张舜徽：《中国文献学》，上海古籍出版社，2005。

张舜徽：《中国校雠学分论（上）——版本》，《华中师院学报》1979年第3期。

张秀民：《金源监本考》，载张秀民《张秀民印刷史论文集》，印刷工业出版社，1988。

张元济：《校史随笔》，上海古籍出版社，1998。

赵万里：《两宋诸史监本存佚考》，载傅杰《二十世纪中国文史考据文录》，云南人民出版社，2001。

周连宽：《论古典目录学、校雠学、版本学三者的关系》，《广东图书馆学刊》1984年第4期。

周铁强：《近年来古籍版本学理论研究述评》，《上海高校图书情报学刊》1995年第1期。

朱太岩：《建国四十年来版本学成果述要》，《古籍整理研究学刊》1989年第5期。

图书在版编目(CIP)数据

中国古籍版本文化拾微/李明杰著.—北京：社会科学文献出版社，2012.11
ISBN 978-7-5097-4019-4

Ⅰ.①中… Ⅱ.①李… Ⅲ.①古籍-版本学-中国 Ⅳ.①G256.22

中国版本图书馆 CIP 数据核字（2012）第 281689 号

中国古籍版本文化拾微

著　　者 / 李明杰

出 版 人 / 谢寿光
出 版 者 / 社会科学文献出版社
地　　址 / 北京市西城区北三环中路甲 29 号院 3 号楼华龙大厦
邮政编码 / 100029

责任部门 / 皮书出版中心（010）59367127　　责任编辑 / 桂　芳
电子信箱 / pishubu@ ssap. cn　　　　　　　　责任校对 / 赵子光
项目统筹 / 桂　芳　　　　　　　　　　　　　责任印制 / 岳　阳
经　　销 / 社会科学文献出版社市场营销中心（010）59367081　59367089
读者服务 / 读者服务中心（010）59367028

印　　装 / 北京季蜂印刷有限公司
开　　本 / 787mm×1092mm　1/16　　　印　张 / 23
版　　次 / 2012 年 11 月第 1 版　　　　字　数 / 390 千字
印　　次 / 2012 年 11 月第 1 次印刷
书　　号 / ISBN 978-7-5097-4019-4
定　　价 / 79.00 元

本书如有破损、缺页、装订错误，请与本社读者服务中心联系更换
▲ 版权所有　翻印必究